陽明後學文獻叢書

錢明　主編

張元忭集

［明］張元忭　撰

錢明　編校

國家社科基金重大項目“陽明後學文獻整理與研究”

（15ZDB009）

浙江省哲學社會科學重點研究基地
浙江省浙江歷史文化研究中心　學術成果

張元忭像

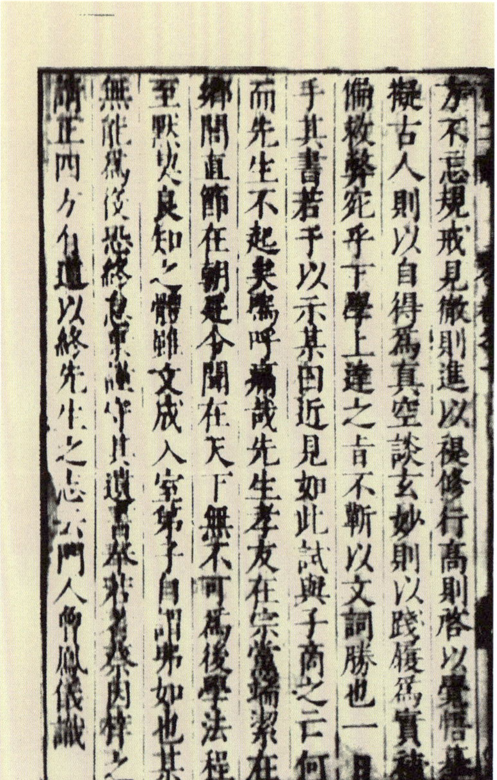
方不忘規戒見徹則進以裨修行高則啓以實悟真
擬古人則以自得爲真空談玄妙則以踐履爲實積
備救弊窕乎下學上達之旨不斷以文詞勝也一日
手其書若干以示某因近見如此試與子商之云何
而先生不起矣嗚呼痛哉先生孝友在宗黨端潔在
鄉閭直節在朝廷令聞在天下無不可爲後學法程
至默先良知之體雖文成入室弟子自謂弗如也某
無能爲役恐終負乘謹守其遺書舉若干卷因梓之
謂正四方有道以終先生之志云門人何[illegible]識

《張陽和先生不二齋稿》 明萬曆刻本

浙江省圖書館藏

紹興龍山陽和書院遺址

「陽明後學文獻叢書」出版緣起

王守仁，字伯安，生於明憲宗成化八年九月三十日（即西元一四七二年十月三十一日），歿于明世宗嘉靖七年十一月二十九日（即西元一五二九年一月九日），謚文成。三十一歲在離越城（今紹興市）十公里的宛委山陽明洞天結廬，自號陽明山人，學者稱其爲陽明先生。他是明代最有影響的思想家、政治家、教育家和軍事家。王守仁繼承並發展了中國傳統儒家的心性之學和浙東地區的學術傳統，創立了以「致良知」學說爲核心的陽明學，又稱「王學」。由王守仁開創並由其門人後學繼承、發展而形成的思想學派，統稱「陽明學派」或「姚江學派」。王守仁的弟子和傳人衆多，門下流派紛呈，他們對王守仁思想各有新的創設與展開，形成了後世所稱的「陽明後學」。從廣義的「陽明後學」概念説，其陣容相當龐大，所存文獻也相當可觀，可謂明代思想史中最爲豐富的原始史料之一，其中較爲重要的，據初步統計就有百餘種之多。將這些文獻資料整理出版，對於明代思想史、政治史、軍事史、教育史、文化史等研究無疑具有重要價值。

儘管可以納入「陽明後學」範疇的文獻資料，大部分已收入於《四庫全書》、《四庫全書存目叢書》、《續修四庫全書》、《四庫未收書輯刊》、《四庫禁毁書叢刊》等多部大型叢書，但散失情況嚴重，缺憾甚多。譬如有的著作未曾鐫刻行世，有的重要著作雖有刻本存世但卻未被收録，有的重要人物其著作雖被收入但缺漏不全，有的所收著作並非最佳或最全的版本，有的有嚴重的缺卷、缺頁、缺字等現象。這些問題已成爲深入開展陽明後學研究的一大障礙。

又儘管上世紀五十年代以來，已陸續整理出版了一批陽明後學者的單行本、全集本或注釋本，如黄綰《明道編》（中華書局一九五九年初版）、《何心隱集》（中華書局一九六〇年初版）、《林大欽集》（廣東人民出版社一九九五年初版）、《顔鈞集》（中國社會科學出版社一九九九年初版）、焦竑《澹園集》（中華書局一九九九年初版）、《趙貞吉詩文集注》（巴蜀書社一九九九年初版）、《王心齋全集》（江蘇教育出版社二〇〇一年初版）、《張璁集》（上海社會科學院出版社二〇〇四年初版）、《程文德集》（香港銀河出版社二〇〇五年初版，上海古籍出版社二〇一二年修訂版）、《王叔杲集》（上海社會科學院出版社二〇〇五年初版）、《項喬集》（上海社會科學院出版社二〇〇六年初版）、鄧豁渠《南詢録校注》（武漢理工大學出版社二〇〇八年初版）、《王叔果集》（黄山書社二〇〇九年初版）、季本《四書私存》（臺灣中研院中國文哲所二〇一二年初版）等，但這些只是所存文獻中的極少部分，不能反映豐富的陽明後學之全貌。

浙江省社會科學院自上世紀八十年代起，就非常注重對明清時期思想家文獻資料的整理編校工作，相繼整理出版了《黄宗羲全集》、《王陽明全集》、《劉宗周全集》、《王陽明全集（新編本）》等。二〇〇〇年開始，浙江省社會科學院又投入一定的人力財力，由時任哲學研究所所長董平進行課題設計，錢明具體負責實施，約請有關高校和科研機構的專家，對陽明後學的主要代表人物的著作進行搜集整理，並與鳳凰出版集團合作，於二〇〇七年出版了「陽明後學文獻叢書」初編七種十册，内容包括《徐愛·錢德洪·董澐集》、《王畿集》、《鄒守益集》（上下册）、《聶豹集》、《歐陽德集》、《羅洪先集》（上下册）、《羅汝芳集》（上下册）。該七種十册書，由時任浙江省社科院院長的萬斌任主編，錢明（常務）、董平任副主編。叢書出版後即獲得海内外學術界的廣泛好評，並先後獲得浙江省哲學社會科學優秀成果三等獎和全國優秀古籍圖書獎。

在此基礎上，自二〇〇九年開始，浙江省哲學社會科學重點研究基地、浙江省浙江歷史文化研究中心又啓動了「陽明後學文獻叢書續編」項目，由錢明任項目負責人，内容包括《薛侃集》、《黄綰集》、《劉元卿集》、《胡直集》、《張元忭集》、《王時槐集》、《北方王門集》，即將由上海古籍出版社陸續出版。二〇一三年初，北京大學高等人文研究院與浙江省哲學社會科學重點研究基地、浙江省浙江歷史文化研究中心合作，開始啓動「陽明後學文獻叢書」的三編、四編工作，杜維明先生任課題負責人，由張昭煒、錢明擔任主編，並且與上海古籍出版社簽訂了長期出版合同，使整個項目在人員、資金、出版等方面都得到了充分保證。

我們計劃從二〇〇〇年到二〇一六年，用十六年時間完成包括「陽明後學文獻叢書」一編到四編在内的全部整理出版工作。整個項目計劃完成四十册書，約兩千萬字，將分期分批出版，力求集陽明後學文獻之大成。由於叢書一編出版後又陸續發現了一些佚文佚詩，所以本計劃還包括等條件成熟後陸續出版修訂本，對已出書進行增補和修正，並將一起交由上海古籍出版社出版。

凡入選本叢書的各種文獻資料，編者都盡量收集原書各種版本進行比較，辨其源流，選擇時代較早、内容完整、校刻最精者作爲底本。整理時用其餘版本通校，並於「編校説明」中列明底本、通校本及參校要籍的名稱、版訊。同時也盡量參考前人的校勘成果，充分吸收其合理意見，並盡可能對原書的引文進行復核。在編校過程中，還盡量進行輯佚補闕工作，收集相關傳記、序跋、祭祝類資料，力求完備。每一思想家的文集，大體上由編校説明、基本文獻及相關附録資料三部分構成。

本叢書中所收著作的版本搜集和選定、標點校勘、附録彙編等基礎性工作，皆由整理編校者獨自完成，自負其責；叢書主編的工作，主要是課題設計、組織協調、人員選定和落實檢查，部分善本孤本、佚文佚詩及附録内容亦由主編負責提供。浙江省社會科學院、浙江省哲學社會科學重點研究基地暨浙江歷史文化研究中心的各級領導、上海古籍出版社的領導和責編尤其是劉海濱先生、北京大學高等人文研究院院長杜維明先生以及海内外學術界的前輩和同仁，始終給予本叢書以極大的支持和關注，使得本叢書的各項計劃得以順利實施。

錢明謹識

二〇一三年十月

編校説明

一、生平事迹

張元忭（1538—1588），字子蓋，别號陽和，又號不二齋，越之山陰（今浙江紹興）人，祖籍四川綿竹，爲宋朝丞相張浚後人。父天復，嘉靖二十六年（1547）進士，歷官雲南按察司副使、甘肅行太僕寺卿。隆慶二年（1568），天復因武定平亂事被人告發，正在北京參加會試的元忭聞訊後千里馳歸，親侍父赴雲南歸案。天復釋歸，元忭入京鳴冤，事解，又歸慰其父于家。一年之中，南北往還近萬里，被時人視爲至孝之舉，傳爲美談。隆慶五年（1571），元忭狀元及第，同鄉徐渭致張天復之賀詩中稱「南宋到今知幾度，東風分付只三人」，意指元忭爲南宋以來紹興所出的第三位狀元。萬曆十五年（1587），元忭升左諭德兼翰林侍讀，次年三月卒于官，天啓初追謚文恭。世人謂明興大廷首舉諸碩哲，位不過五品而名重天下，唯羅倫、舒芬、羅洪先三先生，得元忭而四之，蓋以其立言、立德自有不朽者在焉。

清人王雨謙序《琅嬛文集》曰：「陶庵爲雨若先生之孫，而陽和公其曾祖父也。陽和公以文章大魁天下，雨若先生成進士，以理學推醇儒。」〔一〕其中陶庵即明代散文大家張岱，《瑯嬛文集》是其詩文合集。雨若即張岱祖父張汝霖，陽和公即張岱曾祖父張元忭。張氏一族自天復尤其是元忭之後，日趨興旺，誠如張岱《家傳》所言：「岱家發祥於高祖，而高祖之祥，正以不盡發爲後人之發。」〔二〕是故張岱特作《家傳》、《附傳》，以表彰張家數代名人。

元忭幼時即好讀書，心期聖賢。初宗朱子學，後聞陽明致良知説，恍若有悟，自是學宗陽明，日究心學，而每病世之學文成者多事口耳，乃以力行矯之。嘗曰：「學者皆説良知，不説致良知，去師門宗旨遠甚。」又曰：「上智即本體爲工夫，下學用工夫合本體。」〔三〕其超悟融釋，表裏洞貫，不讓陽明入室弟子，而矯偏救弊，以羽翼師説，則所付之功甚著。

元忭「座師爲羅萬化（康洲），尺牘往來，止稱兄弟，不拘世俗之禮也」〔四〕。但對他影響最大的還是陽明高足王畿。王畿稱其「信予之過」，又説「（羅）康洲溫而栗，陽和毅而暢；康洲如

〔一〕夏咸淳校點：《張岱詩文集》，上海古籍出版社，1991年，第423頁。
〔二〕《張岱詩文集》，第247頁。
〔三〕羅萬化：《明奉直大夫左春坊左諭德兼翰林院侍讀陽和張公墓表》，見本書卷首，第16頁。
〔四〕黄宗羲：《廣師説》，見沈善洪主編、吴光執行主編：《黄宗羲全集》，第10册，浙江古籍出版社，1994年，第647頁。

金玉，陽和如高山大川」。〔一〕張家與王家還有聯姻關係。但元忭並不盲從王畿。從其《復王龍溪翁》一信中委婉地批評王畿「向處山林，久與世隔，不知市朝之態」的敘述中，可以看出他對王畿的態度似在師友之間。〔二〕故《明史》本傳曰：「（鄧）以讚、元忭自未第時即從王畿游，傳良知之學，然皆篤於孝行，躬行實踐。以讚品端志潔，而元忭矩矱儼然，無流入禪寂之弊。」〔三〕《四庫全書總目》則認定其「與（王）畿之恣肆迴殊」。〔四〕黃宗羲《明儒學案》亦評論説：「先生之學，從龍溪得其緒論，故篤信陽明四有教法。龍溪談本體而諱言工夫，識得本體，便是工夫。先生不信，而謂本體本無可説，凡可説者皆工夫也。嘗闢龍溪欲渾儒釋而一之，以良知二字爲範圍三教之宗旨，何其悖也。故曰：『吾以不可學龍溪之可。』先生可謂善學者也。」〔五〕

元忭之學，主張朱陸調和，嘗曰：「朱陸同源，而末流乃岐之，非是。」遂手摘朱子所論著與陽明意符者彙集之，題曰《朱子摘編》，以祛世儒之惑。〔六〕又力主王、湛（湛若水）並重，其《九華

〔一〕王畿：《天柱山房會語》、《龍南山居會語》，分見吴震編校：《王畿集》，鳳凰出版社，2007年，第117、166頁。
〔二〕張元忭：《復王龍溪翁》，見本書卷五，第125頁。
〔三〕《明史》卷二百八十三《儒林傳二》，中華書局，1974年，第7289頁。
〔四〕《四庫全書總目》卷一七九《不二齋文選》條，中華書局，1965年，第1611頁。
〔五〕黃宗羲：《明儒學案·浙中王門學案五》，見沈善洪主編、吴光執行主編：《黃宗羲全集》，第7册，第369頁。
〔六〕王錫爵：《明奉直大夫左春坊左諭德兼翰林院侍讀陽和張公墓志銘》，見本書卷首，第6頁。

雜咏》曰：「太白豪氣振萬古，王湛一時兩大儒。千載書堂九華勝，今來何事頓荒蕪。」〔一〕他對同爲山陰人的陽明弟子季本和江右王門碩學鄒守益之子鄒德涵相當推崇，季本歿後，嘗私淑之，又曰：「弟自辛未春一見兄（德涵），即已傾倒，謂實我師，非敢徒以爲友也。」〔二〕他與釋袾宏關係密切，憨山德清《雲棲蓮池宏禪師塔銘》稱元忭與宋應昌、陸光祖、馮夢禎、陶望齡等皆爲袾宏所化，嘗與袾宏相唱和，可見其人亦有儒禪歸一之趨向。〔三〕

元忭生性耿直，不附權貴，雖爲張居正門生〔四〕，但在張氏生病，滿朝爲之奔走求神時，卻不趨附奉承。故時人評曰：「蓋君之進也，出江陵門下，當其炎炎時，卑者蟻附，高者鶩鳴，而君不隨不激，有以自守。」〔五〕朝廷禁講學期間，稽山文公祠、天真文成祠皆被毀，元忭多方護持之，爲後來兩祠的恢復作出了貢獻。同時，元忭還「與郡守蕭公（良幹）講學於陽明祠」〔六〕，以圖恢復萬曆年間漸趨衰歇的講學之風。

〔一〕張元忭：《九華雜咏》（之六），見本書卷十六，第465頁。
〔二〕張元忭：《答鄒聚所》，見本書卷四，第100頁。
〔三〕憨山德清：《雲棲蓮池宏禪師塔銘》，見孔宏點校：《憨山老人夢游集》，北京圖書館出版社，2005年，第499頁。
〔四〕張居正於隆慶五年（1571）任會試主考官，元忭爲其所取士。
〔五〕王錫爵：《明奉直大夫左春坊左諭德兼翰林院侍讀陽和張公墓志銘》，見本書卷首，第6頁。
〔六〕張岱：《家傳》，《張岱詩文集》，第255頁。

在越地文人羣中，元忭與徐渭的關係最爲密切，兩人的人生境遇相差甚遠，卻維持着真摯的情誼。當元忭還未出道時，徐渭已是遠近聞名的「越中十子」之一，然而他久試不第，家境貧寒。元忭家境較爲豐裕，於是經常接濟困頓中的徐渭。元忭成爲狀元後求文者衆，他每每讓徐代筆，使其獲得潤筆，便是元忭接濟徐的手段之一。署名元忭的《巡按浙江監察御史龐公生祠碑》、《彭山季先生祠堂碑》、《義冢記》、《大南峪萬佛寺記》等，皆由徐渭代筆。徐渭因殺繼室張氏而坐牢七年，全靠元忭竭盡全力營救纔得以出獄。是故徐渭自著《略譜》，將元忭作爲恩人記入《略譜·記恩》欄中。

二、著述情況

張元忭著述頗富，在編纂史志方面的成就尤爲突出。其父張天復作《山陰縣志》未成，元忭續成之，後又纂《紹興府志》、《會稽縣志》，被譽爲「義嚴衮鉞，稱一方信史」。〔二〕其中《紹興府志》五十卷，蕭良幹修，張元忭、孫鑛纂，萬曆十五年刊，四十册，浙江圖書館有藏。《四庫全書總目》稱此志「較他志易於循覽，體例頗善。末爲《序志》一卷，凡紹興地志諸書，自《越絶書》、《吴越

〔二〕 羅萬化：《明奉直大夫左春坊左諭德兼翰林院侍讀陽和張公墓表》，見本書卷首，第16頁。

春秋》以下，一一考核其源流得失，亦爲創格」。〔一〕《會稽縣志》十六卷，楊維新修，張元忭、徐渭纂，四册，萬曆三年刊，浙江圖書館有藏，存八卷。以上三志代表了當時紹興地方志纂修的最高成就，因三志並出張氏父子，故時人遂將父子兩人比作司馬談、遷。此外，元忭還纂有：《雲門志略》五卷，萬曆二年釋司綸等刻，清丁丙跋，《四庫全書總目》評曰：「以山川、古迹、名賢爲一卷，而餘四卷皆藝文，又末大於本矣。」〔二〕《館閣漫録》十卷，六册，明不二齋刻本，《四庫全書總目》評曰：「據焦竑《國史經籍志》，載是書十卷，題張元忭撰。二人相去不遠，必有據也。……是書所録皆明成祖至武宗時翰林除授遷改之事，編年紀載，亦間有論斷。」〔三〕《翰林諸書選粹》四卷，四册，萬曆二年李廷楫刻本，浙江圖書館有藏。《四庫全書總目》評曰：「是書采掇諸子之語，分編二十五類。其第四卷臣道類外又分吏、户、禮、兵、刑、工六科，門目殊嫌冗雜。」〔四〕《廣皇輿考》二十卷，十二册，張天復撰，張元忭增補，明刻本。《朱子摘編》二卷，臺灣傅斯年圖書館藏

〔一〕《四庫全書總目》卷七四《紹興府志》條，第645頁。
〔二〕《四庫全書總目》卷七六《雲門志略》條，第660頁。
〔三〕《四庫全書總目》卷八〇《館閣漫録》條，第690頁。
〔四〕《四庫全書總目》卷一三八《翰林諸書選粹》條，第1171頁。

有萬曆四十二年黄德修重刻本。此外還有《槎間漫録》〔一〕、《山遊漫稿》、《志學録》、《讀尚書考》、《讀詩考》、《讀史膚評》、《皇明大政記》等。

閲讀明人文集，可推知張元忭應該還有一些逸文逸詩未被收入現存詩文集中。如其好友許孚遠《簡張陽和年兄》曰：「《北歸録語》，具見兄苦心。」〔二〕説明元忭還編有《北歸録語》。另《嵊縣志》卷三十一《雜志·金石》載：「嵊學諭王先生遺思碑，在學署，萬曆七年己卯山陰張元忭撰文，周汝登書丹。」〔三〕該碑碑文則收録於同書卷二十五《藝文志·碑》，現收入本書附録一「佚文輯録」。

三、文集編刻

元忭雖著述頗富，然本書以整理編校其詩文爲主，其他著作概不收入。關於元忭詩文的結集情況，各家記載不一：焦竑《國史經籍志》載《張陽和集》十六卷；《明史·藝文志》集類三

〔一〕又稱《槎間集》，周汝登《東越證學録》卷十五《哭陽和太史》：「太史造有生墓，制有《槎間集》。」見《四庫全書存目叢書》集165，第687頁。

〔二〕許孚遠：《敬和堂集》卷四，日本内閣文庫藏萬曆二十二年葉向高序刻本。

〔三〕丁謙、余重耀總纂：《嵊縣志》，民國二十三年鉛活字印行，臺北成文出版社重印本，第843頁。

載《不二齋稿》十二卷；《千頃堂書目》卷二十載《不二齋遺稿》十二卷、《張陽和文選》八卷、鄒元標輯《不二齋文選》六卷，及《山遊漫稿》；《浙江採集遺書總録》載《不二齋文選》七卷；嘉慶《山陰志》載《不二齋稿》十二卷及《山遊漫録》；徐承烈《越中雜識》卷下載《不二齋稿》十二卷；沈復粲《鳴野山房書目·集部·前代詩文集》載《張陽和不二齋文集》十六卷。現存元忭詩文集，主要有三種本子：

1.《張陽和先生不二齋稿》（以下簡稱《不二齋稿》），十六卷，首一卷，卷首有全書目録，羅萬化、朱賡輯，明萬曆二十一年張汝霖、張汝懋刻本。浙江圖書館藏，十册，存卷一至四、七至十六，及卷首一卷。全書頁上空白處中有兩處後人所作的校字，卷十六末尾有「山陰後學白亮采、會稽門人陳淙仝校」，「餘姚宋禮寫」字樣。浙圖藏善本登記號爲021377，有「蕭山單氏遺書，民國二十年入藏浙圖」之記録，還有「原件有部分有汙迹」、「原件個别地方蟲蛀」等館藏記録，以及一張鈐有「自怡齋」之印章的手寫插條，内容爲「山陰張陽和先生不二齋文集十六卷，明綿印本，存拾册，少卷五、六壹册，沈寄售洋拾六元」。〔二〕「自怡齋」是浙江省圖書館首任館長張宗祥之姑父並業師費寅之齋號。費寅，字景韓，號復齋，浙江海寧人，曾任嘉興教諭，辛亥後設書肆於

〔二〕所缺卷五、六，内容爲書、議、論、説，共四十八篇，是張元忭文集中最重要的部分。

海寧峽石鎮，多得善本，著有《復齋先生遺集》四卷。從費寅記録看，卷五、六這一册之缺佚應該是在1931年該本入藏浙圖之前。

《不二齋稿》卷首爲元忭友人、門生等爲其所撰文集序言、像讚、墓志銘、行狀、墓表等文字；卷一爲制策、疏；卷二爲序、引；卷三爲啓、呈、書；卷四、五爲書；卷六爲議、論、説；卷七爲碑、記；卷八爲記；卷九爲傳；卷十、十一爲墓志銘；卷十二爲行狀；卷十三爲墓表、祭文；卷十四爲贊、銘、偈、題、跋、雜著；卷十五爲賦、詩；卷十六爲詩。

2.《張陽和先生不二齋文選》（以下簡稱《不二齋文選》），七卷，附録一卷，六册，無目録，鄒元標輯，明萬曆三十一年張汝霖、張汝懋刻本[二]，湖北省圖書館、上海圖書館、山東省圖書館等館有藏。卷一爲制策、疏；卷二爲書；卷三爲書；卷四爲序、記、碑；卷五爲志銘、墓表、行狀、傳、祭文；卷六爲雜著，包括議、論、説、贊、銘、偈、題跋及《内館訓言》；卷七爲詩。

3.《張陽和文選》，三卷，一册，清康熙年間河南儀封張伯行輯刊，清楊浚重輯，福州正誼書局同治五年重刊，同治八年至九年續刊之《正誼堂全書》本。民國二十四年商務印書館王雲五主編

〔二〕據荒木見悟教授説，日本内閣文庫藏有明萬曆三十年序刊本，筆者未見。此次整理編校《張元忭集》，未能參考内閣文庫藏本，無疑是個缺憾。

《叢書集成初編》，據《正誼堂全書》本重刊《張陽和文選》行於世。該書爲《不二齋文選》的節略本，而其節略的一個重要原則，就是淡化了元忭與王畿的微妙關係，比如删去了卷首鄒元標所撰序言中關於元忭與王畿之密切關係的一段論述，共135字。這可能與張伯行的思想傾向有一定關係。張伯行窮究程朱學説，躬身宣導，爲儒林所推重，清雍正帝稱他是一代「禮樂名臣」。其所輯《正誼堂全書》所收亦以程朱學派著作爲主，故其排斥王畿也就可以理解了。

四、版本優劣

比較而言，《不二齋稿》與《不二齋文選》雖同爲元忭之子汝霖、汝懋所刻，所收元忭遺像亦完全一樣，但編者不同，校對者也不同；雖皆爲明刻本，但《不二齋稿》的刊刻時間要早於《不二齋文選》十年。因此，這兩個本子有許多相同處，比如二者的排版格式完全一樣，每頁都是九行，每行字數相同，等等；又比如二者的避諱方式，以及明朝的國號、廟號、謚號、年號等擡格與尊者名諱前空格的方式也完全一樣；且從内容上看，《不二齋文選》中只有一篇《屠節婦詩爲吴安節父母太夫人賦》未見於《不二齋稿》目録與正文，表明前者是後者的選編本；而作爲選編本，《不二齋文選》在内容上遠不及《不二齋稿》豐富全面是很自然的。並且，因爲編者不同，兩個本子在編纂方法上存在差異也是很自然的，比如《不二齋稿》有目録，而《不二齋文選》

無目録；《不二齋稿》每卷分類只有類別而無篇數，《不二齋文選》則既有類別又有篇數，等等。

總的來説，這兩種刻本的品質相差無幾，只是《不二齋文選》係鄒元標所輯，後又經元忭幾代後人「對讀」，所以無論在思想性，還是在規範性上，都做得比《不二齋稿》好，比如字體比較規整，訛字、異體字較少等。

浙圖藏《不二齋稿》雖爲海内外之孤本，但遺憾的是，該本缺卷、缺頁、缺句、缺字較多，其完整性大打折扣。好在有《不二齋文選》存在，使我們可據之以補浙圖藏《不二齋稿》之缺失。比如浙圖藏《不二齋稿》缺卷五、卷六，據該書卷首目録，共缺四十八篇，現可據《不二齋文選》補入四十篇，尚缺書五篇，論二篇，議一篇，也就是説，經補入後，浙圖藏《不二齋稿》還缺八篇，從而大大增加了《不二齋稿》殘本的完整性。再比如浙圖藏《不二齋稿》卷十三《祭諸南明公文》只存最後四十五個字，其餘大部分闕失，現亦可據《不二齋文選》補足；又比如浙圖藏《不二齋稿》卷十三《祭朱東武公文》篇中有「原件短缺」之校記，然對照《不二齋文選》，可見其實爲完整之文本。至於缺句和缺字，浙圖藏《不二齋稿》也有不少，編者在編校過程中對此及個別明顯訛誤處，已分别作了校注。

由此可見，《不二齋稿》爲張元忭詩文集的最早刻本，也是最足本，而浙圖所藏本又是現存於世的孤本。故本次整理編校以該本爲底本。爲了保存原貌，卷次、篇章次序，以及卷首序、讚、銘、傳等亦一仍其舊。該本所缺之二卷，則據湖北圖藏《不二齋文選》補入，並在卷首予以注明。

考慮到以往張元忭研究的嚴重不足，特在本書末增加附録若干，除了在附録一「佚文輯録」中補入了底本未收之張元忭本人的語録、詩文九種以外，還在附録二「傳記・祭文・悼詩」、附録三「交遊文字」和附録四「家族史料」中收集了其他相關資料，努力做到四個「儘量」：一是儘量收集張元忭佚文佚詩，二是儘量收集同時代人寫給元忭之信函詩文，三是儘量收集後人所撰張氏傳記祭文，四是儘量收集張氏之家傳資料。張氏家族乃紹興望族，明清兩代名人輩出，故本書收録元忭家傳若干，以示其家族之繁盛。此外，《不二齋文選》無總目録，現據該書内文將《不二齋文選》之目録輯出，與《叢書集成初編》本《張陽和文選》之目録共同作爲附録五「他本目次」，以備查考和比較。最後，將《四庫全書總目》所收張元忭諸著作之提要作爲附録六「著述提要」。然恐附録搜羅仍未完備，謹祈讀者見諒。

在本書的編校整理過程中，編者得到了浙江省圖書館古籍善本部有關同志的熱情幫助。日本九州大學名譽教授荒木見悟先生的張元忭研究論文曾給筆者以重要啓示，也是筆者將《張元忭集》列入「陽明後學文獻叢書」的緣由之一。北京大學高等人文研究院院長杜維明教授、中國哲學史學會會長陳來教授、國際儒聯學術委員會主任張學智教授、浙江省儒學學會執行會長吴光教授、浙江大學哲學系主任董平教授等學術界前輩、同仁，亦給予編者以各種鼓勵與支持。我的好友張建民女士在電腦文字輸入上一如既往地予以了襄助。浙江省浙江歷史文化研究中心的有關領導及浙江省社會科學院的有關領導及哲學所、科研處、圖書館的同仁們，則更是自始至終地全力支持這項工作。上海古籍出版社的編輯、校對人員，亦爲此書傾注了大量精力和心血。在此一並致以衷心的感謝！

目録

卷二　序　引

卷三　啓　呈　書

卷五　書

卷八　記

卷九　傳

卷十　志銘

卷十一　志銘

卷十四　贊　銘　偈　題　跋

卷十五　賦　詩

卷十六　詩……（四三一）

附録一　佚文輯録……………（五〇九）

附録三　交遊文字……（五四五）

卷首

張宮諭文集敘

鄧以讚

此予年友張宮諭遺稿也。予與宮諭同官詞林。予最善病，藥物是須，何暇及其他，即宮諭有所著作，不以示予，惟時又與予從事問學，要以萬物一體爲宗，而以明明德於天下爲願，其望聖人而蘄至之，切於饑渴，予所習知也。乃今讀其文，析理於幾微，而起戒於恍惚，譚民之瘼，若己推之，道人之善，若己有之，真意溢發，使予對之如對宮諭之面，親承其語，豈非精神所注有通接於言外者耶？昔人比立言於功德，抑惟是真之所傳，自不可朽，如徒粉飾其辭，以是爲行遠，容非虛車之喻乎？

宮諭又嘗修郡邑二志，其人物傳引以自專。或欲限以年所，宮諭曰：「莫信於耳目所睹聞，又以嫌自避，而欲推之所不知何人，自視得無薄乎？」於是概取而裁之，不以一語相借。是時予南昌亦修志。予與同郡邑二三君子，皆謙讓不敢居，且爲限年。予謂諸君子曰：「以此視宮諭，其力量豈不相遠哉？」諸君子曰：「委有專不專耳。」予曰：「試再思之，即委專矣，其能任乎？」諸君子凝神久之，答曰：「子言是也。」聞今鄉論久而益定，又孰非一真所屈耶？

嗟夫！真者，聖門所未見而思，國家所寤寐而求也。由予私心之望宫諭，實謂極其所止，將有與於斯文，又且秉國之政，使賢者在位，能者在職，如昔人所謂天下文章莫大焉。顧徒以此留其精爽，予能無慨夫！予能無慨夫！萬曆癸巳年，弟新建鄧以讚頓首書。

刻張陽和先生論學書序 書今具載集中〔一〕。

楊起元

後世談學者，各有一時之説，宋人多言天理人欲，其在近世，則多言本體工夫，要之皆屬支離而非孔孟宗旨也。此理在人，無方無體，自感自通，平鋪於日用之間，學則聖，不學則凡，豈能加減於毫末哉？孰爲天理，孰爲人欲？孰爲本體，孰爲工夫？種種色色，皆由見生，復以我見而破彼見，此言所以轉多也。雖然，任斯道之責者，固不得而辭也，亦各云救而已矣。蓋昔王文成公云：「戒慎恐懼是本體，不睹不聞是工夫。」則本體工夫原無二項，明矣。陽和先生最尊信文成公者，顧於此獨不甚肯其説，曰：「本體本無可説，凡可説者皆工夫也。」先生之論，主於

〔一〕楊起元《太史楊復所先生證學編》卷四（《四庫全書存目叢書》子90，頁306）收此文，題曰「刻張陽和先生書稿序」，文字稍異。

救世人之不用工夫者，故不嫌於分析歟？後之學者，果能由工夫以達本體，則始雖分而竟必合。否則，徒守文成公之緒論，雖説到渾合無縫罅處，亦對塔相輪，去此尚遠也。

起陋劣，實賴先生提醒。今先生已逝，痛何可言。曾舜徵氏刻先生書稿，以公同志，爰弁數語於簡端，志不忘也。歸善楊起元書。

陽和先生論學書後序

曾鳳儀

世所推尊聖學者，豈不以盡性至命哉！顧性不易知，而以虛靈當之，則局於見；功不易盡，而以篤行當之，則泥於迹。此下學上達一貫之所爲難也。誠知於穆之體不以見見，不以聞聞，而流動充滿，無微不貫，則復性之功不容不戒，不容不懼，而收攝保聚，無間可弛。如是之體，是謂真體；如是之功，是謂實功。融徹外內，齊一天人，註我六經，則謂之紹明聖緒，豈虛哉？吾師陽和先生，英姿偉識，好學樂羣，求友四方，不忘規戒。見徹則進以提修，行高則啓以覺悟。摹擬古人，則以自得爲真；空談玄妙，則以踐履爲實。補偏救弊，宛乎下學上達之旨，不蘄以文詞勝也。一日手其書若干以示某，曰「近見如此，試與子商之」，亡何而先生不起矣。嗚呼痛哉！先生孝友在宗黨，端潔在鄉閭，直節在朝廷，令聞在天下，無不可爲後學法程，至默契良知之體，雖文成入室弟子，自謂弗如也。某無能爲役，恐終怠棄，謹守其遺書，奉若蓍蔡，因梓之，請正四方有道，以終先生之志云。門人曾鳳儀識。

像讚

王祖嫡

制科大魁，講帷從官。遠宗明道，近淑伯安。千仞崒嵂，萬頃清寒。如擊金玉，如挹芝蘭。所可模者，人貌翩翩爾。若夫肫肫孝思，烈烈忠肝，如水行地，如日麗天。使後世忻慕，願爲執鞭者，又豈在於縑素間邪？汝南友人王祖嫡書。

明奉直大夫左春坊左諭德兼翰林院侍讀陽和張公墓志銘

太原王錫爵撰文

太子左諭德張君者，篤學好修，卓犖有大節。予從太學諸生中識之。既貴，節益堅，名亦益顯。予心儀張君浸假而爲清鏞，爲大呂乎，庶幾鳴國家之盛，而今已矣，悲哉！

張君諱元忭，字子藎，别號陽和，其先蓋蜀之綿竹人，宋相忠獻公之後也。徙家越之山陰，代有聞，十傳爲贈吏部主事詔。詔生天復，以進士官至甘肅行太僕寺卿，配劉安人，生君。君生而古貌魁然，稍長，好讀書，安人憐之，戒無溺苦於學，君乃張燈幕中，俟母寢，夜誦，不令母知。總角時，岳岳負意氣，數矢口談國政得失、人物臧否，太僕公故抑之不答也。會楊忠愍諫死，君遥爲誄詞，慷慨泣下霑衿，太僕公乃色喜，大奇之。嘗讀書至朱子「格致」篇，輒乙其處而沉思。已聞王文成良知之説，遂潛心理學。既冠，偕今朱宗伯、羅少宰受學於俞侍御。侍御雅重君才行，不敢以弟子禮禮君。嘉靖戊午，舉於鄉，數上公車不第，下帷龍山之陽，喟然嘆曰：「聖賢學自有真，曲士抱蟲蛙之見，不務即心證聖，而猥踵其下風，一何陋也。」戊辰，歸自京師，而太僕公有滇難。蓋太僕公故嘗副滇臬，擊武定畔夷有功，忌者中以蜚語，卒從吏訊。君身掖太僕公萬里赴逮於滇，已復馳如京，白狀當事者，比有詔，免太僕公官，歸越，復馳如越，履及門，血縷縷滅趾，天下聞而哀之。庚午，游太學，明年舉南宫，射策稱先皇帝指，賜第一甲第一人，授翰林修撰。君自以遭逢聖明，釋蹻取上第，禀禀期有以自樹，毋愧科名。日槖筆守官下，蒐羅金匱憲典而研究之。詞林故清署，史臣第雍容以文墨相高，稍涉事，輒引代庖爲解。君獨聚徒講求世務人才，相與籍記之，户外屨常滿，每抵掌論天下事，不爲首鼠兩端。今上元年，君嘗疏直御史某，且請進講《列女傳》于兩宫，以修「二南」之化，不報。戊寅，免太僕公喪，起家，奉旨教習内書堂。君曰：「若曹星近皇位，不可去，可使習爲善。勃貂、管蘇非人乎？」乃取《中鑒録》，自爲條解，又作《訓忠》諸吟，令歌之。尋管理誥勑，直起居館。會皇子生，奉書告楚藩，因上匡廬，浮沅湘，還，取道武夷，所至多題咏，具《槎間漫筆》中。已過家，省太安人。太安人趣君行復命，君行，固不樂，比出境，忽心動，馳歸。歸五日，而太安人病不起矣。蓋君在詞林，一予告，一奉使，再歸里中，而二尊人喪乃再與期會，皆得耳受治言，躬親楄柎藉幹之事無遺憾，人以爲孝感云。丁亥，起家，用詞林久次，超爲左春坊左諭德兼翰林侍讀，清理武黄，尋充經筵講官。既入侍金華，退而嘆曰：「明主方孳孳嚮學，嘔喻受講臣風勸，而講臣不竭忠畢智以廸宸聽，非夫也！」每喁喁然盟心待對，冀有所感孚焉。初，上御曆覃恩，君即疏白太僕公冤狀，請以恩及己者移太僕公。詔予太僕公冠服。至是復申前請，忤旨，格不行。君仰天泣曰：「吾不可以下見吾父矣！武定之役，吾父躬擐甲胄，斬首虜千級，口碑具在。乃今幸事明主，而不能爲父洗沉冤，長負君親，吾死爲後。」蓋君常深念兩世登朝，父建功，不讎志以殁，願以身代父報國，而卒且徼國恩報父，故終其身有緹縈之恨，竟以此鬱鬱致疾。疾革，顧弟子呼陛下者再。又曰：「朝廷亦多有人。」乃瞑。

君平生雅志聖賢之學，學宗王文成，然不空事口耳，顓務以實踐爲基。嘗曰：「知善知惡是良知，爲善去惡是格物。近世學者徒剽文成之外郛耳。」又謂：「朱陸同源，而末流乃岐之，非是。」手摘考亭所論著與文成意符者彙集之，題曰《朱子摘編》，以袪世儒之惑。特操端介，絶不喜婞婀事人，然坦焉躪中庸之庭，亦不欲以奇行自見。蓋君之進也，出江陵門下，當其炎炎時，卑者蟻附，高者鶩鳴，而君不隨不激，有以自守。嘗語余曰：「某門人也，皂囊白簡之事，當以待他人，乃若喪請留，病請禱，某即死弗爲之矣。」里居數年，私刺不及公門，然事關公義，則侃侃無少避，如議賦法，議不毁兩賢祠，議祀四先生于學，越人至今誦爲美談。天性孝友，侍太僕公若安人疾，湯藥非口所嘗弗進，比卒，欒欒柴瘠，喪葬悉遵古禮，盡革燕賓、崇佛諸敝俗，越人化之。有異母弟二人，太僕公病，以屬君，君拊之，恩義隆備，兩弟怙君，忘父之亡也。居常飯脱粟，衣浣補，而賑施宗黨若弗及。蓋君行誼力追古人，其他多類是。其文章舂容爾雅，粹然一出於正。初太僕公作《山陰縣志》未成，君續成之，已又創《紹興府志》、《會稽縣志》，義嚴衮鉞，足稱一方信史。他所著有《雲門志略》、《山遊漫稿》、《槎間漫筆》行于世，又有《不二齋稿》、《志學録》、《讀尚書考》、《讀詩考》、《皇明大政記》藏于家。君生嘉靖戊戌十月十八日，卒萬曆戊子三月二十五日，春秋僅衍大衍之一耳。娶于王，封安人。子二：汝霖、汝懋，俱太學生。女一，字范紹裘。霖子五：燿芳、爀芳、炳芳、煒芳、燁芳。懋子二：烱芳、炤芳，婚娶皆名家。

越人爲余言，始君族中蓋夢文昌降而君生，其後龍山鳴而君第，又其後龍山暴裂，長吏夢文昌墮而君死，始終殆關天地氣數。夫天地實鍾其氣數以生君，而又死君，竟使功業不顯，何也？然君既死，而學士大夫之推轂君滋甚。僉謂明興大廷首舉諸碩哲，位不過五品而名重天下，唯一峰、梓溪、念庵三先生，得君而四之，豈非以其立言立德自有不朽者在邪？夫三先生皆轗軻不遇世，故其名彰，而君優游金馬門，名輒與三先生埒。《詩》不云乎：「鶴鳴于九皋，聲聞于天。」君子亦務闇修質行而已，奚必奇節哉？余重有慨于君，因爲之銘。銘曰：

扶輿孕靈，爰降文星。山鳴于里，策冠于廷。既鳴胡裂，星光隨滅。靈氣還空，哲人歸穴。悠悠古今，孰愴我心。爾貞爾介，而表正儒林。式如玉，式如金。吁嗟乎！銘石在陰，將永世懷爾之德音。

明奉直大夫左春坊左諭德兼翰林院侍讀陽和張公行狀

同邑朱賡撰

萬曆戊子春，太子諭德張公子藎卒於官，其二子皆在越，同邑朱賡與之訣而哭之，哭已則爲經紀其事，斂而再哭失聲，已乃手記其平生，有妻子不識而賡識之者，欲以示其二子。而其長子汝霖奔至京師，亦謂非賡不可作狀，將藉手以乞銘焉。嗚呼，賡豈謂今日遽爲子藎作狀哉！狀曰：

子藎姓張氏，諱元忭，别號陽和，先世本蜀之綿竹人，爲宋相魏公後，咸淳中名遠猷者來守紹興，因家焉，遂爲山陰人。太守公九傳而生宗盛，宗盛生詔，贈吏部主事。詔生天復，嘉靖丁未進士，仕至甘肅行太僕卿，娶劉氏，封安人，子藎父母也。子藎生而狀貌欽鬌，劍眉喬宇，岑准頳顴，識者知其不凡。既就學，誦讀不輟口，坐常至夜分。劉安人獨一子，又素羸，固止之，則陰篝燈帷中，伺劉安人寢，復起讀。一日太僕公命之對，曰「脱穎慚居客後」，應聲曰「致身敢讓人先」，太僕公大奇之。太僕公爲儀部郎，子藎從，每向太僕公物色諸縉紳臧否及朝政得失，太僕公叱之曰：「孺子何知，勿妄言！」楊椒山公之就戮也，爲文遥奠而哭之，悲悽憤烈，聞者舌吐。

嘗讀朱子「格致」章，覆卷思曰：「無乃倒言之乎！何以云物之表裏精粗無不到，而後心之全體大用無不明也。」已聞王文成良知之説，灑然有悟，自是日究心於此學矣。乙卯歸娶于越，至則邀余及少宗伯羅公一甫同學於侍御俞先生所。俞先生改容，語曰：「子非吾弟子也。」以師友之間待之。明年試有司，輒高等，戊午舉于鄉。時太僕公督學湖湘，子藎念違子室久，泝江往省，不復置計偕於念，逾年乃歸。其後連上春官不第，則築室龍山之上，復邀余及一甫讀書其中，經術世務，靡不相與究極，慨然有必爲古人之志焉。戊辰，三人同上春官，子藎顧獨不第，意方怏怏，而會太僕公以雲南武定功爲忌者所中，有詔逮訊於滇，子藎自邸中倉皇馳歸，身掖太僕公至滇，間關於駭機伏弩之間。幸而得釋，則又慮有中變，令所親護太僕公歸，而自以單騎並日馳京師，白當道，始得俞旨。旨下，則又以單騎並日馳歸，慰太僕公於家，父子相抱，且泣且喜若更生。蓋一歲而旋遶南北者三，以里計者三萬餘，時年逾三十，而髮種種盡白，人言太僕公可謂有子矣。明年入成均，太倉王荆翁爲國子司業，一見以國士遇之。辛未上春官，讀書元真觀中。一夕異香滿室，隱隱聞神語曰：「狀元獨占春闈。」因以詩紀之。是年舉進士，果第一，授翰林修撰。時一甫及余已先授史職，三人復同官，比鄰而居，所以淬礪之愈至，而子藎之舉禮闈，實一甫所録，里中以爲美談云。子藎既拜官，益思竭忠讜、報國恩。會上御極初年，客星經天，御史某以直言被放，科臣救之，不得，子藎疏請復某官，且乞取彤管《列女傳》進講兩宫，以端化本，語甚激，留中不報。亡何，聞太僕公病，給假省視，至則日夜侍膝下，衣帶不解者十閱月，而太僕公竟不起，子蓋哀毀骨立，如不欲生。嘆越俗居喪燕賓、崇佛非制，於是一遵古禮，著爲家法，越人有化之者。太僕公爲諸生時，嘗修《山陰志》，歲久多逸事，子蓋因讀禮之暇續成之，又撰《會稽志》，事核而詳，兩邑之有全志始此。戊寅，免喪，復除修撰，同修《會典》。己卯，充内書堂教習。故事，入内書堂爲乙其章句、課之對語止矣。子蓋曰：「此輩他日在天子左右，關主德不細，奈何不預教之？」乃取《中鑒録》親爲條解，用示勸懲。又作《訓忠》諸吟，令歌之，冀其有所感悟。已充經筵展書官、起居館編纂章奏。庚辰，充廷試掌卷官，代草文官誥敕。壬午八月，皇嗣誕生，齎書告楚中六王，因上匡廬，浮沅湘，取道入武夷，瀟然山水間，有吞雲夢八九之意，所至多題詠，具《槎間漫筆》中。仍偕同志聚集講學，遠近喁喁嚮風焉。使竣，以便道歸覲太安人。太安人七十衰矣，依戀不忍去，太安人怒而遣之，不得已，强行，行不百里心忽動，馳歸，歸五日而太安人遂逝。前後兩喪皆以歸侍得躬含斂，人以爲孝感云。居太安人喪一如太僕公喪，偃伏苫次，足不涉里門。比葬，則朔望走墓前伏地哭，聲動林木，終三年猶一日也。《紹興郡志》自南宋以來多闕不修，會太常孫公鑛亦廬居，郡太守並以志請。兩公分曹而爲之，諸人物列傳皆屬子蓋，褒貶予奪，不輕置一字，再更歲而殺青。郡邑三志並出張氏父子手，有班、馬氏之風焉。丁亥春，免喪，再補修撰，尋陞左春坊左諭德兼翰林院侍讀，清理武黄。七月充經筵講官，既入侍，見上津津嚮學，講臣有所諷勸，和顔色受之，退而喜曰：「今而後庶幾效一言之愚，裨聖聰萬一乎！」先是，上登極覃恩，子藎痛太僕公以被黜不得與，上疏請曰：「臣父天復爲雲南副使時，督兵武定，斬逆酋鳳繼祖首及其黨千數，報二十年之逋誅，拓地千有餘里，功狀甚著。會臣父遷去，忌者中以奇禍，遂詘捐命之伐，久挫于刀筆之前。臣竊痛之，願以臣應得恩贖臣父罪，臣死亡所恨。」詔原之，量予冠服。至是，子藎復上疏申前請，上以其越例瀆奏，切責之，竟不許。子藎乃伏而嘆曰：「嗟乎！吾不能以至誠動天，昭雪父冤，何以見吾父地下乎！」邑邑不樂者久之，體故羸，又中更滇南之難，積憂傷脾，春三月，病轉劇，遂不起。臨革，一語不及私，惟嚮余作啓手足狀，呼陛下者再，又曰：「朝廷亦多有人。」且瞑，門人國博曾君鳳儀雪涕呼曰：「師平日功夫正在此時用。」復張目拱謝之，乃瞑。嗚呼！可謂得正而斃矣。

子藎平生以忠孝自許，蓋其天性，而日所孜孜者，尤以講學爲急。學宗文成，而每病世之學文成者多事口耳，乃以力行矯之。嘗曰：「『知善知惡是良知，爲善去惡是格物』，此致良知宗旨也，近談者非是。」又言：「朱陸之學本同一源，後人妄以意見分門户，滋生異議。」乃取朱子詩文，摘其與文成合旨者彙成一書，曰《朱子摘編》。書出而紛紛異同之説可置弗辯已。居官居鄉，必聯屬同志講明此學，殆無虚日。蓋其志直以天下爲己任，而謂「非正人心必不可以治天下，非明學術必不可以正人心」，此其諄諄大指也。性剛介，不苟取予，亦不能媕婀事人。江陵公棅政，諸黨人趨之若狂。子藎實出其門，顧獨恬然自守，歲時旅進，一謁而已。及江陵公病亟，門人請禱，謂子藎舉首也，宜率先。趣者交至，子藎第頷之，竟弗禱。家居，不通刺有司，絶當途之交。至於地方利弊，佚材隱德，未嘗不極力言之。淛中舊行均徭賦法，吏因而爲奸，百姓囂然苦之，條鞭法行，稍稍帖席，而吏不得有所逞，乃譁言不便，幾動摇矣。子藎移書當道，陳利害甚悉，法得不更。稽山文公祠、天真文成祠，用新例盡毁，子藎嘆曰：「崇祀先賢，興起後學，何蠹于地方而以毁爲？」多方護持之，所以卒復兩祠者，本子藎之力也。季長沙公本、徐僉憲公甫宰、范處士瓘、周處士夢秀皆鄉先生，並言于學使者，得祀學宫。其他閭閻之行、閨門之操，耳目所及，靡不闡揚。尤篤於親族。親族待炊者數十家，其不能婚、不能喪、老弱孤寡不能存者，加給焉。兩弟生最晚，且異母，太僕公憐之甚，病且革，猶張目睨子藎。子藎跽而泣曰：「所不視吾弟如吾子，有如此日。」太僕公乃瞑。其後訓撫之，恩義備篤，迄于有成。頃訃歸，兩弟拊膺號曰：「吾乃今真死吾父矣。」越俗浸尚華麗，子藎以淡泊先之，衣必重澣，飯僅脱粟，子弟稍不如指，輒譙讓不已。子婦有服珠玉綺繡者，立焚之。暇則率諸孫歌詩堂上，陶然自得，常言此便是羲皇景界，其胸次灑落又如此。翰林職鉛槧，以楗户簡出爲高。子藎既集四方學者雍容都講，而復相與辯論人才，商榷當世之務，聞某某稱説某某，輒籍記之，若弗克見。國家有大興除，必反覆詢考，曰：「即此是學。」于是一時學者争言子藎且爲名儒，且爲公輔，而子藎亦自言：

「千聖非異學，爲之則是；宇宙事非異任，用之則行。」隱然若自負焉。惜乎天不假年，賫志以没，宜知不知咸爲之太息也！

蓋聞子藎之生也，其諸父夢文昌降於庭，及其第也，龍山夜鳴如吼。是年水大潦，山裂數處，而郡守忽夢文昌墮地，竟以子藎之卒當之，豈其存亡固關天地之數哉？爲文平正典雅，恥工鞶帨。所著有《紹興府志》、《會稽縣志》、《雲門志略》、《山遊漫稿》、《槎間漫筆》行於世，有《不二齋稿》、《志學録》、《讀尚書考》、《讀詩考》、《皇明大政記》藏于家。生嘉靖戊戌十月十八日，卒萬曆戊子三月二十五日，享年五十有一。配王氏，封安人，曲阜丞大紀女。子男二：汝霖，國子生，即余婿；汝懋，國子生，娶王文學應禎女。女一，字范憲副可奇仲子紹裘。孫男七：燿芳，邑庠生，娶陶太學允嘉女，⿰火聯芳娶王太學鐘瑞女，炳芳聘徐文學汝玉女，煒芳聘魯定陶錦女，燁芳未聘，俱汝霖出；炯芳聘陶舉人志高女，炤芳聘董舉人懋中女。孫女二：一許字余孫體元，一未字，俱汝懋出。余嘗考國朝科名，以甲魁爲卿相，勳德並茂、垂鴻無窮者亡論已，乃位不越中大夫而名播寰宇，没世之後猶蒙表章，則一峰羅公倫、梓溪舒公芬、念庵羅公洪先三君子之外，靡得而聞焉。三君子所謂不愧科名者也，豈其卿豈其相哉？子藎之造即未知其所止，要之理學同，氣節同，官不過五品又同，安知後世無表章子藎以繼三君子之躅者乎？余故狀之，以干于名世元老銘諸墓門，使後之人有所徵信焉。

明奉直大夫左春坊左諭德兼翰林院侍讀陽和張公墓表

會稽羅萬化撰

嗚呼！此爲余友宮諭張公子藎之墓。余之獲交子藎也，自嘉靖丁巳，與大宗伯朱公少欽同師事侍御俞先生之門。余長子藎一歲，少欽長余一歲，三人相視稱莫逆云。已余與少欽俱成隆慶戊辰進士，先子藎授史職，而子藎隨以辛未登第，官翰林修撰。余三人復比舍聯床，切磋究竟，宛如同學時，何其歡也。詎今萬曆戊子而子藎逝矣，嗚呼痛哉！少欽業爲狀，以請銘于相國王公荆石，而復命余化表諸墓。顧余安忍也！蓋屢操筆而屢廢者久之，雖然，誼安能無一言以慰子藎？

按：子藎姓張氏，名元忭，别號陽和，先世故綿竹人，爲宋相魏公後，徙家山陰。入國朝，而父太僕公天復以仕顯。母爲劉安人，夢文昌降於庭而子藎生。古貌稜稜，雙眉戟立，識者已謂不凡。及長，嗜學，誦讀不倦，而慷慨負意氣，論議侃侃。常從太僕公於儀部，每每詢縉紳臧否、時政得失，隱然已見激揚之志。楊忠愍公死諫，爲文哭奠，詞意悲憤，聞者偉之。讀朱子「格致」篇，輒覆卷沉思，務求所安。已聞王文成致良知之説，恍若有悟，喟然嘆曰：「學在是矣！」自是日究心焉。戊午舉於鄉。時太僕公督學湖湘，子藎罷計偕往覲，逾年始歸，築融真堂于龍山陽，講學其中。後連上春官不第，而會太僕公有滇難，下石者猬毛集之，子藎以一孱書生力脱奇禍。蓋期年而吞吐蠻煙瘴雨中，叩閽號呼，洎於父子相抱泣於庭，事卒以白，而子藎之精力頓耗是矣。既入中秘，自以釋蹻取上第，期有以自樹，無愧科名，稱聖明之遇，日弭筆館下，蒐金匱石室之藏而研究之。詞臣雍容文墨，率揵户簡出爲高，子藎獨聚徒講求世務人材，有得輒籍記之。至國有大興除，必反覆詢考，務協于一。會上御極，星變，御史某以直言被放。子藎疏請復某官，且乞取《彤管》、《列女傳》進講兩宮，語甚切至，不報。無何，聞太僕公病，給假省視歸，躬湯藥者十閱月。而太僕公卒，子藎哀毁骨立，杖而後起。免喪，起家，同修《會典》。已充内書堂教習，昭鑒訓忠，期埏埴正人，以備僕御之選，蓋有古大臣之思焉。已又充經筵展書官，代草文官誥敕，直起居注館。會皇嗣生，奉書告楚中諸王。匡廬、沅湘、武夷諸洞天福地，足迹靡不遍至必有會，會必有記，奚囊中珠玉纍纍也。使竣，以便道歸覲太安人，依依膝下不忍去，而太安人盛色督之行，行不數舍，心忽動，馳歸，歸五日而太安人不起矣。前後兩喪，皆以歸侍得躬含殮，人以爲孝感云。再免喪，起家，用詞林久次擢春坊諭德，清理武黄，尋充經筵講官。既入侍，見上津津嚮學，時霽顔色納講臣諷勸，退而色喜，謂：「宗社幸甚，庶幾抱微忠，伸末議，靖獻於萬一也。」初，上御曆覃恩，太僕公以坐誣被黜不得與。子藎疏白寃狀，請移恩太僕公，詔予冠服。至是復懇疏以原官請，上以其違例瀆奏，切責之，竟不許。子藎大窘，伏地慟不休，痛澇洗之不行也，控籲之無地也，烏鳥之私格而貫日之誠微也。竟伏枕奄奄，尋至病革。時余遭大故，跧伏苫塊，惟少欽守邸中，得與子蓋訣，啓手足示之，呼陛下者再，且曰：「朝廷亦多有人。」張目拱手，謝門人之請，遂歿。嗚呼！詎謂子蓋而止此耶！

子蓋少負奇稟，忠孝大節，明發不忘，自總髮以及艾，行己守官，耿耿爲宇宙奇男子。而尋厥本源，則良知一脈遠宗文成，而體驗實踐自得爲多。每謂「學者皆説良知，不説致良知，去師門宗旨遠甚。」又曰：「上智即本體爲工夫，下學用工夫合本體。」其超悟融釋，表裏洞貫，不讓諸入室弟子，而矯偏救弊，以羽翼師説，則子蓋之功有焉。尤惓惓接引後學，成就人材。性剛直，嫉惡如讎，至於獎善，常若不及，如復文公、文成兩賢祠，祀四鄉先生於學宫，議條鞭法便於民衆，建龐公去思祠，推創法之功以示不摇，皆本子蓋力也。居恒負天下志，間偕鄉先生讌集，胥目子蓋爲黼扆中人，願以古名臣傳及國朝經濟録爲相業助。子蓋莞爾曰：「忭徼先生寵靈得事明主，執《秦誓》一篇足矣。」其自任之重如此。以故一時内外縉紳，莫不以伊、吕器歸之，而子蓋亦不復固讓，至處權勢機竇間，不激不隨，漠如也。文章舂容爾雅，粹然一出於正。初，太僕公作《山陰縣志》，既成，子蓋爲續其後傳，已又修《會稽縣志》、《紹興府志》，義嚴衮鉞，稱一方信史，然並出張氏父子手，人謂有班、馬氏之風云。撫異母弟恩義備篤，尤厚於親族，待以舉炊者數十家，孤寡、老弱、婚喪皆有給。越俗浸尚奢靡，居喪讌賓、崇佛，子蓋以禮節之，著爲家法，人多化焉。衣必重澣，飯僅脱粟，子弟稍不如指，輒譙讓不已。子婦有服珠玉文繡者，立焚之。暇則率諸孫歌詩堂上，陶然自得。人莫窺其際，大都從虛明一竅中作用，無失其本來者而已。

余嘗謂少欽縝密而有不爲，子藎剛毅而有必爲，皆任道之器，而余以淺衷弱植左右二公間，庶幾箴砭薫培我也。而今子藎逝，失一良友矣，可勝痛哉！子藎以五品終，格於令，不得請謚與贈。越三年，吏部鄒君元標以子藎請得如羅公倫例，以爲不愧科名者勸。少欽狀子藎，謂後必有表章之者，不謂近在吏部也。子藎可無憾矣。子藎娶王安人，純德懿行，著於內外。子汝霖、汝懋，諸孫玉立，所以紹休嗣美者，且世世弗絶，皆子藎之所留也。爰碑刻石，用識余思，以詔來者。

郡志小傳

餘姚孫鑛撰

郡志既傳布，未一年而子藎卒。子藎名元忭，太僕天復長子。余庚午冬與子藎爲文會，熟其爲人。於時雖爲舉人，即有大志，慨然論天下事矣。先是，太僕公有滇南逮，值病，子藎扶掖往，艱辛萬里，鄉人稱焉。事卒得白，已乃摭他事除名，語在太僕傳中。明年辛未，登進士第一，授修撰。又明年，值覃恩，則上疏力白太僕公冤，詔特許復官，蓋異數也。於時部覆疏固云：「後有比者，必其子亦如元忭，乃得許可。」知其難矣。是歲有星變，子藎上疏，言事甚激切。既上，以揭帖詣時相，相不出見，第遣人謂曰：「如此門生者，十五年即望代我，何見小如此？」又曰：「既如此，我亦不爲渠地。」子蓋曰：「待爲地，當不上疏矣。」竟出，語傳入，時相曰：「此人當病狂矣。」疏久不報，子蓋遂請告。既而遘太僕艱，仍起故官，居京師，則講王文成之學。世方諱講學，子蓋不顧，二三同志常有會。是時知子蓋者，咸期爲公輔，而子蓋亦隱然自任，於人材及邊務，至他生民利病，皆手有記，慎取與，持身如捧盈。壬午秋，使楚。明年，遘劉安人難。後二年，修郡志，乃又亟稱王文成，以爲事事可師。與商時事得失，較若鑑照，所論説皆可施用，又皆出獨見，不隨人低昂，益淵邃有詣矣。然每談未嘗不極口言太僕之負屈也。子蓋少多疾，以好學益羸，時時苦脾弱。丙戌冬，脾患益甚，余往與別，坐床上，面色青黑，骨瘦如削，又多痰，然家人小事必咨，應酬間錙銖必求諸禮，無忽慢也。至京，晉諭德，復上疏理太僕事。詔不許，仍訐責。人謂太僕前已逾例，玆舉不其可已。然子蓋夙志如此，當必有傷心者矣。子蓋沉毅多智慮，其見義，奮然敢任，不遠嫌疑，固昔人所謂國器，竟未究其志，惜哉！初，余與子蓋分輯郡志，子蓋專人物，其三篇有録無書，蕭公復屬余續成之。嗟乎！良友已矣，青簡尚新，叔夜闕一以自儗，固有此耶！因流涕次子蓋事附焉。

三學公舉鄉賢呈

紹興府、山陰縣、會稽縣三學生員季圍、何天柱、董祖慶、陳淙、毛德齊、田汝南、白亮采等呈乞崇祀名賢以彰風教事。竊惟山陰已故左春坊左諭德兼翰林院侍讀張公元忭，生有異禀，長多奇節。洎乎大魁之後，益弘載道之謨。近淑伯安，遠宗明道。捧盈執玉，敦實行以救空談；霽月光風，披虛襟而引後進。好善若渴，情見乎詞；疾惡如仇，義形於色。恤民瘼，條鞭賴以不搖，而一切利病靡言弗徵；厲世風，表章爲之殆盡，而四方人才有聞必録。通籍一十八載，强半屏迹山林；上書數百餘言，大抵優先禁闥。語皆經濟，動協準繩。居處莊嚴，必冠而見子姓；服御澹素，焚錦以戒家人。兩歸躬含二親，人稱孝感；二志並出一手，郡賴公評。拓産贍同宗，廣先人之素志；均田分庶弟，逾太僕之遺言。乃其大節終生，尤在爲親一念。拯危則間關萬里，焦神趼足而不辭；鳴冤則伏闕兩陳，瀝血剖心之獨苦。一孝既立，百行攸從。科名不愧一峰羅公，家學是似南軒張子。匪直此邦碩彦，洵矣昭代真儒。方期衡保於泰階，遽厄龍蛇之否數。朝野共惜，桑梓尤嗟。伏遇明臺，興起斯文，主持世道，表厥宅里，示我周行。如張公者，崇祀膠庠之中，增光俎豆之列。庶幾名教，以風將來。圍等不勝仰望之至。

呈蒙太府劉批：諭德公學問淵源，科名無愧，今雖没世，猶有餘芳。據呈，鄉賢之舉，似不可已，仰該縣查報。

大尹毛批：本宦生前高蹈，朝野共稱，没後芳聲，鄉間無間，今人僅見，古道斯存。今據三學公舉，委應崇祀，以勵世風。

提督學校浙江按察司副使李批：張公孝行貞操，鄉評推重，蓋不愧科名者，仰府置主，送入賢祠。繳。

卷一

制策

廷對策一道

皇帝制曰：朕紹承天命，纘御丕基，五年於兹，夙夜皇皇，圖惟治理。每思與天下共享和平之福，而未臻厥效，朕甚惑之。黄、虞尚矣，三代以成周爲盛，説者謂太和在其宇宙，果何道以致之？或謂《周禮》九職、八則、五禮、六樂、三物、六容，使民勤事而不暇，習於上下等威之中，消其尊崇富侈之心，是以化行俗美，天下和平，然歟否歟？漢治號爲近古，當其時，獻議之臣，猶有欲定經制者，欲建萬世之業者，欲不嚴而成化者，之三臣者皆病徒法不足以興治，然則如何而可以致太平歟？洪惟我太祖高皇帝，開天建極，六合同風。以政防民，若《職掌》所載，同符六典；以禮教民，若《洪武禮制》、《禮儀定式》、《大明集禮》所載，制度精詳，達於上下，可萬世行之而寡過矣。乃今治績罔效，風教未孚，長厚之意薄，虚僞之習滋，民或侈泰以相炫，士或恣睢以陵上，庶幾所謂卿大夫和於朝、士庶人和於野者而不可得，豈政之文徒具而禮之實未至歟？今欲興教化、厚風俗，使天下志慮不易，視聽純一，相安於蕩蕩平平之治，禮讓之風媲美成周，必何施而後可？諸士子綜古度今，試究其說，朕將采而行焉。

臣對：臣聞帝王之繼天而立極也，有齊一天下之具而後可以臻治平之效，有化成天下之實而後可以追協和之風。政也者，齊一天下之具也，所以示民之趨而嚴其防者也。禮也者，化成天下之實也，所以定民之志而彰其教者也。政之所布，或止於法制之粗，而禮之所陳，不足以建中和之極，則民皆習於其文而昧乎其實，雖欲使之志慮不易，視聽純一，以相安於蕩蕩平平之化，胡可得哉？是故聖哲之君，受上天之寄，膺化民之責，不徒道之以制度文爲之具，而必有禮焉，以寓夫潛孚默運之機。勸民之善而不以爵禄，遏民之惡而不以刑威，是以其教不言而喻，其民不令而行。布列於庶官者，各修其職，而不日志于尊榮；散處於族黨者，各安其分，而不日志于富侈。遵王道者，無偏黨頗僻之患；若聖訓者，有時雍風動之休。古之帝王所以垂拱而治，揖讓而化者，其有由然哉！欽惟皇帝陛下，聰明天啓，仁儉性成，紀綱振舉于朝廷，而海宇嚮風；威德覃敷於邊塞，而蠻夷率俾。治已至矣，化已洽矣，乃於萬幾之暇進臣等而策之，慨然有慕于成周之治，而以方今之民風士習爲憂，詢臣等以興禮化民之要，誠求治無已、望道未見之盛心也。草茅之士，沐浴聖化，願攄忠悃之日久矣，敢不披瀝以對？

《書》曰：「天降下民，作之君，作之師。惟曰其助上帝，寵之四方。」又曰：「惟皇上帝降衷于下民，若有恒性，克綏厥猷惟后。」蓋四海之廣，萬民之衆，風土異宜，習俗異尚，不有以整齊之則亂，不有以約束之則争。君人者，荷帝天之命，握君師之權，以立極於萬民者也。則凡所以懸之象魏，頒之條教，彰之物采，陳之藝極，以整齊天下，約束天下，而使之順軌嚮方焉者，寧非治天下之常經也哉？然此特治天下之文，而興禮敦讓則化天下之實也。有其文而孚之以實，則制其外者又有以格其心，而天下自漸摩于仁讓之治；不務其實而徒飾之以文，則革其面者未必能一其志，而天下卒積習于偷靡之風。上之所尚少異，下之所趨頓殊。故曰：「政刑者，輔治之具；德禮者，致治之本。」而治天下者，貴審所尚也。黄、虞之治遐哉，弗可復覩矣，試以成周言之：周自文武開之於前，周公成之於後，其所以治天下之具，斟酌百王，損益二代，綱之紀之，經之綸之，蓋纖悉備矣。乃其化民之實則有不盡於是者，是故《棫樸》作人之教，《關雎》、《麟趾》之意，《行葦》、《蓼蕭》之德，所以播其忠厚儉勤之化者，真懇惻怛，蓋不徒政以驅之，而恒有禮以率之也。嘗觀《周禮》一書，周公以之相七年之治，成王以之享四十年之太平，有周以之培八百年之命脈，斯誠治天下之大綱大要也。然不徒曰周之政典而以「禮」名之，則其寓意遠矣。今考其所載，若設官分職、辨方正位、體國經野、制度品式，非不詳且密也，而其精蘊所存，機要所急，則惓惓乎以禮化民之是務焉。是故任之以九職，治之以八則，節之以五禮，和之以六樂，迪之以三物，正之以六容，以功詔禄而尊卑之有等，以事奠食而貴賤之有章。當時之民，自少至長，習于升降揖讓之節，而囿于道德仁義之中，曉然知上下之分如冠履之不可逾。位巖廊之上者，懷素餐之懼，效靖共之忠，而卿大夫相與和于朝；處邦國之中者，泯僭侈之私，敦雍睦之義，而士庶人相與和于野。風俗之美，比屋可封。宋儒謂太和在成周宇宙間，詎非以禮化民之明效也哉？《易》曰：「上天下澤，履。君子以辨上下，定民志。」《記》曰：「君臣上下，父子兄弟，非禮不定。」「禮者君之大柄，所以治政安民也。」知乎此，則成周之所以化行俗美、天下和平者，其道可知，而後之圖治者可以知所務矣。漢之興也，去周未遠，使當時之君能奮然復古之治，而本之躬行以善其則，先之禮教以孚其心，則成周太和之治幾可再見。奈何以雜伯之心，而行一切苟且之政。黄、老、申、韓既以陰壞天下之學術，而恭、顯、許、史又以紊亂先王之典刑。是以當時獻議之臣，若賈誼之於文帝，則曰「禮者禁于將然，法者禁于已然」，而欲其定經制，厚風俗，以興殷周之治；王吉之於宣帝，則曰「安上治民，莫善于禮」，而欲其述舊禮，明王制，以建萬世之策；匡衡之於元帝，則曰「道德之行，自近者始」，而欲其陳德義，循禮讓，不嚴而化，以挽浮靡之趨。蓋誠以太平之效不可以徒法致，而轉移化導之微權必以禮教爲之本也。三臣之言，豈非通達治體者哉？而漢之三君，卒狃于陋習而不能用，是以德色誶語，民鮮淳良之俗；貪鄙嗜利，士無廉靖之風。居官而致富者爲雄傑，處奸而得利者爲壯士，有如賈誼之所太息，貢禹之所極論者。終漢之世，日以淩夷而不振，非漢之民不若成周也，禮教不修而文法之弊滋也。

洪惟我太祖高皇帝，肇造區夏，驅逐胡元，復帝王所自立之土宇，建古今所未有之事功，不惟政以防民，而又禮以教民，蓋有兼舉而不遺者。以政言之，若《諸司職掌》所載，官以職分，而九卿百執事之相維，事以類繫，而大小纖悉之畢舉，宏謨曲算，燦然六典之章程也。以禮言之，若《洪武禮制》、《禮儀定式》、《大明集禮》所載，提其綱領，而祭享昏喪之有節，析其條目，而服舍器用之有差，良法美意，藹然《周官》之矩範也。二百年來，道化淪洽，日氏月窟之邦，含齒戴髮之屬，孰不沾德澤、歌太平？雖成周之盛，何以加此？而聖問所及，猶以治績罔效、風教未孚爲慮。臣嘗思之而得其故矣。蓋成周之所以化民成俗者，政非出于禮之外也。我聖祖之所以建極垂範者，禮即寓於政之中也。有政以爲齊一天下之具，故有以一民之視聽，而孰非所以爲禮之迹？有禮以爲化成天下之實，故有以定民之心志，而孰非所以爲政之精？然則昔之所以和平而今之所以偷靡者，從可知已。由今之時觀之，長厚者變而爲浮夸，淳龐者變而爲虚僞，倡優忘后飾之僭，牆屋競文繡之觀，而民侈泰以相炫者日甚也。急進取，則懷入市攫金之心；工擠排，則爲下穽投石之計，而士之恣睢以陵上者可駭也。民風之薄惡，士習之澆漓，非惟壓陛下之憂，臣亦且憂之矣。臣竊以爲，風俗之無良者，由教化之不明也；教化之不明者，由政本之未立也。夫所謂政之本者何也？禮之實是也。今也詳法令而略禮教，重文藝而忽德行。賞罰非不明也，而或枉其功過之實，則下何由而勸懲？議論非不悉也，而或歉于畫一之守，則下何由而趨避？學校視爲具員，而師儒之模範弗端；守令勞于案牘，而風俗之淳漓罔念。陛下所謂「政之文徒具而禮之實未至」者，臣不敢謂無是也，則又何怪乎民風士習之日趨於弊而不古若哉！夫陛下知致弊之由，則知所以救弊之道。其道無他，亦曰務禮之實而已矣。臣請申聖祖之制，法成周之規，採漢臣之言，興禮讓之教。掌銓衡者不徒以政績課殿最而必核其行檢，司登籲者不徒以詞章品高下而兼採其德誼。賞當賢，罰當罪，而勸懲昭明允之公；執體要，崇本實，而議論黜靡曼之弊。董學校者，必如陽城之在國子，胡瑗之在湖州，而不徒委瑣闒茸以充位；知郡縣者，必如仇香之以德化民，延壽之閉閤思過，而不徒簿書期會以稱賢。由是而公卿勵楊綰之素，勳戚慕馬廖之風也；由是而大夫秉《羔羊》之節，士民安《蟋蟀》之化也。上以禮相考，下以禮相睦，師師濟濟，熙熙皞皞，太和氣象不在成周而在今日矣。臣何幸躬覩其盛耶！雖然，致治有本，立教有源，是在陛下求之身心，以爲臣民之倡而已。蓋人君一身，萬化所出，薄海內外環向而取則焉者也。夫苟履盈成之運，忘逸欲之危，或以聲色，或以玩好，或以遊畋，溺宴安而莫之察，拒忠良而弗之信，則教化之本源已先窒矣，又奚望於風俗之還淳也哉？臣願陛下端其本，清其源，澄心節欲，以培享國享年之基；戒盈崇儉，以裕足國足民之計。日親賢佐，相與從容謀議，以共圖太平之業；日近儒臣，相與反覆討論，以深惟化理之原。出入起居，罔有弗欽；發號施令，必求諸道。使禮教始于宮闈，休聲訖乎遐邇，則教化所敷，如風行而草偃，表正而景端。所以享和平之福，追成周之盛者，端不外此。臣愚不識忌諱，干冒宸嚴，不勝戰兢隕越之至。臣謹對。

疏

爲父陳情疏

奏爲恭遇大慶覃恩，爲父陳情，乞録軍功，復原職，以廣聖澤事。兹者伏遇皇上纘承丕運，尊崇兩宫，大典告成，中外一時，大小臣工，罔不沾被。臣父天復，原任雲南副使，以罪爲民，仰遵明例，不敢冒請恩命，顧惟覃恩盛典，實千載希濶之遇，與尋常考滿者不同。而臣父先曾效有軍功，重罹冤抑，有不得不哀鳴于君父之前者，伏惟皇上矜察焉。

臣父由嘉靖二十六年進士，歷禮部主事、郎中，陞湖廣提學副使、江西左參政，被論，降調雲南副使，陞甘肅行太僕寺卿。比臣父任雲南時，值武定府逆夷鳳繼祖圍城叛亂，蒙撫按會委監軍羅次哨。臣父統兵三千，夜半冒險奪小甸關，直趨武定。時僉事張澤，被賊擒辱，城中居民，三旬乏食。臣父兵入，賊即解圍宵遁，闔境士女，號泣迎師。臣父撫救瘡痍，安輯反側，剿靖巢穴，隨以部下官兵出江追戰，生擒賊首七十五名，賊從一百九十七名，用計斬獲大賊首鳳繼祖、卞大才等一十二顆，賊從一百五十三顆，俘獲賊屬一百八十八名，牛羊驢馬器械以千計，招降過叛夷四百六十七峒寨，查追賊田歲收子粒七萬一千五百有奇，攻破冷村、車甸等峒寨二十餘處，恢拓久爲賊據地方一千餘里。築城置郡，建學設驛，立堡防禦，以平累朝久叛之禍，皆出臣父首議。比蒙巡撫兵部尚書吕光洵、巡按監察御史劉思問會本並薦臣父，内有曰：「智慮素精，紀律尤肅。操縱得宜，而擒馘甚衆；任使隨器，而謀勇攸歸。親履戎行，深入夷地。馭漢土之士，咸得其歡心；決攻剿之謀，悉中乎機會。一舉而致蕩平之績，數旬而收底定之功。相應特賜擢用。」本内會薦三哨，總陳功次首級，臣父實居其半。已蒙敕下兵部，轉行巡按衙門查核，此臣父微功所不能欺冒者也。隨蒙陞授前職，赴任間，憸忌同列欲攘其功，併誣以罪。新代撫按，止據一時萋菲之言，盡略三年勞苦之實，遂致論列提問。其時臣實扶掖臣父，萬里就訊。巡按衙門祗奉嚴旨，行委布按二司會問，遍行各府，磨勘備至。蠻箐屬夷，思父舊功，保訴而來者日以百計。臣父被論之情，卒無證佐，止以應朝，多取造册紙贖，坐罪爲民。

竊念臣父效命邊徼，上圖報塞，九死一生，僅立微功，乃緣忌者之擠排，反致身家之毁玷，此臣父所以仰天椎心而不能自明者也。臣惟聖王彰賞罰之公，必核夫功罪之實，使誠功有可録，即有罪，猶在所原。至如臣父始因功而獲謗，終以罪而掩功，沉抑終身，與編氓爲伍，臣竊痛之。況我皇上登極之初，肆赦天下，自非極惡大憝，悉從矜宥，俾得自新。而臣父獨抱覆盆之冤，未由昭雪，是上既不得與縉紳之士蒙褒錫之榮，而下復不得與有罪之民沾曠蕩之澤也。臣遭際聖明，叨沐恩寵，而父年衰暮，尚飲向隅之泣，臣俯仰天地，亦復何顔？查得御史侯居艮，其父侯畛，原係邳州判官，考察爲民，奏蒙先帝准與閑住移封。臣父事例，實與相同，而所有軍功，則又過之。伏望皇上憐臣烏鳥之情，敕下該部，查臣父先經撫按會保功次。如果臣言不妄，特乞准令臣父量復原職致仕，仍免臣本身應得敕命，以贖臣父之愆，豈惟臣父子含恩罔極，誓竭犬馬，將使天下之爲臣者，皆思立功以報主，而不爲全軀遠禍之謀；爲子者，皆思揚名以顯親，而益篤移孝爲忠之念。臣無任隕越祈懇之至。

再爲父陳情疏

奏爲再疏陳情，懇乞天恩，俯察功罪，復父原職，以風厲臣子事。臣惟以功獲罪，乃人臣不幸之遭；因罪議功，實聖主無私之造。臣父天復，原任雲南按察司副使，隆慶二年間被論削籍。迨我皇上嗣登大寶，覃恩中外，臣備員史局，具疏陳情。伏蒙皇上俞吏部議，准令臣父冠帶閑住，臣父子感荷洪慈，即捐糜未足爲報，更復何言？但臣原疏具列臣父先曾效有軍功，因而取忌獲罪，吏部未行詳察，靳予致仕。繼臣兩經考滿，再遇覃恩，皆不敢冒昧陳乞。臣父功罪未明，賫恨而歿，今又十餘年矣。頃臣起復到京，輒蒙聖恩，擢置宫僚，隨補經筵講官。臣幸遘昌期，薦沐光寵，而臣父終抱覆盆之冤，九原不瞑。臣戴天履地，何以爲人？用是不避煩瀆之誅，敢以前疏再鳴於君父之前，唯皇上矜察焉。

臣父任雲南時，值武定逆酋鳳繼祖倡亂攻城，襲殺憲臣，動摇滇省。臣父蒙撫按會委監軍羅次哨，統兵奪險，直趨武定，屢戰屢克，賊即解圍宵遁，闔境士女，喜獲更生。隨以部下官兵出江追剿，計斬逆酋，擒馘甚衆，攻破冷村、車甸二十餘寨，俘降夷屬以千百計，恢拓久爲賊據地方一千餘里。已而改土設流，置郡建學，立堡防禦，以永靖一方，皆出臣父首議。比蒙巡撫兵部尚書吕光洵、巡按監察御史劉思問會本並薦。有曰：「智慮素精，紀律尤肅。親履戎行，深入夷地。馭漢土之士，咸得其歡心；決攻剿之謀，悉中乎機會。一舉而致蕩平之績，數旬而收底定之功。相應特賜擢用。」本内三哨總陳功次，臣父實居其半。事下兵部轉核，未報。臣父隨陞甘肅行太僕寺卿，去任，一時撫按亦皆新代，憸忌同列乘間中傷，遂致論劾提問。其時臣實扶掖臣父，萬里就對，彼中父老獠夷爲父聲冤者摩於道。所司祇奉嚴旨，簿責備至，所劾事情，卒無左驗，止以應朝，多取造册紙贖，坐罪爲民。

臣惟功在遐荒者，或假冒而難憑，若臣父決策效勞，削平叛孽，紀功之疏在兵部，報功之祠在武定，滇人目擊其事者，著爲《平黔三記》，流傳四方，此臣父之功狀甚著，非臣所敢僞飾者也。罪由文致者，或曖昧而難辨，若臣父謗起不根，萬口稱屈，先年巡按田御史已經勘明，頃歲科臣建白並惜其枉，此臣父之冤抑久彰，非臣所敢强辯者也。當今聖明在上，尺寸之庸必酬，幽遐之冤必白，而臣父功未録於生前，罪未原於身後，臣竊痛之。伏望皇上擴天地之量，晉日月之明，敕下吏部，查臣父先經會薦功次以及致罪之由，如果臣言不妄，特准臣父以原職致仕，則不惟臣父子死生銜結於無窮，且使立功報主者有所感而益奮，移孝爲忠者有所勸而益力矣。臣無任隕越待命之至。

修實德求直言以謹天戒疏 隆慶六年十一月一日上，不報。

伏自十月以來，客星經天，未昏而見，道路皇皇，以爲變不虚生，圖之在豫。臣濫厠詞林，歷稽典籍。自古帝王，莫不遇災而知懼，卒能化異以爲祥，故敢殫其愚衷，上塵天聽。

臣所謂修實德者，非獨君臣交儆于堂陛之間也。閨門實王化之原，箴警賴后妃之助。我成祖文皇帝纘緒之始，特命儒臣取劉向所載，編次成書，曰《古今列女傳》，遠自虞周，近及昭代，其間淑妃貞媛、賢婦令母，片言之善，一行之微，凡可以感發善心，創懲逸志者，揭其本末，訓誡宫闈，聖謨孔彰，成憲具在。兹者陛下日御經筵，沍寒不輟，講學固已其勤，親賢何所不至？皇太后母儀四海，表率六宫，宜有彤史之規，以播《關雎》之化。臣請纂聖祖之遺書，擇女官而進講，務使熟于聽聞，必有裨於啓沃。至於聖哲之后，如成周之太妊、太姒，漢唐之明德、文德，格言懿範，萬世可師，尤宜反覆繹思，動止觀法，俾千載而下，頌美無窮，顧不盛歟！左右侍御，悉令環聽，庶益宣忠謹之忱，以共享太平之福。皇上朝講之暇，視膳從容，日以所聞更相考論。如此則慈母之親，即爲師保，綴衣之賤，皆化忠良，所以養成聖德，肅清政本者，其益豈淺鮮哉？

臣所謂求直言者，非唯言之中理，亟宜付諸施行，就令有詿誤之愆，亦當大包荒之量。皇上登極之初，詔示中外，凡曩時建言罪廢之臣，悉從簡用。一時臣工喁喁思奮，謂且録之於既往，豈其拒之於方來？頃者御史某一言之誤，輒賜放還，給事某上疏申救，未蒙嘉納。臣恐中外聞之，不察某狂悖之由，而妄謂陛下有拒諫之意也。凡人之情，苟非徇國而忘私，孰肯犯顔以取禍？故賞之使言，猶慮其隱，言而獲罪，誰復敢言？臣恐緘默成風，諛諂日至，設使蕭牆有潛伏之憂，邊境有竊發之寇，陛下曷從而聞之乎？夫山有猛獸，則藜藿不采；國有直言，則奸宄不生。故季梁在隋，而楚人詘其策；汲黯在漢，而淮南寢其謀。忠直之士有益于人國如此。古之明王懸誹謗之木，設敢諫之鼓，凡以廣視聽而杜邪萌，爲萬世慮，至深遠也。臣又伏讀登極之詔，有曰：「朝廷政事得失，天下軍民利病，許諸人直言無隱。」德音既布于遐方，實意漸渝於終始，臣竊惜之。臣願陛下再申明詔，廣求直言，不但優容夫臺諫，亦且旁及于蒭蕘。允某之請，復某之官，使天下曉然知陛下有納諫之誠，而彰朝著多忠鯁之士，紀綱由是而振，孽孽何自而萌哉？夫臣所陳二事者，固儒者之常談，實保邦之要務，伏望皇上不罪其狂，留神採納，則氛祲潛消而休徵畢集矣。臣叨受國恩，不勝悃款待命之至。

卷二

序

紹興府志序

紹興古稱荒服，自禹會諸侯，勾踐以伯，迨建炎駐蹕，衣冠從而徙者，多賢聖之裔。明興，人文益盛，斌斌焉軼鄒魯而冠東南矣。郡有志在宋嘉泰間，至於今餘四百年無繼其響者。弘嘉之際，戴訓、南守，兩嘗輯之，而卒不就以去。先大夫既纂邑志，乃屬意於郡。兩公遺草，嘗購而藏之笥中，他所採擷頗衆。余小子趨庭之暇，竊與聞之。同年友宛陵蕭侯，以萬曆癸未來守郡，下車詢掌故，知志久闕狀，訝然咨嗟。明年甲申，會余宅憂，亟以謀於余，余謝不敏。又明年乙酉，孫太常文融亦以太夫人之憂歸，蕭侯曰：「太常與太史皆廬居，時豈偶耶？」遂申前請益勤，余與文融辭弗獲，則取八邑志若舊志〔二〕若諸史傳，稍纂次之，而文融執禮不入郡，乃各就廬中有事焉。蕭侯又曰：「事不分任，且久而罔功。」於是以疆域諸志屬之文融，以職官、選舉若人物志屬之余，而又互相參訂，並志殫精，不輟寒燠。閱一歲而書成，爲卷凡四十有六〔三〕，總之爲綱，凡十有六，曰疆域，曰城池，曰署廨，曰山川，曰古迹，曰土産，曰風俗，曰災祥，曰田賦，曰水利，曰學校，曰祠祀，曰武備，曰職官，曰選舉，曰人物，而以《序志》終焉。

夫志猶史也，自昔爲史者，皆雜出於衆手，而取裁於一人，唯《新唐書》作於歐、宋，乃分任之，而間多枝梧，詒譏後世。今兹志分任類之，而余與文融不徇迹而逆心，必考衷而求是，蓋文不敢比於歐、宋，而所謂枝梧者或寡矣。余又唯兹志之成有二得，亦有二失焉。夫先此名太守，寧詎渭南，若羅、戴、曾、游皆嘗謀之而卒無成者，何也？人衆則議論難齊，時久則機會易失，乃今任專而成速，是其所以得也。然而蒐羅之未廣，揚搉之未精，則亦唯人寡而時促焉耳。即操筆者且不能自厭於心，而況於旁觀者乎？嗚呼！志者，一郡之公也，亦千百世之公也，敢以余二人私之？所望於大雅君子，討其闕，攻其瑕，而彌縫潤澤之，是乃所以贊其得而匡其失也，豈

〔二〕萬曆《紹興府志》所收此序無「若舊志」三字。

〔三〕萬曆《紹興府志》作「爲卷凡五十有奇」。

余二人是賴，實吾郡有大賴哉！乃其詳具《序志》中者，余不復著。

萬曆丙戌秋日，賜進士及第翰林院修撰儒林郎直起居館經筵官管理誥敕纂修《會典》郡人張元忭撰。〔一〕

會稽縣志序

萬曆癸酉冬，元忭告歸越，適楊侯維新自松陽移令會稽，甫下車，首詢興廢，知邑未有志，乃過余，愕然曰：「會稽自夏后氏會計諸侯時已聞域中，迄今幾千載，而志尚闕，斯非有位者之羞，抑賢士大夫亦與有責邪？子太史也，曷圖之？」余曰：「此吾志也，顧才媿史耳。蓋聞諸故老言，往華侯舜欽嘗謀諸邑人金樂會堦、馬金溪堯相，而書未成，既而張侯鑒又嘗謀諸姚之岑山人原道，而又未成。比楊侯節亦且經紀其事，而尋以召行，夫事之難成也如此。然前所云二草固在也。而今之文學士優於史，無如徐生渭者。余即不敏，然合衆長，采輿論以贊成一時之盛舉，則何敢辭？」楊侯喜曰：「若是，是會稽之山川徼惠於子也。」於是，走使於姚訪之，適岑已歿，書不復存，又訪之金溪所，得所藏草，以屬徐生，專編摩之役，而余亦忘其固陋，爲之嚴義

〔一〕此句據萬曆《紹興府志》補。

例，核名實，互相讎搉，凡數月而書成。書凡四，曰地，曰治，曰户，曰禮。

夫治邑猶治畝也，農夫之於畝，不察其方之南北、土之肥磽，則播種之法無所施，治邑者亦若是。故有《地書》。夫既察其南北與肥磽矣，而播種之無法，可乎？故次《治書》。《治書》者，擇農之人，辨農之具與其廬也。治之之要，養之、教之而已。養之、教之者，舉農與具以培穀。既培之，而必別其傭之勤惰與其種之美惡，以爲久遠計也。故次《户書》，以明養；次《禮書》，以明教。嗚呼！四書具而爲邑之道略備矣！使録於兹邑者，因是書而察地之宜與治之要，拊循其民而導之以嚮方，如農之於畝，使它日謂是刻也不足於華而有裨於實用，則余小子其斯可以釋愧也夫！

雲門志略序

《雲門志略》者，志雲門之大略也。雲門舊有集，載晉唐以來諸家題咏，歲久散逸，其抄本僅存僧所，而又甲乙不倫，亥豕莫辨，觀者病之。且集所載止於詩若文，而兹方之勝概與夫高賢方外之有聞於昔者，不爲揭而出之，使搜奇弔古之士覽巖壑之勝而無由識其名，或徒識柯山陶嶺之名而無由論其世，甚闕典也。是歲甲戌，予養痾山中，卻掃多暇，稍取所存殘本，更爲校讎，冗者芟之，遺者補之，訛者正之，疑者闕之，又參之傳記，詢之故老，編爲四種：曰山川，曰古迹，曰名賢，曰僊釋，列於卷之首。既成編，總而易之以今名焉。或曰：「子方將沖然默然以游于無何有之鄉，而屑屑焉爲是編也，無乃似臧氏之亡羊也乎？」予笑而應之曰：「客其愛我哉！雖然，夫辨疆域，核典故，發幽潛，吾史氏職也。且吾以遊息之暇而漫爲之，爲而不爲，羊未嘗亡也。」客逡巡避席，遂書諸簡端。萬曆甲戌五月中浣山陰陽和居士張元忭書〔二〕。

内訓序

予嘗讀「二南」詩，見其反覆咏歎，皆后妃夫人之德、閨門婦女之情，則展卷而思曰：嗟乎！明王道，化天下，蓋必先于齊家，而家道睽恒自婦人始，此女貞之戒聖人所以惓惓歟！我成祖文皇帝纘緒之初，特命儒臣取劉向所載，編次成書，曰《古今列女傳》，其端本垂教之意，何甚殷哉！顧廟堂懿典或閭閻所罕覩，而聖化日遠，俗益趨下，士大夫之子弟猶有家塾，庶幾嚮方，而女師氏之訓罔聞矣。是以驕惰成性，華侈相高，敬順儉勤之風寥寥無聞已，欲家之正，得乎？予竊有憂之，暇日蒐拾經傳之遺，稍删定之，輯爲《内訓》，其辭顯，其旨近，俾夫婦之愚皆可以感而興焉，亦或正家之一助云耳。若夫以身教，不徒以言，于以遠追「二南」之盛，上副聖祖之心，則尤有望于自修之君子。

〔二〕此句據萬曆《雲門志略》補。

崇祀疏議後序

今上典學右文，廣稽獨斷，進理學諸臣從祀孔廟凡三人焉：王先生守仁、陳先生獻章、胡先生居仁，而先是隆慶改元，已嘗祀薛先生瑄矣。於是耿中丞先生定向，裒集先後諸疏議爲三卷，以授詹侍御事某[一]、蕭刺史某[二]，俾付諸梓。蕭君復屬忭稍訂之而敘其後。

敘曰：夫道，一而已，學焉而各得其性之所近，則所繇以入道者有二門焉。洙泗諸賢，身通六藝者若而人，獨顏子以好學稱，至舉其所以學，則不遷不貳焉爾，此所謂頓門者也。曾子從事於精察力行，而後豁然於一貫，此所謂漸門者也。夫學有頓漸，其至於道也，一而已矣。寥寥千百年，迄乎有宋，而後真儒輩出。若濂溪之無欲，明道之定性，蓋得統於顏，而象山固其儔也；若伊川，若晦庵，主敬窮理，循序漸進，蓋得統於曾，而其派衍繁矣。嘗謂自有宇宙即有此學，雖摧而沮之，終不可得而廢，何也？道固不可廢也。自有此學，即有二門，雖比而同之，終不可得而齊，何也？質固不可齊也。士病自外於孔氏之門，與昧焉而不得其門，苟志於孔氏而

[一]「某」，《不二齋文選》作「講」。
[二]「某」，《不二齋文選》作「良幹」。

得其門，即堂奥可從而窺，何病乎門之殊哉？

明興二百年，理學之盛，有光前代。姑即四先生而論之，若王若陳，則元元本本，妙契精微，謂非顔氏之宗不可也。若薛若胡，則步步趨趨，動遵矩矱，謂非曾氏之宗不可也。先皇帝與今上作述一心，俎豆四哲，則既明示天下以入道之門並行而不悖，未嘗舉此而廢彼也。衆言淆亂，折諸聖，信矣無容於喙矣。雖然，願申其説焉。當文清之議祀也，第以著述少之。乃今陳、胡兩先生同然無議，而文成蒙呰特甚，此何以故？學之砥行飭名，不離繩尺者，其取信恒易，而直指本心，掃除一切，固世之所駭而疑，疑而詘也。士之居常處約，不當事任者，其完名恒易，而身處多危之地，謗生多忌之口，此固仲尼所嘗厄於春秋，而程朱所不免於當時者也。若夫學其學者但知心之有知，而不求其知之所以良，但知知之本良，而不求其良知之所以致，此在文成，蓋嘗諄諄言之而嚴其防矣。伊洛之門有邢恕，西河之後爲莊周，寧足爲其師累乎？忭生也晚，不獲摳侍於文成，而幸生其鄉，竊聞其緒餘，每讀其書，不知手之舞之、足之蹈之也。今是編也，譬之毁之者具在，藉令文成復起，當不置喜愠於其間。而忭復曉曉焉爲之分疏，亦不自知其贅也矣。

朱子摘編序

考亭朱子之學，蓋得之延平、豫章，以遡龜山，而上接周、程之緒，其統系之相承，若此其正也。乃世之號爲朱學者，往往得其膚而未窺其髓，是以馳鶩於考索，而不知吾心有不慮之知，拘泥於格式，而不知吾心有天然之則，斯豈善學考亭者哉？陽明先生首揭致良知之旨以救其弊，而當時驟聞之者，輒以其畔於考亭而攻之。惟陽明亦有不自安者，乃取考亭之書而檢求之，咀其華，鈎其玄，輯爲《晚年定論》。自《定論》出，而後考亭之學其精髓始透露於此。其拳拳於培本原，收放心，居然延平之家法也，而後考亭之學始爲質之濂洛而無疑。是陽明不唯不畔於考亭，抑亦有功於考亭者也。忭少也讀《大學》「格致」章補，則掩卷而思曰：何哉，無乃倒言之也乎？無亦曰吾心之全體大用無不明，而後庶物之表裏精粗無不到乎？果若所言，何以爲知本也？稍長，得《大學》古本讀之，而後知聖人之學固如是乎易簡而無難也。已又得《定論》讀之，而後知考亭之學其究竟固若此，而傳注所云乃其論之未定者也。已又每誦《性理》所載考亭詩，則躍然曰，此非《定論》之餘響乎！如曰：識東風面，聞夜半雷，春水生而蒙衝自在，風浪息而山樹依然。此非以神遇不以言解者乎？頃邸舍多暇，復取集中諸詩，偕一二友朋遍閲之，得其調之同者凡若干首，類而録之，曰《悟後詩》。蓋《定論》雖曰晚年，猶有未必晚年之疑，而是詩見於平時，則皆到岸棄舟之句。合書與詩觀之，而考亭之學益見其博大圓融，洞朗無礙，前陸後王，氣求聲應，無復異同之紛紛矣。於是合二編而刻之，曰《朱子摘編》，而敘其始末如此。嗚呼！道一而已矣，學不會於一，非學也。是編也，豈獨三先生之學可會於一，即千古聖學之正

傳，吾知其無二徑矣，雖謂之「儒宗參同契」可也。萬曆戊子立春日，山陰後學張元忭謹序。〔一〕

重刻伊洛淵源序

《伊洛淵源》前後二編，蓋考亭朱子與黄巖謝氏之所輯，有宋諸大儒先生及其門下之嘉言善行略備矣。今太宰海豐楊公，朝省而暮讀之，既已獨會於心，又將重梓之，以公諸四方之學者，而屬序於忭。忭小子，夫何知，蓋嘗竊聞長者之餘教矣，夫道猶水也，水必有源，源未嘗不一，而其流之所之，支分派別，至不可究詰，要之晝夜不舍而至於海則一而已矣。何者？源深而流長也。儒者之於道，有不原於心者，非學也。而稟有高下，見有大小，入有頓漸，則亦安可强而同哉？要之不二其心，而皆足以至於道，亦一而已矣。是編所載，無論其門人，即以諸大儒先生言之，濂溪開其源者也，二程得之於濂溪，既已衍而大之，而伊川終不同於明道。伊川之論横渠，謂其得之考索，非明睿所照，其於康節，則以爲聖門之别派。豫章、延平並得之於龜山，爲程氏之適傳明矣。而考亭集諸儒之大成，顧於師門主静求中之旨自以爲有所未契，是諸先生所不同有如此者，然此特其所稟、所見、所入之小有差别焉耳。乃其精神心術之微，本之以誠而守之

〔一〕此句據臺灣傅斯年圖書館藏萬曆四十二年重刻本《朱子摘編》補。

以敬，慥慥競競〔二〕，務去人欲而還天理，則諸先生者，其心同，其道同，寧有毫髮之異乎？是以表裏洞然，可以動天地，質鬼神，前乎千百世而無疑，後乎千百世而不墜，所謂源深而流長者，非歟？若夫俗學與異端者流，非不可矯飾眩惑於一時，而要其心既有愧於周、孔，則何怪乎其術易窮，而其傳易泯，此亦潢汙行潦之水，乍盈而易涸者也。然則學諸先生之學者，可徒循其流而不遡其源哉？抑忭又聞之，大臣以道事君，而冢宰埒於三公，與有論道經邦之責。夫道未有不須學以至者。今太宰公孜孜問學，潛心伊洛之奧，且將率天下而誦法之，是宜上贊一人，下進退百官，一出於道而無遺議也。豈非斯世之幸、斯道之幸歟！忭何敢爲佞焉。

長安會約序

夫爲仁由己，而語稱「以友輔仁」，人與己交相成也。羣弟子而講道於洙泗，自孔子始。彼其時相規相勉，用志不分而精神若一，蓋肫肫乎其仁矣。善乎文成子曰：「孔子之教不倦也，乃其所以學不厭也。」此學之脈，自春秋以至於今，有盛有衰，有晦有顯，有通有塞，而卒未嘗絶焉。道固未嘗絶也，匪是則人心死、人道息矣，天地誰與參乎？或者謂：「孔子不得位，故講

〔二〕「競競」，《不二齋文選》作「兢兢」。

學以明道，使其得位而道行，則何事於講？」然吾未聞孔子爲魯司寇，輒散其三千七十之徒，噤其口而不講也。夫學以資仕者也，仕優而學，吾猶以爲緩，況仕而廢學乎哉？嗟乎！孔子不幸生於春秋，然且伐木絶糧，講學而無悔。今吾儕幸而當盛世，事明主，日飽公餼，曳佩而趨朝，月不滿旬，赴曹省而辦事，日不過數十刻，以其在公之暇，相與聯四方之同志，講明義理，以陶鑄其情性，養其真純潔白之心，以服乃官，共乃職，以自靖自獻於天子，其聚不亦甚樂，而其務不亦甚急矣乎！會始於今年五月，一陰始生，賴衆正以克己也。至十月而會者稍益衆，於時有會約之申焉。時屆仲冬，一陽來復之候也。諸友務各惕然奮其新圖，皤然滌其舊染，一念既興，萬年不易，庶幾哉人與己交相長也！此謂求仁，此謂休復，此謂願學孔子。諸友孰非丈夫哉，毋多讓！

海塘告成序

不佞每讀《典》、《謨》，未嘗不歎當時之君哲于任人，其臣忠于任事，而卒以共成永賴之功也。夫洪水泛濫，帝既孤所托於崇伯矣，當其時，在廷之臣不少也，及舉而更命之，乃即九載罔效者之子也。是其於任人也，可不謂哲乎？禹既受帝命，去其家八年，不以爲久，乘四載，躬胼胝，不以爲勞，是其於任事也，可不謂忠乎？卒之出斯民於魚鼈，轉昏墊爲平成，功烈之盛，至今賴之。吾是以知天下之事無必不可成者，要在乎得其人，人之才智不甚相遠，要在乎能盡其心。得人以任天下之事，是唯明后。盡心以成天下之事，是唯純臣。吾於浙西海塘之役而竊有感矣。浙西諸郡邑率瀕于海，而其咽喉在海鹽一塘。往歲盲風怪濤驟作，衝決數百里，浮尸如蟻，積骸如山，損稼穡十九，民即幸不死，餓徙無算。天子聞之，惻然曰：「嗟爾！海邦赤子何辜？國家漕計何賴？咨爾廷臣，其孰可使？」於時以工部侍郎常熟徐公請曰：「是嘗有事於河者，其必習於海。」天子曰：「然。」乃加工、兵部侍郎兼僉都御史以往。公既受命，入浙詣塘所，經始孔勤。或有爲公謀者曰：「公既嘗撫江右，晉司空矣，今兹轉，暫耳，旦夕且内召，而海塘之工非數載不就，獨奈何以此自縻？」公正色謝曰：「吾知有君命當共、民溺當援而已，曷知其他？」或又爲公危者曰：「昔人言：『治水不與水争利。』今日夕與海濤相牴角，費鉅而力艱，易圮而難於固，獨奈何不爲後圖？」公又正色謝曰：「吾知矢心以從事，殫吾經畫以先之而已，曷知其他？」則又誓于海之神曰：「予奉天子命來捍海，海不捍則予不得獨止，貳者，神殛之，毋令縱。」則又誓于羣執事曰：「予奉天子命來捍海，海不捍則羣執事亦不得獨止，貳者，予罰之，毋敢縱。」於是相地宜，謹顧慮，土塘護其内，支河殺其湍，木石雨集，版锸子來，朝省夕視，小大奮勵，工既告竣，海神彰異，風怪恬息，桑麻蔽野，流徙復歸。蓋期年之間，而所築塘以丈計者數千有奇，所省費以兩計者數萬有奇，所墾田以畝計者亦萬有奇，自古效速而功鉅，未有若今茲之役者也，是非聖天子任人之哲，中丞公任事之忠，其曷有此？藉令授任者皆如茲役之得人，任事之臣皆如公之不貳其心，則豈徒海與漕有攸賴？如右所陳，即虞夏之盛，將不再覩於今哉！蓋向之爲公謀且危者，始自悔其失言，而湖西之民相與歡呼於塗，其縉紳大夫相與歌咏於室，方踵接而未已。不佞湖人也，先大夫於公爲同年友，往直枉於滇中，公實有大造焉，茲且幸公成大功於吾湖，歡呼歌咏，視諸人不啻倍之。雖然，凡不佞所以頌公者，寧有浮於湖人之公言者邪？

制敕房題名録後序

國家設内閣以掌天子之詔令，參與密謨，其地位最近，而機務最繁，於是又設制、誥兩省之屬，日夕供文翰以左右之。蓋古者官盛任使之意，所以優大臣、崇政本者如此。而制敕省在内閣之西，所掌悉内制，其要且繁，視東省尤甚。每員乏，必得才藝卓茂，周慎而敏恰者，兼他官以充。而軼羣之儔亦往往繇此以躋通顯，垂金石。蓋自永樂以來，則有黄文簡、沈學士兄弟，若信陽何仲默，即某所覩記，如邇者吴、徐、黎、歸諸氏，皆當世所稱擅雄藝圃者也。今夫鵷鸞必棲於丹穴，梗楠必産於崇丘，其所依託者然也。夫士也幸以鉛槧之役優遊秘省，依日月之末光，昭姓名于汗竹，斯不亦士之崇丘、丹穴也歟？先君子當嘉靖中，以祠部郎入應茲選，既三載，復出爲儀部，某時隨侍，方垂髫，得習聞省中故事，距今幾三十年，曩與先君子爲寅好者，蓋凋謝盡矣。而一時在省諸大夫，某視之猶吾父行也。因念先君子時，分宜秉政，即禁闥之間，亦且薰蕕雜進，枘鑿相左，處之爲甚難。乃今諸大夫當登明選公之會，居於是列者，非雋士則端人，蓋師師濟濟矣。然則諸大夫不但得其地而已，其所遭遘視先君子不尤爲厚幸矣哉？省中故未有題名，屬在禁地，不敢舁石以入，諸大夫謀爲録梓之，以先大夫故，命某爲敘。某小子辭不敏不可得，則爲推本省署所繇建及諸大夫所遭遘以託名不朽者，謹拜手書簡末，以復於諸大夫云。

壽吕大司馬沃洲公七十序

大司馬沃洲吕公致政歸且十年，年始七十，是月牛女之會，乃其誕辰。忭小子以先大夫辱知於公，誼均子姓，方圖所以爲壽，而邑侯田君適以文繆見委，即不文，能無一言以獻於公哉？忭嘗概觀古昔，馳修姱之譽者，或功烈罕覯；樹彪炳之勳者，或晚節鮮終。蓋匪獨才德之難兼，即福澤之畀於人，有不可兼得者，乃知公其可謂完人也已。公始爲侍御史按吴中，即稜稜有聲，未幾引疾歸，築皆可園，遊息其中，博覽精詣，如是者前後殆十年，不爲競進之謀，而泊然自好，若將終身，一何高也！已又勑歷十餘年，乃以少司空受節鉞，出撫滇南。維時强藩内恣，孽夷外侵，滇省蓋岌岌動摇矣。公至，首疏收兵柄歸之督府，亟選將飭兵，殲逆酋，蕩其巢穴，使國家百餘年南顧之憂，武定千餘里反側之境，一旦底定於談笑指麾間，一何偉也！當宁者嘉公功，錫之金幣，晉秩大司馬，方駸駸大用公，而公即明止足之分，抗疏乞休，怡神丘壑，獨樂耆英，千載輝映，又何決也！夫公蚤擅清譽，中奏奇勳，晚完令節，享期頤之壽，表式鄉閭，此豈獨公所自爲者無愧於古今人，乃天之畀公不亦甚厚矣哉？顧忭猶不能無望焉。古者舊德元臣，八十猶膺召命，《書》曰：「尚猷詢兹黄髮，則罔所愆。」蓋朝有老成人，固社稷之福也。公年力尚强，壯猷具在，當事者亦既累疏於朝矣，旦夕命下，起公坐樞府，俾外夷聞之，相戒毋擾邊，如司馬文正復起於居洛十五年之後；或望見咨嗟，目爲異人，願致名焉，如文潞公復召於九十之年。詎非清朝盛事哉？然此四海之望，非公之心也。忭也願廣公之壽，以壽宗社，以壽蒼生，故並書以期之。

賀賈中丞巡撫大同序

今西北諸虜，其種類最蔓，性最桀驁難制，惟北虜爲甚。而大同三面當虜，無崇崗複谷之限，獨以一面東連上谷，爲京師屏蔽。故在諸邊，地最要，守最難，亦唯大同爲甚。國家簡任邊臣，慎於他曹，尤加慎於大同，蓋難之也。屬者虜款關爲市，烽煙無警，既九年於兹，當事者備禦緩急之勢，視曩時差易，然深憂過計之士，猶以爲昔之形易見，而今之情叵測，昔之可畏者常在目前，而今之可憂者常伏於事後。何則？猿狙之性，雖日誘以文綺，餌以棗栗，苟其中少有所觸，未有不齕齧挽裂、跳梁而去者也。在我者，將錙銖而較之，則恐遂以起釁；將日厭其求，則中國之財有限。將校狃于晏安，則武備易弛；邊氓習于互市，則藩籬易隳。凡此數者，計不可謂迂也。一旦卒然有意外之虞，責誰諉？然則大同之任，豈不誠難乎哉？雖然，天下事其難易何常之有？非其人則易者難矣，得其人則難者易矣，即纖瑣如卜史、射御、百工、伎藝之事，莫不皆然，況閫外之寄乎？

夫大同古雲中地也，魏尚爲守，其始，給士卒、饗軍吏以自固，不輕用戰也。及得其會而乘之，如鷙鳥之擊，虜遂喙奔膽落，棄氈毳而遁，此猶其遠者也。弘治初，許襄毅公之撫大同近耳。當時虜三歲三貢，費纔十萬，邊庭晏如，籌國者至今韙之。夫有魏尚其人，則何畏乎黠虜之不可測？有襄毅其人，則何慮乎互市之不可久？《詩》紀宣王以武功中興，不曰「文武吉甫」，則曰「顯允方叔」，言得人也。今中丞春宇賈公之拜命撫大同也，擢自陽和按察使。公薊産也，又備兵陽和久，邊務練，威信孚矣。比歲虜斂戢無敢食盟，邊氓熙熙生聚，囷廩露積，垣堡星羅，公擘畫之功十居八九。乃今擁牙分閫，視前備兵時，勢益重，益可殫其展布。虜誠遵奉約束，則且循襄毅之訏謨，藉令有意外之虞，渝約而內侵，則奮然用魏尚之一擊。干城在我，動靜唯時，吾知公無難爲者。且尚當文帝時，非馮唐之薦，則終爲法吏所摧。襄毅之績偉矣，曾不數歲，卒爲異議所搖奪，蓋遭遇之難若此。今公所事者周宣之主，一時督府諸大僚，皆協恭和衷，若左右手之相援。以公如彼其才，而遘希世之會，異時勒石雲中，書勳盟府，且與吉甫、方叔相上下，豈魏、許足方哉？公俶儻好士，士之挾一藝、負片長者，咸羅而置之幕下。余里中錢生，蓋公幕下士也，自塞上走京師，徵余辭賀公。噫！余寧爲公賀而已邪！

賀梁大司馬督府膺褒序

上軫念邊陲，每三歲則命卿貳大臣分閱諸鎮，核其功能。是歲己卯，會有言遣大臣非便者，上乃更命三給事中往。既竣事，則疏列諸鎮制禦狀以聞，上大嘉悅，陟賚有差。於是東鎮右都御史梁公晉秩大司馬，函鏹幣，下璽書，寵勞之。亡何，虜復大入，公縱諸道兵奮擊，輒道遁去。上又賜公飛魚服，鏹金銌錫，蓋異數云。所部諸文武將吏，謂不佞職在史，且於公爲詞林後進也，走使京師，徵詞爲公賀。

夫公之鴻勳駿烈，既已播之綸綍，勒諸鼎彝，不佞小子又安所云云哉？雖然，不佞蓋嘗竊窺廟堂區畫諸鎮之指，則知公之所處尤難，而其功尤大焉。當北虜之款關請貢也，議者謂將一意於撫，則恐恃安而弛備；將料兵厲刃以爲戰，則恐啓疑而速釁。此二者利之所不得兼，當國者之所持籌而熟思也。是故内款通市，委之於宣大，櫜弓案甲，示虜以不疑。而猛將鋭師，悉置之於東鎮。東虜蓋嘗嚮風請貢矣，卒楗關不許，一或軼我内境，輒擊殺不少縱。頃歲以來，授鉞獻俘，屢告郊廟，大都東鎮功也。夫在我則偃武於北，耀武於東，所以張掎角之勢而助其聲；在虜則效順者賞，犯順者誅，所以褫桀驁之魄而堅其意。即令一旦有卒然之變，則揮我常戰之兵，自東而北，朝發而夕至，所謂藏於九地之下而動於九天之上者也。狙公養狙，而教之優，啖之芧，衣之綺，懼其譁也，則察其或譁者撲抶之，甚且截其耳，甚且碎其首，於是衆狙相視愕眙，唯其所約束，無敢跳號者。今夫宣大之縻虜以撫，是食且衣之，而帖然就吾約束者也。薊遼之扞虜以戰，是截耳碎首，以讋衆狙者也。蓋古今譚禦胡者，無出乎戰撫兩端，而今且兼用之矣。然而撫者有常候，戰者無定形，交鋒接刃，變異于呼吸，機判于毫芒，是戰之難也豈惟倍蓰於撫？即撫者非戰，戰而非屢捷，虜且挾其隣以脅我，我之氣奪矣，故較功則戰者大也。嗟乎！自非碩望壯猷如公者，其孰與肩其難而圖其大哉！公始以名進士被選，讀中秘書，其博聞洽識若武庫無所不有。其在制府，時時正部曲，遠斥候，常若對壘，比羽書猝至，顧笑談應之。若由基之發矢，無不命中。其遇諸文武將吏，功必先讓，過必自歸，煦煦若家人父子之相恤。而乃心在王室，終始不貳，則有可質於鬼神者。上以公屢策大勳而寵日隆，公將藉上之寵而勳益懋，明良遭遇，豈偶然也哉？不佞嘗念，天下之事一乃心則罔不成，貳乃心則罔不敗。今上眷倚阿傅，與相臣爲一心。相臣決筴于内，與閫外之臣爲一心。閫外之臣若東若北，若戰若撫，若總其綱，若理其目，又千百人爲一心。夫是以疆宇宴如，四海禔福，誠千載一時矣。不佞既慶公之所遭，且以慶諸大夫之所遭也。於是乎書。

劉翁齊壽榮封序

豫章多潛德世美之家，它姑未暇論，即余所覿識，則有若吉水劉氏云。劉氏自比部君偕余舉進士，余始見君，貌莊而語沖，自稱畏所，意君蹈道好修士也。間嘗扣其世，君爲余言甚詳。蓋自曾大父一洲先生令永定，永定人俎豆之，歿而祝於鄉。大父半洲先生師新建，大有得。父明齋先生少聞正學，嘗陳《自怨自艾説》於東廓先生，東廓先生亟稱之。先生篤行剛潔，燕居無惰，比部君嚴事如神明，卒以是競競有聞于世。蓋其所承於祖父者遠矣，所謂積善之家、潛德世美者，非邪？乃余所深善者，先生之言曰：「子孫成否，不在科目。世有高官大爵爲父母榮，父母亦榮之，考其平生，無尺寸樹立，甚至貪饕爲養具，若是，雖貴，恥也。世有終身韋布，力行孝友，以化鄉族，後世稱某爲某父，若是，雖賤，榮也。」旨哉斯言乎，可以觀先生之大都矣！比部君初試刑曹，輒遇覃恩，得封先生與太夫人李。先生與太夫人儼然並服冠帔，此世俗之所榮也。乃先生之所謂榮則異於是。即令君挾筴干有司，不一售，終老巖谷，修其孝弟忠信，飲水啜菽以事先生，先生榮之也。又令君他日少變其初，以躋膴仕，服先生以卿相之服，饌先生以鼎鼐之烹，先生滋不榮也。昔仲尼視不義之富貴如浮雲，至蔬食飲水，則以爲樂在其中。仲尼豈不樂富貴哉？使其久於司寇，精食細膾固所不厭也。以是知先生之所榮，仲尼之所不厭者也；先生之所不榮，仲尼之所浮雲者也。比部君剛介廉飭得之先生，先生猶以正氣客氣，求仁求名，惓惓爲君辨析，以固所趨，將使百年藴藉之志發於正氣，成於求仁，而君慄慄處，共服而行之，方駸歷之初，無不當先生意。先生與太夫人合德並壽，同享德義之榮，視世俗之所謂樂，何啻天壤邪？余與君兄弟也，於先生宜有祝詞，於君則宜有忠告，欲自爲言，而先生之教蔑以加矣。故於君之請無能綴一詞，第舉先生之言爲君誦之，期君他日所自樹爲先生榮者無改於今日，且益有進焉，則庶幾哉先生之心歟！

彭郡伯紹坪公覲歸序

紹坪彭公始令崑山，以廉平稱最，及爲駕部尚書郎，則更以才知於主上，拜吾郡守。當車駕時之以才知也，公蓋剔宿垢，除巨蠹，痛一掃括，與胥吏更始，即黠猾舞文者無不憚公威名，政遂大舉。及拜守命既下，吾鄉之人稍稍有以嚴憚公者，余伏私念曰：琴瑟不調，甚者必解而更張之，調則時和之而已耳。庖丁之宰髖髀則以斧斤，否則芒刃之而已耳。當公崑山時，鼓而值琴瑟之調也，宰而宜芒刃之用也。及車駕，則不調矣，故更張之，不爾則不成鼓；髖髀矣，故斧斤之，不爾則缺且折。彭大夫其有見於是哉！迨涖越，甫閲月，有來京師者，輒謂公束帶據案以治書，不逾時，民鼓腹於途，而胥吏者脅息於署，事蠶犢者熙熙於郊郭，而持手魚肉人者夔夔于械拳間。蓋公果以民爲調，以吏牘爲不調，以善良當芒刃，以奸豪當斧斤，如余嚮所云。故余嘗寓書於公，稍稍述所聞，非以諛也。比余歸，公方以覲往，則向之述公者日交口，而余亦增耳而不給於聽，則見曩公之方拜而未發也，若將憚其來，而今之暫往而即來也，實恐其來之不速。斯民也，三代之直道而行者也。公何私於民？民亦何私於公？雖然，乃難則誠難矣。今之世去春秋遠矣。以子産不能得之於春秋者，則公乃得之於今之世；以子産之謗，遲以三年之久僅乃得之者，而公以數月，動不逾年而孚，乃難則誠難矣。噫！公其終有以自愛哉！故事，凡覲公之歸屬邑，必徵言以迓。而楊令君者，余同年友也，以言屬余，方以病屏筆研，姑述曩所以卜公者歸之。

贈李源甫年丈敘

李子源甫，以給事中僉憲山東，瀕行，過其友張子而别焉。曰：「何以贈我？」張子曰：子之令寶應也，起魚鼈之民而哺燠之，築長堤數十里以利漕捍水，而民不知勞，盡瘁五年，而子不以爲滯，是既爲良有司矣。已而應召入諫垣，命朝下而疏夕上，言人所不敢言，頃又諫節省大計，忤旨幾獲罪，賴相師中解之，是既爲名給事矣。兹行也，舉其所效于一邑者，以奠一方，舉其所議論於朝堂者，爲斯民擳垢爬癢，俾得蘇醒，是皆子之所優爲也。吾何以贈子？無已則益之以學乎？古之人學既優矣，然後仕，既仕矣，日孳孳於學，蓋學之無時可已也如此。漆雕開之仕也，夫子使之矣，而開猶曰：「吾斯之未能信。」曾點之言志，較之三子事功不逮遠甚，而夫子獨與之。後儒又謂二子已見大意，不知其所見者何以爲大，而三子何以爲小？安社稷之臣與天民之所造不爲不卓矣，而孟氏終不以大人稱之，不知大人之所以異者何在？凡此皆學術大小之所由辨，可以心悟而難以言解者也。且夫談空説妙，而無當于日用，不要于典常者，是之謂詭。口周孔而心蹻蹠，章甫縫掖而行商賈者，是之謂僞。懲詭與僞之過，而遂以爲學可不講，友可無會，罔罔焉不著不察者，是之謂蔽。行比一鄉，智效一官，自以爲躬行君子，而昧于上達，安于小成者，是之謂畫。詭也僞也，蔽與畫也，其足爲學之病則均矣。源甫勉乎哉！必學大人之學，必見開、點之見，誠有得焉，將陶鑄堯舜無難者，何有於一方哉！語曰：「居是邦也，事其大夫之賢者，友其士之仁者。」東魯號多士，予不能盡知，予所知若海豐楊夢山先生，蓋不獨一鄉之賢也。子其以予言就而正焉！

玉田令胡君九膺獎薦序

語有之：「上求材，臣殘木。上求魚，臣乾谷。」余吏隱金門，竊嘗讀上所布功令，靡弗垂意蒸黎。至督責長令詔比歲數十下，所在令御史大夫、持斧使者舉刺長令賢不肖。一時郡國吏稱否，若駕豐隆爲馬，羲和爲燭，羅萬里置旒纊前。於是有錫典以馭其幸，刑典以繩其墨，勤勤焉若蕘豎之司牧，視敗羣也者，輒去之。

夫縣鴻鵠以爲招，則操弓射之者奚翅千萬？今主上别黑白而遵壹塗，此之爲招，奚翅鴻鵠？宜人人淬厲，駕兩漢，追唐虞。然上所苦，苦吏道濫；下所苦，苦吏道難。蓋長令綰三尺綬，蒞一同之地，居常得五六年，巡行使者五六年輒五六易。一省直之大，巡行使者歲五六人，長令以一人應五六人。五六人各以一職求，而長令以衆職應，或甘辛異嗜，蒼素異尚。甲之諛，至乙而誹；旦之臧，至月而否。長令視非離朱，聽非師曠，惡能職職辨？即辨矣，然非左執殤宫，右執鬼中，知當事嗜尚，若何俾人人厭其意？以故曰吏道難。

今觀余中表玉田尉朱君亟稱其令胡侯。何人之所難而侯獨易之也？玉田邊北邊盧龍塞，地膏腴而當車馬之衝，比歲薦饑，餓莩相望。侯甫報政，責拊循則拊循最，責催科則催科最，它至屯鹽冏牧諸務，若吹竽者，一一聽則一一奏。當事大異侯治，更相推授，不飛剡薦之，即下檄褎之。蓋居董三閲歲，而循聲四訖。夫尺有短，寸有長。侯惡能職職辨，辨而又最若斯耶？豈侯自諸生歷邑文學，嶮巇曲折靡不備嘗，當無所謂製錦操刀，以故右投右集，左投左集，即不必視已成事也。主上方宵衣旰食，以憂元元。玉田處肘腋，蔽宇下，固宜其貫弓矢，以爲它郡國先。然服牛騤驥，苦繮牽長，則從古歎之。今諸執事體主上羔羊之意，率和衷熙載，不以苛求下，下乃秉心一志以應，即百夫輿瓢，一羊十牧，奚患其多？余不獨爲胡侯賀，爲世道賀也。

送舒伯獻敘

余暇則尚論當代，若館閣諸名臣，蓋江右自昔稱盛矣。至如吉州二羅先生、進賢舒先生者，辟之祥麟威鳳，世不常有，而並出于百年之内，可不謂尤盛哉！然余嘗較之，則舒先生爲尤難。夫當武廟將南巡，先生首率百官以諫，被杖，幸不死。迨肅皇帝嗣位，起先生於貶所，尋又以大禮杖如前，竟得痺以死。夫諫一也，一有爲名與畏死之心，不傲然以一諫自多，則且隱然以爲悔，即復起，必且創前蹶，務優遊以自全者類是也。今先生職非諫也，在官前後僅數年，非久也，疏且五六上，藉令當再杖時幸不死而復用，當諫而復諫，不知其幾也，諫而瀕死，又不知其幾也。而世人往往多曾子固所稱顔魯公云者以爲奇，是寧足爲奇乎？嗚乎！有臣若此，謂非社稷之麟鳳也歟？乃隆慶改元，詔録前諫者，二羅先生既已贈官且賜謚，而先生獨不得與兹典也，余誠不知其指。將無有司者之過歟？今年春，遇其孫鄉進士伯獻于都下，因得先生遺文而讀之，爲之欷歔歎息不能已。夫先生於身前之享一無所繫，況身後名乎？顧獨以爲國家褒忠示勸，不當獨遺先生也。然有孫如伯獻，能掇拾先生之遺文而表章之以傳于世，若《太極繹義》、《周官定本》，類皆闡微抉幽，發前人之所未發。今百世而下讀其書，知先生非徒爲氣節之士。然則先生之不泯者，非在此而不在彼耶？《詩》曰：「王之藎臣，無念爾祖。」伯獻能念爾祖矣，他日不將爲藎臣乎哉！於其領教太和也，贈之言以勉之。

送張司訓之涇敘

余居京師，日與麻城耿子健輩以問學相切磨。子健蓋數稱其友張子克明云，而克明故先大夫視楚學時所嘗賞識者也。是歲秋，以謁選至，余乃獲見之邸中，挹其容，叩其所藏，益歎子健之言不誣。亡何，克明授學訓，當之涇，子健謂余宜有言以壯其行。嗟乎，余何言哉！蓋古者自一國以至一鄉皆有學，學必有師，其所以振起斯文者甚盛。迨乎後世，學校衰，師儒之道缺，而學士大夫乃始創爲私塾，羣子弟於中，相與講明先王之道，蓋所謂禮失而求之野者。然門户競開而標榜互樹，其足爲世道病亦不少矣。今上好學右文，赫然下詔罷私塾而遣生徒。夫其罷私塾也，謂宜歸之於學校也；其遣生徒也，謂宜專之於師儒也。蓋將渙私羣而同文軌，崇實學而抑虚談，其本指若此，而昧者輒呶呶焉動其喙，懦者亦遂倀倀焉失所之，其不大謬矣哉！涇之俗號近古，其士大夫彬彬多賢者，舊有會所曰水西，最盛，今廢矣。士所賴以講明先王之道者，學宫耳，而克明適爲師儒之官，向之羣然於水西者，有不羣然於克明之門乎？克明之師曰劉魯橋先生，今爲國子博士，蓋於陽明子之學有深契焉者，而涇士之所學，大率與麻城同宗。茲以往，吾意克明必能以所聞迪諸士，諸士亦必以所聞進於克明，是教與學相長者也，豈惟涇士之幸已哉？ 異日者，四方聞之，必將曰：「涇之私塾廢而學校頓興如此。」又將曰：「麻城之學不爲空言而見之行事者如此。」聖天子振起斯文之盛美，益以光顯；洙泗濂洛以來相承之學脈，益以不替。庶幾哉斯行也！ 勉矣克明，其毋以司訓爲卑官哉！

贈王學博序

近世以道學鳴於時者，澥之東曰錢、王二先生，澥之西曰一庵唐先生。錢、王之說，大抵纘述文成，務培本根而芟枝葉，余既聞其概矣。吴中人士嘗爲余言唐先生之學，卓然有以自信，而左繩右準，不越尺寸，庶幾乎躬行君子。余輒嚮往焉，恨生之晚，不及一見之也。頃歲歸越，乃得見其高第弟子憶素王君云。王君力學而好修，守其師傳而身體之，不苟言，不妄取。其司訓於剡也，以身爲範，以禮爲鵠，策其惰而扶其顛，士欣欣愛而敬之，臺使者數移檄加褒矣。余方廬居，王君往來稽山必造余，相與析疑義，搉今古，間嘗示以《太極》、《通書》述解昭然，若發蒙也。王君之篤行如彼，其深詣又如此，唐先生之門如王君者，復幾人哉？ 今夫良知無是無非，良知知是知非，此文成宗旨也。良知人人所有，而致之爲難。致之云者，豈徒飾空言，騁虛見，恍惚想像，而遂可謂頓悟哉？知其是未必爲，知其非未必不爲，良知於我何有矣！余懼夫學者徒言知而不求其良也，徒言良知而不求其致也。世有忠信廉潔以自砥厲者乎，無論其學，余誠願爲之執鞭，況學如唐先生者，余不及見，而得交於王君，以私淑其教，顧不爲大幸矣哉！王君剡，巖邑也，其俗淳龐，其士多好學而砥行，若海門周主政、舟泉袁隱君輩，皆師友王君者。王君遷義烏諭，將行，諸君子不忍其去，徵言於余。余方讀禮，有文戒，乃於王君有不容默者，姑述其學之所自以貽之，不足言文也。

二遊編序

《二遊編》者，沔陽陳大夫玉叔歷官蜀、閩，公餘遊覽之作也。余與玉叔生同庚，從兩家大人於京師，官同署，學同几研，平生於山水有同好。顧余騃淺不能文，而玉叔脱穎南宫，輒以文學吏事雄當世，入仕途二十年，車轍所到，輒登高而賦，弔古而吟，騰播藝林，篇帙甚富，玆特其百一耳。冢嗣立，甫以名進士司理吾越，偶出是編示越人士。某門人某，愛而請梓，而謁序於余。余先世故蜀產也，所稱嘉州峨山之勝，蓋時時神往焉。往癸未，使楚還，嘗取道一棹武夷，偕同年吴公度搜奇累日，登接筍，訪張仙，觀水簾，宿杜轄，視玉叔所游殆過之，亦有記，草藏笥中，會抵舍，罹大故，草竟失去。乃今三復是編，景與神會，筆與景會，凡余所結想而未及遊，及所已遊而未及記者，皆恍然如接於目，而欣然有當於心，即令余身遊之而手記之，其能有是乎不邪？持此以謝海内同志，其信可卧遊也矣。司理君文雅有父風，嘗與太守觴蘭亭，探禹穴，陟秦望，盛有歌咏，越人士請並梓以傳。司理君謙讓不敢與父齒，姑俟別編云。

望雲詩序

《望雲圖》者，百岡葛子思其母潘淑人而作也。百岡子行誼著於鄉，方垂髫時，其父大參公即世，潘淑人理家政總總，誨諸子以義方，撫庶子逾己子，宗黨賢之。百岡子竟成今名，蓋有自也。比歲庚午，淑人壽八十，越明年壬申，百岡子當與計偕，念淑人年高，遲回不忍去，淑人顧誡之曰：「男子當挾弧矢，走四方。我即老，飲食尚强，若顧效兒女子刺刺閨闈間，非我所望也。」百岡子不敢違，則治行北上。首夏十有七日，值淑人誕辰，乃於舟中南向拜且祝，形之詩。既入京，以示余。余讀之，爲悽惋不能竟。諸友之寓京師者，相與繪《望雲圖》，迭爲詩歌，以遥祝之，而屬序于余。余聞先正有言：「狄梁公盡忠於唐，自望雲一念中來。」蓋孝之與忠，皆由心生者也。不忍遺其親者，必不忍後其君，世未有能爲孝子而不能爲忠臣者。雖然，吾嘗於李令伯之事而疑之。人孰無親也，《陳情》一表能令千載而下讀之者欷歔而不能已，其孝如是，乃「僞朝」一言若忍於忘君以媚讎者何哉？噫嘻！史氏之文滅其質也久矣，烏知「僞朝」不出于史氏之曲筆而掩令伯之真也？且令伯以元亮之節而自托于報劉之詞，可謂孝與忠兼之矣，而又何訾焉？荀子曰：「妻子具而孝衰於親，爵禄盈而忠衰于君。」人之情乎！人之情乎！故五十而慕，古今稱虞舜焉。百岡子之年固五十也，身處江湖數千里之外，而注目于東海之雲，結思于北臺之草，陟屺而望，觸景而悲，呻吟咏歎，不能頃刻置焉。其徘徊眷慕之情，實與一聖二賢有曠世而相感者，推是心以當國家之任使，有不耿耿秉大節以竭其忠者乎？夫持觴以爲祝，戲綵以爲娱，孝之小者也。樹不朽之名以光顯其親，孝之大者也。百岡子壽其親，將爲其大者乎？將爲其小者乎？則可以少慰其望雲之思矣！

亦陶集敘

古虞葛山人雲岳氏，命其所吟集曰「亦陶」。客或讓山人過以淵明自許也，山人曰：「吾何敢？吾聞之，鸝陶于春，蚓陶于夏，蜩陶于秋。彼陶也，吾亦陶云爾，敢自附於淵明乎哉？」客以山人言請評於陽和張子。張子逌然笑曰：「嘻！客誠固矣，乃山人亦自道耳，非了義也。獨不聞莊生之談天籟者乎？凡物之聲，有所矯揉而然者，鑿其天矣，不可謂陶。若夫蟲鳥以時鳴，有道之士以情性鳴，鳴不同，同乎自然，其音響不諧而和，其節奏不調而暢，斯所謂陶以天者也。是故淵明陶于晉，少陵陶于唐，康節陶于宋，與夫蟲鳥之陶于四時，均之爲陶而已矣，非彼大而此小也。山人挾青雲之器，乃蚤歲輒棄去，瀟散衡門之下，傲睨塵埃之表，其天者全矣。晨風夕月，有觸斯鳴，不爲雕刻之奇，而優柔沖澹，適乎時，本乎情性，儻所謂天籟者，非邪？然則方之淵明未足爲過，比之蟲鳥未足爲謙，何者？聲至于自然，止矣！人與物異響，古與今異調，其陶以天也一而已矣，又何較大小於其間哉？」客以告山人，山人喜曰：「吾因太史之言詩也，豁然於道矣。」遂書以爲敘。

引

平黔三記引〔一〕

《平黔三記》者，紀高皇帝芟刈黔中與頃年平麓川、武定之功也。作者自言爲點蒼山人，而

〔一〕《四庫全書總目》卷五三《平黔三記》條：「《平黔三記》一卷，浙江范懋柱家天一閣藏本。不著撰人名氏，記明洪武中傅友德等平雲南暨正統中王驥平麓川、嘉靖中呂光洵平武定三事。……此書前有張元忭、鄔璉二序。張元忭之父與鄔璉皆嘗在軍中親贊其策，所言不容有誤。而元忭序作于辛未，鄔璉序作于壬申，正當書成之時。序中亦言不知出誰手。……考《明史·藝文志》、《千頃堂書目》，俱載趙汝謙《平黔三記》一卷，則是書實汝謙所著而隱其名者耳。」然上海圖書館藏明刻《名臣寧攘要編》本《平黔三記》未收張元忭、鄔璉之序文。

不知點蒼産者爲誰？睹記桑梓，其言皆實録而不加諱，於是避其名云。夫黔中古六詔地，西阻鬼方夜郎，自三代以前，猿猱畜之，不通聲教，由漢迄唐，繼以武帝、明皇之力，僅羈臣而士馬物故不償其得，由斯以談，雕題來王殆未有盛於今者也。蓋聖祖神算鴻略，遠邁百王矣。中葉麓川之難，獮薙失策，爵賞逾度，取侮黠夷，用致元江、武定相繼搆禍，數十年不解。乃武定之寇，株連三省，虐焰所煽，城廓齊民亦洶洶思亂，潰如壞堤，視麓川爲烈焉。蓋孽芽不在鳳賊，而陰嗾以成之者厥有繇也。夫司馬吕公既受節鉞以出，提一旅當百夷衝，缺斨破斧，歃赤舄於鼻飲之鄉，以紹恢聖祖舊業。余家君偕一二藩臬大夫，稟受定算，率以書生披戎甲，入不毛，前後四年，而諸逆授首，六詔廓清，俘馘伏降以萬計，拓地千餘里，凱旋飲至，歡動夷獠，臺使者亦既疏績皂囊以請于朝。而先帝上賓，讒搆飆起，自司馬公而下凡共事兹役者莫不褫綬，相繼罷去。視曩昔麓川蒙賞者過溢如彼，天下事幸不幸，蓋自古而然耶！頃郵者持是編至自黔中，三復之，乃知公論顧出于野。噫！名歸而實則失之久矣！駟可及哉？駟可及哉？

覽泄篇引

予少也則有山水之癖，嘗讀《會稽風俗賦》，至所謂「五泄争奇於雁蕩」者，輒欣然思矚目焉。歲月荏苒，願莫之遂。頃歲以告歸越，卻掃多暇，每爲天池山人約，謂兹願可亟酬也。亡何，時且有梁陰之戚矣。山人謂予不可待，則偕其門人數輩，冒雨雪以往，凡十有三日而反。時予方襄大事，即山人遊覽之奇，未暇問也。今年夏，山人始攜其所刻《覽泄篇》一帙示予山中，予覽其概，則所謂銀河鐵障、轟雷飛雪者，恍然如接於目，而二十年未了之願益勃然於胸中。已又歎曰：「夫山□□□足以□耳目於一時已耳，苟非其人，則山雖……」〔一〕

〔一〕此句以下底本有缺頁。底本原有批注：「原件短缺第四十頁。」

卷三

啓

吕相公到任公宴請啓 代。

伏以三禮經邦，懋著寅清之績；貳公弘化，晉參密勿之司。會當聖主之龍飛，適覩真儒之鴻漸。天應時而生德，帝考實以念功。久推文穆之雅懷，果諧夢卜；共賀元膺之正色，入秉鈞衡。某視草當年，素幸夔龍接武；宣麻今日，敢希周召同心。諏穀旦以將迎，敞槐庭而延佇。我有旨酒，以式燕夫嘉賓；若作和羹，期共襄乎聖治。紺幰辱貺，黄閣增輝。

到任請同寮啓

伏以敷言玉陛，愧無獻替之謨；通籍金閨，幸厠論思之列。顧夔龍濟濟，奚窺半豹以爲能；兹班馬林林，貴展嘉魚而式燕。況禮嚴始進，誼重初盟。謹以某月某日，於蘭臺閟密之中，爲蓬島羣仙之會。伏望鳴商流徵，振委珮以載途；咀英吐華，出袖珠而見示。百朋是錫，二篚爲榮。

請張老師啓

伏以傅説旁招，相業弘而佐五十九年之治；宣尼與進，師道立而成三千諸子之名。故物情思托於梧桐，而春意含欣於桃李。時際泰和之運，天地交通；士生喜起之辰，風雲會合。恭惟老師相公閣下，學本性成，心嚴日監。渾涵無迹，百川翕而滄海恬波；鎮定不移，六合靜而泰山奠極。留侯之略超三傑，弱冠而登漢朝；鄧禹之年越二旬，元勳則首高密。乃謂廟堂之用，榱桷不遺；遂使拱把之材，栽培有賴。一德惟心於爲國，百年豈意以樹人？某等蒙大化而久甄陶，荷新恩而辭側陋。貫魚成序，多士敢自擬於周家？希驥存心，得人豈獨稱於漢世？但布位將分官守，而離羣漸遠師模。倘非共承面命之嚴，安得終保臂交之誼？謹卜某月某日，肅詹上吉，仰祈台馭以來臨；汛掃名區，聊致微忱而用獻。執六經而問難，若叩洪鐘；請一言以終身，如開金鑰。春風隅坐，吹嘘普樂育之仁；時雨崇朝，潤澤被迎機之化。宫牆增色，樽俎有光。

請呂老師啓

伏以文明天啓，泰交協鳳曆之昌期；道脈師傳，士類登龍門之妙選。蓋梧桐盛則物情思托，而桃李榮若春意含欣。感培植之等天，圖報稱之無地。恭惟老師相公閣下，學貫三才，心□千古。與物休休無忤，真如文穆之雅懷；吐辭鑿鑿爲經，充邁東萊之博議。宫詹保傅，皆正言，皆正行，德重帝師；館閣謨謀，亦不吐，亦不茹，功高王佐。兹任掄才之寄，實秉薦賢之公。文體頓移，不獨稱於嘉祐；得人爲盛，當軼駕於西京。某等測管腐儒，雕蟲末技，才非千言立就，敢望簡收？時逢五色不迷，幸爲知己。謹筮某月某日，竊效獻芹之意，用申薦藻之忱。儼旌旆於雲端，何勝翹企；迓驂騑於道左，曷任馳懸。罇酒菲陳，僅可叩師門衣鉢；生徒環列，媿無有綺席珍羞。呈琅玕，叫閶闔，醲薰翰墨之香；袂雲漢，分天章，共飫詩書之澤。仰祈臨貺，深荷寵光。

賀呂老師啓

伏念某學慚寡陋，質極疏愚。通籍詞林，特荷生成之造；執經秘館，久沾樂育之仁。覲省初慰乎庭闈，寤寐時馳於函座。恭惟老師相公閣下，道優康濟，志篤忠貞。弼亮三朝，侃侃靖共之節；表儀百辟，休休吐握之懷。昔成王在繦褓之初，同心賴有周、召；而虞聖當勳華之際，接武獨見夔、龍。今古一時，後先合轍。增秩載膺乎天眷，膚功簡在於帝心。朝野騰歡，門牆胥慶。某沐恩最渥，戀德日深。徒爾歸旋，真愧古人道南之許；緬惟違越，益勤學者斗北之思。側聞新命之薦加，彌愜蒼生之厚望。敬陳賀悃，兼候台居。伏願永毗一人，誕綏百福。秉筦樞於二十四考，播勳業於億千萬年。詎惟桃李之欣榮，允矣袞裳之有賴。

慰李少師石麓公啓

伏念某溲勃見收，過荷生成之造；儀刑逾遠，時勤傾嚮之誠。往歲仲冬，家君遘疾。神馳親舍，乃倉遽以言旋；道出名衢，竟稽違於候訊。尋罹大變，幾殞殘軀。懼以不祥之姓名，上瀆尊嚴之覽聽。敢無書於政府，實有負於荒廬。恭惟老師相公閣下，功成不居，歸晉公於緑野；孝思永錫，戲萊子之斑衣。是誠德協於蒼穹，宜爾福臻乎稀有。邇者倏聞椿庭之捐養，竊虞台候之違和。凡在門牆，均此傷悼。而某方乍離於寢苫，尤重驚於談虎。關河修阻，曷將絮酒之忱；緘素遥陳，薄致生芻之奠。尚需北指，載啫几筵。伏願戚不致毁，禮以節哀。爲宗社以加餐，永播周公之達孝；終祥禫而應召，佇看司馬之復興。

壽呂尚書沃洲公七十啓

恭惟閣下，三朝遺老，八座耆英。兹者壽届古稀，候當巧夕。鵲橋初駕，列星鍾傅説之祥；鶴算載添，陸地作安期之侶。某心懸北斗，地阻東山。筐篚遥將，喜曷勝於躍雀；岡陵獻頌，愧莫罄于雕蟲。伏惟俯鑒下處，旋登上壽。彌高彌劭，抑抑充式乎家邦；俾熾俾昌，繩繩永紹於孫子。

呈

建立龎公生祠呈 代合郡士民作。

呈爲崇祀有功憲臣，以彰公道，以慰人心事。竊惟法立一時，貴變通以盡利；功施萬姓，宜俎豆之不忘。我祖宗均徭之制，固有成規，但歲久弊生之餘，漸滋大蠹。十年一差，則役重而力不能辦，遂致富者傾貲，貧者殞命，嗟號何止千家；每歲一編，則令繁而吏易爲奸，未免以富作貧，以貧作富，詭灑爲之百出。故有「鼠尾册成，吏胥囊盈；均徭榜掛，閭閻家破」之謡，又有「今乞兒，昨庫役；朝館夫，暮人僕」之歎。向隅飲泣，叩闕無門。幸蒙前任巡按御史龎，代天工而弘化，酌祖制以通融，法創條鞭，政成畫一。照田畝以起科，則事顯難欺，即豪猾之手，豈容賣富差貧？概高下以均役，則衆輕易舉，雖擔負之夫，何至賣兒易女？洞悉民艱，具題上允。既已行之十年，實可垂諸萬世。深恩厚澤，益興去後之思；崇德報功，宜有生祠之建。或捐財，或捐力，子來共激于輿情；日肯構，日肯堂，經費無煩於公帑。伏乞俯順民心，特賜俞允。

書

與朱金庭親家議喪禮書 嘉靖甲子。

頃聞走弔，仰見尊太翁顏色之戚，哭泣之哀，已足令人感動。昨聞治喪一循古制，不飲酒茹葷，此尤卓有定見。近方與連山痛惜流俗之弊，喪事設宴，成服邀賓，忘其本而彌文是尚，奢靡相高，宜老氏以爲忠信之薄也。正欲冀高明者一洗俗陋，敦本抑僞，而尊太翁已毅然行之，使國人有所矜式，古所謂達孝何以逾此？夫風俗之轉移，由士大夫家倡之，異時吾越得復見古禮之遺，必自我太翁始也。昔孟子行喪禮於滕，而父兄百官皆不欲。今日之舉，聞亦有不欲者。某敢略陳其愚，幸爲轉聞於苫次，克終美舉。服成日，止集族人及諸親之有服者，不須泛及親友。浮屠之教，禁絶不用，毋爲俗説紛紜動摇，反古之見，此挽回風俗一大機括也。吾兄其念之。

答俞連山 甲子。

使者來，示以《天寬子傳》。把玩數過，令人胸次豁然，神思飛越，如目接羲黄，與之賡和也。傳中寓言，多類南華老人之談，而寫出胸中抱負處自與迴别。曩時未能深探衷曲，徒見公之面，聆公之言，則謂公蓋將遊方之外，爲白日飛昇之術而未誠者也。夫道不同不相爲謀，既業彼術矣，則必捐室家，棄舉業，毋鄉井是戀，乃爲超然無系累也。而公皆不能，則其爲道也未誠。夫誠者成也，不誠則何成哉？且使公此心即誠矣，亦非某所望，天下而皆若人，則天下何賴焉？夫天生豪傑，豈使之自有餘而已哉？乃今誦來《傳》，至好讀《説命》，及高歌《出師表》，愛誦《岳陽樓記》，始躍然起曰：有是哉！此老之自負果奇崛也。充斯志也，是真傅説、孔明之儔，而希文之匹也。向吾所聞，其有託而逃焉者耶？昔楚君問治國之術於詹何，而何對以養身之術曰：「未有身治而國亂者。」故丈夫處世，其遇也，推所養以及之天下；其不遇也，超天下而獨抱其真；其處也，爲傅巖之築，爲南陽之卧；其出也，爲國家舟楫，爲四方霖雨，扶弱統，鋤强雄，託孤受命，無所不可，先憂後樂之懷，争光日月，不與草木同朽腐，斯誠奇男子分内事耳。夫其具在我，遇不遇在天，故常揭之座右曰：趨勢以邀富貴，誣天數爲人謀也；假勢以市恩威，貪天功爲己力也，曾不值達人之一噱耳。此輩猶蝸争蠅集，何足置之牙齒間？然彼修玄之士，墮支體，黜聰明，悖常亂紀，無裨世教，亦奚取焉？乃今窺公之蘊，所持甚正，所自待甚重。知我者希，正老氏所貴，豈須與流俗較毀譽哉？某鄙人也，而所以自期頗不能爲齪齪者，玩斯傳重有契焉。欲作一跋，苦不能文，聊布此復來教，且以幸傅、范、諸葛之復生也。某將步下風而爲之後先焉，如何如何。

寄徐孺東

郊門分手，忽忽歲云暮矣。計台旌是時已臨敝邑，若耶老稚，壺漿竹馬，歡迎道左者，景況可想。關河修阻，無由隨薦紳後稱賀公庭，南望稽山，祇勞寤寐。吾丈以通方之才，超卓之見，即京邸所聚論，舉而施之于政，何俗不格，何化不行，吾邑之民，庶幾中牟、單父乎！弟所欲爲吾丈獻者，平易可以得民，治道去其太甚，《郭橐駞傳》、《蓋公堂記》，所宜三復而深思也。敝邑之俗，有黠吏而無豪民，力本之户多循謹，而無藉之徒利囂訟，此其大都也。武帝使卜式牧羊而肥，帝善之，式曰：「非獨羊也，治民亦然。以時起居，惡者輒斥去，毋令敗羣。」彼固賈豎子也，其言則達於理矣。漫言及此，恃吾丈之樂聞也。

寄羅康洲

夫人之相知，豈不難哉？弟與吾兄，自丁巳識交，於今十五年矣。十五年間，所與交遊，不知幾何人，然而道相合，言相契，莫逆于心者，吾二三人之外無有也。自今以往，不過三四十年，即了此一生，所謂知己者，終難多得，大都可見矣。古之人，孰不歎知己之難，至欲爲知己者死。《傳》曰：「士屈于不知己，而信于知己者。」夫號爲知己矣，而猶未免有所屈，則世俗之相與者也，非所以語于古人之交也。曩吾二三人之相與也，義氣懇懇，庶幾古人，豈直爲世俗之交而已哉？故弟於吾兄，分則座師，感恩至渥矣，然寧冒矯抗之嫌而不辭，何者？誠以此生知己之難，不忍一旦而棄之也。雖然，非吾兄真古人也，則孰能容之？昨者千里相別，匆匆分手，竟無一言及於身心，良用悵然。既而得手書，謂弟尚牽世俗之文，久乏苦口之論。兄之語及此，斯道之幸，知己之幸也。弟乃今則可以益進其狂，而大信于知己之前矣。

大抵古人之道與世俗不能無異。《易》曰：「不易乎世，不成乎名。」此非龍德之君子乎？而同乎流俗，合乎污世，則孟氏以爲不可與入堯舜之道。今反而思之，所蚤夜孳孳者，果能純于古人之道乎？抑猶因循瓦合於世俗之見乎？人非聖人，孰能無過，聞過非難，使人樂告之爲難，有子路之勇，則過畢聞矣；有大禹之虚，則善畢集矣。風聲所召，雖千里之外應之，而況素爲知己者哉？往歲吾兄登第，弟進言曰：「毋使二羅公專美于前。」兄既嘉納之，不意弟之譾陋，亦濫兹選。向以是勉兄者，何敢不以自勉。遭際之奇如吾二人者，古今所稀，意者天意或不偶然。丈夫樹立天壤間，擔荷甚大，名愈彰則責愈重，故弟願與兄更相激勵，更相箴規，寧垂于俗，毋畔于道，卓然以古聖賢爲師，乃爲無負平生之期耳。來諭謂弟所不足者和平也。弟賦性疏戇，每自覺其失，知此二字極是對病之藥。頻年備經疢疾憂患，亦嘗用力于此。自入仕來，動多沮挫，往時英氣消磨殆盡，每一自省，且以爲過于依違，未能力行古道。今知我者復云然，則是病根猶未除也，敢不服膺，以承大教？然弟於此竊有辨焉。夫同乎流俗，合乎污世，似和平而非和平也。不易乎世，不成乎名，似非和平而實和平也。二者路頭一差，其繆奚啻千里？弟之所懼，在違道不在違俗。吾兄忠信性成，加以培養，於此路徑必審之熟矣，幸更以示我。弟逾春三十有五，四十將近，可以成立之時，而與俗浮沉，迄無定見，靜言思之，深可愧恨。承兄諭及，輒爾披露，正欲知己互爲苦口之言，不漫然作寒暄語耳。狂誕之罪，計能亮之。

寄何太寧

使至，兩承翰教，種種高論，皆道誼肝膈之言，至謂學之精以深，養之弘以裕，非嘗用力于此者不能道。弟雖駑下，敢不蚤夜淬勵，以副知己？人之患在志不遠而心不虛，故常以古人爲迴不可及，而自信自是於流俗人之中。有志之士，不以今人自待，而常自待以古之人。常自待以古之人，則吾之不逮於古人者尚多也，而敢自信乎？自是乎？故立志遠則其心不得不虛，其心虛則進爲不得不力，斯其爲君子矣。人生百年，光陰無幾，醉生夢死，亦良可惜。如吾兄明敏之資，厚重之器，而加以志之遠，心之虛，則何古人不可到？幸以來教云云者，彼此努力無負此，何如？何如？

寄鄒聚所

今天下士每三歲舉于禮部者，多至三四百人，此三四百人者，非四方文學之士之傑然者乎？然而求其志相孚，聲相應，可與並驅而適於聖賢之途者，蓋百無一二三焉。而此一二三人者，又或各是其見，各挾其長，相遇而不相得，則信乎相知之難也。

某，越之鄙人，不自量其頑鈍，妄欲希於聖賢之域，而因循偷惰，卒未有所成立。竊念古之君子，其進於道也，非獨其志之果、力之專也，亦賴乎多賢友之助焉。越在東南一隅，不足以盡天下之士。自束髮以來，嘗孳孳求友於四方。聞其名則識之，過其地則造而訪之，遇其人不以爲不知也，而急欲與之合，求之如此其勤，然而聽其言，觀其行，莫逆於吾之心者終莫能多得也。往歲春，獲與大廷之對，一時同舉者四百人。私自喜曰：天下如此其大，賢才如此其多，而此四百人者，又其傑然者也，則吾之所賴以爲助，而砭其愚，策其惰，以庶幾進於斯道者，舍此將安求焉？既而察之稠人中，誠各有所長，各有所見，彬彬稱有人矣。乃其心之同、道之合者，落落如晨星然，甚哉相知之難也。雖然，誠得二三人焉，與之共學而適於道，亦足以爲快矣，安取乎多哉？蓋自見吾聚所、三臺〔二〕、定宇數君子者，而吾之躁心日以平，慾心日以釋，退而思之，恍然自以爲弗及焉，又不特莫逆於心而已也。夫以十餘年求之之勤而不可得者，一旦得數君子與之處，而朝夕觀摩焉，意者天必有以厚我，而將使之不終於無成耶！自吾兄奉役而去，翰峰、三臺相繼以使歸，此會便復寥落。幸有一定宇在，而常多病。京師人事紛拏，新故相續，迄無了期，絕之不可無心，而應之則又未能。茫然而往，茫然而來，吾懼夫所守之日汩也，而奚望其進焉？譬如久寐之人，俄而呼之，則遽然而醒，須臾，覺者去，還復就寐耳。安得夫覺者常立乎其側而常呼之，使大寤不復寐耶！相知既難，相知而常相聚又甚難，此古今之所永歎者也。

昨得手札，宛宛如對，兄學深而志一，氣靜而功專，其必進於聖賢無疑。此學之衰，至今時極矣。一講學者出，即羣起而非之，如疾寇讎，此其罪不在彼而在此。使吾黨之士，誠學以爲己，言與行符，則人心固有公是，何至舉世而非之若此哉？幸各努力自愛，以振此學之衰，無徒

〔二〕《鄒聚所先生外集》作「叔臺」，下同，見《四庫全書存目叢書》集157，頁408。

負相知之名，而復泯泯與向所期許者矛盾也。憶兄行時，某贈言曰「此志苟不移，千里同音響」，兄猶能省之乎？則聚散迹耳，何足爲歎！如某淺陋，亦不敢不勉，風便附此，幸更有以教我。

寄羅康洲 癸酉八月假還寄。

弟雖不敏，敢自謂無志于此學哉？顧以偏駁之資、鹵莽之見，克治彌久，而彌見其難。吾兄往年諭之以「和平」，頃又諭之以「無作意」，辟如俞、扁之用藥，因夫病之淺深而爲之劑量，使病者日消月磨而不覺沉痾之去體也。吾兄非直知我，且又成我若此，其爲德也大矣。贈言所謂雁之翔、壑之流者，非天壤間活潑之機，自然而然，不假安排者耶？學力到此，方爲合天，兄之開我也至矣！佩之佩之！石橋解攜，回首幾欲流涕，非若兒女子依依相盼，人生知己豈能多得，一别不知幾年，越水燕山，迢迢千里，安能無悵然于中乎！

寄朱金庭

尊諭云與康洲兄日逐對坐，此必大有所得。弟雅有此好，近亦頗能簡事，即甚忙中亦稍有張主，不爲擾擾，但不能無間斷耳。性體流行，本無斷續。吾輩初學，固須從靜中尋討端倪，然若有厭動喜靜之心，即非真靜，即不能無斷續也。吾兄既用功於靜，即須克去偏靜之弊，直令此心廓然，無閑無忙，真宰自在，乃爲無滲漏工夫耳。朋友講習，聖賢所重，今人冒講學之名，而言行背馳者固多，然真切用功者豈可謂無其人？弟雖疏陋，兩年來得洪陽諸友相攜，甚有開悟，若閉門獨坐，即與對友朋時迥不相及，以是知友朋之功甚不可無也。吾兄試與諸丈一會，未必無益。男兒處世，安得顧惜毀譽，舍卻世間一段真樂，誤卻此生一段大事！清夜思之，從古及今，千劫不磨者果何物邪？吾兄根氣本來粹美，今既發此肯心，即須猛加一鞭，出頭擔當，令吾輩愚蒙有所興起夾持，豈非斯文之幸，稽山之光邪？嗚呼！非吾兄知我愛我之至，寧敢肆其狂論及此邪！

復羅康洲

每服膺至教，從事于無作意之學，漸覺心逸而事簡，真終身用之不盡也。吾丈與金庭兄日夕靜坐，知所得當益深。來諭云：「春來多事，輒萌厭棄之心。」又云：「此非學問中所宜有。」誠然誠然！夫作意于周旋，是徇物之累也；作意于疏懶，是任性之過也。斯二者皆不可言學。夫君子學以爲己，誠至易至簡，澄然無事，而於應接之頃，小大衆寡，又一無敢慢。蓋居敬之簡與居簡之簡固有別也。良醫之用藥也，虛者補之，實者瀉之，而又慮其偏勝以滋病，則其補之也，必有所以宣其鬱者；其瀉之也，必有所以固其本者。量其緩急，酌其佐使，然後病去而元氣不傷。夫學者，其始每病于外馳，則宜静坐以收攝之，其既又病于厭動，則宜順應以鍊習之，勿忘勿助，率乎天則，病固在我，藥豈外求哉？雖然，弟亦因兄之論，姑云云及此爾，非能實用力于此也。兄其何以教之？

復許敬庵

周友歸，承手教真切，勉以及時進修，敢不敬佩！周友道彼中聚會之詳，益令人神情飛奮。弟不難千里求益，緣家君抱痾，未敢他出。頃亦習静雲門，謝卻塵事。第當學衰俗敝之時，孑然獨處，漫無所得。追惟往昔造廬夜坐，忽忽七年，猶然故吾也。中夜思之，不覺流汗。嘗誦程伯子之言曰：「學者今日無可添，惟有可減，減盡便無事。」弟謂當今所急，在務實不在炫名，在躬行不在議論，愈篤實愈光輝，愈易簡愈廣大。此弟所日孳孳焉而未之逮也，丈其以爲何如？

寄張洪陽

都門三載，深荷不遺，每一晤對，即甚罷駑，輒有開悟，暌違數日，即鄙吝復萌矣，而況暌違若是久乎？然每以贈言及《別録》時一披誦，宛然如面談也。龍溪公時相接，亦深以「翕聚」之語爲學者首務。蓋此段工夫本無間於動静，辟之草木，當秋冬時，生意歸藏，固此翕聚也；及春夏時，生意發舒，華葉敷茂，而其本體寂然，無動摇，無滲漏，則未嘗不翕聚也。動静者，時也。無動無静，常翕而不離，常聚而不散者，心也。夫心無動静，而存心之功未有不自静中得之者。初學之士，未能於静中得其欛柄，遽欲以其憧憧擾擾之私，而妄意于動静合一之妙。辟之駕無柁之舟，以浮江漢，犯波濤，其不至于覆且溺者鮮矣。奉違以來，時用力於此二字，稍覺此中能自作主，不爲世情所轉。敝廬在城市中，人事紛雜，每獨往山中避之，邇且杜門卻掃矣。自謂非耽寂也，誠不敢以無柁之舟而犯波濤耳。《别録》所云，大抵多自得之言。至謂「防檢之功不可廢，中正之教不可過」，此尤切中今時學者、教者之弊。古人成己成物，只是一誠，誠於爲己，故用功不得不嚴密；誠於爲人，故立教不得不真懇。今也惡拘檢而談玄虚，此其弊源果安在耶？毋乃爲己爲人，徒相率而爲僞歟？讀至中篇云：「光陰易失，幽憲難逃。」益令人赧然變色，悚然流汗。密省從前光陰之去者已多，而自觸于幽憲者凡幾，安可不及時猛加鞭策，痛加濯磨，庶幾聞道於一朝，謝過於冥冥邪？即此數條，公之教我益我大矣！又謂「《大學》言心是首事，《中庸》言性是後事。」此則未能無疑。夫心與性一也，《大學》之所謂「明德」，非性而何？《中庸》之所謂「喜怒哀樂」，非心而何？若岐而二之，毋乃非孔門宗旨乎！隔越數千里，心誠求之，非敢以辨論相攻也。

答楊大尹

地方利弊，一曰謹海患。山、會、蕭山皆負海而爲縣，地卑，遇潦輒多水患，往歲民甚苦之。自嘉靖十八年郡守篤齋湯公建三江大閘，又爲減水諸閘、備患諸塘，每歲啓閉以時，旱潦有備，而又歲徵修築之費，以垂久遠，其詳具《山陰志》中，可謂爲利溥而創制精矣。近有瀕海頑民，狃于沙田之小利，倡爲開塘便民之説，以瞽惑當道。一二縉紳又以私意附會之，是將以一家之利而貽三縣之害，以目前之計而隳萬世之功，可爲切齒。頃雖旋行停止，將來不無可慮。謂宜重治其罪，勒令補築堅固，仍立石嚴禁，以塞後患。至於水則見存消長有候，所宜加意審視，而啓閉毋失其時。蟻穴不窒，衝突日甚，所宜加意隄防，而修築必盡其力。庶幾閘可永固而三縣生靈之命有賴矣。

二曰慎海防。皇祖平越之後，既設三江所以控禦，復立巡檢司以禁詰，此其意豈小哉？蓋越爲瀕海之鄉，世有倭患，而三江一閘則其下流水口也。即如往年倭寇自寧波登岸，且陸從諸暨突擾郡城，假令闞知此閘爲一方之衝，乘汛揚帆，啓板決流，則數萬生靈之命旋制其手。昔人謂「吳可灌而越可泄」者，此也。今海寇頗戢，防守漸疏，謂宜申飭軍吏，從長設法，嚴加操練，以備意外之警，選撥快舡，遠出哨探，以防卒至之寇，則保障有賴，而不失祖宗建官之意矣。

三曰禁礦盗。夫利之所在，衆必趨之，起争召亂，率由於此。今會稽之銀山，盗發者衆，十百成羣，持梃相逐，不唯礦氣所攻，田禾盡槁，而小寇不治，實大亂所伏也。謂宜嚴爲之禁，或斷其從入之途，或散其羣聚之黨，庶幾礦盗可弭而地方安堵矣。

四曰禁賭博。越俗，力田之家頗多良善，而遊手棍徒開張賭局，夜聚曉散，結黨逞兇，無所不至。如此等輩所在有之，總甲受其厚賄，則有所利而弗之舉，良民慮其陰害，則有所畏而不敢發，此所謂稂莠不除，傷及嘉禾者也。謂宜嚴行禁諭，重窩藏之罰，懸首告之賞，庶幾棍徒屏迹而良善安枕矣。

五曰遵善政。吾越舊時，民力竭于徭役之重，如支應大户，如庫子，如坊長，一當是役，鮮有不破家者。自代巡惺庵龐公立爲一條鞭法，而公私兩便，貧富得所，此誠政之最善者也。今唯固守而遵行之，毋揺於異議，毋奪於己私，則民之常産可保，而四境可坐而理矣。

六曰弭盗賊。越在曩時，穿窬之寇或不能無，未有公行劫盗者。頃年來，城市之間歲被劫盗矣。本之緝捕之不嚴，姑息之太過，而下無所畏也。近於所在街巷及近城要隘之所建立柵門，以禁詰往來，其策是矣。然柵僅以木，則雨濡日曝，易致朽壞。啓閉不得其人，則無以禦寇，而民間或有不可待旦之急務，反有病於阻遏者。愚嘗見揚州境内，通衢小巷皆壘磚樹柵如城門然，此雖爲費稍重，而足垂久遠，獨不可仿而爲之乎？至於巡更之卒，必時加點閲，毋令偷惰，巷門之啓閉，即以付之。更餘不閉，有罰。士民有急務，持燭而行，不啓，有罰。此或弭盜便民之要圖也。若夫緝捕之必嚴，姑息之弗過，則在當事者加之意焉爾。

七曰平催科。今之司牧者，將要一時細民之譽，則糧税之期專責該催，而遞年與人户之拖欠，概置弗問，是以拖欠者倖免乎催徵，而該催者不勝其賠累，此非政之得其平者也。宜於冬月及期，以次立限，許該催開單，某完若干，某欠若干，完之獨先者有賞，欠之獨後者有罰，則賞一人足以示勸，罰一人足以示懲，催科不擾而常賦易完，該催無累而貧富適均矣。

八曰擇鄉賢。夫鄉飲酒禮，所以尊賢尚齒，明有勸也。乃今漫不加省，而一聽於禮生之口，遂使屠販之夫、銅臭之子紛然雜進於其列，而方正之士且羞與之爲伍，何以示勸而風俗哉？宜於平時詳加採訪，必其德行素優、鄉黨雅信者而後舉之，庶幾鄉飲不爲徒設，而衆庶知所觀感，其爲政治之助蓋不淺矣。

右此數者，皆淺近切要之事，有利于民，則爲之耳。若外此而見奇標異，以彰赫赫之名，諒非大君子之所樂聞也。

答沈小霞

今吾越非乏人矣，然而稱臣之忠必曰青霞公，稱子之孝必曰小霞公。當兄之蒙大難也，間闕萬狀，出百死得一生，而卒以雪父之冤，完其令名。不肖平居竊歎，謂兄志節可方古人。既而不肖亦以先君受誣，有萬里之行，雖事與往遠甚，乃艱危困踣之中，輒追惟兄之所遭，則益爲之欷歔歎息，謂不可及。自都門别後，歸舍未幾，奄罹大變，棲伏苫廬，於外事無所聞，獨兄試宰安鄉，清白之操，剸割之能，爲上官所推重，則凡自楚中來者往往樂道之，而不肖尤樂聞之。《語》曰：「求忠臣必於孝子之門。」若兄之靖共乃職，以不負天子百里之命，豈待今日而後見哉？不肖於平居固已心許而預卜之矣。所望終始此志，毋爲世俗所動摇，使天下臣子有所觀感而勸於忠孝，異時四方之人咸信吾越有人，稽山若增而高，鏡水若增而秀，豈不偉哉！

寄鄒聚所

弟近已盡卻塵紛，修習靜課，即未敢謂於本來有所覷見，然回視從前，麤心浮氣，依傍見聞，遂自以爲是，而此中千病百痛容易放過，實有不勝愧悔者。賴天之靈，畀我以良友，困我以多故，乃知心外無道，心外無學，了此則天下之能事畢矣。夫時之已去者與過之已往者既不可追，而來者固猶可勉，計自今猛發一念，於心髓入微處討一究竟，庶不枉過一生，亦未知果能了此誓願不耳！

頃來諸大賢翩翩進用，吾兄以鋭然之志、凝然之識鼓舞其間，此學且寖昌寖明，世道何幸！

顧弟不得一與盛會，爲可恨也。士之爲學，無志者既病于委靡，而有志者又或病于發露。近嘗爲一偈云：「我有摩尼珠，裹之以破衲。盜賊不得窺，夜深弄明月。」兄其以爲如何？孺東兄治吾邑四閱歲，廉明慈恕，雖古之循吏不能過也。此來更得諸兄朝夕夾持，於此學益一窮究，即是聖賢路上人矣。

答周繼實

得書，既諗近況，且示我用功之要〔一〕，詳悉真懇，敬當鐫佩。不肖於此，何敢一時放過？頃於調和情性上稍覺有進，然麤浮故習，猶時一舉發，大未能成片段耳。不肖看得甚切，非泛泛者比，日常用功，亦儘有冷煖自知處，非兄莫可與語也。佛書亦未嘗厭觀，但其中亦有重複饒舌處，似不若吾六經之簡直而切於世用，於此且未能偏觀，於彼實有未暇耳。又士君子苟有濟世之心，則一切典故悉宜考究。不肖之倦於披覽佛書，意亦各有在也。且學者苟平其心，直其行，即不識一字何妨？不然，雖誦《法華經》三千部，於我了不相關，兄以爲何如？不肖非好辯，恃兄知我，故敢盡露其心腹胃腸耳。當今佔畢之徒，以此學爲笑談，而豪傑超悟者，又多歸依西方

〔一〕「且示我用功之要」，《不二齋文選》作「且示我止觀二門用工之要」。

之教，孔門中毅然承當者，寥寥無人，尤可慨歎。兄之見既牢不可回，其大段已是超絶千古，獨何忍爲如來弟子，不爲吾孔氏之門作赤幟耶？言及此，不覺悵然。

答田文學

不肖不自量，竊有志於學古之道，然以偏駁之資，淺陋之識，每自省罪過種種，旋滅旋生，如蔓草然，光陰迅速，成立無期，所賴直諒之友，相與切劘匡救，共登道岸。如來諭云云，獎借非分，意者姑誘而進之，非忠告之言耶？夫士習之衰，至今時極矣。彼流浪於醉夢之場者，既茫然不知此學爲何事，間有有志之士，又或任意氣而昧本原，即於言動之間，檢飾模擬，費盡許多氣力，終不能打成一片，揆之聖賢易簡之旨，相去遠矣。先儒每令學者尋仲尼、顔子樂處，噫！此樂不在仲尼、顔子，而時時在我。學不至於好且樂，則苦難而欲止，今欲尋樂，豈待外求哉？誠於心髓入微處洗滌磨鍊，黜一切外馳之念，令心地常虚常明，好惡不作，人我頓忘，至於外境之順逆好醜，任其去來，而我無動摇，則日用之間，一言一行，自然發而中節，動合古人，無事摹擬而自無繆戾，此所謂無入而不自得也。試以此窺仲尼、顔子之樂，其與我有異乎不邪？不肖非曰能之，蓋年來質之先覺，證之聖經，而可以的然無疑者如此。兄試於此求之，其效亦日可見，若夫規誨之言，不肖且傾耳以俟之矣。

又答田文學

吾兄忠信力行，内外無間，當此叔季之世而卓然自立若是，可謂豪傑之士矣。然學問之道，豈有止法哉？因其所已能，而日進其所未能，此古聖賢之所以孳孳，而不肖之所望於吾兄者也。吾兄於此學，所以苦心極力者，固已至矣。前書云云，誠欲兄進於孔、顔之樂，以自釋其苦也。而來諭顧謙讓不肯當，又以貧困之值，事多拂逆爲言。夫古來處困窮，遭拂逆，孰有如孔、顔者哉？當其疏食曲肱、簞瓢陋巷中，豈有如意之事？而孔、顔處之裕如者，其所見者大也。周子曰：「見大則心泰，心泰則無不足。」假令所見者小，則豈惟逆境易摇，即順境中尤有易陷溺者矣；豈惟貧困者有不足，即富貴之極尤有不易足者矣。君子之學，處順處逆，其所當用力者一而已，要未可以難易論也。

近世學者之弊，在議論多而實踐少，不肖方以此爲戒，然承下問之及，而不悉所知以告，非爲朋友之忠也。故復略而陳之：天下之萬事萬物皆起於心，心無事而貫天下之事，心無物而貫天下之物，此「一貫」之旨也。曾子之三省，省此心也；孟子之三反，反此心也；居處之恭，持此心也；非禮之禁，閑此心也。謂一貫之外别有學問者，非也；謂一貫之教獨私於顔、曾，而門弟子不得聞者，非也；謂曾子、孟子之學終有異於顔子者，非也。心無二，故學亦無二，二之非學也。朱、陸二先生之優劣，前儒辨之詳矣，今亦何敢妄議？但象山之學，每於人情事變上用工夫，則豈偏於高明者哉？晦翁之學，嘗讀其詩窺之，如所謂「源頭活水」、「中流自在」、「無中含有」、「體用無間」云者，則豈泥於事物者哉？夫外事物而言虛無，此二氏之妄也；外心而言事物，此俗儒之繆也，皆非所以語二先生也。吾兄謂「摹擬古人之言行，庶幾可進于忘物，以此爲下學而上達」。不肖竊以爲，古人之言行有限，而吾之日用應感無窮，如之何其擬之？摹擬於古人之言行，一一而求其合，司馬遷所以譏儒者博而寡要、勞而無功也，曷若摹擬於吾之一心之爲易且簡乎？《易》曰：「君子多識前言往行以畜其德。」言多識非務外求，自得於心也。又曰：「擬之而後言，議之而後動，擬議以成其變化。」言議擬於一心，以成不測之用也。若徒一一摹擬於古而不執其要，則於心終無所得，而變化之用，不幾於窒乎？夫不離于事物言行之間，而窮理盡性以至于命，下學上達無二事也。若以摹擬爲下學，忘物爲上達，是二之矣。不肖竊以爲，心普萬物，即是忘物；情順萬事，即是忘事。豈有絶物厭事而可以言忘者哉？亦豈有外其本心而可以言普物順事者哉？嗟乎！嗟乎！不肖自量何所得而大言若此，真是貧子説金矣。惟兄虛心而聽之，不以所能者自足，而以所未至者自勉；不以目前之苦，而舍吾自有之樂；不求古人於千載，而求古人於一心。不肖所望於足下者甚不淺，幸相與努力焉。何如何如。

與郁心齋 時修《會稽志》成，縉紳中有訾之者，故有此書。

任事與任怨相乘，知我與罪我並至，此理之常，無足爲怪。古人有言：「但存心地無諸惡，刀劍叢中也立身。」而況於區區之訕毀乎？若於此處稍動一毫，則風急天寒之夜，安能當門定脚？此老長者，或以此試我教我乎，未可知也，幸爲我謝之。近閲佛書，偶成二偈，似兄一笑：

煩惱無端業火焚，黑風漂没笑于君。自從會得清涼意，火烈風狂總不聞。

四大由來和合成，眼前贊毀亦何争？任教呼我爲牛馬，自信胸中只坦平。

卷四

書

寄馮緯川

《聚言》中極言近時虛談之弊，數十年來始聞此議論，誠斯道之幸也。其曰：「假佛老以高其見，而淺視恒言，此在賢者，猶不免焉。章句之士，沿襲宋儒之言，如『不著不察』，固無足道。近來講學者，形諸口筆之書，純用禪語，如曰『頭面』，曰『色相』，曰『業障因緣』之類。當時乍聞猶聳聽，今亦已成套語矣。彼亦自知其非，則强爲之解曰：『弄丸可以解鬥，舞劍可以悟書。取其會于道，斯已矣，辭固不必泥也。』夫六經之書，孔孟之言，炳若日星矣，尚何西方夷語之是藉耶？或者又謂：『「活潑潑地」，「素猶見在」，程朱大儒，固嘗言之。』夫偶一及之無害也，而連篇累牘，純用其語，可乎？君子言必世爲天下法，非先王法言不敢言，竊願同志諸君子，一遵中正之訓，盡删佛氏之言，以正人心、息邪説，於世教有大賴焉。」

聖賢立言垂訓，自是顯易切當，不煩辭説。慈湖所謂「不起意」，畢竟是禪家語，要其微旨雖同歸于「誠意」，然此三字終非所以爲訓也。白沙詩云：「千休千處明，一了一切妙，若也不明了了心，到頭反被憧憧擾。」此分明是偈語，集中如此甚多，世人以禪學議之，無怪也。齊人楚語而過市，欲人毋以楚産目之，不可得矣。

陽明先生「致良知」之旨，自是精密，或者猶以遺良能爲偏于致知。夫良知，知也，知而致之即良能也，何偏之有？

良知從踐履上體驗得過，方爲真知。徹内徹外，無一毫私欲攙雜，方是致良知。若但曰知得到便是行，以是爲易簡要訣，恐空虚之病終所不免。

夫良知人人有之，聖人亦不外此，但今人利欲習染，昏蔽之甚，良知雖暫萌，旋即消滅。譬如一片荒土，惡草蔓延，嘉種何從而生？必大加斬伐之功，寸根不留，打迸潔淨，專一衛吾嘉種，日加滋培灌溉，而後收成可望也。工夫次第，似易實難。

人有知覺，禽獸亦有知覺，所不同者，人之知覺命于理，禽獸之知覺命于氣也。有理氣，則有清濁邪正，而善惡分矣。人之異於禽獸者幾希，苟理義之心不存，則去禽獸不遠矣。今但以知覺言良知，而曰良知不分善惡，是即告子「生之謂性」之論，不將混人性於物性而無别耶？夫所謂良者，自然而然，純粹至善者也。參之以人爲，蔽之以私欲，則可以言知而不得謂之良知矣。謂良知有善無惡則可，謂良知無善無惡則不可。致知之功全在察其善惡之端，善必充，惡必克，以求快足于己，方是實學。今人於種種妄念俱認爲良知，自信自是，不復知有忌憚，則不分善惡之言誤之也。

《易》言「繼之者善」，孟子言「人性善」，知乎此則知良知矣。「不思善，不思惡」，此釋氏之説也。吾儒之學欲止於至善，則必自思善始，由思善而充之美大聖神，其幾乎！「有不善未嘗不知」，良知也。「知之未嘗復行」，致良知也。知行合一以成其德，其顔子之學乎？舍實行而語真知，非善學顔子者也。

聖人論道體未嘗不玄微，論功夫未嘗不切近，玄微之趣從切近中得之，下學上達無二致也。《中庸》論君子之道，辟如行遠登高必自卑近。所謂卑近者，不過父母、兄弟、妻孥之間而已。孟子疾夫道在近易而求之遠難，親親長長，篤仁義之實，而天下之能事畢矣。聖賢教人如此，舍切近而務高遠，謂之善學，可乎？

生而知之者上也，性之之聖，湯武猶不能與，況其下者乎？今人氣習拘蔽已甚，少無小學之功，長鮮師朋之助，所可自力者，不過困知勉行之事，乃欲舍勉强之行，而徑語自然之妙，卒歸于自欺而已矣。

人心之幾，潛于寂然不動之中，而妙于將動未形之際，天地之所以運，鬼神之所以幽，皆是物也。所謂微之顯，遠之近，風之自，自下學立心之始，以至于無聲無臭之妙，其幾一也。研幾之功自察善惡始，善必充，惡必克，久而至于忘，則幾非在我，與天地合其德，與鬼神合其吉凶矣。

《易》曰：「吉凶悔吝生乎動。」又曰：「幾者動之微。」謂之動，則有善惡矣。故周子曰「幾善惡」，此幾之説也。善有善幾，惡有惡幾，于此而慎察之，善必真好，惡必真惡，如《大學》所謂「如好好色，如惡惡臭」，《中庸》所謂「善必先知之，不善必先知之」，顏子所謂「有不善未嘗不知，知之未嘗復行」，此研幾之學也。吾兄論幾，則曰「善惡是非，未落對待」，而以念上用工爲幾淺，非第一義。竊謂未然。所謂獨者，還是善念初動之時，人不及知而已獨知之，非無可對待之謂也，無對待則不可以言幾矣。人心之欲，固以先事預防，禁于未發爲不犯手工夫，然此豈易言哉？此心即是天理，方其未動，本無人欲，纔一萌動，則有天理，便有人欲，而天理每不勝其人欲，此危微之訓堯舜所爲惓惓也。

人心少有無念之時，方其未萌，著一「防」字，即屬思善一邊，是亦有念矣。克念作聖，只在一念之間，不分有事無事，此念常存，正是動靜合一之學，恐無淺深先後之可言也。

人心本無不正，方其靜時，默而存之可也，一動于意，則邪正相參而本體失矣。故正心之功，全在誠意。「知幾」云者，察其意之孰爲天理，孰爲人欲，而辨之于早也。辨之于早，故微者以充，危者以克，而動如其靜，本體復矣。吾兄云：「本來生幾，不須我更著力。」又曰：「心體著不得正，誠意者正心之功也。」此不易之論也。然則所謂「知幾」者，將求之無意之中乎？抑求之無意之初乎？是必有辨矣。

吾兄云：「聖學只是精一。防于未萌者，此幾也；克于方萌者，此幾也。」又曰：「正念長提，則百念俱退。」又曰：「克己之功，非禁之未然，非禁之已著，此中有幾焉，所謂動而未形，有無之間。」此數段皆真切之見、心得之言也。其他曰「不落意念，不落有無」，恐論之太玄，令人無下手處。

幾一而已矣，自聖人言則爲神化之幾，自吾人言則爲善惡之幾，其實非有二也。作聖之功，則必由粗以入精，由可知以進于不可知，而知幾之學畢矣。

聖如堯舜，尚何人心之足慮，而「惟微惟危」之戒，切切焉見于授受之頃者何也？耳目口鼻之欲，聖人固與人同也，危微之間，其差毫釐，其繆千里，其幾之謂乎？千古聖賢所以兢業不忘者，皆不外此，而況吾人之愈微愈危者乎？

孔門心法，莫詳于《學》、《庸》首尾二章。知遠之近，知風之自，知微之顯，此是格物致知工夫。知之既真，故于近處、自處、微處尤加敬慎。蓋志意初萌之際，正莫見莫顯之幾，于此而反觀內省，以求自慊，此是誠意工夫。意者，心之所發。心本無意也，動而後敬，言而後信，此心之本體有時而息矣。不動而敬，敬以心也，不言而信，信以心也，此心之中，無非敬信，未發已發，純是天理，此是正心工夫。由是動而敬焉，言而信焉，則身修矣。由是民莫不敬焉，莫不信焉，家齊國治而天下平矣。上天之載，無聲無臭，其至善之精乎！存之而神無方，達之而化無迹，由闇然之心，以要篤恭之盛，明德、新民、止至善而已矣。

世儒論顏子之學，類以杳冥昏默言之，是大不然。顏子以德行稱，其學皆實學也。墮支體，黜聰明，心齋坐忘，此言出乎莊子，非孔氏實録也。夫子稱顏子好學，不遷怒，不貳過，有不善未嘗不知，知之未嘗復行，如斯而已。曰怒、曰過、曰不善，皆因動而有，顏子之學，善制其動以復其初者也，故曰「不遠復」，「復」者對「出」而言也。其問爲仁也，夫子以克己復禮告之。仁即心也，心即仁也，本然全具，無事我爲也。爲之自克己始，己者形氣之累，情欲之府也。視聽言動之間，一以己與之而不循其則，仁斯病矣。克其非禮以復于禮，私欲淨而天理常存，仁之所由全也。曰己，曰非禮，皆制之乎動者也。方其未動時，安有所謂「己」與「非禮」，而須克之禁之也哉？孔門諸弟子非不學也，而或志有所分，功有所間，無如顏子之精專者，故曰「未聞好學者也」。善學顏子者，尚自此求之。

人心之體，無動無靜而常生生，與天同運，直謂之乾可也。曰復，曰無妄，皆因動而得名也。故《無妄》之《象》曰「動而健」，而《復》之《象》曰「動而以順行」。至健至順者心也，方其未動時，善且不得名，而安有所謂妄？本未有所之，而安得謂之復哉？唯其動而有所屈撓，健者餒，順者乖矣。「動而健」者，動以天也；「動而順」者，不拂其天也，是以人而合天者也。乾者，性之之德，自誠明者也；復則不妄者，反之之德，自明誠者也。顔子之學幾乎聖矣，而猶未達一間，故曰「不遠復」，曰「不違仁」。謂之「不遠」，則猶有時而暫出也；謂之「不違」，則猶有時而暫違也。若聖人則與仁爲一，而無遠近彼此之可言矣。夫子以「乾坤」歸之黄帝、堯、舜，而以「復」稱顔子，其旨淵乎！

學如顔子，不能無不善也，有之未嘗不知，知之未嘗復行而已。有不善者，心過也。未嘗不知、未嘗復行者，不貳過也。知不善而未嘗復行，則知其善也，必未嘗不行矣。故曰：「得一善，則拳拳服膺。」此顔之實學也。

數往者順，知來者逆，《易》之爲書，本以知來，故曰：「《易》，逆數也。」陽明先生如此解，較《本義》更簡明。《聚言》云「約者逆之端」，又曰「知逆之所以爲順」，似非《繫辭》本意。順則成人，逆則成仙，此養生家之説，借此以論聖賢，恐未安也。

釋氏以心爲槁木，爲死灰，而盡外聞見，吾儒亦從而宗之，是以吾心爲有内也。心無内外，無隱顯，無寂感。不見不聞，此心也；獨見獨聞，此心也；共見共聞，此心也。目之視也，可得而見也，謂視非心也，可乎？耳之聽也，可得而聞也，謂聽非心也，可乎？天之高也，地之廣也，鳶飛魚躍乎其間，禮儀三百，威儀三千，則孰非心也？而謂其偏於空虛，可乎？

利欲之爲蔽也大，聞見之爲蔽也小。利欲之障未除，而務聞見是去，是亦放飯流歠，而問無齒決者歟！

聖人論易體則曰「無思」，論生知則曰「不思」，至論下學之功，則曰「思無邪」，曰「思作睿」，曰「慎思」，曰「近思」，曰「思則得之」，曰「再思」，曰「九思」，曰「未之思也，夫何遠之有」。思之于人，大矣！若曰「不思善，不思惡」，此釋氏寂滅之教，吾儒不爾也。

湯言「日新」，《易》言「洗心」。夫心本無垢，何從而新？心本無污，何從而洗？蓋無垢無污者，心之本體也。物交于外，欲動于中，能無垢無污乎？是故列聖之所爲惓惓者，唯懼其本體之有蔽也，去其所蔽以還其真，而心學無餘事矣。

程子曰：「識得仁體，以誠敬存之始得。」作善之功，此其要乎！仁體本人心，識之固難，而存之尤難，識而不存非真識也，存而不以誠敬非真存也。世儒以直悟本體爲聖學要訣，而誠敬存之之功忽焉不講，其亦異乎程門之訓矣。

古人之講學，講其所行也。古人之力行，行其所學也。學行豈兩途哉？今也不然，講學者唯務于空言，而忽躬行之實；力行者徒徇乎應迹，而忘著察之功。斯二者蓋胥失之矣。

中人以下不可以語上。孔門立教，惓惓以文行忠信，而罕言命與仁。「一貫」之旨，惟參、賜得聞之，非有隱也。不得其人而驟語之，非唯不入，而吾之道亦褻矣。致良知即是「一貫」，非人人可得而聞者。近時講學諸公，不論人之賢否，事之精粗，開口便説良知，言之者輕，聽之者厭，甚非所以尊吾道、善誘人也。今且以孝弟忠信躬行之事引掖後進，教者學者皆爲有補，要之孝弟忠信即是良知，存乎人之善悟耳。「君子引而不發，躍如也。中道而立，能者從之」，此聖賢立教之規矩，豈可廢乎？

宋儒分析，誠多支離，然當時講論，皆尚名檢，故一時人物卓然可稱。今之言學者，信心而遺行，崇虚無而蔑禮法，作僞之士得假其説以自文，曰「任真」，曰「妙用」，曰「不顧毀譽」，只成得個無忌憚而已。聖門立教，不曰「忠信」，則曰「恭敬」，其所慮者遠也。

聖賢闢異端，至比之夷狄禽獸，而程子謂異端之書宜屏絶之如淫聲亂色，何其嚴也！彼其言近理而易于惑人，習于其説而不之察，使人心術破壞，禮法陵夷，而大亂從茲起矣。聖賢非好辨，誠不得已也。今之儒者則欲混儒釋而一之，且有三教一途之説：「良知一字，爲範圍三教之宗旨。」嗚呼！何其悖也！孟子曰：「能言距楊墨者，聖人之徒也。」愚亦曰：「能言排佛老者，聖人之徒也。」

今人談釋老者，非真能行其言也，樂其言之足以飾私而肆欲也。吾誰欺？欺天乎？

答鄭崑巖

兄自西署轉儀曹，自儀曹轉銓部，當軸者登明選公若此，世路清夷，於是足徵矣。不肖雖在哀疚中，不能不爲宗社賀，爲吾道賀也。夫治道無多端，唯進賢退不肖，使百執事各當其職，而才賢無佚于野，則天下理矣。今兄幸已司進退之柄，向所托諸空言者，今且見之行事，兄其何以答天下之望耶？諮之欲廣，受之欲虛，燭之欲明，持之欲公，此在兄一念間，潛宰而默運之，將無不得其當者，而相知之所忠告，亦不出此矣。若夫枕石漱流，優遊靜觀，此唯未當事任，養其身以有待則可耳。聞高堂甚康，兄其勿以此縈縈於懷也。吾儕處世，既未能高飛遠舉，則固未有無事之時。居官與居家，大要不甚相遠，兄謂「克己勝私，就事磨洗」，此吃緊語也，又安在乎厭朝市而羨山林耶？如不肖憂病杜門，似可無事，然内既有家事之累，而人事之外來者又不能拒。佩兄之教，不敢萌厭之之心，大抵虛其中而出之，常應常寂之端倪，亦可窺矣。曩者京師，泥于舊聞，動于意氣，未能悉領教益，歸越以來，稍有省發，始覺往時之爲非也。

答鄒聚所

弟自辛未春一見兄，即已傾倒，謂實我師，非敢徒以爲友也。暌違忽然三載，中更大变，憂病侵尋，歲月日邁，而駑足不前，殊愧知己。但近來覺得往時粗心浮氣之爲非，則實賴兄之教，玩《咸》之《大象》，而時時省發也。兄謂「朋友信之」一句足以盡夫子之道，弟以爲朋友所以不信，由胸中有物也。如兄所云意見、藩籬、血氣、名檢四者，皆物也。有物則不虛，不虛則信何由生？故唯心虛者乃能自信而信人。《易》以中虛爲《中孚》，其旨淵乎！學者種種病痛皆起于不虛，卑之汨于利欲，高之騁于意見，其弊有不可勝言者。致虛之極，至于一念不起，萬應常寂，而天下無餘事矣。噫！此弟之所終身勉焉而未能者，兄又何以益之？

棲伏苫廬，久不聞時事。昨知崑巖兄改銓，則竊爲世道賀。既而又聞慎所兄之獲譴，方午食，爲之廢箸，不知此兄所陳者何事，而聖怒一至此也。此兄向在會中，恂恂似不能言，今顧切直如是，所謂有不爲故能有爲者，非邪？安福真爲有人矣。

答徐孺東

奉違忽復改歲矣。敝邑之民，謳歌思慕，視兄行時益甚，即往時有以私意口吻其間者，今亦歎服不置矣。蓋兄之治吾邑，其他尚或可能，至使吏胥拱手而無爲，徵輸不嚴而自集，村廬無叫號之聲，公門撤市酒之肆，則豈尋常工逢迎買虛譽者所能致哉？兄之膺簡召，拜諫垣，不足爲兄喜，所可喜者，朝著之上，公論明而選舉當，居天子左右有正人君子也。

昨見邸報，知慎所兄事，方食，爲之廢箸，不審章内何所云而聖怒至此也？此兄往在會中，恂恂似不能言，今顧鯁直若此，安成真有人哉！但主上誠聖明，而尚在沖年，非可盡言之時，且今世路可謂清平，願諸丈持之以慎重，出之以和平，毋爲過激之論，以傷熙朝之大體，何如何如？

寄傅慎所

往在京師會中，見兄恂恂不輕出一語，心竊識之，謂誠篤厚君子，頃得大疏讀之，慷慨數千言，忠誠懇惻，則自愧曩時知兄之未深也。昨又見畏所兄疏，言則直矣，所以爲宗社慮者，似猶未盡也。老師自當國以來，可謂有敏斷之才、沉幾之智，其任事任怨，亦人所難，使更虚其心，宏其量，以容納善言，培養元氣，則昭代賢相亦無以逾之。今主上方幼沖，所賴者一二大臣也，而乃欲其節收大臣權勢，夫權不在臺閣，則必在宫闈與宦官矣。權歸臺閣，即有差繆，終去繩墨不遠，萬一主上盡疑輔臣，收其權歸之宫闈與宦官，則豈宗社之福哉？誠爲宗社計，則今日論事，須先虚我之心，婉詞以規之，庶幾於君相有補，若攻訐太過，將來激成熙寧之禍，吾黨烏得獨辭其咎？明道之處荆公，固萬世法程也。

答吴景山

吾兄養恬巖壑，塵銖甫冕，曩與兄别後，每偕定宇諸丈焚香默坐。返越以來，亦時究竟此事，稍能窺見端倪，顧安得就有道一正之邪？無論往者，即五六年之間，世事變遷，瞬息異態，自兹以往，大較可知已。我之所不變不磨者，固自有在，奈何役役於虚假之場而喪我之真也？噫！弟爲此言，非欲兄果于忘世也。學問之道，真則誠，假則僞，從真以起假，措之家國天下，將無不可。徇假以滅真，且無以保身，而況其他乎？願兄益研此學，以完其真，他日陶鑄堯舜，霖雨八荒，特出其緒餘土苴耳。

寄趙麟陽公

頃閲邸報，時事動可駭歎。古人謂任事與論事不同。夫任事者，常患於不虚，故益來多口之憎；論事者，亦患於不恕，故益乖當路之情。今日之事，得無有類是者乎？若潞公之容唐介，明道之處荆公，真可謂任事論事者之龜鑑矣。妄論及此，恃翁或不以爲狂也。

再寄傅慎所

自來豪傑之士，慷慨諫諍，既足以重於一時，而或負其意氣，沾沾自喜，則其所就亦藐乎卑矣。今讀來書，乃不少滿假，過自貶抑，以是知兄之養益深而志亦遠。唐子方諸人，殆無足多也，敬服敬羨。弟前所論畏所兄云云，特據節收權勢之一言而少之也。頃始得全疏觀之，其詞嚴，其義正，即使百世而下相天下者見之，猶當毛骨竦然，知清議之可畏如此。其有關於世道，豈淺鮮哉？所望二兄，益精此學於震撼動忍之餘，則尤朋儕之願耳。

寄徐孺東

《潞水客談》閱之再三，可謂曲而中，懇而詳，即賜爵之議，豈足爲過？敝邑沈青霞《籌邊賦》中亦嘗言之。蓋人情賞不重則不勇于趨，業非世授則不能久，且彼以一人而能統千百人之衆，墾千百頃之田，則其才力智識亦足稱矣。以此墾之税鼓能墾之民，爵捐於上，非及私昵，禄供於下，無煩公帑，又何靳也？但鄙意所欲補入者有二焉：　關土屯田，以足軍餉，我聖祖明訓，歷歷可考，今特舉其廢墜，以漸復祖訓耳，非喜事也。屯田與鹽法，國初本相資爲用。蓋商人入粟于邊，而支鹽于内郡，則士卒有積倉之富，而邊境無不墾之田，法之甚善者也。自弘治間户部議改本色爲折色，而屯鹽之法遂至于頹敗而不可救，議者恨之。當今虜酋款塞，兵費少紓，及是時議修屯田，曷若令商人墾田而免其税，第種鹽于邊，仍納本色，一如國初之制，則田墾而食足，食足而兵强，邊政一時盡舉矣。夫遵祖訓，復屯鹽，大議也。昨偶閲《憲章録》中有關係者，札出數條寄覽。承諭云前議尚須損益，故陳此少助筆端，誕妄勿罪。

再寄徐孺東

《客談》之刻，見者無不竦服。近聞淮徐間增設二曹，似已開其端矣。第恐任之非人，行之無漸，利未臻而害先播，他日將因噎而廢食也。丈謂然否？

寄趙心堂

年來知兄主教白鹿，養益粹，化益弘，信顛挫之有益於學也。乃今上膺簡命，登用直臣，固聖朝盛事，而典教一方，人文攸賴，兄之任重矣。舉平生所藴藉而敷張之，俾閩中舊學復大明於今日，豈非斯道之幸邪？敝府在嘉靖中有節推陳讓者，閩人也，廉正而有學，先君時時稱之，後拜御史，以諫黜，其清風直節，亦海内所屈指者。歿後子孫不能具饘粥，每糊口於四方，弟往時嘗遇之溧陽，殊憐之。去冬遠來求傳，詢其詳，云尚未入鄉賢祠也。夫有士如此，豈獨一鄉之賢哉？而祠且未入，則祠所祀者何人？是誠可異也。豈其後無顯者，而力不能爲之表章耶？則有司之過無所逃已。燕陽行時，弟特以此告之。彼時猶謂事在學院，非臺使者所得專。今有兄在，褒遺賢，扶世教，吾兄責也。外傳稿呈覽，足以知其人矣。

再寄傅慎所

昨得手教，喜同面談，且以竿頭之步，策我使前，弟敢不鐫佩？顧質魯識卑，志遠而力不逮。辟之稚子學步，纔移尋丈，仆者屢矣，乃何敢遽云百尺竿頭邪？所望愛我者扶而掖之，俾不至終仆耳。弟嘗讀昌黎《聽琴》詩云「攀躋分寸不可上，失勢一落千丈强」，因悚然有警。學者進步之難而失身之易，亦猶是也。竊謂學者用功，立得定，則進得去，欛柄在手，則徑路可尋。辟之種樹者，先培其根，則花葉枝實，以次可見。故知止之説，務本之訓，聖賢每惓惓焉。乃今所謂止、所謂本者安在？弟所以勉兄而自勉者，誠無出此，兄謂然否？

寄王荆石師

忭索居五載，既入都門，謂可昕夕函丈之末，以聞緒論，乃我師亟以省覲歸矣。廣惠夜談，雖徼天幸，而前旌遄發，悵望彌深。邇計錦旋梓里，綵侍庭闈，天倫之樂，誠不以三公易矣。風聲所動，隱然使天下知親親之爲重，而爵禄之爲輕，所以扶綱常維世教者，豈其微哉？雖然，斯世斯民所仰賴於我師者甚殷。二尊人方善飯，恐未可久卧東山，以孤中外之望也。年來伏覩我師孳孳好善，汪汪無我，所謂不談虚而用虚云者，實身有之。某不敏，每與二三同志竊欣欣爲宗社蒼生賀。自古挾絶羣之資，負當世之望，而一旦得行其志，卒至於顛倒舛錯，被惡名於無窮者，其病多起于自用而不虚。夫唯自用而不虚，則方正遠遁，而聰明日塞矣。故虚則以我下人而我益大，不虚則以我拒人而我益小。蓋相業之汙隆，世道之否泰，皆決於此。我師人豪天挺，厚畜而深詣，視天下士，宜無一足以當其意者，然且自視若無有也。視人之片長寸善，則津津亟稱之，不啻若己出。是心也，《秦誓》之所謂「斷斷」、「休休」，自古聖賢之所以大過人，而後世豪傑之所每不足者也。充兹以往，心愈虚則愈明，我愈忘則愈大，賢愚無不盡其力，是非無不協於公。宗社蒼生，將蒙福於我師有日矣。

寄趙麟陽公

曩者兩奉書，自知拘曲之見殊未明於大方，顧私念公於不肖何如哉，即言之未當，乃何敢隱也？往歲大司寇缺，江陵尚未還朝，蒲州移書問之，此缺非翁則趙矣。報云「翁有才而纖巧，趙有品而迂疏」，於是兩置之。近會臺老，言與江陵每談及時品，輒謂公善人而短於才。夫謂之有品，謂之善人，非不知公者，而姑以疏才目之，謂之深知，可乎？近時月旦無定評，唯望風吠影耳。描寫之下，即隨、夷將爲蹻、蹠，市虎三至，慈母且投杼而起矣。古人競競於晚節，勇決于幾微，是或一道也。公初疏至時，一二相知聞之皆色喜，以爲及時，且謂既引其端，不嫌踣至，故不肖輒以所覩聞繆陳於左右。兹承手諭，謂遲遲而行，同歸於去，此益見公去國之從容，處人之忠厚，與悻悻小丈夫迥别。大臣之道，不宜如此哉？連日再會臺老，渠意止欲挽公且留，又謂公即欲去，亦不必托人更説，恐並見嫌耳。夫在不肖直言公宜去，臺老婉言欲公留，二者未知孰是？唯公以義裁之，何如？

寄滕少松

門下敏求之志，樂善之懷，即夢寐中如或見之。此學寂寥甚矣，賴豪傑如門下者，陰維而默護之，存此不絶之緒，以續既往，以俟將來，功豈在昌黎下哉？邸中方以學爲諱，乃一二三友朋亦時時相聚。要之此學之見誚於時，非獨時人之過，吾輩口談而身背之，示彼以可攻之瑕，則其咎安可他諉？近惟自省自修，不詭不亢，務躬行之實，戒尚口之窮，庶幾有濟乎！而某實駑下未能也，門下何以誨之？

天真事，奸人染指其間，頃復有新旨，恐投間而起者或不能無。某向與敬庵兄嘗欲爲之料理。著畫一之規，使爲可守，此門下責也，萬萬留意焉。敬庵兄久未至，何也？某曾寓書促之矣。以爲今之世欲大有轉移誠未可，若即其位，安其常，以小試其端，亦未見其不可也。苟不可即止，進退亦自在我，何所拘絆哉？聞之平泉先生云：「古來無關門聖賢，時雖春秋，仲尼不爲沮、溺；時雖戰國，子輿不爲泄柳。」門下其以此言爲然不？幸以此促敬庵，何如何如。

寄周繼實

京中近無他事，時得會臺老，聞所未聞，海内諸良友亦時時相切磋，頗有省發。來教謂弟近年進修與酉、戌年稍放寬。弟自省因循之病，豈不自知？非兄愛我之至，其誰肯以此相親耶？感切感切！學問以「必有事」爲主，既知有事矣，著一「忘」字不得，亦著一「助」字不得。弟之病恐涉于忘，兄則恐涉于助，不可不交警也。即如憫時憂世之志，亦須事機到手，方可展布。平時即汲汲孳孳，空言何補，只足以取憎召謗耳。弟謂敬庵兄憂世太切，意蓋如此。當孔子時，篡弑相踵，歸政私室，乾坤或幾乎毁矣，然孔子於應答之間，每就事論事，不爲過激之論。至與門人談説，自學問之外，未嘗輒慨時事，此豈一日忘情於斯世哉？吾輩今日所可自盡，唯修己以俟時，隨所遇之大小，以求利濟於物而已。若以傷時憤世之念横於胸中，即屬有我，出之必不足於和平，即非聖門近裏之學。鄙見如此，兄試參之，以爲是不？《易》曰：「知幾其神乎？君子上交不諂，下交不瀆，其知幾乎？」近居京師，時誦此以自勉。平生多粗浮之氣，頃年方用意克治，不欲爲過高駭俗之行，然亦未能便成片段。工夫甚難，悟齋公曾以「挫其鋭」見箴，每用鐫佩，會間幸一致謝。

答鄭崑巖

兄年來處風波震撼中，横被多口，即如來諭，未必知己盡疑，然疑者不能無矣。兄謂「舉世皆疑，我獨自信」，此非有定見定力者，寧能如此？第古人於憎毀之攻，未嘗不猛然自反，動心忍性，以增益其不能，若徒曰自信，漫忘修省，非所望於兄也。「名根盡洗」之言，自是最上一乘語，唯兄可以當之。若某細自檢點，種種利心猶未能洗，況名心乎？吾儒名教也，名固聖人之所寶，但有心於趨名，不可耳，然亦安可有心於趨謗哉？學莫先乎虚心，顔子有不善未嘗不知，唯其虚也。某近方從事于此而未能，輒披露與兄商之，得無爲囈乎？浦城敝同年吴景山，卻掃著書八年矣，蓋閩中高賢也，兄嘗接其人不？外《大學古本》一帙，即其所著之一種，似兄一覽，以爲何如？

復撫臺李漸庵

每會許敬庵、周繼實諸友，爲言門下勇于任道，樂于取善，而於當世之務，若燭照而數計，其應之也，若桴答而川湧，無凝滯也，某於是勃勃有執鞭之思矣。乃者徼天幸，特假大賢於我桑梓之鄉，而某又職鉛槧，在輦下，無能隨諸父老後摳迎道左，一慰生平，悵恨如何！雖然，海濱僻陋之區，幸賴仁者之膏潤，以輯寧其室家，化導其子弟，則某也蒙惠渥矣，奚必一見之爲快邪？伏承翰教，恍然如聆謦欬之音，且辱虚懷詢以桑梓利弊，某則何知，敢妄陳於長者之前乎？某少也見聞閭閻所苦，唯徭賦爲甚，富者往往破家，貧者至鬻兒女，顛連萬狀，控告無門，自龐惺庵公祖创爲條鞭之法，而後奸吏無所夤緣，豪右無所詭避，十餘年來，困者漸甦，仆者漸起，其爲吾淛之利甚大。往歲聞建議者稍有動摇，民間洶洶，復賴鳳竹公祖主持良法如故，乃私憂過計，則恐是法便於小民，而不便于士夫，尤不便於郡縣，將來百計動摇，未可知也。伏惟門下察閭閻之疾苦，持良法於不摇，則吾淛之民世世被覆露之澤，寧有涯邪？某之爲此言，爲地方計，亦爲子孫計也。且意門下視民物爲一體，通人我爲一心，某即未由面晤，乃此念傾注久矣，況又承下問之及乎？惟長者采其言而矜其誕，幸甚幸甚！

再寄徐魯源

邸中士友寥寥，頃得晤敬庵兄，真空谷足音也。「志學爲仁」之旨，老丈從半生體驗中得來，非他人騰口説者比，向時舟中領指授，固已鐫佩之矣。顧猶不能無疑者，以爲求之聖人，不若反而求之吾心之易且簡也。學問之道無他，求其放心而已矣。爲仁之外無學也，曰「志學」，曰「爲仁」，對舉而言，是二之矣。蓋鄙見如此，然向未嘗論辨於左右者，又以爲適道本非一途，而悟道者亦各有所從入，不必盡一也。即如老丈之所悟入而力求之，一念一事，必以聖人爲準，必以修身爲要，察之性情，驗之應感，矯其氣質之偏，而會歸於中和。誠如是，亦何聖非我，何我非聖？即立言垂訓微有不同，亦何害於同哉？某每見論學者或以一字之不相契而交争互辨，務求己説之勝，不啻若聚訟然，心竊以爲過，故不欲效之也。乃來諭再三督之以相證，某亦何敢卒諱而不言，以負知己？

夫天下無心外之道，無心外之學。慈湖先生云「心之精神是爲聖」，陽明先生又云「心之良知是爲聖」，夫心之良知即心之精神也，萬事萬物皆起於此，無聖凡，無古今，無内外，無動静，一也。學者學此而已，舍此無所謂仁，舍此不可以言學。堯舜禹謂之「中」，仲尼謂之「仁」，《大學》謂之「致知」，《中庸》謂之「慎獨」，孟子謂之「求放心」，其究一也。故謂學者立志必以聖人爲師，則可；　謂即此志爲學之究竟極則，則不可。辟之射也，羿則射之聖者也，射必以羿爲師，然而志乎彀率則在我不在羿也。又辟之工也，公輸子則工之聖者也，工必以輸爲師，然而志乎規矩則在我不在輸也。不然，則羿與輸其人死已久矣，徒曰吾爲羿、吾爲輸，而不求所以爲羿爲輸者，可乎？是不將爲輪扁之所笑乎？仲尼自十五志於學，以至於七十從心而不逾矩，無非求之心者也。仲尼曰「不逾矩」，《大學》曰「絜矩」，吾之一心，無聲臭，無方體，而天下之尺寸長短皆取衷焉，是所謂矩也。循此而不逾，學問之事畢矣；推此而運量之，治平之事畢矣。天德王道，一以貫之者也。且古之聖人，其初亦何所觀法者哉？庖羲氏而上，道之統緒未明也，即謂庖羲氏觀法乎天地，則天地又何觀法哉？故曰：生天生地，神鬼神帝，皆心也。古之人有以臣伐君者乎？自湯、武始。有遜國而逃者乎？自夷、齊始。有放其君而復反之者乎？自伊尹始。有以兄誅弟者乎？自周公始。有轍環天下，羣弟子至三千焉而不以爲黨，歷聘諸侯，後車至數十乘而不以爲泰者乎？自孔、孟始。彼數聖賢者，皆未嘗有所摹擬於前也，本一心而時出之，考之前聖而不繆，俟之後聖而不惑矣。此猶舉其大者也。況於動靜語默，食息起居之微，又安能一一而摹擬之，步亦步，趨亦趨，而後謂之學乎？陽明先生於詞章訓詁之後，揭出「致良知」一言以示人，真是千古之秘傳，入聖之捷徑。良知本來自足，聖未嘗加，我未嘗損，時時提醒，時時保任，不爲物欲所遷，不爲意識所障，至易至簡，至廣至大，而天下之能事畢矣。故適道不必同，而要之不可外心以求道；論學不必同，而要之不可外心以言學。某非私一陽明先生，千聖之學脈的然在是，不可得而異也。若老丈之所云，旁引曲證而爲之辭，安可謂不合于古，不可以爲訓乎？第於易簡直截之旨終未了然，非惟鄙人之愚未能唯唯，即海内友朋亦恐未有豁然相信者也。老丈所得者深，所見者定矣，豈以某之云云而遂有轉移？聊以心之所疑，直陳于有道之前耳。

寄耿楚侗

當門下倡道南中，某始有知識，已切嚮往，摳侍寡緣，每簦笈所至，輒與函丈相左。辛未春幸附驥季方，己已邂逅仲方，挹其流，因思其源，而門下諸高弟如周子、鄒子輩，皆得與之相切摩，凡門下格言奥論皆得而飫聞焉。則某於門下固不待耳提面命而私淑不淺矣。乃者辱先勤華札，命以大道，捧讀再三，悚心流汗。來教「堯舜周孔學脈，唯是萬物一體」，至哉言乎！某不敏，年來亦稍窺見此旨，以爲古人欲明明德於天下，是其大誓願也。夫誠廓然以萬物爲一體，則必不忍執一己之見，而拂衆人之好惡；必不忍矜一己之名，而忘生民之肥瘠，其他自私自利又何足云？千聖一心，此外無訣矣。何世之論學者，非膠于格式，則逃于玄虚，紛紛無歸也？

某初授館職時，新鄭秉政，方厲元祐之禁，今師相時進某與新建鄧子，勖以問學，孳孳甚殷。師相乃者受顧命輔幼主，以國事爲家事，不顧贊毁，不惜嫌怨，一念赤忠，誠如來教所云，自非門下，其孰能知之？孰能諒之？崇本實而抑虚浮，信師相近日意指。第上焉者暫戒噎而止箸，下焉者遂駭影而吠聲，熙明之朝，至以論學爲諱，此憂道之士所爲扼腕而長太息也。師相潛宰默運，未易動摇，某懷欲陳之，而進見日稀，自惟寸莛何能發洪鐘之響乎？師相生平所知信，無如李義翁及門下，試一婉道之，詎曰不可？然某區區之意，又以爲當今道學之宗，無如門下，而方且嚮用，則師相不惡講學之指，可不言而明也。門下第安然在位，循其所得爲，而與進後生，培植善類，隱然爲吾黨標幟，則所以内調師相、外聯士心者，亦不言而明也。往聞門下以老親爲念，躊躇不欲出，今有仲、季二兄侍養矣，伏唯爲斯世斯道少忍歲時，毋輒興温凊之思，某不勝大願。

邸中同志，時不乏人，會無定期，亦不頓廢。師相以敦本之意默而主之，吾輩亦且默而會之而已耳。或以時諱規某者，某應之曰：「相公所惡者，僞學虚談也。彼以僞，我務以誠，彼以虚，我務以實，何諱之有？吾輩之於學，猶饑之食，渴之飲，有不容已者，喜憎由人，升沉由命，若於此無明眼，無定脚，何學之有？」蓋區區之意如此。某家在會稽，巖壑頗勝，老母在堂，弟兒蒙稚，混迹塵棼，抱此雞肋，何爲者哉？孤君師拔擢之恩，秦越人視吾同胞，誠有所不忍耳。辱門下一體之教，輒爾披露，不覺狂誕。

再寄王荆石師

我師識冠羣倫而不遺葑菲，望隆當代而不拒蒭蕘，即古所稱不自滿假、吐握下士者，何以加諸？某曩以「虚」之一言爲師頌者，豈敢爲諛乎？而師猶歉然不自居，曰：「談何容易？」某以是愈見其虚矣。師云：「自用用人，皆屬有相，必如佛氏所謂我相人相盡忘，而後可以言虚。」旨哉言乎！某因反覆繹思，豈惟釋典，《易》固有之。「艮其背，不獲其身」，無我相也；「行其庭，不見其人」，無人相也。是虚之至也。然大舜但曰「舍己」，孔子但曰「無我」，何哉？萬事之障，皆起於有我，即人相未忘，要之我相未忘也。古之大聖，不以我爲我，而以物爲我。故目不自明，以天下之明爲明；耳不自聰，以天下之聰爲聰。所謂「用人則裕」者，蓋如此。房琯之用劉秩，荆公之用惠卿，彼其始皆以自用之意横於胸中，而偶悦其人之同己而用之，此其病皆根於自用，非用人之咎也。善用人者，視人唯我，無我相即無人相，未有能用人而猶慮其有相者。今天下之士，孰不謂我師居吴若司馬公之居洛，以一身之去就，爲世道之盛衰，師雖欲避讓，其可得哉？他日天子一旦起司馬入秉大政，則所以翕張元化，噢咻羣生者，無他術，要唯「虚」之一言足以盡之。故某於我師，寧獨以虚爲頌，抑將以爲規耳。夫温恭如舜，而其臣猶戒之曰：「無若丹朱傲。」蓋一念之虚則爲舜，一念之不虚則爲丹朱，其相去固幾希也。某嘗觀昔人，其平時未嘗不曰「我能虚己」、「我能用人」，迨乎位極志盈，道盛德者滿前，則不覺其可喜，批逆鱗者驟至，則不覺其可怒，喜怒爲障而用舍倒置，雖其素所知信，且惴惴慮不自保，況敢進不諱之言乎？某不佞，先時效款款之愚，誠願我師常持此不自用之意，兢兢如舜，如禹，如周公，他日亦使門牆狂戇之士，常得以政事之得失，人才之進退，生民之利病，謇謇陳列于前，不以其逆耳爲可怒，則宗社蒼生其有大賴已。當今可以此言進者，舍師其誰？敢以此言進於師者，舍某其誰？伏惟矜其愚，恕其誕，而益以虚受焉，幸甚幸甚！

寄趙麟陽 庚辰閏四月。

古之至人，不以舉世之讚毁動其心，況此一人之呶呶者乎？達觀如門下，諒不少芥蒂於中也。第頃來臺省每有論列，未有不關白者。此疏即非中授，乃竟不中沮，留賢之意微矣。來諭云「決于一去」，誠爲得之。大率疏必三上乃得請耳。即有婉留之札，似未可信。鄙見如此，始終不敢不直陳于長者之前，唯賜亮，幸甚！

寄周二魯

今海内士友，志行才識如丈有幾？僕又凡庸之甚者，乃辱垂意，惓惓焉將引之大道而督其所不逮也，僕何以得此於丈哉？僕自辛未以來，甚敬慕管登之，然於其言，每不能無逆於心者，竊謂其議論太高，意氣太盛，微於孔門家法不相似也。非在今日乃輒以成敗論人，要之吾黨所以立身處世者，固自有道耳。僕曩者「素位而行」之説，吾丈不以爲然，且曰：「宇宙内事，皆吾分内事也。」此言良是，僕何敢鼓頰以争？然尚欲與丈從容商之，而丈且歸矣，迄今鬱結於中。念丈知我愛我，何可卒自外？夫古之人以天下爲一身，天下之事，孰非一身之事？然而一身之中，目司視，耳司聽，手持而足行，各供其職，而後爲全人。天下亦然，總其綱而運之者，腹心也；分其目而理之者，耳目四肢也。世未有不循其分，不乘其時，而能有濟者。天下之治，要使人人各盡其職而已。吾黨所得爲，亦唯自盡其職而已。誠令司錢穀者必均出内，司刑獄者必平聽斷，司守巡者必惠安一方，苟不得其職，則恬然引身而退，無僨法，無徼名，無躁心，無越志，分外一毫無所加，分内一毫無所損，若是者，其亦可以爲中庸之道乎不邪？舍其所得爲，而徒呶呶焉爲《説難》、《孤憤》之論，將以稱于天下，曰慷慨節義之士則可，必欲以此律天下之人，而執之以爲學的，不已過乎？僕所不能契於管登之者，謂此也。蓋嘗誦陽明先生之言曰：「吾人爲學，當從心髓入微處用力，自然篤實光輝。」僕誠欲從事斯語而未能也，頃幸有鄧、許諸丈在，頗同此意。貴邑多君子，耿先生方在疚，試一虛心商訂之。僕言甚鄙，亦或不大謬也。

寄趙定宇

往歲潦略奉訊，間及「致虛」之語，既復自愧己實未能，而徒以道聽之説陳於有道之前也。頃辱手諭，亹亹盈幅，不以鄙言爲迂，而謬有取焉。以是益徵我丈量甚廣，心甚虛，卓然以古之大賢自期待，不徒以一節自多者，令人益歎服不已。《易》稱「君子之道，或出或處，或默或語，二人同心，其利斷金」，言迹異而心同也。孟氏亦云「或近或遠，或去或不去，歸潔其身而已矣」，言事殊而歸一也。夫所謂同、所謂一者，難言哉！難言哉！丈今角巾林壑，實抱宗社蒼生之憂，弟不自量，誤以此身再入塵網，竊欲如釋氏所云污泥中生蓮花者，而實未能也。目前種種，直是浮雲蒼素，何足較量？來諭謂「正人必先自治」，此一言以蔽之矣。吾輩今日所當亟圖者，亦唯反之身心，日滌月洗，務使此中澄然無所染著，屹然不可動摇，而後他日足以應天下之事。不然，則人之議我與我之議人，相去幾何？「虛」之一言，乃自治之要機，凡外有所繫，內有所執者，皆虛之障也。古來豪傑聰明自負者不少，而卒至於釀禍當時，取譏後世，其病每由於此，安可不懼耶？邸中別無好況，唯得與四方有志之友旦夕相切劘，以攻去病根，差足爲快。丈山中自復庵丈外，所與同德相觀者幾人？人各有所長，有所短，我略其短而取其長，在在皆我師也，丈其以爲何如？

答傅太守

小兒輩蒙稚，向不敢與外事，僕時時檢束家衆，毋干法紀爲誡，儻更有倚而犯於臺下者，幸臺下洞察而重懲之，俾不獲戾於鄉黨，則拜賜多矣。稽山書院者，文公之祠在焉，二時皆有祭，蓋越中盛典也。近奉明旨，所在書院雖毁，而先祠及公館率仍其舊。蓋立法誠嚴，而委曲調停，是在行法者加之意而已。昨會環洲公，云稽山亦行召佃，乃兄因而納價。大以爲駭，因言：「吾輩今日識義理，取科第，伊誰之賜？而一旦毁其祠像，獨何忍乎？」聞已有啓奉布矣。及查謝院原題，止云「稽山公館」，似尤可以無毁者。伏惟臺下委曲圖之，務存先賢之祠像，萬代瞻仰，在此一舉。僕書屋數椽，在祠之東，日夕瞻依，尤不忍其遽毁也。輒用懇懇若此，臺下其亮之。

卷五[一]

書

寄羅近溪

辱惠語録，時時捧玩，不啻師保之日臨也。頃入都門，又幸會黎文堂及楊復所並門下入室弟子，時時聚晤，輒演師訓，某雖不敏，昭然如發蒙矣。夫道本自足，不假人爲，在聖非增，在凡非減，反而求之，即凡即聖，凡門下所開示諄諄，豈非千古聖學之的傳也哉？顧某區區之意，以爲人之資禀不能無高下，而教人者亦自有權實。直指本體，不落階級者，其實也。旁引曲辟，務以漸入者，其權也。上根之人，可以實語，中下之人，必以權諭。孔門之一貫，唯二三大賢得聞之，而其所常言者，文行忠信而已。要之文行忠信無非一貫，使能者可以默悟，而不能者亦有所

[一] 底本該卷全佚，據目録原有三十五篇，今據《不二齋文選》補三十篇。

持循，此所謂循循善誘者也。若以秘密妙藏而人人概語之，不幾於褻吾之道而起人之惑乎？復所欲廣師門之傳，每對人談本體而諱言功夫，以爲識得本體便是功夫。某謂本體本無可説，凡可説者皆功夫也。識得本體，方可用功夫，明道先生言「識得仁體，以誠敬存之」是也。經云：「理以頓悟，事以漸修。」悟與修安可偏廢哉？世固有悟而不修者，是徒騁虚見、窺影響焉耳，非真悟也。亦有修而不悟者，是徒守途轍、依名相焉耳，非真修也。故得悟而修，乃爲真修，因修而悟，乃爲真悟。古之聖賢，所以乾乾惕若，無一息之懈者，悟與修並進也。門下語録有云：「靜時惺惺然戒慎，動時惶惶然恐懼，於潛隱而常若昊天之現前，於微暗而常若上帝之臨照。」此慎獨之旨，而一念萬年者也。某之所謂功夫，如此而已。《易》言：「知崇禮卑，崇效天，卑法地。」故智慧欲其高明，踐履欲其篤實，此亦悟修之説也。近世學者，窺見影響，輒自以爲大徹大悟，而肆然不復修持，決藩籬而蕩名檢，其弊有不可勝言者。某竊有憂之，故每對學者，必以悟修並進、知禮兼持爲説，蓋正以善發門下之藴，而非敢相背也。兹因文堂之還，直述所見以請。唯門下一一批示，使不迷所往，豈勝懸切！

寄查毅齋

不奉顔色者數年矣。每辱手教，拳拳引之大道，某雖駑下，敢不時時淬勵，以庶幾無負長者？某之有志於仁也，敢曰已識仁體哉？長者反覆問難，且曰「畢竟仁是何物」。某聞之，仁之爲物，未易名狀，故孔門罕言仁，凡所言者，皆求仁之功而已。其最明切者，則「己立立人，己達達人」二語，可謂善於形容，然亦未言仁體也。他日曰：「仁者，人也。」「仁，人心也。」此則直指仁體矣。《易》曰：「天地之大德曰生。」又曰：「復，其見天地之心乎。」故生生不已者，天地之德，即天地之心也。人之生，以天地之德爲德，以天地之心爲心，虛而靈，寂而照，常應而常靜，謂其有物也而一物不容，謂其無物也而萬物皆備。無物，無我，無古今，無内外，無始終，謂之無生而實生生，謂之有生而實未嘗生。渾然，廓然，凝然，炯然，肫肫然，淵淵然，浩浩然，仁之體儻若是乎！仁者識其體，是故視我猶人，視人猶我，視我與天地萬物，如腹心手足之本爲一體，癢痾疾痛，無不相關，觸之即覺，感之即應，不待矯强，不待擴充，而撫摩調護，自不容已。彼不仁者，妄以四大爲我，而一膜之外，便爲胡越，雖父子兄弟之間，尚不相顧，何況其他？所謂麻木痿痺，雖投之鍼砭，冥然罔覺，此其人雖幸生，其心已死久矣。是故仁則爲人，可以參天地而育萬物，不仁則近於禽獸，身且不能保，而况於天地萬物乎？求仁之教，孔門屢發之，要非始自孔門也。千古聖學相傳，惟此爲要，舍此非學矣。

陽明先生揭出「良知」二字，以發孔門之藴。良知即仁也，虛而靈，寂而照，常應而常靜，無而非無，有而非有，人之所以有生，而心之所以不死者，唯此而已。嗚呼！良知人人所自有，在聖非增，在凡非減，然而氣拘物蔽，良知之存焉者寡矣。是故良知本有，而致之爲難，古之人克己以復禮，閑邪以存誠，格不正以歸於正，業業兢兢，防乎其防者，皆致知之實學也，明道所謂「識得仁體，以誠敬存之」是也。近世談學者或不然，但知良知之本來具足，本來圓通，窺見影響，便以爲欛柄在手，而不復知有戒慎恐懼之功。以嗜慾爲天機，以情識爲智慧，自以爲寂然不動，而妄動愈多，自以爲廓然無我，而有我愈固，甚至於名檢蕩然而良心盡喪。孔門之所謂仁，陽明之所謂良知，果若是乎？遂使世人率以講學爲僞，而謗姍交集，其咎蓋不在彼矣。某不自量，誠願以反身實踐之説與同志共勉焉。故識仁爲先矣，而體仁之功莫要於克己；良知爲本矣，而致知之功莫要於格物。若曰識得本體即是工夫，學在悟不在修，此近世高明者往往爲此談，不唯某之愚鈍所未能信，亦自古聖賢所未有也。偶因長者之問而縷縷若此，其是與否，幸明示之，謹齋心以俟。

復王龍溪翁

天真事辱督示屢屢，愚亦屢奉復矣。此事凡有人心者無不歎惋，況吾輩乎？顧勢無可爲耳。去冬，愚欲言之政府，無與共事者，遂將獨往，許敬庵輩從旁沮之，以爲拆毀書院屢奉嚴旨，況天真、水西又其所注意者，言之無益且有損。既而有兩司來京者，某詢之，言天真事司道非不留意，但書院名目規制備載郡志，難以掩飾，而産歸本姓，又於例不可，故難處耳。此兩言者，皆不爲無據。某踟躕月餘，此心終不能已，又將決行，而環洲公忽來言，已有書至撫按，佃産可以必諧，不須更見，某遂欣然而止。又數月，不意竟成畫餅。乃今則祠已毁矣，産已佃矣。夫聽其毁之佃之者，撫按也，彼意專有所承。翁來書，乃欲撫按訪拏毁佃之人而究治之，仍以産復歸本姓，是猶駕舟而上千仞之巔，雖有奡氏之勇，其將能乎？且天下事未有不審時勢，不料成敗，而可以漫然爲之者。狄梁公能反周爲唐矣，其始也，能使廬陵王不至于房州乎？又令梁公不當筦樞，不爲武氏所親信，即有徇主之忠，回天之辯，將安用之？某誠不敏，頃誤入畏途，僅僅自守不失其身而已，既非可爲之時，又非得爲之地，行將卷身而退矣，翁乃以可爲而不爲責之，豈其然乎？蓋翁向處山林，久與世隔，不知市朝之態，朝夕萬狀，無怪乎云云也。且桑田滄海，不可逆料，昔也本無而忽有，今也當興而忽廢，又安知他日廢而不復興乎？特需之已耳。文成公學術接周孔，勳業蓋天地，他日從祀建祠，定應有時，只今焦勞，竟亦何益？嗟乎！嗟乎！大廈非一木所支也。興言及此，可爲太息。

寄曾金簡

邸中獲接大雅，已快生平，乃足下推與過當，繆以師禮相加，顧僕自省，誠如柳子所謂「環視其中，未見可師」者，蓋迄今有餘赧焉。頃得來札，知足下果枉棹鏡湖，令吾越士友覿高賢而有所矜式，裨益諒不淺也。昨見《曇陽子傳》，中有答足下數語，不知何時又到吴中耶？所云「福業慧業，任君自擇」者，其指深矣，其望足下厚矣。夫福業者，恒人之所勉；慧業者，至人之所務。慧不言福，而其福無量，如以求福而已，其去道也，何啻千里？足下負過人之資，其自擇自振當何如哉？流光若翔，不逾年又與計偕矣。良晤不遠，且當洗心浣耳，以叩足下之新功也。

答莫紹亭（佚）

復鄒南皋

當丁丑之冬，天常大裂，人心幾死矣。賴諸君子毅然起而力維之，而吾丈起最後，語最直，氣最壯，某時在越，聞之且泣且喜，謂世道不幸，而當此時猶幸而有此人也。《壯哉行》俚句末及茅焦，亦偶取其迹之近似云耳。若丈學正而養邃，非僅僅以名節自見者，彼焦也何足比數？顧今者天日頓開，諸君子賜環殆盡，則區區之詞，非曩時一識耶？陽明先生學脈契千古，勳烈蓋一世，然動忍之助，得於龍埸者爲多。丈今學其學，謫居又當其地，危蹤五載，視昔爲甚，其所得可知也。向聞車從在長沙，某方下自祝融，日夜趨赴，則已發兩日矣，悵然久之。已而拜翰教之辱，捧讀再三，恍然如對。夫君子小人，辨於所喻，舜跖之分，決於雞鳴，此孔孟家法也。近世論學者，孰不訾宋儒爲支離？然當時界限甚嚴，故士多篤行，世教有賴焉。乃今往往崇妙悟而略躬行，就其所談說，人人自以爲顏子，即由、賜弗屑也。夷考其行，乃或有大謬不然者，遂使世之人，得以議其隙，並概其餘，俗靡道衰，無甚於此時，其咎將誰諉哉？某質陋學疏，敢曰私欲淨盡？然不敢不競競自勉，如來教所云也。昔人謂破名利關是小歇脚，破生死關乃大歇脚。某嘗以爲二關總是一耳，何者？世人蠅營蝸鬥，貪生畏死，何爲也哉？豈非名利之念牽之乎？二妄既除，一切俱泯，生何足貪？死何足畏？此豈特小歇脚而已，如丈者固大歇脚人也，而諄諄以此爲訓，某誠有慨於中矣。向來每與高明者言之，輒以爲第二義，非某所敢知也。今世道一新，士氣可謂少振，然漆室之憂，尚有難言者。大抵三代而後，得一時小康足矣，氣運則然也。丈入京，幸且括囊素位，勿更爲賈生之慟世。目下善人日少，千萬自愛！

與范按院

省城天真書院，爲陽明先生倡道之所，祭田幾二頃，上下亭榭甚都，而其前八卦田、太極亭，則宋圜丘地也。其始營建，皆四方學士大夫醵金爲之，未嘗費一官錢，役一官卒。每歲春秋之祭，四方衣冠輻輳，彬彬甚盛。頃以新法罷書院，盡爲奸僧巨猾以輕價佃之。圜丘古迹，一旦陵夷。陽明遺像，委諸荆棘。行道咨嗟，斯文奪氣。聞吾丈發都門，曾有興復之意，遠近欣欣，舉延頸以俟。弟謂興復或未易言，第陽明一祠，豈可盡廢？門下誠以興起斯文爲念，第令本僧歸屋數楹，復一祠，以俎豆先哲，似亦愛禮存羊之意也。萬代瞻仰，在此一舉，惟吾丈圖之。嗟乎！弟果何私於其間哉！今浮屠之宫徧天下，而學孔孟之學者，乃不能守其環堵之居，亦大可慨矣。外《楚遊漫稿》一帙附上，中有《白鹿洞記》，亦輒及此，公暇幸賜覽教焉。

復查毅齋

來教云云，皆根極要領之論，讀之數過，令人愓然有省。某淺中疏外人也，豈得如長者所厚望，以調元之事繆屬之邪？顧平生問學，竊以爲調元贊化，不獨長民者爲然，即一介之士，其澤有可施，其責有不容諉者。萬物與我本爲一體，毛髮痛癢，無不相關，彼漠然而不顧，與夫悍然而自恣，種種私意，皆痿痺不仁者也。孔門之學，莫大於求仁，舍仁而言學，則學非其學矣。昔日之荆公，與今日之荆州，其平生所學者，管、商之富强而已耳，申、韓之刑名而已耳。當其時，豈無以求仁之説爲二公告者，則見以爲迂腐而不入。嗟乎！管、商、申、韓，彼且不能保其身，而況於天下乎哉？仲尼於及門諸高弟，若由、求、賜、赤，皆不許其仁；又其時名卿大夫，若子文之忠、文子之清，亦不許其仁。甚哉仁之難言也！然仁，人心也，人人所具，是自以私意蔽之耳。故仁則無私矣，無私則仁矣，學者學此也，安可以難自諉也？某嘗書諸座旁曰：「滿腔皆惻隱，舉目有神明。」此兩言者，非曰能之，亦勉焉而已。若夫行藏用舍，豈可預料哉？今世道再新，正人彙進，門下已爲朝議所舉，且旦夕召用，儻可一出，以副上下之望乎？是固仁人之心也。拙齋丈視郡既數月，憂民之憂，利民之利，迥然出於尋常，某時有贊訂，如來旨，誠不敢有所隱避，非爲拙齋也，要亦一體之義，不容爲秦越之視耳。調元贊化，安能遠期於他日？且以少盡於目前，苟於物有濟，在人猶在己也。某固將以此爲學也，門下何以教之？

又答查毅齋

此番領教，較京師更爲親切。蓋門下之造詣，愈篤實愈光輝矣。不肖淺陋，無足比數，顧平生於「見善如不及，見不善如探湯」斯二語者，亦若得之天性。年來從事於學，自覺其褊且隘也。用力刮磨，已稍稍去其圭角，而病根終在。門下見諭及之，真是切中膏肓之劑，敢不鐫佩以終身乎？不肖每自體察，若此心真如太虛，無人我，無善惡，則一切分别相亦何從生？惟於此體未能究竟，故種種隔礙，旋滅旋起，雖强制之，終不可得，則端本澄源之功，不肖安敢不黽勉耶？拙齋丈乃有大力量者，治郡逾年，大綱已畢舉矣。不肖時有忠告，亦惟以「虚」之一言爲獻耳。惟虚則善言易入，惟虚則應事不疏，學莫有要於是者，門下以爲何如？

復王麟洲

令兄年伯與萬宗伯一時並召，此真世道清明之徵，大可稱快，即苫塊之夫，亦幾見齒。來諭云長公堅意不復出，即鄙見固預信其然，恐在親知亦不宜更强，何者？曩時覲中親受記，海内具聞之矣，若吾兄則豈可援此例哉？以兄之素抱踔絶如彼，曾未得少展，而年猶未艾，無論石、孫二君，凡在薦紳，孰不願推轂者？安可拘拘爲丘壑所留耶？由兄推之，如我荆師，如和石先生，固皆不必不出也。每閲内典，其言娓娓，皆吾儒萬物一體之意，其慈憫衆生而欲拯救之，雖至於割截身體，亦所不惜。若徒沉空守寂爲自了漢，大非其指矣。吾黨處世，苟誠以無染無礙之心，而時行時止乎其間，亦安往而非逍遥遊也？豈必逃於世外而後爲高耶？今朝政頗稱肅然，布列要路，類多正人，長洲相公意嚮，可謂卓越近代。顧主上見猶未定，中人易爲動摇，升降之機，尚未可料。弟前過南昌時，曾寓書鄒南皋，謂三代以還，此世界已只如此，僅得小康足矣，未可責之太備，求之太深，寓内善人日少，宜自愛，乃今南皋竟不能容矣。前此二三言者，相繼斥去，恐自後讜論益不聞，事更可慮。所賴諸君子相與合志撑持耳。兄等尚安忍袖手旁睨，不爲世界一出頭邪？

寄朱金庭

頃方偃伏苫廬，苟延喘息，耳不聞户外事。第閲邸報，高蜀公既已重處，而議者復呶呶不止，竊恐朝士方自攻擊，而大柄潛移，他日有不可收拾者，殊非社稷之福也。然今日之事，唯在諸老引慝積誠，休休几几，庶幾衆氣自平，羣喙自息，若目之爲邪，目之爲黨，是適所以激其怒而助之攻也。歷觀前史，曾有大臣與言官争勝，而千百世之下乃獨非言官者乎？不肖旁觀之言如此，儻會趙、陸二公，幸爲道之。漆室之女，不憂晚嫁，獨憂其君老太子幼。不肖願諸老共憂漆室之憂，毋徒彼此相持，如鷸蚌然，使漁人坐收其利哉！

寄趙麟陽公

每閲邸報，朝議迄今紛紛未已，而諸老於諸言者，各持一見，各爲一黨，不謂世道方號清明，乃復有此氣象也。然觀老年伯前後敷陳，無非忠厚正直之意，其中二疏，若申飭言官以寬聖怒，曲原故相以存國體，此皆同聲附和之流所不能道，而千百世之後必以爲確然不可易者。然則障狂瀾，持國是，固尚有人乎！天下事每成於同而敗於獨，未有大臣與言官争勝而可以稱協和者也。且近日諸言者，激於意氣、闕於詳慎則有之，然安可謂非忠讜之士哉？是在諸老大臣，休休几几，平心以容之，和氣以道之，庶誠無不應，虚無不通，師師濟濟之風，儻猶可追乎！若目之爲邪，斥之爲黨，恐彼人未肯輸服，適所以激其怒而助之攻也。此意在老年伯獨明之，聞羣情無不歸嚮，世道幸甚。旁窺諸老，似猶持勝負心，存人我相，意者當局而然耶。老年伯之前，輒肆其狂若此，勿以示人也。一時賢者，猶未盡用，敬舉一二，以備采擇，勿以爲罪。

許敬庵前此謫官，原非其罪。此兄氣定心誠，而才練尚有人不及知者。前時在駕部，一二條陳，坐省淮揚數十萬。今若使獨當一面，必大有可觀，即不次用之，誰曰不可？奈何令人淹一郡邪？

徐孺東雖少不足於和平，而明遠之識、敏達之才，世罕其儷。今第處之閒散，優遊歲月，且冉冉老矣，可惜也。似宜及時超用，令得展布。

陶泗橋年伯，平生清謹，雖列上卿，恂恂無異韋布，蓋卓然有所不爲者也。正宜還之舊職，以風示庶寮，坐鎮頽俗，可令久在林壑耶？

孟我疆名秋者，茌平人也。令昌黎七年，民稱「孟母」。稍遷廷平，居京師，饘粥不繼，而歌咏自若，風動一時。江陵獨知之，時山海缺人，有旨推廉能者往，特越次用之。竟以執法招忌，考不及，乞致仕，家居唯茅屋數椽，兄弟共處。許敬庵常過其廬，謂大江以南無此風味也。若此君者，雖未必可以奔走集事，亦宜一舉用之。令頑鄙之徒，知上人意嚮如此，庶幾有興乎！

臺中如嘉善丁君賓、四川敖君選，皆以狷介稱，而丁尤養深見定，篤信良知之學，而深造得力者。今天下治忽唯在巡按，而舊習難挽，頹風難振。二君一在告，一在制，宜及時破格催取供事。誠得一二人爲倡，十數人布列天下，吏治民生，其有瘳乎！

無錫顧君憲成，有學有守人也，以吏部在告。

遼東蕭君汝芳，步趨古人，不欺幽獨，聖賢之徒也，以進士在告。二君毋亦可以示意嚮，速之來乎？

以上數公，不肖尚有未識其面者，第得之深知博詢者如此，敢以其概聞。昔在有虞，舉一皋陶而不仁者遠，蓋風之所動者神也，惟老年伯留意焉。當是時，幸秉銓有同心者，而不爲一二破格之舉，則又將誰望耶？

復范雲岑(佚)

答鄒南皋

不肖懷仰高賢，奚啻饑渴，乃罪深罰重，罹此大故，種種與願違矣。今世道已稱再新，而正直之士終不能久於朝著。不肖去春報札，已預卜其然，故願吾丈之少自愛也，爲國體惜也。若在丈，則既上不負明主，下不負所學，夫復何恨？詳閲諸大疏，慇慇懇懇，無非實心，無非實用，曾有一字之謾、一語之迂者乎？然而竟不能售，則蒼生福淺耳。江陵公平日自是自私，倚信羣小，結怨縉紳，致有今日之禍，固其自取。然至於籍其家，辱其母，殺其子弟，則太甚矣。十年翊贊之勞，豈容盡泯？即如籌邊一事，十餘年西北晏然，誰則主之？此其罪與功亦應少準，而一旦斬艾之若此，於國家元氣，得無少損乎？麟陽公一疏，殊爲卓然，吾丈云云，真正直忠厚之論也。來教云：「一真一切真，一僞一切僞。」誠然誠然。不肖自省因循粘帶，敢自謂一切真乎？可愧也。近得見胡先生衡齋書，真可謂羽翼新建，發所未發矣。吾丈所薦諸名賢，今多以次召用，而胡先生猶見遺，何也？又如許建昌者，有學有守之士也，丈薦及之，甚當，乃猶蹭蹬一郡，畜以凡品，孫文融烏得辭其責耶？

寄鄧定宇

弟十年之間，並失怙恃，每念人生，真如電光石火，碌碌昏朝，竟成何事？緬懷司空圖，實獲我心。先人所遺有山，曰南山，風水頗佳，而久未得穴，以遍山皆石也。頃遇宛陵一友，偶得土穴，先人葬事已定，弟即於其地爲壙，令可埋骨，世俗共駭之，以爲早計，予謂不然。人生百年者絶少，其七八十皆稱中壽，予今年四十有七矣，籍令造物者假我以八十，光陰亦過大半，尚可謂早乎？山之左，舊爲别墅，因構一小閣，面羣峰，俯鏡湖，朝夕偃息其中，先隴相去只數里，拏舟可至，此外足不他踐，事無他涉，翛然物外人矣。即成仙作佛，吾亦不作此想，又況其他？兄其許我不邪？

寄耿叔臺

長公起當要樞，一時秉銓總憲，類皆正人。新安相公疏云「庶幾弘治之盛」，誠非過稱。但事機物情，種種可憂，有如來諭。太阿之柄，日漸倒持，不知將來作何究竟耳？江陵師十年輔幼主，安可謂無社稷之功？祇緣自是而又自私，卒有今日，然亦太慘矣。言者徒知取快目前，而投鼠之嫌，手滑之漸，曾不少念，吁嗟嗟，不已過乎！一二老成，國之紀也，且必欲排去之而後爲快，抑又過矣。然所謂老成者，胸中尚覺有物，是以愈争而愈離，甚矣致虚之難也。陽明先生云：「舜之處象，彼喜亦喜，彼憂亦憂，精神流貫，略無間隔，是以卒能感化克諧。」諸老如麟翁，如長公，乃能辨此。天祐我社稷，其尚有賴乎？弟負罪伏苫，不當更談世事，偶因來諭，輒縷縷及之，不敢爲他人道也。聚所兄物故，真斯道之戚。弟於此兄知之最深，不在兄下，覽兄奠章，令人淚下不能止。曩嘗偕在京諸友寄奠，外鄙詞録上，然不能盡此兄百一也。所云「辭受進退之大閑」，真爲至論。今人問學，類多虚談而鮮實行，大都此處檢點不密耳。弟與定宇，向在京師，實不敢放過，然隨俗習非，亦竟未一一慊然於心，他日尚欲斬截一番，兄其試觀之。所封《内江志》一帙，偶閲兄序，言言皆可佩服。自來敘志，未有若斯之詳者也，即此亦領教多矣。敬庵兄督學之轉甚稱，久鬱乍伸，諒兄所共喜也。弟始祖派自綿竹，今年遠不可考，彼中同姓者聞甚蕃，兄暇中試爲一訪之。

寄朱金庭

手教所云「參以意氣，便不和平；與以己私，便不正大。」，旨哉言乎！兄旦夕秉軸，但時時提醒此語，以正大和平宰理天下，豈不爲昭代名相邪？設有毫髮與此語相戾，弟當效長孺之戇，盡言以争，兄其許我不邪？今世賢士大夫，往往作惡講學，諱而不談。弟謂講學者唯恐不真耳，若認真講學，時時提醒，則所謂意氣、己私此二障者，一照可破，一割可斷，何至如近世之紛紛者哉？陽明先生從祀，此是一時美舉，事既下儒臣議，又貴部所職掌，乃猶久而未決何也？兄宜與洪陽諸公毅然力主之，如何如何？

答許敬庵

承示「格物」云云，最爲剴切通透，吾輩所當服膺者也。「格物」二字，創見於《大學》一書，而義不重釋，是以後儒訓詁，言人人殊，就其爲説，固亦各有意義，而大要互有得失。弟平生參究，獨有味乎陽明先生之言，以爲的然無可更疑者。其言曰：「意有所向便是物，物有正有不正，格其不正以歸於正，此之謂格物。物格而知自致，意自誠，心自正，身自修，一以貫之者也。要而言之，只是遏人欲以存天理。質之孔門所謂『克己復禮』、『閑邪存誠』之旨，無不脗合。一念之動，其正與否，人不及知而己獨知之，即此是獨，即此是良知。於此格之，即是慎獨，即是致良知。物與知無二體，格與致無二功。但於意念之間，時時省克，自然欲淨理還，下學而上達。」象山先生所謂：「此念一提撕時，便自居廣居，立正位，行大道，真是立竿見影。太陽一出，而魍魎潛消。至易至簡，而參贊位育皆從此出。」此弟向來所深信而黽勉，學焉而未能者也。詳閱來教，似以「則」訓「格」，蓋曰物物皆有定則，一循其則而不違，是爲格物也。以此用功，何患不爲聖賢？第於訓釋文義，覺尚未妥。夫曰「知體無窮，物則有定」，是將以知不足恃，而取則於物矣；是將舍吾心之天則，又索之於外矣；是將岐知與物而二之矣。究兄本意，原不如此，而語句則有然者。立言垂教，欲其無弊，願兄更詳之也。弟請就兄之言而反覆之。知體無窮，物之體亦無窮，何也？凡物之理，千變萬化，不可爲典要，若云有定，不爲子莫之執中乎？物則有定，知之則亦有定，何也？帝降之衷，天然自有，不爽毫髮，若曰無窮，則將舍規而爲圓，舍矩而爲方乎？蓋人心莫不有知，但當致之而已；萬物皆備於我，但當格之而已。「格物者，致知之實」，此陽明先生切要語。人倫日用，爲物不齊，而應感不出乎一心，其端不外乎正與不正，而莫非吾心之所獨知，格其不正以歸於正，而天下之能事畢矣。此與來教本不相戾，但弟直遵陽明之説，而兄意尚欲爲之劑量耳。便中幸更裁示，如何？所與定宇書，及思默公所稱「未發之中」與「洗心退藏於密」，此二言者，安可謂非聖門根本之論？能善體之，即是慎獨，即是戒慎不睹，恐懼不聞，亦即是格物致知，即是精一執中，尚何辨也？若云自修求了悟，而應用卻在於彼，又以坎中一陽爲未發之中，養此一陽爲發生之本，此則前此所未聞，亦姑置之無辨可也。吾儕今日所當共勉，唯於心髓入微處打迸潔淨，自然篤實光輝，此外更復何事？兄云：「洗心未至，難語退藏；慎獨不力，難求未發。」至哉言乎！當書諸紳矣。兄往督學，任至重至煩，千萬惜精神，務先躬行、省議論，此爲至囑。《傳習録》恐關中士子未盡見，幸重梓而廣布之，真唤醒人心之木鐸也。

寄王荆石師

不肖某伏在苫廬，側聞當宁宣麻，起我師於里中而授之政，田夫牧豎，無不舉手加額，頌聖天子之明，而太平之澤，行且身親被之也。蓋主上察羣情而思良佐有日矣，然必屈指祥禫之期，而後乃今降温綸，命特使，其須之甚殷而體之甚至如此。自昔聞人碩士，挾非常之具，或舉世信之而上獨疑，或其君信之而衆不嚮，上疑則無以展其謀，衆不嚮則無以伸其志，未有上下之間交知而共信如今日者。斯民不見三代之盛已千百年，天其復將昌泰運於斯時乎？天時不可失，聖眷不可孤，師宜不俟駕而行矣。意者孝思純篤，尚猶戀戀於慈闈乎！竊惟太夫人健甚，善飯，奉板輿而就養，當無難者。不然，則仲氏、英孫，承顔聚順，師雖暫違綵侍，太夫人必愉愉百年也。師其念宗社而哀蒼生，幡然一出，勉副聖天子側席之意，幸甚幸甚！每憶師出都門時，語某曰：「立朝必如狄梁公，乃爲大格局。今天下士仍澆靡之習，事多隱伏之憂，非梁公其人，莫能轉移世道。」非師其誰爲梁公者？且今元老，可謂容人所不能容，忍人所不能忍，又與師最爲同心，庶幾有兩梁公矣。丙、魏、房、杜，將不得專美於昔，此某之所以喋喋慫慂而不能已也。某又憶往時嘗以「虚」之一言爲我師獻。惟虚則無物無我，以天下之心爲心；無適無莫，以天下之事處事。《秦誓》所謂「斷斷」、「休休」者，蓋言虚也。我師不談虚而用虚，某既書諸紳矣，而猶云然者，禹、益之於舜，不以其既聖而忘逸遊之警，諱丹朱之戒，舜亦不以己之既聖而逆耳於二臣之言，無非虚之至也。我師日在政府，某自是候問希濶矣。兹謹專一力，伏送道左，輒布其區區焉。伏惟我師矜其愚，不罪其誕，孤某不勝悚息願望之至。

寄鄒南皋

前書記來，拜手教，極荷惓惓，及讀《覺軒記》，倍令心境泠然，塵垢一洗，受益弘深矣。南中同志之會，落莫已久，頃賴吾丈主盟，實意所觸，興起必衆，道之將行，庶幾有兆，乃丈又北轅矣。然丈今所司，抑揚進退，非徒託之空言，所以轉移世道者爲任益重。曩時有言責，既已盡其言，乃今有官守，則當盡其職。「用之則行」，孔顔所欲，聞丈更欲請告，何也？邸中論議未平正，賴一二虚〔一〕心直道者持衡其間，但爲潔身之計，可乎？且今彼此交攻，彼以此爲邪，此以彼爲逆，道路所傳，雌雄孰辨？丈入京則是非自明矣。丈夫抗顔天地間，獨自撑立，不隨人脚跟，不傍人口頰，此吾丈生平可自信也，今日亦何所避而不往耶？計疏上必不允，敢以此贊丈之行。前趙定宇兄途中書來，亦以此告之矣。近聞海公入南銓，一時僚寀凛凛斂戢，此老雖未足於和平，然勁節正氣，自足以激頑立懦。當今士習日靡靡，突梯滑稽，賢愚相踵。昔人謂「須服大承氣湯」，此亦其時，非得若人矯厲而振飭之，江河之勢，曷有底止乎？人情多忌憚，異議必生，丈入京宜力爲主持。如此公佐銓、掌南院，皆無不可，惟往時爲巡撫，或不宜耳。今執政可謂虚懷，荆老又以正直佐之，太宰及總憲又皆真正人物，丈凡有言，當無不入也。士苟長往山林則已矣，若欲用世，舍此時又何待耶？部中若徐賓梧之温粹，魏崑溟之剛介，顧涇陽之凝定，皆不可易得者。涇陽雖在告，期亦將滿矣。善人多則天下治，陽明盛則陰氣消，丈宜力任之毋讓。況明

〔一〕「虚」字原缺，據《不二齋文選》補。

年大察，誠預爲諮詢，所在不職之吏，雖有薦者，黜一以警百，世道生民，豈曰小補？凡此是丈分内事，此外一切，幸姑置之，何如何如？不肖與康洲、金庭皆總角交。康老忠信且好學，無俟不肖之從臾，業已致尊意矣。金老外和而内介，氣定而識練，且於丈爲知己，幸早晚相與左右之，亦扶掖善類之一端也。

寄孫越峰論志書事 三通。

《姚志》云：「人物是非，必百年而後定。」《杭郡志》傳人物，亦以五十年爲限，此特爲避嫌遠怨之計耳，非大公之心也。古今稱良史，莫如左氏、司馬氏，彼其所評騭，多同時之人。孔子作《春秋》，不嫌於自敘其績。若必待百年、五十年而後書，竊恐歲月逾遠，文獻益湮，將使賢人哲士之懿行，卒以泯没不傳，罪將焉辭？故今所列，第據各邑志之所已載，及名宦鄉賢祠之所已祀者，更就其中删次而書之。若行誼不甚彰灼，鄉評不甚許可者，雖志所載，祠所祀，亦不敢入。其或志所未載，祠所未祀，而間有立傳者，必其行誼皭然，鄉邦所共信者也。要之矢心天日，必不敢以一毫私意攙雜其間。但耳目未廣，遺漏尚多，敬虚左方，以俟續入。國朝《實録》，凡大臣三品以上並有傳，美惡咸在，況曾賜謚贈官，其人類多可稱者，郡志所不得遺也，但不敢過爲褒美，以爽其實。至若山林隱逸之士，名聲既不易聞，必旁搜而畢録之，以厲頹俗。孝子節婦，已經旌表者必書，其或寒宗僻壤，旌表之所未及，而孝節素孚見聞之真者，亦必書。第遺者必多，亦俟續入。

又

兄纂次近有緒不？弟日夕幹辦，日覺其難，玆將編次數條奉覽，損益筆削，更望兄直示也。紹興人物本多，與他郡不同，其尤多者，則《名臣》一條。兄向言如《姚志》百年内止載四公，固爲精簡，但各邑俱新修，嘉靖來人物已備入，人數不少，即如山、會二邑所載，其人儘有不可删者，獨《姚志》頗爲寥寥，他日各邑俱多，而姚江獨少，恐人必歸咎於兄耳。弟意郡志自與國史不同，郡志紀一鄉之賢，苟有一德一藝者，皆可書也。如黄公珣、陳公雍，《實録》中皆有美詞。又湛甘泉公撰《胡東皋公墓志》内，述先文恪公嘗語人曰：「吾姚仕宦而清貧如寒晙者，胡公東皋、宋公冕、胡公鐸，稱『姚江三廉』云。」湛公言必不誣，則是三公者皆可書也。外見老所開名姓，乞一一批示，内中須取得六七人，乃與各邑相當耳。叔世論人，取其節焉可也。弟觀貴邑岑君所修志，儘自簡嚴，然今嗷嗷不已。問其所可指摘者，則又莫能舉也。得非本無可指，特以其立例太嚴，而一時人物多不見録，故怨謗叢生，而吠聲者因之乎？古人貴揚善，又曰「成人之美」，則今日之事，斷不宜苛且隘也。兄謂若何？

又

辱諭可謂開誠布公，敬服敬服！見海公諸記，謹奉上。貴邑人物，得來教乃今有準繩矣。

《帝紀》及舜禹，蓋借重之意，乃《南志》如此，又《風俗賦》亦云然，故並列之。若只載理、度二宗，似又無足觀，並此傳亦可删耳。《王侯》一類，初意亦欲如兄言，後因查帶銜與否，亦未有的據，故混列之而不詳其事。至於郡人以武功封拜者，並詳於此，其有他善可稱者，則列名於此，而别傳於《鄉賢》，此編次意也。若欲以武功者並入《鄉賢》中，則須列《武功》一門，似又煩矣。右軍輩目爲寓賢，止是因仍舊志，今欲改入《鄉賢》，亦無不可。陽明先生傳，大約採摭《年譜》及《文集》中語，非敢杜撰。敝邑前輩相傳時宰沮抑之説，鑿鑿有據。肅皇帝英明異常，璽書召赴，自是聖意，言官之論，實有所授。粤西之行，亦是桂公以難題困之，成功亦罪，不成功亦罪矣。若著論與《年譜》大相戾，似又起一争也。前所奉志目，人物本分類，令祖在《忠節》，令伯在《孝義》，令先翁在《名賢》，今欲并作一傳，固兄謙退之意。唯令伯附令祖尚可，令先翁似必須另傳矣。三公勁節懿行，兒童所知，貴邑人雖好議論，亦安所動其喙？即弟執筆，此心實可自信，脱有可訾，何敢阿私所好哉！凡任事必任怨，志書尤甚。若志出而欲一時人人悦服，此萬萬不能。要之不愧此心，不乖公論，令千百世後有可徵，則已矣。今人皆不滿岑志，然此志終當不泯滅也。當時《史》、《漢》書初出時，豈亦無譏彈者乎？蓋久而後定耳。前志分《儒林》、《文苑》爲二，弟謂道德、文章皆儒也，故欲以《儒林》該之，不欲目太碎耳。諸款皆草草奉復，統俟完稿後更求細訂不盡。人物，各邑固難而在貴邑尤難，即如岑志，百年内止載毛、謝、孫、王四人，可謂過嚴矣。乃猶漫然以泛濫譏之，然則必一無所載而後無議乎？是可笑矣。見翁正人，且究心世故，弟向仰之，前郡公特往諮詢，本弟薦之也。隨蒙條示，比皆鑿鑿可憑，但所列者止有姓名而行實未詳，即有志狀者，或未可盡據。煩兄更一細叩之，弟不敢率易勒狀也。

寄李夢池（佚）

寄鄧定宇

徐覺齋至，及承差來，兩得書，甚慰。年伯母既能之閫，則無不可入京者。兄竟堅執不出，似亦過矣。每對弟問兄出處者，弟必以親老爲辭。蓋兄近來神王氣充，人人知之，弟不能作妄語也。兄若稱病，世之不病者何人哉？今日事體，兄既不可遽出，一二年間，儻有新命，幸毋過執，弟敢預勸駕焉。邸中近無他事，諸老務持重寬厚，但不喜聞深憂過計之論。顧涇陽一疏，可謂詳盡，想見之矣。弟猶然吏隱，學磨兜堅耳。凡舊時號相知，舉不足憑，一旦當事，又別是一種氣色，雖有忠言，無從而入，此古今通患也。傅慎所在南中，書來，云兄及徐儒東、鄒南皋諸君子一日不在朝則一日不交睫。此兄欲進賢之切如此。乃報書甫去，而訃音至矣。宇宙間殲此良人，可爲世道一太息。弟嘗以此語爲當塗誦之，乃於徐、鄒二兄，皆以歸未久爲説，似亦非所喜者耳。猥巧易合而介直難容，自古則然，奈何？「龍沙高，聖人出」，兄堅卧不起，專意出世，既應此讖矣。曩夜坐時，相對忘言，故不欲贅一語，今又不得暇耳。

答孟我疆

思兄不得一見，頃得手教讀之，有如面談，快慰何如！乃世事士風，有如來諭，可爲太息。得爲者既如彼，吾輩又浮湛散局，無能出一力、效一言，奈何？所可自盡者，唯黽勉問學，修德以待時而已。京中結會者十數人，如楊復所之超詣，沈觀瀛之堅忍，孟雲浦之真醇，皆我益友，紛擾中每一相對，未嘗不心境豁然，而又惕然不敢自晝也。鍾文陸僅數會，可謂才與節兼者，恨即有巡茶之行。周志齋又以路遠，不能數數就正，然嘗聆其半日語，所造深矣。兄春初幸一來，爲諸友領袖，吾輩宦遊，即不能遂行其志，然得與四方賢者相切劘，成己成物，必有所濟。當此學衰風靡，異説紛紛時，相與默默主持，使一線之緒不至遽絶，是亦仁人之心也，不猶愈於淵潛丘遯，獨善以爲高乎？願兄深思之，毋固必也。許敬庵向時見示，弟深辨之，似不見納。外近札四通呈覽，弟所見如此耳，幸賜批教焉。

答許敬庵

讀關中諸大作，具見兄年來養愈充，神愈王，益非弟輩可及。《大學述》尚未能遍讀，唯玩味首篇，已自簡明融貫，學者誠如此實見，如此實修，何患不爲聖賢？但格物致知之旨，弟向謂陽明先生之説更無可疑。今兄「通徹於物」云云，以之自信自修，孰曰不可？若必以此爲的，而以陽明爲未盡，則終不敢面從耳。往時小簡頗悉其説，兄更能一細閲否？我疆兄春間即以差還里中，昨有書來，亦謂兄不當與陽明相矛盾，兄試一覽之。嗟乎！吾輩豈私一陽明哉？自考亭爲「窮致物理」之説，學者不能善會，遂致茫茫蕩蕩，逐于見聞，膠于格式，而昧其本然之體。蓋相沿三百餘年，而後陽明出於其間，首揭「致良知」之訓，呼久寐之人心，而使之頓寤。其言曰：「無善無惡心之體，有善有惡意之動，知善知惡是良知，爲善去惡是格物。」蓋意之所著是爲物，其正與不正未有不自知者，格不正以歸於正，即是閑邪存誠，即是克己復禮，此於孔門脈路，安見其有毫髪之不同乎？陽明自謂：「此學從萬死一生中得來，豈可易説？」今閩粤間拘曲之士，徒以積習之見，據風聞之言，輒肆排詆，幾於病狂，姑不暇與辨。乃賢智如兄，又幸生陽明之鄉，向來同盟共信，且欲率天下之人共學其學，而何忍一旦與之相左乎？人之於道，固各有所從入，不必盡同。就兄所獨悟，雖與陽明小異，亦自無害，但謂致良知非孔門正脈路，則安可爲是言哉？始陽明與考亭異，舉天下而争之，至今乃漸定。今兄又與陽明異，不知天下之争之者，又何時而定也。陽明之於考亭，不得不異，吾輩於陽明又何必捨其是而與之異乎？我疆屬弟致意於兄，故縷縷若此，非好辯也。顧於兄前而不盡言，則何處可盡言乎？兄毋訝焉。弟侵尋半百，時過無聞，慚愧知己。近居京師，碌碌素飧，猶然吏隱。每觀世態物情，不勝慨歎，而大可憂者，則邊事日壞，宇内困窮，豎儒空言何補？唯是二三同志相與淬勵，以延此一線之緒，則不敢不勉耳。我疆無意復來，弟嘗以書趣之，不知行止若何？定宇亦堅意不出，趣之再三，但以親老無子爲詞。太倉相公頗汲汲推轂之，弟謂處之南雍，以便迎養，庶令可就，亦未知機會如何耳。弟復自念，迂戇之資，既不能與時瓦合，而才疏識寡，即當事任，亦安能有所建明？則不若奉身而退，庶幾明哲。蓋慨然有慕於定宇，旦暮且欲往從之矣。

答徐覺齋

數年渴仰，得再晤於長安，喜真欲狂，所恨日促事煩，聚對無幾耳。門下瀕行，百務紛如，乃又汲汲集諸友爲靈濟之會，此何心也！陽明先生謂：「教不倦即是學不厭，親民即是明德，孔門俱立俱達，意正如此。與人爲善，自是千古學脈。」蓋自靈濟之會，而諸友益勃勃鼓動若不容已，門下倡率之功大矣。某不自量，竊窺一斑，以爲當仁不讓，而識淺行薄，惴惴焉唯恐顛墜，安得置門下於長安，匡其不逮而翼其進乎？

答徐御史(佚)

答吕新吾

來諭謂弟以兄爲偏執，此語誠有之，蓋愛之深故責之備，不覺妄誕至此。然非兄亦安敢爲此言也？向來議論，不能盡記，尚記一二語，請更申之。兄嘗问：「相天下當以何術？」弟對曰：「無私。」兄曰：「無私不足以盡相之道，必加意於知人。知人有法，必令人舉一人，嚴連坐之法，而後舉必得人，人無遺舉，天下可理矣。」弟曰：「固也。獨不曰取人以身，修身以道乎？自古才相、智相，代不乏人，往往以徇私敗之，故無私而後能知人。辟之鑑常空，衡常平，妍媸輕重，自不患其或爽。且人舉一人之法，自昔亦有行之者，而卒不能得人，何也？其人君子也，則所舉必多君子，雖連舉百十人，亦何不可？其人小人也，則所舉亦多小人，雖舉一人，亦安可遽聽邪？」弟反覆言之，而兄終不以爲然，故有似乎偏也。兄又嘗問聖學之要，弟對曰：「在心。」兄曰：「心不足以盡天下之理，必存心以察天下之理，而後可以入聖。」弟曰：「萬物皆備於我，非心外有理也。孔孟之學，但曰正心，曰存心，心正則理無不正，心存則理無不存，千古聖賢何曾於心外加得一毫？故中和致而位育自臻，盡其性而化育可贊，所謂易簡而理得者也。」弟又反覆言之，而兄終不以爲然，故有似乎偏也。大都兄之意謂爲治必有法度，爲學必有格式。弟則謂有美意然後良法可行，有盛德然後周旋中禮。其不同者如此。弟自省儻亦偏邪，是未可知也。夫心唯圓故神，方則滯矣；心惟圓故明，方則蔽矣。故天體圓而常運，日體圓而常照。兄謂道迷於執德之不固，弟則謂執德貴弘，而病在於固也。荊公人品，豈不卓越當世？青苗之法亦曾奏效於鄞，祇緣執之太偏，遂致貽禍無極，是不可不察也。兄今者分鎮一方，百萬生靈倚以爲命，所期虛懷以接下，平易以近民。利所當興，必處置之得宜；弊所當革，必變通之以漸。貪殘必黜矣，而小過宜寬；法律必嚴矣，而人情當順。凡此皆兄之能事，而弟復云云者，始終慮兄之過於執，而不覺失之偏也。來諭甚真切，故亦不敢以泛然寒暄語爲謝。

答孟我疆

頃得兄仲冬書，知北來有日，同會友朋，無不歡動，日望車轍之至也。日來友朋頗真切興起，兄宜亟來爲盟主。古人以吏爲隱，吾輩以仕爲學，誰曰不可哉？辱示教語數條，謹對如左。

悟修之說，鄙見亦正如此。不悟從何修，不修亦空悟，悟與修安可相離？理以頓悟，事以漸修，本《楞嚴經》語，彼正因學者有偏廢之患，故對舉而言之，其實一也。立人達人，畢竟是仁之發用處，仁自有體，就如喜怒哀樂是心之發用處，心自有體也。程子云：「性中曷嘗有孝弟來？」愚亦曰：「仁中曷嘗有立人達人來？」仁之體最難識，有此體即有此用。用原於體，故曰體用一原。若以用爲體，如以枝葉爲根，似須有辨。畢竟孔子罕言仁，仁最難言也。

格其不正以歸于正，此是「诚意」章戒自欺、求自慊的本旨。千古聖學只是遏人欲、存天理，若曰只有天理，更無人欲，則虞廷何以曰「人心」、「道心」？《易》何以曰「閑邪存誠」？仲尼何以曰「克己復禮」？且以此心見在驗之：一念之正耶？忽有一念之不正者阻之；一念之不正耶？亦自有一念之正者覺之。蓋二者常相貞勝，唯先立其大者，則小者乃不能奪，是以學貴立本也。聖賢立言垂教，多出於不得已。若曰「物無不正」，則何必又言「格物」？推而上之，心本自正，何必又言「正心」？意本自誠，何必又言「誠意」？所以必曰「正心」，必曰「誠意」者，正是格其不正之心以歸于正，格其不誠之意以歸于誠，格其不善以歸于至善，格其不明以歸于明，乃所謂「格物」，乃所謂「止至善」，乃所謂「明明德」也。陽明先生格物之訓，自是絶無可疑，設有未通，必須潛思力索以求其通，安可遽疑先生之説爲未然也？近世學者，往往以改過遷善、懲忿窒慾之訓皆以爲第二義而忽之，遂使入門者無可下手，而黠辨之徒竟借此以自飾其非。正弟所欲深闢，故諄諄以陽明先生原旨爲友朋告。蓋矯偏救世，不得不然，兄其以爲何如？

答李見羅

頃歲喘息苫廬，得孟我疆書，謂當今賢者不少，乃志肩絶學、才挾兼長如見羅公者，一人而已。用是益耿耿，方恨無由一聆謦咳，顧辱華札先投，德音盈耳，感喜交集。今兹世道，誠號清明，當事諸老，務持長厚而戒苛察，右老成而抑浮躁，尊指庶幾弘治之盛，然世事可憂者尚種種也。秦晉、燕齊之墟，頻年大旱，人且相食，當宁宵旰憂皇，蠲與賑並施矣，而卒未有濟。士大夫之交酬宴會，日以華侈，雖屢勤明旨，而卒莫能禁。噏訿成习，雌黄倒置，即當世所稱名賢，猶未免横罹口語，引身而退，又安望巖穴之無遺乎？凡此皆秉國者所甚注意，而卒未能挽。所賴二三大賢，相與僇力公家，計不内顧，以共濟時艱，維持世運，而貴省二老已去不可留，門下又汲汲請告何也？門下宜且息歸念，一究鴻業，毋孤斯世斯民之望。孔門之學在求仁，仁者以萬物爲一體。成己成物，元非兩事，古人初發心，即以明明德於天下爲己任。陽明先生云：「親民即是明明德，教不倦即是學不厭，本無先後彼此之别。」門下其講之熟矣，奈何方見知於時，而遽欲爲潔身之舉乎？某雖駑譾，何敢以世俗語溷清聽？第平生竊見孔門立人達人微指，元非獨善，要在用舍行藏不失其時而已。門下試自籌與二老所遭同否，則行止可決矣。交淺言深，先哲所戒，乃某於門下道義久相許，豈必握手接殷勤而後爲深交哉？如某頭白汗青，於時曾無寸補，然未敢逃於山林者，以爲主恩不可負，聖訓不可違耳。況門下所繫一方之利病，他日所擔荷宗社之安危宜如何者，而可以言去乎？勺溪先生仁人也，死且無後，如天道何？然有弟如門下，亦既有後，且可托以不死矣。

答傅慎所

聞丈已蒞南理，百爾朝紳，無不喁喁相慶，況夙昔傾嚮如弟者乎？唯旦夕内召，俾得日聆清誨，乃大願耳。弟抵京未久，徒以資深叨轉閒曹，素飡碌碌如昨，何以勉副知己？定宇丈去歲屢書趣之，輒以母老爲辭，此誠至情，不可强。令薦者至再，益不可來矣。即令當事者破格處之，定宇似亦有難割者。往弟諒定宇寧肯爲絶裾之行，弟亦寧忍强之。人之相知，貴相知心，弟所以諒定宇者如此。儻以南少司成處之，以便迎養，庶其可乎？而機會又未偶也。所諭海内諸名公，其召用之次第先後，當事者必自有說，要之其表表者終不得而久遺也。弟浮湛金馬，猶然吏隱，即於當路相見不數數，如所云推賢進士，實有志未逮耳。丈旦夕北來，當自知之。聞南中交際甚簡，士風甚儉，令人健羡。此中覺漸侈，勢不可回，安得轉南風而之北乎？

寄周海門

頻年極承道雅，别來忽忽半載，懷想可知。小兒書來，云：「三月之會，丈特枉棹隨之，一時友朋，更覺鼓動。」世道幸甚，已從見心。所拜手教，恍如面談。兑禺公名世之品，僕入京，渠已病革，屢造之勿獲一見，亡何逝矣，痛哉！僕抵京未久，徒以資深叨轉一階，十七年老撰始得此，人皆以爲拙者之效，顧僕自省識寡行薄，殊抱忝竊之懼，將來秩益進，則責益重，不知何以圖報，稱副知己，真中外汗浹也。在位諸老，多耆碩正人，每事務持重忠厚，不爲苛察，足稱太平景象。第西北洊饑，流離載道，邊備日弛而不易振，士習日靡而不易挽，種種可憂，即當事者亦莫知計之所出耳。同志相聚者可十餘人，然皆真切之友，每一月一會，亦不能數數也。大抵近時之弊，徒言良知而不言致，徒言悟而不言修。僕獨持議，不但曰良知，而必曰致良知；不但曰理以頓悟，而必曰事以漸修，蓋謂救時之意，丈謂若何？夫此來定是何日，何太徐徐邪？優遊田里，成一自了漢，甚非所望。先正有言，習閒成嬾，習嬾成病，人之精神，亦須時時鼓舞，方能自弘。孔門之學在求仁，仁者以萬物爲一體，猶饑猶溺，若撻若溝，自有不容已者。丈試思之，其忍終老于林丘乎？至於星命之説，尤不足信。僕嘗以往事證之，曾無一驗，是以的知其妄。高明如丈，幸以立命之學更究竟焉。

寄周二魯(佚)

寄顧涇陽

頃丈所陳，言讜而氣平，當事者大是心服，有裨於時政不淺。年來士習，淺之則挾意氣以干名，深之則託玄談以文過，實行實修如丈者幾人？是宜昌言於朝而聽者不怒也。僕雖雅以務實之論爲友朋告，顧内省多疚，空言何補？丈方爲海内所信嚮，幸時時提掇此語，實世道之幸耳。自我疆與丈出長安，同志亦覺寥寥，雲庵、晉庵初至，亦苦於合併之難。歲月悠悠，竟成何事，念之汗浹。丈之廣南，吏治民隱，諒所關心，他日願有聞也。

與毛文學

吾丈篤志真修，僕嚮往有年，兩歲朝夕相對，不獨子弟蒙益，僕實有大賴焉。越人往往以講學爲談笑，固彼言是行非者無以取信，然懲火而廢炊，見亦左矣。頃自吾輩爲二六之會，友朋中頗不加姍，且有勃勃興起者。斯文未喪，天其或者有意於越乎？獨恨僕爲升斗所驅，遂與諸友匆匆别去，辱有贈言，又相送依依，殊難爲懷。所願諸友，如約爲會，互相激裁，毋使越人復以半途爲誚，幸甚幸甚！兩弟兩兒，望吾丈諄諄子弟誨之，毋存形迹。吾丈别時，以「寡慾」、「虚心」兩言見贈，敢不鐫佩？僕年來自謂慾不敢不寡矣，然而念未能絶也。又自謂心不敢不虚矣，然而執意見以自信，不能盡無也。吾丈云云，誠爲對病之藥，繼自今必時時警勉，務求益寡益虚，以不負良訓耳。已又詳讀佳序，可謂有德之言，確不可易。鄙意所未然者，析心與道爲二耳。夫心外無道，言心而曰易偏易恣者，即非心也；道外無心，言道而不本於心者，即非道也。夫惟析心與道而爲二，是故舍吾喜怒哀樂本然之情性，而求之於難窮之物理；舍吾事親敬長本然之知能，而索之於無常之事變，考之愈勤，講之愈徹，而以之應感酬酢，漠然愈不相關，此則學術之過也。吾丈「虚心」之言，請亦彼此交勉之，毋拘于舊聞，毋駭于新説，一剖兩家藩籬，而但求其是。試觀今日之所不足，果心體有未融乎？抑物理有未到乎？今日之所受用，果心之有自得乎？抑由外而入乎？先聖之微言，曰「易簡」，曰「一貫」，果反而求之心乎？抑泛而求之事物乎？僕非敢好辨以自涉於不虚也，獨念萬古一道，千聖一心，陽明先生致良知之學，直是遠契顔孟，近接周程，考之經傳，無不脗合。僕味之愈深，信之愈篤，苟非其人，未足與言，不敢不盡言以告。如吾丈篤志真修，世能有幾？安忍爲含糊兩可之説以相悦邪？又安忍坐視良朋之猶有所蔽而不正言以規邪？規吾丈爲諸友標幟，於此不審，將使聽者二三，莫知趨向，斯文其能有興乎？惟吾丈念之念之！僕頃者方達下邳，自淮揚迄齊魯，所在饑荒，見之傷惻。

皇上遣官發帑金以賑，德意甚渥，而所遣官則户部孟君化鯉，蓋舊友也。此君師尤先生而宗陽明，志真而行潔，今所賑數大郡，懇切委到，凝然不擾，而所在並沾其惠，真可謂有用之學矣。近且以帑金不足，將借留漕糧以爲煮粥之具，外其公移及疏草寄上諸友一覽。天下事唯是存此万物一體之心，則視民之饑猶己之饑，疾痛撫……〔二〕

〔二〕此句以下底本有缺頁。

卷六[一]

議

處貴州站軍議 上麟陽公。（佚）

郊廟祀典議 閣試。

臣惟國家之大典，莫重乎郊祀，是非精于理而熟于故者不足以議此。臣愚何知焉，雖然，嘗聞之《記》曰：「惟仁人爲能享帝，唯孝子爲能享親。」又曰「自義率祖」，「自仁率親」。夫享帝享親常典也，而唯仁人孝子爲能之，明其心之不容已也。親與祖一本也，以親視祖，則祖漸疏矣。故以義率之，明其禮之不容無節也。惟心不容已，則郊祀有闕而未備者，要非仁人之所安。

[一] 底本該卷全佚，據目録原有議、論、説共計十三篇，今據《不二齋文選》補十篇。

惟禮不容無節，則廟祀有乖而未協者，亦非孝子之所忍。臣以是竊議今時之制，則不能無惑焉。在昔成周之制，郊祀后稷以配天，宗祀文王于明堂，以配上帝，此萬世常行之典，不可一日闕者也。

我世宗肅皇帝，創郊丘分合之規，以正前代相沿之謬，其制精矣。又建爲明堂大享，而欲配以睿宗。廷議難之，故明堂之享，至於今猶闕焉。夫以禮之不可一日廢者，而闕之數十年，其可乎？先皇帝臨御六載，而奄爾上賓，方其初年，以肅皇帝登遐未久，重違先志，故禮官莫敢以請。今皇上嗣服方新，郊祀肇舉，修廢振墜，此千載一時也。臣請倣成周宗祀文王之制，以肅皇帝配享明堂，以明百世不遷之義，以舉久曠之典，今日之務，莫此爲急矣。《春秋》躋僖公，君子譏之，以爲非禮。蓋以親言之，閔弟也，僖兄也，兄先於弟，親親之情也。以分言之，則閔先爲君也。方其生也，僖嘗北面而臣之，歿而祀于廟，乃以僖躋于閔，如尊尊之義何？君子不以親親害尊尊，故以魯之祀爲非禮也。肅皇帝以繼祀繼統之別，伯孝宗而考睿宗，誠爲孝之至矣。又祔睿宗于廟，而位乎孝宗之下、武宗之上。夫睿宗之於武宗，嘗北面而爲臣，且未嘗承孝宗之統有天下也，乃儼然列于九廟，而位乎孝、武之間，豈惟無以示萬世，即睿宗有靈，能一日安乎？當時諸臣懾于罪譴，無以魯僖公□事力諍之者，臣嘗恤之。《禮》曰：「有其舉之，莫可廢也。」然所謂孝者，善繼善述，不必循其迹也。蓋有失之於先而正之於後者矣。三年無改于父之道，斯謂之孝，則三年之外，義所當改者，改之可也，況孫之于祖，又可以義率之者乎？兹者，先皇帝祔廟伊邇，禮官之議，咸謂宣廟當祧，而無敢及睿廟者，誠循於世次之常，而未明于繼述之義也。臣愚以爲，睿宗之祔廟，終非所以示萬世而安孝子之心。平時無故而議之，誠格于勢，乘此祧廟之期，而一釐正之，非所謂因時制宜者乎？非所謂以義率祖者乎？臣又有議焉，祧廟之主，藏之夾室，而四時無祭，則成其爲祧矣。睿宗之祀已數十年，而一旦議祧之，非仁人孝子之所忍聞也。臣請別建祖廟而祀之，四時不廢，如九廟之禮。夫未藏于夾室，則不成其爲祧也。別立廟而祀之，位有獨尊，祭有常享，非若曩時紊尊尊之序而享之不求其安也。是既正祔廟之失，而亦未嘗不極尊崇之典；既善繼先皇之志，而又未嘗有祧其近祖之名。考之典禮而甚協，即之人心而甚安，臣以爲聖人復起，不能易焉者也。狂愚之見，不識忌諱，唯□明主察之。謹議。

薛文清從祀議

臣按：孔庭從祀之典，其來遠矣。然歷觀往代，其人或駁而弗純，其制或舛而未協。先皇帝從輔臣之議，釐正祀典，進退沿革，無不當乎公論而合乎倫理，過前代遠甚。臣所爲當時恨者，獨我明從祀之臣，尚未之議耳。夫漢、唐、宋之世，其規模政治，萬萬非昭代比，迨乎胡元，三綱斁矣，然而從祀孔庭者，代有其人。播之當時，而人心知勸；垂之簡册，而至治有光；其於風教，豈曰小補？我國家之興既二百年，政治如此其隆，承平如此其久，其間理學諸臣，豈無一二可以從祀者乎？而末俗多忌，盛典久曠，使萬世而下，謂昭代無人，臣竊恨之。薛瑄在孝廟朝即議從祀，嗣後言者屢屢，顧病瑄無著述，輒格不行。臣謂此不足爲瑄病也。夫漢儒之蒐輯聖經，唐儒之註疏聖經，宋儒之闡明聖經，彼皆當六經煨燼之餘，異説紛紜之後，聖人之道幾於湮滅而不存，諸儒生其時，誠不得已而有所著述者也。自有宋以迄於今，訓詁大備，六經之道昭然如日中天，而異説者無所容其喙，學孔聖者不務身體而力行之，而紛紛焉煩其著述以求聞於後，不幾於辭之贅而道之漓乎？昔宋之楊時，元之許衡，皆未有著述也，誠其道德不詭于孔氏，師範有裨於將來，斯足以從祀而無疑，而奚以少著述獨爲瑄病耶？臣按：瑄自童髫以至没齒，惓惓以聖學爲任；由修己以至誨人，懇懇以復性爲功。精微未及乎程顥，而渾厚近之；貫穿未及乎朱熹，而篤信近之。《讀書》一録，身心之體驗有徵；歷宦四朝，夷險之操持無間。是誠聖世之真儒，孔門之羽翼也。臣謂宜如言官請，敕下禮部，進瑄從祀之列，舉二百年之曠典，以昭示萬世，無俾宋理宗專美于前，斯道幸甚！謹議。

論

正朔論（佚）

讀李衛公議公孫弘論（佚）

文王有憾論

《左傳》「吴公子札來聘，請觀於周樂」，「見舞《象箾》、《南籥》者，曰『美哉！猶有憾』」。説者謂文王以不能克紂爲恨，而孫明復以季子爲厚誣聖人。張子曰：甚矣説者之妄，固哉孫子之見也！孔子稱文王爲至德，又謂其有事君之小心。夫文王純臣也，豈獨事殷而不叛，斯以爲至德小心云爾哉？推其愛君無己之心，蓋將格君之非，而致之於堯舜。沉湎不作，暴虐不行，納忠良之諫，去炮烙之刑，下收人心，上挽天命，俾有商之祚延于無疆，而後文王之心斯快也。當紂之醢九侯而脯鄂侯也，文王聞之而竊歎。其竊歎也，豈比下以讎其君哉？蓋不忍其君之肆虐一至于此，欲諫之而不能，欲救之而不得，文王於此，蓋有不勝其恫者矣。寧獨此哉？

紂有一惡之形，則文王有一念之戚；紂之惡久而彌稔，則文王之憾没齒而不能忘也。伊尹之言曰：「予弗克俾厥后惟尧舜，其心愧耻，若撻于市。」嗚呼！文王之所憾，其即伊尹之所耻歟！文王之所以爲至德小心者，蓋如此。作周樂者，以文王未釋之憾，而播之舞蹈之間，所謂象成者也。且舜之舞曰《韶箾》，而文王之舞曰《象箾》、《南籥》，意者以文王之德比舜也歟？若季子者，亦可謂善於觀樂，而深於知聖者矣，何厚誣之有？嗚呼！固哉孫子之見也！

説

遺子説

客有廣買田宅以遺其子者，其言曰：「不如是不足以遺吾子。」張子聞而詰之曰：「子之父遺子幾何？子之祖遺若父又幾何？」客曰：「吾祖所遺，薄田敝廬耳，吾父始拓之，至予又拓之。」張子曰：「若是，則安用子之汲汲焉爲若子謀也？」客曰：「夫人之子，亦安得人人賢且智，如吾父子之能自創立者？」張子逌然而笑曰：「噫！子過矣，子過矣！子亦安可逆料汝之子之不賢且智，如若父與子之能自創立也，而汲汲焉爲之謀邪？若子廣田宅以遺若子，而逆待之以不肖，遺之雖厚，待之實薄矣。且子既以不肖待若子，又安望若子以賢且智自待，而終守子之所遺也。夫我則不然。我將以賢且智待吾子，即亡以遺吾子，視子之待若子，不已厚乎？」客默然而退。

百鍊説

夫金之在鑛，其精内藏也。冶者内之乎鑪火，制之以鉗錘，而精美乃見。方其處烈焰之中、鉗錘之下也，甚無樂乎爲金。精美既見，而後乃知挫折煅煉之爲功也。雖然，是唯其質金也，故煉之而隨有成。若耶之銅、梁州之鐵，即旦暮而煉之千百焉，可冀其爲金乎？嗚呼！吾於是悟學焉，學之無成也，非以其宴安逸樂之爲祟乎！疢疾顛沛，常人之所不堪，而君子資之以煉其心，成其德者也。雖然，世之人攖疢疾、遭顛沛者衆矣，而聖賢其人不常有，何也？其志不先定也。夫唯有聖賢之志，以當憂患之衝，而後挫之而益奮，撼之而益堅。不然，彼其所煉者何事？卒又何成乎？是故君子以此志爲精金，以天地爲大鑪，以造化爲大冶，安而不敢恃也，逆而不敢怨也，安往而無成矣？吾友錢子子明，自少而長，豴更家難，而其志不衰者。梅岡沈先生以百煉名其齋，而余爲之説如此。子明子尚勉乎哉！

直義説

介卿祝子之貳守毘陵也，過別余，徵贈言。余曰：「嘗别耿先生乎？」曰：「然。」因出先生所貽「質直好義」語以示。余三復之，慨然有當於心，以爲爲祝子告者，莫忠於此矣。余不能文，姑繹其指而爲之説曰：夫君子之學，質直好義盡之矣。觀察而下人，皆所以好義者也。《易》有之，「直其正也，方其義也。君子敬以直内，義以方外」。夫人生而直，如木之有根也。時措之而爲義，如木之有枝葉也。木無根則枯，苟盡刈其枝葉，其根亦枯。是故善養木者，既培其根，又必愛護其枝葉焉，合内外之道也。世之學者吾病之，或曰：「任天之便，徑情而行，吾以質直爾矣。」不知言出而招尤，行出而多忤，是必自反有未直也。不務克己而徙義，是刈其枝葉而求其根之生者也。或曰：「察時之變，與世而移，吾以好義爾矣。」不知曲意而違心，徇人而失己，是非義之義也。不務反己而自立，是棄其根而假榮於枝葉者也。夫徑情有似於直，趨時有似於義，而其辯天淵如此。故外直不可以言義，舍義不可以爲直，時時質直，時時好義，人己互觀，而内外交養，君子所以學焉不厭者也。果能是，而有不宜民人、達邦家者鮮矣。祝子勉乎，□毋徒以觀察下人爲喪吾直也，則庶幾□□□□□哉！

别楊貞復漫語

我明理學，則必稱白沙、陽明兩先生矣。兩先生之學，皆直悟本體，不落蹊徑，可謂後先一揆者也。東莞陳氏，妄以己意低昂其間，辟之瞽人恣評五采，天下其誰聽之？第今距兩先生才數十年耳，無論吾越寥寥，即海南號多豪傑，其爲得統于江門者誰乎？豈有其人而吾不及見邪？抑時固有待邪？往吾聞惠州有楊貞復，頃幸與之同官禁林，其氣春温而玉潤，其學川會而淵渟，然猶欿然不自足也。兹且請告歸，將習静山中，益尋究竟，吾意振江門之遺響者，必斯人也。貞復其勉之！求吾真静，致吾獨知，是誠作聖之要，兩先生不我秘矣。

復性説 别涂侍御汝高。

性一而已，而剛柔强弱判焉不齊者，氣質之偏也。沉潛者以剛克，高明者以柔克，所以矯其偏而歸之中，反其不一者而復於一也。然不知性之本一，則既昧其源，曷從而沿其流乎？是故知其性而克其偏，斯學無餘事矣。世儒縱口談性命，而行與性命背馳者不少也，或者矯枉之過，則又以性命爲贅論而不樂聞。嗚呼！是性是命果爲誰之性命而可以不知乎？執途之人而告之曰：「吾將戕爾性命焉。」則必股栗而失容，何者？誠愛其生也。若之何置吾身所以生死者而瞢瞢爲也？年友涂子汝高予告奉太夫人歸南昌，一時同志皆有贈，予謂汝高氣沖而行恪，蓋所謂沉潛者也，進而規之，其唯以剛克乎？歸道出廣信，若徐子伯繼、鄭子洪疇，所謂高明者也，進而規之，其唯以柔克乎？又歸至南昌，鄧子汝德，其深於性命之説矣行矣。汝高勉旃自愛，其毋以予言爲贅，且以告二子曰：「某氏云然而質其歸於鄧子。」予不敏，日引領諸丈之交相規也。

甘節説〔一〕

茌平孟子成氏，令昌黎七年而遷廷評，處於京師，緼袍糲食，蕭然環堵。人曰：「子可謂苦節矣。」子成曰：「吾固甘之，何苦焉？」亡何，調職方主事，出守山海關。山海當遼左之咽喉，庶務盤錯，或謂非節士所宜。張子曰：不然。夫節之用，豈獨可施於身哉？推之以約束羣動，振舉廢墜，皆此物也，顧其所以爲節者何如耳。《易》稱「甘節，吉，往有尚」，而夫子釋之曰：「當位以節，中正以通。」夫節而協乎中正，則甘而不苦，是故無往而不通也。古之爲關也，將以禦暴而非以爲暴，是故行旅之往來，亦見其甘而不見其苦也。子成行矣，其尚以己之所甘者與斯人共之，必協於中正，毋蹈於苛，必止於禦暴，毋傷於察，斯庶幾當於甘節之旨，往亦有尚哉。

〔一〕《不二齋文選》此篇題爲「甘節説二篇送孟子成」。

不然，豈徒負於其官，且有負於學也！子成勉諸。

夫節寧有二哉，矯而揉之則苦，順而安之則甘，甘苦之致，不繫乎所遭，繫乎其心焉耳。顔子不改樂於簞瓢，曾子日不舉火而歌聲若出金石，彼其雋永於道德有餘味焉，被服乎仁義有餘温焉，方將咀其所甘而失其所苦也，而又烏知其他？雖然，二子豈徒自足於所甘而已哉？蓋嘗喟然精思而苦孔之卓矣。蓋嘗三省其身而日有孜孜矣。得之彌甘，而求之彌苦，其苦也乃其所以爲甘也。子不云乎：「發憤忘食，樂以忘憂。」其憤也，乃其所以爲樂也，兹非聖賢所以日新其德者與？子成力行如曾，而沉潛如顔，其能甘二子之所甘也我知之矣，抑猶有足于甘而不極其苦者乎？於其行，更進之以苦口。

不成章不達説

丁亥十一月十一日會于靈濟宫，一友問：「何謂『不成章不達』？此與『斐然成章』同否？」答曰：「『成章』是成片段的意思，此個『成章』與『斐然成章』意亦相似，但『斐然成章』是但成狂簡一節之章，此『成章』是成中行之章，便可達於聖道之大，所以不同耳。聖人之道，茫茫蕩蕩，仰之無際，望之無涯，從何而入？蓋聖道雖大，必自本焉，誠是也。誠，則如水之有源，如日月之有明，始終表裏，純然一致，而萬事萬化皆從此出，所謂一以貫之者也。學者欲學聖人之道，固未有不本於志者。但立志不誠，或作或輟，或貳以二，或參以三，入聞聖道而悦，出見紛華而悦，即是不成片段，即是無本，非自棄即自畫，何以得到聖人地位？流水之爲物，唯是有源者，則習坎盈科，而後流於既溢之餘，混混不舍，以至於海，若夫無源之水，乍盈易涸，安能有進乎？學者於道，必須立定一個真志，念念如是，時時如是，動靜語默打成一片，不使有夾雜、有間斷，方是有諸己之謂信，然後精神貫徹，下學而上達，美大聖神可馴致不難矣。布帛紈綺，雖精粗不一，然須各成片段，乃可適用，若麻布紵絲，將安用之？凡道之所就，雖大小不同，無不各有機軸。賢者的機軸，孔門如曾點之狂，原憲之狷，賜之達，由之果，求之藝，雖未及於顔、曾，然自有一個機軸，自成一個片段，以其真修實踐，無虚假，無二三也。尹之任，夷之清，惠之和，雖一偏之聖，然何等有機軸成片段！至於孔子集羣聖之大成，辟如五色成文而不亂，經天緯地，此又是孔子之大機軸、大片段，非三聖可比。至於天地之道，只是不貳，所以日月四時順軌，山川草木咸若，此又天地之大機軸、大片段也，總之只是一個誠。誠者成也，小以成小，大以成大，皆不外此，信乎聖道有本，學者安可不務本哉？《易》以《坎》之中實爲《中孚》，即是盈科之意，而《大象》以君子常德行爲言，其旨深矣！」

卷七

碑

擬重修盧溝橋碑

我國家建都上游，負重山而環巨浸，金湯之固，蓋前代罕儷焉。而盧溝橋去都城四十里，實爲京師襟帶，然以一橋當桑乾諸水之衝，奔突湍悍，堤岸不能支，自正統、弘治以來，屢築屢圮，先臣楊榮、劉吉述之詳已。肅皇帝四十有二年，歲在癸亥，堤復圮，乃發帑金三萬有奇，命工部括羨餘佐之，功以告成，而面石尚仍其舊。迨今又二十年，坎窞日甚，車傾卒痛，往來稱病，聖母慈聖宣文皇太后洎我皇上，聞之惻然，念曰：「嗟！兹橋爲九州萬國朝貢仕旅之要津，治之可獨緩乎？」顧私室與公家交詘矣，郊圻之役，不可煩也；大司空羨餘，不可繼也。乃即宮闈相與諏度節縮御前供奉之費，得若干緡，若中宮，若潞王，而下及諸近侍，各佐以若干緡，總之萬有奇，卜吉戒事，敕内官監太監某某董其役。悉撤舊鋪，易以堅好。橋之東西道，各增築若干丈。

舊有兩神廟及巡司，歲久並廢，並以餘材增葺之。始己卯九月，越明年庚辰閏四月訖工。蝃蝀亘空，金輝玉映，輿馬安行，歡呼闐道。上與聖母聞而樂之，爰命臣某紀其歲月。

臣伏覩皇上周恤民隱，孜孜罔倦；纘烈祖之令圖而補其所未備，承聖母之德意而竟其所欲爲。往者胡良、巨馬二橋之役，咸出自聖母脂盝之資。臣奉詔撰記，既以損上益下之説爲頌矣，今兹復何所稱述以答明詔？臣惟古之哲后明王，家四海而子億兆，莫不約于自奉而厚于恤民。大禹惡衣、菲食、卑宮室以致力于民事，而宣尼亟稱之；文王卑服即康功田功，而姬旦舉之爲成王告。蓋損上以益下，而厚下以安上，此誠致治保邦之要圖，雖二帝三王繼作，又何以加焉？我皇上臨御八年於兹，諸所措注，恢博汪穢，固不可殫數，乃知建修河梁兩大役，並以仁儉之德，將順聖母，倡率宮御，功成利溥，而閭左不知有征發之勞，太倉不糜一錢，水衡不煩一吏，於戲！此可不謂瘠一己以肥天下者哉！夏禹、周文不得專美於前矣。臣至愚極陋，誠不能舍前説以獻，乃謹識其始末而繫之詞曰：

王者如天，其施於民，若雨露然。自上下下，不屯其膏，厥澤乃宣。瞻彼盧溝，縈迴帝都，作我喉咽。瀰瀰湯湯，排山蔽空，源來桑乾。先皇作梁，後皇承之，拯彼顛連。繄我世宗，經之營之，厥甃未竣。雷轢杵集，如螽斯噛，日削以朘。言摧其輪，言蹶其蹄，行旅悁悁。孰云周道，如坻如矢，而不平平。我皇至仁，格于文母，種彼福田。曰此下民，往來其咨，時予之愆。公帑私藏，其孰可損，予寧自捐。乃約尚方，乃誡宫屬，乃風中涓。上下協謀，小大施捨，費逾十千。乃相厥時，農事之隙，其勤其虔。輪鑼於宫，伐石於山，易泐以堅。虹飛鵲架，雹曳雲構，夷衍綿延。轔轔方軌，接踵而趨，轟轟闐闐。來王來享，來賈于燕，謳歌聯翩。曰維我皇，及我聖母，建此勝緣。脱我險巇，置我康衢，澤深九淵。言籲于帝，福禄綏之，如岡如川。皇來長樂，鐘鼓落之，鞫鞫囂囂。臣拜稽首，勒銘豐碑，天子萬年。

巡按浙江監察御史龐公生祠碑〔一〕

天順間，朱御史英所疏行兩役法，籍縣民分爲十年而統於坊里之長，每一坊一里，長率十人。令民按丁若田，五年而率錢與長，爲吏辦公私費。坊主宴，里主饋，曰「甲首錢」。又五年而長率民詣縣庭，審諸役，曰「均徭」。歲環遞以爲常，蓋五年而一用民也，時頗稱便。其後吏肆而長饕，所云甲首錢，有一貧男子出白金四五兩者，即富者按田而率，有如畝滿千，金不數百不已。於是貧者走徙，往往以錢累其長，富者不免詭其畝以逃役。至若均徭，一不幸得館庫或捕鹽諸

〔一〕　此文原由徐渭代寫，收入《徐文長三集》卷二十四，題《代龐公碑文》（見《徐渭集》第二册，中華書局，1983 年，頁 619—620）。張元忭有修改。兩文相校，字句略異。

役，其在榜中，顧役直不過七八金，富民承之，則誅攫百出，不數百金亦不已。又不幸富者兼得兩重役，貧者或分得十之一二，則身家亦破碎。平生構聚至百千，朝居而暮空，貧者至不有其妻子，與籠雞柵豕互牽引鬻市中，相聚以哭邑里郊墟，色憯憯若在冬秋。於是每書榜，則老胥黠吏巧播弄以網賄，與詭者相脣齒，而民之病極矣。今右副都御史南海龐公尚鵬，舊爲御史，來按浙，其因革奪予，悉掃故常。知前兩役爲病，既大且久，乃一破其法。一邑中調劑官百所需費若諸顧役，不縮不盈，與民之丁土相釐合。凡丁一田畝千，率出若干錢，與秋租歲並輸於邑吏。明年百所費與所役，亦歲出庫中錢，擇其人掌之，且買且顧。又刻帖，人給一紙，令曉然，無所謂甲首錢，長不得濫索；無均役，富者亦不入館庫。役最重且苦若鹽捕等者，不得勒富者募，而且歲輸每丁不逾二十分，眇細易辨。受詭者不得行，胥吏無所用其播弄。蓋自詔下，行之至今，農始知貴田，而櫝擔而食者亦重去其土，閭閻熙熙，略始甦息。然既十餘年矣，諸父老子弟乃始醵金構屋以祠公，而屬石上言于余，何晚耶？詰之，則相傾以對曰：「公亦知永州事乎？柳大夫將奪蔣氏之蛇而復其賦，蔣氏出涕汪然者，以蛇之毒人，不若賦法之毒人甚也。今龐公易兩役爲條鞭，是出我水火，加之衽席。頃者聞且將奪我衽席而復之水火，其毒於蛇也倍幾？」予曰：「誠若是，則若等之言衆言也，予言者一人之言也，衆言也者能致於聞者也，予一人言也，而又言於石，是不能致於聞者也。」諸父老更進曰：「急父母之病者，醫藥不已也，而兼事於禱，甚則且糜股上肉，又安問禱祠之不如醫藥哉！」噫！是亦可哀也已！予又奚庸於喙。

山陰徐侯生祠碑

山陰徐侯以召入之三歲，予偶過侯所築官塘所祠下，有父老四五輩趨而前曰：「此爲前侯徐公祠也。公惠政，大夫所知，且大夫，史也，祠而不碑可乎？敢以請。」予曰：「諾。」其後民某某輩請日至。蓋某某等侯所屬治塘而有勞者，塘成，在官路者可五十里，其在海者復若干里，並有益于民，甚大且久，而民不知有費，是以並祠而碑之。至論侯之全，則在邑且不能盡舉，寧曰塘？蓋侯生有至稟，如騶虞鸞鳳然，以不殺爲性，是以其於治也，恐恐然如良醫之於蠱瘵，惟恐其傷之，以鑴磨爲戒，而以不擾爲良方。甫下車，即板輿行農畝間，悉得民所疾苦。若户之富貧與人之强弱奸良，及盜賊摴博瑣至倚市之笄，平常捕格百出所不禁者，侯並設法爲之，不用一鞭，無不立止息。異時丞簿冒牒如蝟毛，民如爛鮮，至是無一紙入，其所駁，廊吏不能竄一字，僥訟牒訟者亦不輸一錢與吏。無一卒入鄉勒租税，直與民約投篋，最後者始苦以轉輸，民爭投，無敢逋者，他雖遣卒百，逋如故也。當是時，舟子曰：「卒坐矣，我何用舟爲？」或捨舟而捆屨。酤且飯於邑門者曰：「訟者不復食衙中人矣，我何用張爲？」或盡治其壺具。吏或走家居，閱月而至，無一事可爲。清戎使者至，所司承旨摭索里中，戎大震，侯弗與，使者怒，亦不爲動，更急之，輒以病謝，里中老稚賴以免者無算。大吏攝訟者，於邑就聽斷，即必先聽而以書復，或涉毛細則不遣其人，大吏始甚銜之，久之並諒侯非亢己也。至于課校中士，不徒以文，舉公正。爲民導善止惡，使不革面，則蒸蒸款款如雨之於物，令其飽而自化。善託者不敢造公庭言事，如澁之在舌，亦自卷攣耳。侯去之日，送者萬人，自邑門而達于江，遮不得行者百里。有渡江守數日而返者、返而復往者、涕濕襟者、哭失聲者、舉酒悲悲而不得飲者，亭驛而是。其喜者，則有舟子整篙楫，卒與胥買攝記，酤而飯者範錫而復壺具而已耳。侯之去一也，其悲者何人？其喜者復何人？噫！用是可以知侯矣。侯之用，召爲工科給事中，方將盡括西北地之可渠而田者田之，以寬南漕，蓋天下大計也。疏上，會以累左遷而止，而碑之請爲書也，乃在三歲前。時以侯方在要路，故需之，今侯且謫居，而且以憂阻，論久而彌定矣，遂書。侯名貞明，字伯繼，家江之貴溪，予辛未榜人也。詞曰：

繫牧之良，于何見乎？爲宮爲羽，如鼓答桴。徐侯之牧，五載而召。送者萬衆，雨涕以號。號且泣矣，嗟何及矣。渡江而西，鱗濈濈矣。我聞父老，二百餘祼。父母之良，未見其比。立石於塘，有螭則昂。民之德侯，閱彼滄桑。

彭山季先生祠堂碑〔一〕

先生蚤聞新建致良知之旨，既浸溢，懼後之學者日流而入於虚也，乃欲身挽其敝，著書數百萬言，大都精考索，務實踐，以究新建未發之緒，四方之士從之者數百人。自筮仕至老且革，無一日不孳孳問學者亦且數十年，此其卓然以繼絶學、覺來者爲己任。而處心制行，光明夷坦，孝弟忠信，蓋卜諸鬼神，鬼神許之，質諸兒童，兒童信之矣。間有疑先生者，謂先生當長沙時，以嚴以涅，爲人所彈詆罷。罷而獨居禪林，著禮書，將有所迎而希也。嗟乎，是烏知先生哉！先生先人秉憲爲大夫，家世禄。先生一大郡守，罷歸者不兩紀，身死幾不能殮，骨未寒，而三子已寄舍於他人，涅者固如是乎？火烈，民望而畏之，故鮮死。萑苻之盡殺，子大叔之不猛也。芟稂莠，植嘉禾，治何病於嚴哉？而況先生之或過于嚴也，又其壯年養猶未粹之時乎！當長沙之覲，善當軸者以書畀先生，先生疑其薦己也，懷之不達，及罷，啓書果然。始司建寧理，會寧藩變，先生提兵壁分水關。院使以鄉試役檄先生，再三拒勿往，即得罪勿顧。若爲御史得謫，則以

〔一〕此文原由徐渭代寫，收入《徐文長三集》卷二十四，題《代季先生祠堂碑》（見《徐渭集》第二册，中華書局，1983年，頁616—618）。張元忭有修改。兩文相校，字句略異。

慈壽太后及肅皇帝兩宮故批逆鱗。即兹三事，其所志不在榮進也亦明矣。拂之於顯然之章奏，而顧迎且希於不可必達之故紙，迎且希者固如是乎？先生之學與行，仕與處，其懿美不可殫舉，其大約爲人所疑與信則如此。噫！一疑之，一信之，彼從其疑，我從其信。亦足稱賢矣，乃不得與槩無可信者，一食於校，殆十有二年。而先生存時，往往語其徒曰：「吾子孫無顯者，而顯者之先吾所知也，吾死，慎勿隨世俗爲鄉賢舉。」與聞者咸志之，常怏怏。一日，越中薦紳暨家大夫，以先生即不樂於校，未必不樂於社，而祀於社又吾輩之力所易爲也。議始倡，和者響應。有潁上某，遂撤己所居傍舍三楹，徙置禹迹寺西林以祠先生，實先生舊著書所也。陳憲僉某、胡納言某，奔走督率益力，助貲者既衆，祠所需用，旬日告成。門以二重，垣徑略備，潔牲卜吉，治主以升，鼓吹道周，國人喜躍，以某職史也，宜書。某始見先生時，未知學也，既稍從事於學，而先生則已歿，歿而嘗追師之，竊比於聶司馬事新建之義，於是舉也誠快之，書其敢辭？考之古，凡功、德與言三立者，有一焉，則祀於國。而今先生居其二。昌黎乃曰：「鄉先生歿於某水，遊於某樹某丘，其可指而樂者有三，則宜祭於社。」而今先生獨苦於學，其爲三可指而可樂者，未嘗居其一，顧不即祀於國而亟祀於社也，於法雖有遺，亦從我之信，以俟夫疑者之久而自信云爾。於是謹書其舉事始終之歲月，與鳩工之人，若先生之世曰：祠始於萬曆二年二月之朔，越十五日而成，又越五日而主以入。鳩工者爲里人某某〔二〕。先生名本，字明德，別號彭山。以進士從司理，召拜御史，以謫歷縣佐令，起爲禮部郎中，再謫歷府佐，止長沙知府。他若助資者例得書，書於碑之陰。爲作歌曰：

修篁兮叢枝，黄熊子兮招提。湘潭兮牧長，解佩組兮言歸。依短寮兮長席，載六籍兮以卑〔三〕棲。髧菅毫兮杵杵，惟以遺兮將來。淹日月之逾幾，靈冉冉兮何之？祠靈兮享靈，匪他人兮吾儕。靈之來兮總總，挽北斗兮乘箕中。參差兮延佇，勞聘望兮何如。

記

重修山陰縣儒學記

今天下學宮，輒壞輒修，修必有記，蓋古今造士之制與夫仁義禮樂之譚，章章較著矣。是歲戊寅春，山陰劉侯尚志，病學宮之蕪廢而重新之，已又置學田若干畝，以贍其師弟子。值時操

〔二〕「某某」，《徐文長三集》作「王煉」。
〔三〕原闕「卑」字，據《徐文長三集》補。

急，節縮區畫者再，逾年而始就。侯之爲政，知所先務而不憚其難如此。博士傅君某、李君某、黄君某相率詣予請爲記，勒侯之績，且以勗多士。予不敏，夫何言哉？予獨慨夫學宫之蕪廢者，可以振之而復新，若夫教化之日弛，士習之日壞，則孰爲振之而新之也！蓋予不及見古人之盛，即所及見，數十年之前，其師猶儼然日南嚮，以詔訓約束其弟子，其弟子猶俛然摳衣，執經史以拜起揖遜於函丈之間、郡縣之庭，非有沉抑不得已之冤不遽入，即入，猶面赤流汗，將進而趦趄。其或墮其廉隅，恣睢以自遂，則羣起而非之，至無所容。蓋教化尚存，而士務蹈方履潔，庶幾有古人之遺焉，距今時固近耳，何相去漸遠哉？今夫章縫之士，扼腕而太息，抵掌而巷議，孰不曰：「鄉舉里選之制不行，故好修者無以自效而氣益沮，科目之所取，詞章已耳，故士徒騖於記誦剽綴而學益浮。」是又不然。夫選舉之制廢久矣，然士不患時之不我求，患無以應時之求，藉令國家舉行故典，一旦下徵辟之令，諸士試自審，其可以當德行藝術之選者誰歟？其可以應孝廉賢良方正之科者誰歟？語曰：「羨魚莫若結網。」蓋言豫也。諸士豈將有所待，而始卒辦襲取以應之邪？科目之設，固止於詞章矣。然經史所陳，皆操行之楷模，師古之龜鑑，國家以此造士，固將使之目擊而心惟，口誦而身蹈之，處以飭躬，出以經世，斯取士於學之初意也。吾邑往哲奮自科目者，磊磊可指數，無論古昔，且以近者言之，忠烈若陳公性善，儉素若司馬公恂，剛方若王公鑑之，恬退若陳公壯，清峻若費公愚，力學若蔡公宗兖，耿介若汪公應軫，之數公者，即以當前代德行之選、賢良方正之科無愧矣。若是，則科目豈能壞人耶？士自壞耳。故士誠自砥厲，即科目猶之乎選舉也。不然，選舉行而徑竇開，其弊不有甚於科目者乎？夫芝蘭不擇地而芳，傑士不待時而奮，矧今聖天子日臨講幄，示天下以嚮學之路，羣有司務興學校，以後爲羞，諸士幸而當其時，忍自負之乎？繼自今，争相濯磨，卓然記誦剽綴之外，步趨古人，日親師友以求益，敦禮讓而惜名檢，毋自屈辱於郡縣之庭。使士習與學宫而並新，用彰一時教化之美，他日出而肩荷當世，建樹彪炳，即稽山之靈，亦與有光焉，豈非劉侯與諸博士惓惓之意歟？予不敏，且拭目以俟之。

修復朱文公祠記

有宋朱文公先生，以常平使者至吾越，僅數月，而講學敷政，士若民交德之，始爲祠祀於稽山，既又爲紫陽書院。元人吴衍記之詳已。歲久且圮。嘉靖初，太守渭南南侯重新之，祠之後爲尊經閣，則文成王先生記之，海内之所傳誦者也。頃年，執政以新法罷諸書院，盡墮斥其所有，於是稽山祠亦在罷中。承斥者爲邑人吴伯氏，其弟大司馬時爲侍郎，數過余，腕頓曰：「他祠可毁，文公祠可毁耶？第主者方鋭甚，不可撓，吾已報伯氏，令完屋與像待之矣。」久之，某以使行，而同年友户部郎中蕭侯出知吾郡。侯，涇産也，舊嘗學於水西，而卓然有聲者。司馬公曰：「可矣。」遂以屬侯。侯既至，會司馬公亦謝事歸，而某又還自楚，得繆相從臾，乃以狀白兩臺。兩臺謂司馬衛道誼甚高，又謂侯初視郡，能知所先，亟嘉可之。侯復以原直歸司馬，役遂舉。首新文公祠，次尊經閣，又以其餘屋五楹，曰「仕學所」，時時以政暇集諸生講肄其中。工既竟，謂某與聞始末，宜有記。且曰：「額則不復以書院，以祠矣。」某喟然歎曰：嗟乎！道之廢興，果盡繫於天哉？方其將廢也，苟有其人調護於其間，則不至於大壞而不可振；及其將興也，苟無其人焉亟爲之圖，拘攣於己事，玩愒於歲時，時既易失，迹益易泯，然則其人之所繫蓋甚重矣。雖然，祠之興也，匪直崇賢，抑以倡學也。夫興祠易，興學難；興學易，學而會於一難。祠興矣，儻學於其地者，周孔其譚，而蹻蹠其行，又或出口入耳，漫焉無當于身心，辟之百工，日居其肆，而呰窳不事事，其若主人之意何？且祠以祀文公也，而文成之記尊經，乃其指稍別。世之論者曰：「文公之學篤於行，不知外心無以爲行；文成之學求諸心，不知外行無以爲心。」是惟善學者，即日用而著察，本妙悟以修持，則爲朱爲王，雖途徑不同，其至於道也一而已矣。不然，百工各挾其藝，務以相角，而不務相濟，又豈主人之心哉？某既幸道之將興，而又懼學者之怠且惑，故申告之若此。司馬公名兑，郡侯名良幹，前所謂其人者也。而同知季名某、通判楊名某、推官陳名某、山陰知縣張名某，皆共贊厥成者，於法得書，書之。

重修紹興衛記

兵農之分久矣，高皇帝混一寰宇，稽古建官，府衛並列，豈徒以法相維，以權相制者哉？天下之勢，辟之一身，耳目手足互相爲用，而後無痿痹跛盭之患；又辟之一家，内外長幼互相爲用，而後有堂構似續之功。國家列職，而治錢穀屬之府，甲兵屬之衛，然府與衛孰非王臣？錢穀與甲兵孰非王事？是故府不足，衛濟之，衛不足，府濟之，無離睽，無刻忮，一乃心，協乃謀，以共襄乃事，而天下乃治矣。雖然，非知道者，其孰能之？若吾太守拙齋蕭侯，其庶幾知道者歟？紹興衛署創自洪武十二年，在府治東南一里許，前堂後室，巍壯幽邃，與府並麗，迨成化間圮而修之，嘉靖再圮再修，頃復風雨朽蠹，鳥鼠穿穴，棟宇不支，號令無所，蕭侯覩之，慨然曰：「嗟！其責在我！」於是謀諸郡僚二三大夫，諮議於都閫黄君崗，以當新狀白守土使者，僉曰：「宜。」遂捐帑鍰若干兩，屬揮使陳應武董其役。凡三閱月而功成，名其堂曰「和衷」。土堅木良，既輪既奂，介冑歡踴，頌侯之德。陳君謁記於余。余曰：噫！其蕭侯所以爲知道者也。侯視府猶衛，視衛猶府，無離睽，無刻忮，其所淵源者，蓋有自矣。吾紹固王文成先生倡道之鄉也。文成之學以天地萬物爲一，以明德親民爲宗。苟可以康生民，安社稷，殫心力而征營之，何人非我，何我非人，真若一身一家之相爲用者，此孔門之所謂仁也。古之聖賢，出則建牙秉鉞，爲將帥而不忘敦説，入則端委垂紳，爲公卿而不忽韜鈐；經天緯地不專之乎文，戡亂持危不專之乎武。何者？其原本一而其學無不通也。不然，文成固藐然儒者耳，一舉而平南贛，再舉而擒逆濠，三舉而蕩八寨，此豈嘗試而爲之者哉？侯固學文成之學而有得焉者，其名堂之意，匪直以勖武弁爾矣。兹紀其績，益以文成之偉烈期之云。

重修三江閘記

前太守富順湯侯紹恩之閘三江也，蓋舉三邑之水而節宣之，其爲利甚大，語具陶莊敏記中，至於今幾五十年，無以苦潦告者。膠石以灰秫，久而剝；水日夜震盪，石漸泐；水益走罅中，勢岌岌且就圮，民始歲歲以苦旱告矣。萬曆癸未秋，同年宛陵蕭侯良幹以户部郎來守越，凡諸興革，先所大後所小，故某得以閘告。侯亟往觀，得所當，舉狀白兩臺，報可。遂以通判楊君莊董其事，而佐以縣丞鄭日輝、千户陶邦，發銀千三百兩有奇、役夫若干人，始築堰以障水。乃視舊甃所罅泐，沃以錫，令固其内；已又益發巨石，凹凸其兩顛。凸以當上流，令殺水怒；凹以銜舊甃，令水不得内攻。石每方丈，自下而上，以次裒之，又竅石及其底，悉爲牝牡相鈎連，水不得外撼。又覆石其上，令平衍可馳。蓋視湯侯所建，如車益輔，如齒益唇，倍壯且久。總其費，費於築堰者十之六，於石若工者十之四。侯時時挐小艇往督勞，凡予直，毫髮必躬，吏不得有所侵牟。衆説而勸，時值久不雨，工旦夕起，凡三閱月而事成。成而以記謁某者，山陰令張君鶴鳴、會稽令曹君繼孝也。余固願有説也。蓋聞父老言，曩湯侯時，以民苦潦甚，故役三江。及役，而民又争以病告，此猶可諉，曰：「初不知其利若此也，而今則知之矣。」最可諉，又不過曰：「湯，費則課畝，役則概發丁民，未覩其利，先嘗其害也。」而今蕭侯，費則括帑羨，役而民日予直三分，役兵，兵已受直則予二，不課一畝，發一丁矣。而尚以不急議侯者，然則居室者，棟已撓矣，必待其盡頹而後葺之，其可乎？甚哉！下之難調也，始麛裘，繼袞衣，始病褚伍，繼美誨殖，蓋自昔然矣。閘潦而啓不時，則海畝者竊決塘，竊則罪，故海民謗；無閘則海魚入潮，河魚出汐，閘則否，故内外漁邇閘者謗；他則宅是者謂閘阻潮汐吞吐，改水順逆，關廢興，故宅是者亦謗。非是三者而謗，則又或以私臆摇其喙而無意於民瘼者也。夫誠有意於民瘼，即百口謗且不避，況異日必萬口頌也。夫謗安足言也，而或者謂閘啓閉故有準，乃萬不可爽，爽有微甚，則畝害亦視之，此其弊在掌啓閉費者或靳與私則然，其致涸以害畝，則外漁賂掌閘者乘公啓以滯閉則然。茲二者誠有之，則非謗之類矣。噫！斯亦可謂下之難調耶？夫造物之生人也，勞矣。生而病則資醫，無醫猶無生也。故醫之勞與造者等。今閘造者誰？湯侯也；醫者誰？蕭侯也。病雖已，不可廢醫，繼蕭侯而醫者知爲誰？勞則等也。醫之劑凡幾？室漏於甃，一也；靳而滯啓、賂而滯閉者痛砭之，二也。凡記者，爲頌而已矣。蕭侯曰：「吾，太守，視民所疾苦而時療之，奚頌焉？其已之。」雖然，醫者既已療疾，必有案以詒來者。予之記是也，直頌也與哉？

重修蓮花橋並甃府衢記

余嘗讀《周禮》與《月令》之書，竊歎先王慮民之周而政知所急也。一橋梁之興廢，一道路之通阻，若無關于理亂之大者，而夏官氏所掌有司險之官，凡川澤之阻則橋梁之，孟春既審端經術矣，而季春又有開通道路之令，是何其法之密而令之繁也。今夫長人者立乎民之上，豈徒殫力于簿書，疲神于訟獄，以是稱才賢而已哉！凡民有一利之未興，一害之未去，無遐邇鉅細，皆其所宜究心焉者也。矧是出入往來之利，爲吾民之所須，蓋甚切者，而可緩爲之圖耶？吾紹之治，枕卧龍，面秦望，而鏡湖、諸水自偏門而入，瀠瀠如帶，遶出於郡治之前，跨其上者爲蓮花橋，橋之北爲府衢，八邑之民服役聽斷於刺史之門，與賓使往來及他府之有事於兹者，日以千萬計，轂擊而肩摩，雷轢而杵集，介然惟一橋、一衢乘之，故其圮也，視他所爲特易。衢之圮，猶未甚病也；橋之圮，則舟楫之所經，岌岌乎若出於巖牆墜石之下，蓋水陸交病矣。是歲冬，余白之刺史彭公，公以爲信不可緩，乃亟謀諸貳守王公，別駕伍公、陳公，司理張公，相與協力新之，伐石募工，皆取給于贖鍰，不費官帑之一錢，不役民間之一卒，僅數月而橋成，行道歡呼，咸請立石紀公之惠。先是刺史岑公，嘗率其民之好義者甃府衢，衢成，而岑公遷去不及紀，至是諸里人請並記之。嗚呼！世之長人者，往往急其所急，而鮮以民之利病爲急，其鉅者且或缺焉，況其細者乎？其邇者且或忽焉，況其遐者乎？若二公，修廢舉墜，先後一心，則其政能由細以及鉅，由近以及遠，從可知已。先王之所以周於慮民，而當務之急者，幸於二公見之，誠不可無記也。橋之建始於萬曆乙亥之十月，終於明年之正月；衢之甃始于隆慶己巳之三月，終于是年之十月。彭公名富，滇之大理人；王公名同讚，閩之晉江人；伍公名希德，江右之南昌人；陳公名九儀，秣陵之高淳人；張公名孫振，廣右之臨桂人；岑公名用賓，廣南之番禺人。而余家於衢之南、橋之西，利其利而免於患，實與諸里人朝夕共之，故因其請而樂爲之記云。

秋遊記

予與定宇鄧子告假還，相後先。尋丁家嚴之變，亦如之。契濶者五載矣。是歲丁丑春，定宇服除，秋八月，將北上，既發，以太夫人不與俱，輒睠焉懷歸。閏八月望，抵錢塘，走价要予曰：「予念母病復舉，歸志決矣，自三衢而下，意特在山陰也。子且西渡，偕我窮吴山之勝，而後放耶溪之棹，可乎？」予聞定宇至，喜欲狂，方爲仲兒畢婚，冗甚，盡卻之。十六日晚，遂行，過龍溪宅，約與偕，翁遣使要會。次日午，予渡江，會定宇於舟中，撫今道往，悲喜交集，已而交質年來所得，予羨定宇神益凝，定宇謂予氣稍平也。是晚，同至天真，謁陽明先生像，與僧性天及諸友一二輩露坐中庭，值微雨，乃下歸僧房，對榻而卧。十八日，覓筍輿，度慈雲嶺，入淨慈寺，觀五百羅漢像，出寺拜高文端公墓，墓所舊爲藕花僧屋，今廢矣。因述往時有卓小仙者，嘗造僧所，呼曰：「十九年後，非復藕花居也。」屈指文端公葬期，歲月不爽，人之生死，物之成虧，其信有數邪！已過法相寺，觀定光佛幻身。午至龍井寺，聽葦航講《楞嚴經》。飯已，觀龍井，有石插山椒，如一片雲，因名，以雨不及登。至飛來峰，定宇登其巔，予以足瘍，坐洞中以待。天且黑，定宇步入莽蒼中不見，令輿人呼之，良久乃下。入靈隱，訪李岣嶁，遂假宿焉。定宇與岣嶁語甚洽，因謂曰：「人言子道家者流，子固戴髮僧邪！」岣嶁撫掌大笑曰：「知我！知我！」十九日，微雨，出山，歷九里松，至玉泉，觀金魚，拜岳武穆墓，上寶石山，坐天然圖畫閣中。午飯已，定宇上窮石洞，予復坐山門以待。杭守吴蘊庵來迓，乃至昭慶，登湖舫赴酌，謁四賢祠，拜林和靖墓。坐放鶴亭，問和靖所植梅，因歎曩昔名園異卉，競豪侈于一時者，何可勝數，而和靖眇然布衣耳，乃其敗甍枯株，千百載而下，猶爲人所景仰愛惜如此。齊景之富，不如伯夷之貧，信哉！已乃登馬氏飛雲樓小酌，過孤山，拜陸宣公祠，又過俞尚書莊，觀古木香亭，及石間老梅，蟠結如螭虬，木與石莫可辨，奇甚。移舟泊湖心亭，立飲。是日陰晴相半，水光接天，泠然四望，神遊塵表，蘊庵與予二人，頗有相視而笑莫逆于心之意。省中諸公邀會累日矣，定宇欲毋入城，予謂：「諸公請見意甚勤，一見即辭，未爲多事。」定宇首可，遂各散歸。二十日，相與入城，了酬應。午後至雲居庵，觀中峰和尚像，甚魁梧，次及遺履，長可尺五，住僧云：「師身長九尺，亦異人哉！」定宇曰：「子觀《中峰廣録》乎？非異人不能道也！」是晚，中丞徐鳳竹公邀飯，赴之，公孳孳以民間利病爲問，予與定宇互陳所見無隱。大約謂：「一條鞭之法，江浙間率稱便，有言不便者，必非公言。」又言：「縣家之公費宜令舒展，士夫之優免宜從厚，驛傳之裁損不宜太過，凡此皆所以維持條鞭之法，而使之不變，爲小民長久慮也。」公並欣納，不以予二人爲狂。漏下二鼓，各就寓，則聞龍溪翁已至金波園矣。同年越郡推陳如岡，候于湖上，約爲煙霞石屋主人，遂相攜登舟，泊淨慈寺堤下，肩輿行數里，至石屋，坐洞中小酌。登八僊臺，蓋歙賈所築，如羣兒壘石爲戲，可笑。已而入煙霞觀水樂洞，水自懸崖滴瀝而下，作鏗鎗聲，輿人以暝趣歸，遂不及登煙霞之巔，歸宿于天真。二十二日，龍溪翁以事留金波園，約再會于蘭亭。予與定宇渡江，定宇挾醫者鄧濟泉，與偕至西陵，微服行過蕭山，入山陰道中，問錢清古迹，夜半泊南城下，人無覺者。次日昧爽，易小舟造予敝廬，拜老母，呼二弟及癡兒稚孫，皆羅拜庭下。登壽芝樓，指點湖山之概，尋出城，至鏡波館，登流霞閣。已而放舟探禹穴，觀窆石，入南鎮，觀水簾，旋歸舟中。是夜，移舟泊南池步。二十四日，入天衣，觀先大父墓，遶出天柱峰下，拜先大夫墓。午後，逾嶺入雲門，坐看竹樓，晚秉炬觀六字碑。予誦《刺高宗》詩，定宇曰：「高宗不識忠孝字，而傳忠廣孝之碑乃勒於此，何爲也哉？」已而入大殿，偕遊方諸衲，趺坐良久。予吟唐人詩：「當年諸葛成何事，只合終身作卧龍。」定宇憮然。二十五日，定宇將登秦望，從者阻以雨，定宇曰：「獨不聞『山色朦朧雨亦奇』邪？」竟賈勇以往，窮其巔。時予又不能從，而從行沙彌蠢甚，四顧蒼茫，詰山名，多不能對。既下午矣，出謝墅登舟，昏黑至龍南庵，龍溪翁及羅康洲子俱如約來會，遂同宿于禪堂。萬籟俱寂，形骸盡掃，渾是羲皇境界。翁極論良知之旨曰：「良知無知而無不知。良知無是無非，良知知是知非，如鏡之於物，鏡體本空，而妍媸自無不照，若以照爲明，何異執指爲月？種種分別，去道遠矣。」其説甚長，定宇深相契，予與康洲子亦無所逆，但平生竊疑世儒口口説悟，乃其作用處殊似未悟者。悟與修分兩途，終未能解。翁曰：「狂者志大而行不掩，乃是直心而動，無所掩飾，無所窩藏，時時有過可改，此是入聖真路頭。世人總説修持，終有掩飾窩藏意思在，此去聖學路徑，何啻千里？且如齊宣王，既好貨又好色好鬥，自世人觀之，將目爲無賴，孟子獨惓惓不忍舍去，何哉？只是他肯信口直陳己病，無一毫掩藏，即此一念充拓，便是改過不吝，故曰『王猶足用爲善』。」定宇曰：「所貴乎不掩藏者，爲其覺而能改也，非謂其冥然不顧，而執之以爲是也。辟人有腹心之疾，其症既形，且直陳於醫者無諱矣，從而任醫亟治，投之藥石可也。若病已形而不治，藥石在前而不用，則亦何救于死亡也哉？齊宣之終于不振，正類此。吾儕所當自警也。」語至夜半，各就寢，定宇復與翁密語，大意謂人須求自得，天也不做他，地也不做他，聖人也不做他。翁又極論自得之旨，具《龍南夜話》。有頃，東方白矣。翁治具入蘭亭。時曲水古迹新甃，上覆以亭，遂各占一席，浮羽觴數轉。復冒雨行三里許，歷花街，爲陽明先生墓，摳衣展謁，愴焉興感，已乃返舟中。郡邑諸公遣人物色數日，且責及偵者，定宇乃移舟泊蓬萊驛，期詰旦相會。二十七日，諸公次第出訪，康洲治具遊三江閘，如岡與偕，因相與歎曰：「揚州田爲下下，在禹時尚然，今四境多沃壤矣，微湯侯其曷有此？然風濤衝激，日異月殊，所賴以修補潤色，俾垂永久者，非當事諸公責邪？」如岡唯唯。夜半返驛中，如岡復張宴，既徹，鼓四下矣。諸公並別去，予送定宇舟行，促膝劇談，竟不成寐。予謂定宇曰：「昨所言『天地都不做』云云，得無駭世人之聽邪？」定宇笑曰：「畢竟天地也多動了一下。」予曰：「子真出世之學，非予所及也。然嘗妄謂此體真無而實有，天不得不生，地不得不成，辟如木之有根，而發爲枝葉花實，自不容已。天地亦何心哉？《楞嚴經》以山河大地爲幻妄，此自迷者言之耳。苟自悟者觀之，一切幻相皆是真如，而況於天地乎哉？」定宇曰：「學在識真，不假斷妄，子言得之矣。」予因扣定宇：「相別許久，子視我宿病稍除不？」定宇曰：「子可謂能治病者，然病根終在，且於應感時或失照，畢竟意念尚紛紜，工夫有間斷。須如龍之護珠，雞之抱卵，眼眼相對，念念不離，則真機在我，常寂而常照，寧復有間斷時邪？」予聞之爲惕然，敬書諸紳。次早抵西陵。予初擬別于富春，以家累弗果，遂別于江滸。定宇登舟，予立堤上望之，帆影漸没，乃悵然而返。嗟乎！予平生於家庭分别未嘗墮淚，今獨何爲依依於定宇哉？定宇内皎而外融，守密而識遠，予實心師之，非徒友也。以予之頑劣，所賴於定宇之潛消顯喻者，何可具述？辟如病者得良藥以卻病，其功效唯病者自知之，有難舉似人者。數年之懷，千里之會，乃卒卒半月，遽復解攜，此何能爲情哉？將别，定宇謂：「昔念庵子三遊有記，獨無秋遊耳。當時龍溪翁固在會，論辯甚詳，距今二十餘年，翁且八十矣，而吾儕猶得從杖履，嘯歌于吴山越水間，日聞所未聞，豈非勝事？子必記之，名曰秋遊。」予曰：「諾。」遂書之。嗟乎！予未足數也，百世而後，視定宇於念庵子爲何如也哉？

四子雅會圖記

夫正席坐而揮毫者，太史朱子少欽也；其右注目而觀者，祠部祝子子學也；其右回顧童子若將援琴而鼓者，給諫朱子子肅也；其左凝神展卷以佐少欽子之筆鋒者，太史張子子藎也。四子者，生同土，業同方，其舉于鄉、舉于南宫也爲同年，又一時同官于京師，而邸舍又相比鄰。故凡休沐之暇，花明景媚之辰，風恬月朗之夕，輒不約而會。會則談道藝，敘平生，庖蔬甕釀，罄其所有，飲不過醉，各適其量。飲間輒起，或取古史，摘一二事評其當否；或賡歌聯句，不較工拙；或染翰作草書，走龍蛇于几席間；或張素綃畫山水，疊嶂層巒，頃刻而就；或引焦桐奏雅調，懷古忘機，隨意所到。每會輒爾，或至夜分，陶然忘歸。於是四子相與歎曰：「吾四人者，皆越産也，然方居於越也，地之相去近者數里，遠者六七十里，而又出處不齊，顯晦異迹，則其會也，蓋無幾。會而至于盡歡也，益無幾矣。今者幸而共躋顯庸，連鑣而遊，比屋而處。而當聖明之朝，時和年豐，四夷賓服，百工庶司，各率其職，而吾儕乃得以公事之餘，優遊太平之盛。每暇輒會，會輒盡歡，即在稽山、鏡水之曲，不能有此樂也。則兹會也，有不偶然者，可無紀乎？夫人之處世也如逆旅，其合且離也如浮萍，今日之會，其不可執之以爲常也明矣。異日者，景與時移，蹤迹互異，回視今日之會，得無有慨然以思、悵然以悲者乎？則兹會也，又可無紀乎？」於是張子作而言曰：「諸君子獨不憶夫壬戌之春乎？是時吾四人者，皆下第也，與二沈子者同舟而南歸焉，晝同食，夜同寢，蓋融融然知有羣聚之樂而不知有下第之戚也。今吾儕又會而且樂如是，既遇之樂與未遇之樂，竟何如耶？夫天下之可樂者，志之同而已矣，固不繫乎遇不遇也。苟所樂者，誠在乎志之同，則亦不繫乎離與合之迹也。諸君子試相與盟之，彼此之志，不渝終始，不以合而親，不以離而疏，不以出入顯晦而二其心，則兹會也，庶幾古人同心之義，信可紀也。不然，則所謂平居握手出肺肝相示，一旦臨小利害，比反眼若不相識，是直市道交耳，何以紀爲！何以紀爲！」三子乃竦然曰：「張子之言正而規，是益可紀也。」遂記之。

尋復平水祖墓記

悲乎傷哉！人生必有祖，祖雖殁，必有墳墓，而吾先世自高祖而上，何没没也？蓋我曾祖如松翁年十四五時，父母兄嫂並死於疫，翁以眇焉一童子，營葬數喪，而身育於陸氏外家，遂冒姓陸，當是時，張氏之不絶者僅一綫耳，尚何能識其祖墓哉？吾父伯平生每抱斯恨，間嘗蹤迹之，而未得也。有言在會稽石人山者，而不知石人山竟在何所。是歲乙酉，不肖孤忭居母喪，讀禮之暇，爰取所藏殘譜訂輯之，自太守公上下凡五世，皆云葬平川之東山，已又訪得遠宗一人，今冒陳姓者，爲言山在平水。乃於十月之八日，偕其人入平水問之，則馮、陳、傅三姓諸父老六七輩皆來，言自平水橋而東二里許有張家橋神道路，其上有太守墓，其左爲右司隴、主簿灣，古冢纍纍，相傳爲張氏祖塋，久無祭掃者，豈即是邪？予聞之跫然，逾橋而往。山即舜哥山之支，背乙而面辛，其上有巨石，立如人，故名石人山。云其下爲太守墓，二華表柱偃草中，而其左右司隴，則太守公之父右司郎，自臨安還葬者也。主簿灣，則太守公之兄吴縣簿也。按譜索墓，以山證譜，若左券不爽，予從荆榛中稽顙展謁，且喜且悲。太守公墓山僅二畝，尚有松柏，向寄里長傅楝户，聞予至，即以山由見歸。而右司、主簿二山則屬塘下金氏有年矣，乃以情告之，金氏素敦禮義，輒復慨然，遂酬其值而贖之。明年丙戌正月十有一日，乃戒宗人修祀事於列祖，楮幣方陳，無風而舉，直入雲漢，遠近老稚，咸來聚觀，咨嗟歎息，以爲盛事。嗟乎！吾祖數世在天之靈，不血食者且百餘年，而一旦復有今日，豈非太守公之遺澤在越，宜不乏祀，而吾子孫一念追遠之誠，穹蒼或鑒之而默相於冥冥歟！不然，以數百年之荒丘，中更喪亂，而馬鬣依然，幸不爲狐兔之窟，諸父老之指點，金氏之尚義，是豈偶然者哉？吾父伯有知，其可含笑於九原也。夫不肖孤忭，是用泣血而記之，以識不忘云。

義冢記〔一〕

古者井田以養民，亦鑿井以共飲，而死徙無出鄉。四井爲邑，間有徙者，徙是邑而已。故《易》之《井》曰「改邑不改井」，「往來井井」。曰「改」，曰「往來」者，徙也。曰「井井」者，言徙而相恤，彼井猶此井也。《易》舉飲之井，固即耕之井矣。夫有田以養，何事於客？徙不出邑，又安有客而死者？後世井廢而養窮，則不得不取養於客，客而不能歸，則不得不鬼於他方，而燕爲多多矣。而欲一一瘞之，如范式、李勉其人，則燕又爲少。會稽白子某〔二〕者，義人也，求鄉之

〔一〕《徐文長三集》卷二十三亦收録此文（見《徐渭集》第二册，中華書局，1983年，頁601—602），爲徐渭代寫，張元忭作修改，故有多處不同，尤其是最後兩句。

〔二〕「某」，《徐文長三集》作「受采」。

老而賢者十人與飲，誓爵而興曰：「殤劇矣，盍冢諸？然冢必自吾鄉與吾邑始。」十老曰：「諾。」告而從者三百人，得銀之兩千一百四十有奇，買地連宇，齊化門外之某里〔二〕，飭而冢焉。其大可容，其規可以久。事既竟，白子與十老者以予嘗與聞之，遂以記請。予蓋嘗讀《周禮·冢人》而疑。《冢人》曰，官出地，以族葬國民，有墓大夫以掌之，則民宜無不葬者矣，而《禮記·月令》乃復有孟春埋胔之政。西伯之仁，其使民送死當必無憾，而岐周之野，又間值遺枯而僅幸以掩。豈古者墓大夫之葬，特專爲不遠徙之農民，而職業所拘，有行貨行役於他方者，猶不免於溝壑？乃若西伯之掩而曰枯，此則亶父尚未遷岐時之鬼耶？夫王政亦何常，要在隨時而補之以義，墓大夫不足，故補以埋胔，岐之枯失於先，故補以追掩。國家所在有公冢以澤諸殤，冢亦曰「義」，初不虞客鬼之多若此也。公冢而窮，故補以私。徙則出鄉矣，而死猶不出其鄉之井也。予感且嘉焉，故記成而署碑，仍其公曰「義冢」。他若冢多羨地與舍，可息以需葬，故所規特備且久，而尤善者，隔女冢以別嫌。籍地舍凡幾何；工始末何月日；首者十老，從者三百人，課工者幾人，何姓名；籍貲之等繫姓名下，多寡凡幾何：等籍且圖之，具碑陰。

〔二〕「某里」，《徐文長三集》作「六里」，後有「曰崇南坊」四字。

卷八

記

遊蘭亭記

會稽蘭亭之勝，海内競傳，以爲僊都大觀，余生長越中而足迹未及也。是歲癸亥孟夏，始偕友人往游之，至則唯崇山峻嶺，不改昔人之觀，其所謂流觴曲水者，故迹僅存，而天章古刹之盛，已埋没荒草中矣。近時南、沈二公相繼守郡，慷慨復古，再創寺亭，别引泉作九曲，且徵文太史爲之記，其筆法之精，亦一時禊帖也。由是蘭亭景物爛然一新。今建者復廢，流者復塞，衡山碑刻亦就煨燼，躊躕四顧，悵焉興感。嗟乎！豈天靳以勝景留人間乎？何更新之難若此哉？偶逢田父，詢其故，田父曰：「夫蘭亭古迹也，而復葺之，則官長好事者必首來吾境，使吏卒警吾老穉，車馬踐吾禾黍，耕者苦廢時，居者疲趨應，則蘭亭之爲蠹也，吾儕小人又安知觴咏之趣而樂有此，以重爲己病耶？且君所及聞者，近時太守作耳，前此不知幾更興、幾更廢矣。後之視今，信猶今之視昔，雖日鳩工浚治之、呵護之，烏能令其不終廢乎？」余聞斯言，益悵焉興感。借使賢士大夫來游乎此者，角巾而單騎，隨一方，挈一壺，無駭村廬，無煩供億，投醪溪水，與農夫共之，問其疾苦，而助其所不給，民將喜色相告，日延頸跂足，望其出郊，且懼勝概湮圮，無以招賢士大夫之軒也，又安有憚其來遊而幸其終廢者乎？若是，則蘭亭景物當不煩太守之力而日以增勝矣。吾嘗于書齋畜盆魚焉，其始也聞人之足音，則掉尾而驚逝，既而日與之餌，不爽其候，聞人至，輒躍然起而求食，如是者久之，而悠然與我相狎也，安知蘭亭之民不與太守相狎而謳歌游嬉于一觴一咏間耶？然則蘭亭之興廢，信存乎其人，蓋非更新之難，而使民樂于新之爲難也。

東遊記

歲庚午春三月，陽和張子挾策北上，遇海南黄子於維揚，聯舟行旬日，相與甚歡。黄子曰：「予茲行，將謁孔林，登泰山，盡遊諸勝而反。」張子曰：「是予素志也，願偕往焉。」二十有六日癸巳，自濟寧登陸，趨曲阜。詰旦，詣宣聖廟，稽首庭下，恍若瞻對。既而遍觀宗廟之美，弘敞壯麗，足稱聖人之居。蓋我明崇禮之盛，視先代有加焉。庭之前有夫子手植檜尚存，其榦不朽不僵，扣之作金石聲。按《碑記》云：「檜之榮枯，視世運盛衰。」高皇帝龍興時，忽發一枝，榮茂者數十年，其亦靈異矣哉！孔廟之東半里許，爲顔子祠，故陋巷里也。有陋巷井，泉洌而甘，飲之一瓢，欣然忘憂，獨恨顔氏子不復作也。出北門一里許，爲周公廟，敝宇頹垣，不蔽風雨。夫周公在當時，吾夫子所夢見之者也，而千百世之後，人之祠而祀之，其隆若彼，其替若此，謂夫子垂教萬世，而賢於堯舜，於此亦足徵矣。又數里，爲孔林，宣聖之墓在焉。周圍可二十頃，嘉樹錯陳，麋鹿嬉遊其間，咸若自得者。亦有子貢手植楷。墓側有廬，子貢所廬也。林距泰山百五十里，泗水環其後，洙水縈其前，九山其障，而泰山其祖也。名山大川，鍾毓靈秀，素王億萬載與天罔極，豈偶然哉？於是涉泗水，越濁河，抵泰山之麓，肩輿而上，逶迤二十里。當山之半，宋真宗嘗駐蹕於此，爲御帳巖，旁有大夫松，僅存其二矣。黄子曰：「甘棠勿伐，思召公也。是松也，則奚宜存哉？」張子曰：「當秦政時，諸大夫皆洟涊取容，或反助虐焉。獨此數君子，挺然不屈，默然守玄，不爲出一計、畫一策，爵而不有，禄而不食，卒以免禍，謂秦之廉靖正直大夫，非耶？則千載而下，人猶愛而衛之，與甘棠埒，宜也。」由巖而上，出龍口，陟十八盤，山益陡峻，如躡丹梯，淩霄漢，還睇平野，奚啻萬丈？又上則爲天門，稍復夷坦，山顛有碑，曰「孔子小天下處」，乃舍車而徒，升其巔，徘徊四望，俯視八荒，誠不知天地之大，吾二人之小也。始皇封禪碑，亦在其處，乃無一字可讀。其右爲日觀峰，遥望東海，渺在煙霧中，將遂宿焉，以觀海日之上。而山高風烈，不能久留，詢之守者，云「春夏雲霾，日升多不可見。」乃齎興而止，以俟他日秋高氣清，庶幾一快覩也。峰之前爲捨身巖，深窅不可測，愚夫匹婦，往往捨身供佛，須臾立死，佛卒無救。教化不明，而邪道惑人乃至此，良可慨已！是晚返，宿於山麓。舊聞靈巖之勝，心甚慕之，乃遶出泰山之右，逾長城嶺，遊于靈巖，在四山之中，草木蓊鬱，果與塵境迴別。唐太宗東征，嘗留月餘，手書「御書閣」三字，寺僧尚珍收之。其他奇迹，有若靈光石、雙鶴泉、魯班洞，覽畢而暮。明日戊戌爲四月朔，步入靈巖最高處，攀蘿而行一里許爲甘露泉，有亭其上，主僧蔬酒以待，坐飲數酌，復取泉啜之，名以「甘露」甚稱。又上里許，爲石室，絶幽勝，禪僧數輩，棲止其間，相對而坐，便欲忘去。左有泉洌。右行數十步，爲白雲洞，寬可容數人，時出白雲，能致雨。又上里許，出是山絶巘，爲證明龕，一道士居之，辟煙火者數年矣。出黄精啖二子，二子欲從之長往而未能也。道士贈以詩曰：「修真何必入深山，要識無心即大還。一切機關都遣卻，許君平地作神仙。」二子笑而受之，遂辭去。是行也，往返旬日，而遊於聖人之門，登於岱，觀於海，翱翔於洞天福地，歷覽古今蝌蚪、篆、隸之迹，比平生之所欲往而夢寐見之者，一旦身履其境而目擊其盛，收山川景物之奇而歸之肺腑，可不謂勝遊耶？矧當清和之候，偕同心之侣，無所羇於外，無所營於中，寥然廓然，獨與造化遊而萬物順，則又二子之所獨得，而同遊者莫能窺也。黄子延陵逸士，長於詩，對景揮毫，述作甚富，張子不能贊一詞也，反而登舟，聊敘其事而記之。

登秦望記〔一〕

吾越巖壑之勝甲天下，鼓棹而出遊，遠近數十里之内，其爲奇峰、邃谷、怪石、好泉者，信步皆是。而羣山所宗，唯秦望爲最高。環秦望之麓，浮屠之宫若明覺、普濟、廣福、天衣，今皆湮于榛莽。而自義熙迄今千餘載，故址依然，唯雲門爲最盛。萬曆甲戌，余以省覲歸，讀書雲門，將遂登秦望，而霖雨彌月，稍滯勝遊。春既暮，始霽且和，乃偕陳文學、惠上人，挈壺榼以往。由石橋折而北數百步，爲白乳泉。又三里許，抵秦望之足。有峰聳起如削，當山之半，從者指曰：「此錢刑部修真之所。」陳子與上人步甚矯，先余至。余亦扶掖而行，輿步相半，稍後至。有石壁立，當峰之前，上爲龕址，鳴泉淙淙，遶出其右，松檜蓊鬱可悦。余乃歎曰：「昔者八山子棄妻子，焚衣冠，巢棲於此者凡八年，虎豹之與羣，猿狖之與居，即所學畔孔氏，乃其虔志而苦行，超然溘埃之表，可不謂奇男子哉？而使之泯没無傳，是吾黨之過也夫！」陳子曰：「然。」請鐫其石，曰「錢公巖」。自此磴益危，徑益窄，後先相尾，攀蘿葛而上，屢仆屢起，屢酌屢憩，乃陟其巔。

〔一〕嵇曾筠等監修，沈翼機等編纂：《浙江通志》卷二六二（商務印書館民國二十三年影印本）收此文，題「游秦望山記」，與本文有多字不同，且删去了數句張元忭與人對話之語。

巔廣可數丈，平衍無木，相與藉茅趺坐，俯而四矚，萬山羅列其下。東望則宛委、香爐之間，夏后氏之所藏也。西望則鵝鼻、茅峴逶迤相接，《志》稱秦皇之刻石，無餘之故都在焉。北望則海波如練，郡城如帶，萬井如鱗，卧龍、飛來諸山纍纍如塊，慨焉想勾踐之雄風，慕鴟夷之遐舉。南望則雲門諸峰，起伏萬狀，若耶一水，瀅瀅如綫，任公子之所垂釣，王、謝、何、陶諸賢所從處而遨也。觀覽既周，引觴浮白，歌咏交作。須臾有白雲從海上起，漸升漸漫，欻吸彌四野，不辨上下，疑神龍驟至，蛟螭羣從，俄而風起谷應，猿虎競嘯，從者皆怖。陳子曰：「有是哉！山靈之姤吾遊也！」余曰：「不然，是山靈之幻奇逞態，以壯吾遊也。且夫宇宙之大也，變幻無窮，而吾之不變者自在，鼠肝乎，蟲臂乎，何適而不可？且混沌之鑿也久矣，兹辰也，將遂返於初乎？吾且駕六氣，御豐隆，搏羊角而逍遥乎八極。是區區者，又胡以動摇吾中耶？」頃之，雲乍開，已又合，如是者數四，忽復爽朗，遂循舊徑而下，日方午，農者就饁矣。是遊也，攬山川之勝，窮雲物之奇，既夜而寐，猶恍恍然如在層霄之上、煙霧之中也。詰旦爲記，勒之石，留雲門方丈中。

遊九華山化城寺記

九華之名，自太白始著，化城〔一〕寺蓋九華最深處也。萬曆壬午冬仲，予以使楚，道青陽。青陽距九華僅一舍，舉目可見。月既晦，乃偕文學陶子懋禮、言子伯中出邑之南門，易輿以騎，盤旋山谷間，泉石已自可悦。時雪後才三日，兩崖堆積，如蒼白玉相間。近睇九華，如笑如語，如拱如揖，從馬首來迓。亭午抵山麓，飯吴太常家。太常爲予言，其先自西漢末避亂於此，迄今千數百年，世代遷改，此常亡恙，乃知武陵桃源固在在有之，特到者希耳。飯已，更易筍輿登山。經協濟祠抵橋庵，過伏龍橋，飛泉百道，如轟雷噴雪，湧出其下。自此躋危岡而上，旁臨絶澗，爲龍潭者四，爲弄珠潭者二。凡上五里許，爲亭者五，曰「湧泉」，泉所會也；曰「半霄」，曰「碧霄」，言其高也；曰「望江」，江可望也；曰「玄覽」，言其幽也。初至半霄，主僧耀率沙彌數輩下迎。當煙霞杳靄中，爐香冉冉，雲璈互發，怳然仙遊矣。碧霄之上下爲仙橋者二。既歷玄覽，乃更折而南，漸就下，半里許，抵化城寺，則益平坦，蓋外險而中夷也。前有田數頃，僧千人，足自給。徐入方丈，飯已，則日已夕矣。翌日，爲臘月朔，乃步出山門，四望奇峰，簇簇如繡，計不

〔一〕 底本作「成」，據上下文改。

能遍登，顧問僧耀，擇其最勝者一登之。寺西里許，有山巋然，曰「神光嶺」，其上爲金地藏塔。舊傳金地藏在唐至德初，自新羅航海來，卓錫九華，聚徒衆，時顯靈異，年九十九趺坐以逝，其徒建塔藏之。塔高丈許，上冪以殿，時時現五色光，「神光」之名以此。自嶺而下，諸僧往往依巖岫爲廬，率焚香瀹茗以待予，輒一詣之。又轉出寺東里許，有峰，最高曰「東巖」，即燕坐巖也。從麓至巔可五里許，路甚峻，輿夫喘甚，予乃下步，亦屢仆屢坐乃至。蓋金地藏修行之所，中爲小庵，庵之内有石洞，長丈許，最幽。又上數步，有石巖，老僧依之爲禪室，最爽朗。僧耀指檻前隙地曰：「此茗園也。」庵之外爲捨身巖，其右片石下覆，可趺坐，正德中有異僧周金居之，陽明先生爲一偈，卧而仰書，刻尚存。老僧方鳩聚，有所營構，予因題之曰「面壁巖」。又遶巖而上，登其巔，則所謂九十九峰者盡出其下，老僧爲予歷歷數之。已而歸寺中飯。飯已，歷訪太白、陽明、甘泉三先生書堂，並當九華之勝，近以新法毁其額，而屋址尚在，蓋土人有不忍毁者。予酹觴弔古，爲之一慨。已乃循舊徑而下，復至吴太常所，則日又夕矣，遂止宿焉。翌日，乃發由六泉口，抵五溪橋。橋之東有樓曰陽華，其西有亭曰望華，凡遊九華者，類不能遍，坐亭中還望之，猶戀戀不能舍而去也。余閲《九華志圖》，其景凡十有五。予遊化城，特其一耳，即化城諸峰，又未能一一遊也。昔陳清隱詩云：「三十年遊遊未了。」予登東巖，輒題云：「九十九峰不足遊。」毋乃誕哉！蓋清隱道其實，而予方以使事驅馳，勢有不暇，姑大言以自解耳。即憑軾爲記亦草草，九華山靈尚向予一揶揄邪？

遊赤壁記

往嘉靖之戊午，先大夫視學楚中，予來覲，道黄，艤舟而望赤壁，恨弗及登也，姑咏二賦以自遣。距今且二十有五年，爲萬曆之壬午，幸以使事再至，既抵黄，驟阻風雨，同年友别駕陸子張具赤壁，邀予遊。予曰：「固所願也。矧風車雨隊，又挾使君指見留哉！」是日爲臘月望，乃造郡署，登雪堂及竹樓，憑闌四眺，江山隱映如畫，輒不忍去。已而出漢川門半里許，峭壁臨江，土石盡赤，有堂曰「赤壁」。《志》稱：「周瑜敗曹瞞，乃在樊口之上，今之嘉魚是也，此地非是。」予然予諦詢之，郡之隔江爲武昌，有山曰樊山，湖曰樊湖，湖之下爲樊口，長公之賦，殆必有據。予又循江而行，往往見石磯類多赤色，意者當時千里舳艫，頃刻煨燼，即嘉魚、黄岡之間，其爲赤壁者何限，豈必彼是而此非也。由堂而西，躡石蹬而下，爲赤壁磯，有石龜蹲踞江畔，舊傳毛寶於此放龜，好事者鑿石以識。磯上爲亭，舊題「水月」，予遂易之曰「放龜」。由堂而北，陟石磴而上，爲樓三層，最上者舊題「羨江」，予易以「何羨」。顧謂陸子曰：「夫有所羨於彼，必有所不足於此。今吾與子登斯樓，撫斯景，千里一瞬，萬古一息，物與我皆無盡也信矣，又何羨之有？」陸子視予而笑，亡所逆。亟呼酒，滿引數觥，並暢然。適有饋生鯉者，長可二尺，方鼓鬛摇尾，庖人遽請烹之，予亟止之曰：「昔人放黿，今獨不可放鯉乎？」乃畜以盆水，攜至石黿所手放之，跳躍而逝，衆並歡動。徐還，飲於堂中，命伶人爲赤壁之戲，竟夕而散。陸子曰：「予向也謫居益津，一夕夢長公角巾野服來過，歷歷道其生平顛躓困頓之狀，以相慰藉。已而相持哭，失聲以寤，未浹旬，報至，則量移黃州矣。事誠有不偶然者，子其爲我題『夢坡』之館，且記今日之遊，可乎？」予曰：「昔長公以近臣謫居於黄，時宰方擠而投之苦海，而公視之，一以爲仙都，一以爲淨土。赤壁之下，江渚之上，嘲風月而弄波濤，何其達也？而賦之終篇，卒以林皋之夢爲喻，意若曰浮生第一夢耳。今子以銓部郎左遷而至於此，而疇昔之兆，公實先之，可不謂有意於子哉？且夫升沉得喪，何常之有，彼亦一夢也，此亦一夢也，今日之遊亦夢也，既夢之而又題之，而又記之，是夢而又憶其夢也。莊生有言：『世有大覺，而後知此其大夢。』予謂知此爲大夢也者，則可謂大覺也已矣。」陸子抵掌大笑曰：「有是哉！吾今而後乃蘧然覺也！」雖然，今日之遊樂矣，即夢也，烏可無記？遂記之。

巴陵遊覽記

楚中二樓，岳陽與黄鶴並踞雄勝，若争霸然。自文正有《記》，岳陽之名始重矣。然《記》稱「巴陵勝狀，在洞庭一湖」，而不及君山，何哉？夫洞庭浩渺八百里，巨浪拍天，不可以狎而遊也。君山去郡城三十里而近，當夏秋水漲時，湧浮湖面，髣髴蓬島，冬月水縮，盈盈僅隔一衣帶水耳。登君山而望洞庭，辟如駕百萬斛之巨艦而浮於大海，浴日月，舞蛟龍，變怪百出，而舟未嘗動焉。偉哉觀也！故山與湖交爲勝者也。予以使事將赴長沙，既抵巴陵，則除夕前一日，傳舍閉矣。乃往遊君山，出南門，拏舟而渡，不數里，已隮其涯。肩輿行十餘里，僧出迓，乃下輿，謁湘君祠。祠右數十步，有二妃冢，在榛莽中，酹以巵酒。又半里許，爲崇勝寺，榜曰「有緣山」。山靈如妬人遊，每將渡，輒以惡風濁浪拒令回車，故以得至者爲有緣也。兩墀間古銀杏大可數圍，腹中半焦，僧指此爲秦皇火樹云。遂入方丈，飯已，徐叩僧山中之景幾何，僧言：「軒轅氏鑄鼎於此，山有軒轅臺。漢武帝得仙酒於此，山有酒香亭。吕仙遺迹有朗吟亭。柳毅爲洞庭君女傳書，有柳毅井。其他響山、龍虎洞並奇。」乃由方丈折而北，登軒轅臺，憑闌四顧，水天一色，爲君山最勝處，近構文昌祠，擁塞其前，宜徙之。又折而左，爲酒香亭，僧言至今春時尚聞酒香，恨余來猶是冬也。又轉入山徑中，半里許，深窈曲折，如不可窮。前人狀君山如螺髻，如蛾眉，似猶得其外，未盡其中也。已漸下山麓，緩步淺沙。沙間積雪初化，如履裀褥，從人頓足作鏗鏘聲。僧曰：「此響山也。」《志》稱君山上有穴，潛通吴之包山，豈此地邪？其旁峭壁巉巖，有洞如龕，僧曰：「此龍虎洞也。」予笑曰：「山居水中，豈有虎乎？」僧言：「頃有虎自湘陰山中渡湖來，晝伏夜見，窟於崖巔。」諦視沙際，虎步迹甚顯，蓋前此所未有者，亦甚異。又遶出山門之左，登朗吟亭，方舉酒徘徊，忽聞欸乃聲發湖上，疑是呂仙，然竟不得見。乃下觀柳毅井，憩傳書亭，亭前尚有刺橘泉，亦特甘冽，殊他品。僧又引予觀寺中所用古鐵器，甚夥，考其年月，多五代時物，或云皆西蜀孟昶所遺也。是晚宿方丈，因念此山爲十一福地，況當除夜來游，尤世所稀，即於此守歲，福豈待徼哉？而又以履端令節，宜趨賀于公所，禮也。蚤起，將別君山，既出門，復登朗吟亭，飲眺良久不忍去。已乃循舊渡歸，忽大風濤，帆檣欹側，舟人震恐。予謂言生曰：「假令昨者如此，敢渡哉？茲山於我信有緣矣。且山靈於他人或妬其來，今於予若嗔其去者，緣又豈淺淺者邪？」少頃抵岸，更以便道登岳陽樓。樓在高阜上，俯臨睥睨，其旁土石盡赤，與黄州無異。蓋曹瞞破荆州，順流而東，此皆舳艫所經之地。予謂千里間類多赤壁者，於此益信。城外有鐵鑄方物五枚，形如枷，陷沙磧中，俗謂秦皇怒君山，以此械之，殊不經。予按，晉伐吴，吴爲鐵鎖横截之，此殆植標繫鎖之具，今漢口大别山亦有鎖穴，即此類耳。夜宿公館，聞爆竹聲，稍動故鄉之思，而城中蕭條特甚。改歲爲癸未元旦，詣公所稱賀畢，輒攜榼再登樓，以一觴先酹呂翁。已乃布坐命酌，八窗洞啓，風景一新，湖山亦似改色。讀壁間文正《記》，憮然有懷。酒半酣，鼓缶作歌，歌曰：「昨日之日兮歲云徂，今日之日兮春復初。人皆攘攘兮我獨于于，云誰之睗兮拱北以呼。」則又歌曰：「今日之樂兮樂何如，鸞鳥馭兮雲爲車。忽轉盻兮城闉，晨有不炊兮寒無襦，使我不得飲兮立躊躕。」歌已，遂還館舍，無所事事，姑擁爐伸紙作《巴陵遊覽記》。

岳麓同遊記

海内以書院名者，無慮千百所，頃歲一時並廢矣。岳麓所從來最古，故得與白鹿、石鼓幸存，亦賴有賢者調維其間爾。癸未首春六日，予使長沙，禮既成，同年友李子性甫，以副臬鎮兹土，邀予爲岳麓遊。會有事，遲遲行，既渡江，日已過午，顧從陰翳中驟見日光，喜甚。抵岸行里許，入書院，登尊經閣，揖六君子祠，六君子皆於書院有勞者也。其左爲宣聖殿，先是就圮，性甫始新之，將以是月釋奠告厥成，適予至，遂皆行焉。由殿而上爲朱、張兩先生祠，《志》稱晦翁以乾道三年訪南軒於岳麓，凡留兩月乃去，其後若干年，再官湖南，更新書院，當時明道作人之意，至今可想也。寥寥數百年，其人既亡，又將並其地而幾于不守，予與性甫拜祠下，憮然久之。時三學博士弟子員皆在，性甫謂予宜有言，以迪多士。予不敢辭，則謂諸生曰：「夫是山也，非衡岳之麓乎？衡岳之高萬丈，祝融其巔也。不陟其巔，無以見其大，然世未有舍麓而趨巔者。循其麓而升，毋躐毋畫，徐行而不休，即萬丈可立躋矣。今夫聖人之道，其高也，豈特祝融哉？然而希聖者有要焉。自志學而至於從心，自可欲之善而至於不可知之神，此鄒魯之明訓也。夫曰志曰善，人皆有之，勿思耳，孰謂祝融必不可登哉？」諸生各聳聽，有省，因問朱陸之辨。予曰：

「入聖之門，有頓有漸。求之於心性者，是謂頓門，簡而易；求之於事物者，是謂漸門，支而難。辟之麓一也，有在衡山境者，有在長沙境者。在衡境者，必遵安賓，歷開雲，寅而升，申而躋祝融矣。若履長沙而問祝融，其徑迂，其途阻，將經旬累月而莫能至焉。此頓漸之分也，朱子晚年不既有定論乎？」諸生唯唯。已乃下，憩及泉、遊息二亭，飯於尊經閣，日且暝，遂尋舊渡入城。明日爲人日，晨起謁屈、賈二公祠，輒渡江，再遊岳麓，將窮其勝。性甫後至，諸生聞而來者十數輩，後先相導引。由閣而上爲高明亭，壁間有先大夫督學時所書《大學》經文，木刻幾朽，敬重新之。又上爲翠微亭，視高明所見益遠，遂相與席地坐，諸生有歌陽明詩者，衆屬而和之，林谷響應，陶陶然樂也。又上里許，爲神禹碑，碑故在峋嶁山榛莽中，事嚴迹閟，歷世罕覯。昌黎氏所謂拳蚪倒薤、泊鳳漂鸞云者，第述道人口語，固未嘗親見也。宋人何子一始從樵者詢得之，摹刻於此，其後埋没又四百年，至我明嘉靖間始復大顯。蓋昌黎氏所未及見，至于咨嗟涕洟，形之歌咏者，吾儕一旦目擊之，不啻周宣石鼓，豈非幸哉！豈非幸哉！碑左數步有石林立，予謂碑宜移嵌峭壁中，上羃以石，庶垂永久，性甫頷之。其旁方廣數丈，是爲岳麓之巔。徘徊四顧，諸峰遠近纍纍，若兄弟行，羣繞祝融，若兒孫然。又折而左，山伏忽起，一峰如釜，上有拜岳石，前爲小庵，自庵而下爲岳麓寺。寺後磴道盤旋里許，爲金道士禁足處。道士言，修真之要在識先天心，心如赤子，則事事合金丹矣。予與性甫有味其言而佩之。已復循磴道下，遶出寺門，不暇入，返書院小酌，則日又暝矣。亟呼渡歸，夜靜江空，星月皎潔，與澄波相映，輕舟蕩漾，無異乘槎。性甫謂楚天多雨，冬春之交常陰，陰半月矣，乃兩日來晴暉朗月，川岳增麗，天若啓之以佐吾二人之遊者。又明日，予且行，性甫又率諸生送於陶真祠。童子習歌者濟濟而至，予爲《岳麓吟》四章，以勉諸生，輒命童子歌之。性甫又一一爲講説，大都以立志、爲善之指誨導之，無甚高論，諸生色勃勃鼓動。日既西，予乃别，性甫曰：「今兹之遊，不徒玩光景，恣吟眺，蓋自朱、張而後不數數見矣。是宜有記。」予曰：「諾。」行抵邵陽，記始就，以寄性甫，俾削而刻之。

遊武岡山水記

武岡爲湖南僻壤，境鄰西粤，而山水特鬱秀奇詭，不可勝紀。其最近而絶奇者，城之南數里曰法相寺，城之北數里曰仙院。法相寺之山曰寶方，一曰濱勝。禹導九江，濱居一焉，其源發於此州，而寺實當其勝處。仙院之山曰武岡，漢伐五溪蠻，駐兵岡上，州與山皆由此得名。二山南北相距十里許，而其下泉水伏流，隱隱相接，蓋合濱入湘，以達於洞庭云。法相巖洞，甚曲而邃，嘗有人深入迷道，旋轉半日乃出，則已在仙院矣。乃知二山之石並空洞潛相通也。予使武岡，既入境，則應接不暇，無讓山陰時。方元夕日，馳泊於荒村野館中，因自笑曰：「以此風景酬佳節，即寂寥無燈火，吾不恨矣。」十有七日，公事既竣，遂與侍御曹子，左右史顔子、陳子，署州事黎子，同遊於法相。晨往，雨霧濛濛，須臾漸霽。寺無他奇，奇在巖洞耳。洞凡八門，曰棲真，曰上屏，曰太保，曰朝陽，曰迎陽，曰芙蓉，曰隱仙，曰花乳，各因所似，而其中徑竇，實宛委相屬。洞之上，怪石參錯，不可名狀，而天柱、雲根二石最有名。其旁有巖如隧，僧曰：「此下龍床也。」道極險峻，卒不可入。乃相與懸梯引索，猿攀蟻附，而下令數人持炬前導，後先相牽挽，傴僂行數十步，稍空曠，石間有龍眠迹，首尾皆具。已而各分道搜奇，入愈深，徑愈黑愈險。有側足而無所容者，有失手而顛、顛而呼援者，有炬將滅而呼續者，有腰折而不得伸者，有石勢如欲壓而怖者，有欲出而未值其門，欲還而已失其路，自悔好奇之過者。如是良久，乃各從所向而出。曹子、顔子由上屏，黎子由花乳，予與陳子由芙蓉。既出，乃復會於一，互道洞中所見色相種種，及所經歷之險阻，且詫且喜。遂列坐朝陽洞，舉觴相慶。蓋向之怖且悔者，灑然忘之而反以爲奇也。予獨恨無好事者稍加疏鑿，令塞者通，幽者抉，欹者夷，窄者闢，目光透漏，益露其奇，不尤快乎！日且晡，諸君又力言仙院之遊不可已，乃復穿城而北遊於仙院。既至，則武岡、同保諸山如貫珠，如覆鼎，矗矗纍纍，岷康王之墓在焉，環仙院里許，怪石攢簇，倍于法相。一水縈繞其間，淵渟璧瑩。時有巨魚浮泳水面，衆以爲龍，莫敢驚餌。水最深處曰靈湫。岷簡王好道，嘗爲金簡，繫而沉之，垂數十丈，不得其底，俄而龍起湫中，方旱而雨，人益以爲靈。石最奇處，曰仙橋，平布潭上，端好如砌也；曰仙關，兩石聳起，戴一巨石，僅可通往來也；曰仙峽，兩崖峭拔，如車廂也。予與諸君躋磴逾梁，排闢穿峽，盤旋下上，莫辨西東。足力既倦，擇地而憩。靈湫之側，仙峽之旁，地忽平衍，峰回氣聚。呼酒立飲，謂宜有亭，名曰棲仙。衆共任之，屬予爲銘。老僧無涯牽予裾指曰：「去此百餘步，有響泉洞，奇甚。」遂往觀焉。洞在山麓，廣不逾丈，而泉聲如雷吼輪轟，視之窅黝無所見，蓋泉注壑中，伏流入於靈湫者也。其右爲曹侍御讀書所，亦絶幽勝。已而山色漸暝，宿鳥投林，篝燈趣騎，歸止館舍。既就枕，猶怳怳然聒耳駭目，將寐而惺，因以二山略品第之。法相奇而幽，仙院奇而爽，是皆神仙游息之區。而乃淪於遐僻，遊轍罕至，記述無聞，有類於巖穴之士，韞奇而弗售者，亦可惜矣。永州山水遇子厚始顯。永距武岡僅三百里，子厚嘗爲柳公綽著《武岡銘》，第言「黔山之巑，巫水之磻」，蓋未覩其奇若此也。藉令當時知之，必裹糧而來游，其形容誇詡，豈在西山鈷鉧下哉！予既無子厚筆力，而又以馳驅匆遽，率爾紀遊。嗟嗟茲山，其竟能有聞於世乎不邪？

遊南岳記

今天下名山，必首稱曰五岳四鎮。予家會稽南鎮之下，每思一登南岳，則南方諸巖壑可培塿視之矣。歲癸未正月戊寅，使武岡事竣，將趨武陵，取道衡陽。衡陽距南岳百里而近，分治衡、永二大夫四明管君世臣、內江馬君君御，久遲予至，將爲七十二峰主人，予固辭之，謂獨往便。二大夫曰：「此中回雁、石鼓，皆南岳之支，七十二峰，此其二也。無已，請爲兩峰主人，可乎？」乃以己卯逾城而南，飲於雁峰寺。峰不甚高，而坐以望岳，則諸峰隱映雲表。舊傳雁至衡陽，不復南去，故以名峰。然今郴、桂間固有雁，或曰峰勢如雁翅之回，故名。庚辰，又逾城而北，遊於石鼓。山形如鼓，屹立于蒸、湘二水間。《水經》言「臨蒸有石鼓，鳴則有兵」，疑即指此。而書院則唐隱士李寬讀書處也。前爲孔子燕居，其後爲三賢祠。昌黎自山陽徙官江陵，嘗過此留題，而朱、張兩先生聚會於此最久。今所在書院盡廢，而此與岳麓並存，則三先生有靈也。展謁祠下，且慨之，且幸之。又其後爲合江亭，蒸、湘二水至此始合而東注。湘水清，蒸水濁，若涇渭然，既合則綠淨一色，有如小人遇君子，久而能自洗滌以從之者。亭有碑，刻昌黎詩，南軒所書也。日既晡，予乃別而登舟，泛湘江，順流而下。辛巳達衡山縣。壬午自縣陸行，長松夾道，凡三十里，乃抵岳廟。釋奠已，徐覽廟境旁兩齋舍，曰雲開，曰雪霽，蓋用三先生故事。廟枕朱明峰，其上爲華嚴峰，而赤帝、集賢諸峰，悉環衛如擁屏障。元世祖嘗感異兆，謂朱明峰有王氣，命斷其脈爲深塹。迨高皇帝龍興，氏與國號竟符朱明之讖，此可與宋檢點事並傳，而《志》不載，且朱明之脈，當令綿綿延延與天地同長久，而可斷乎？二大夫方用堪輿家言，塞土平塹以續之，甚盛舉也。由廟登祝融，可三十里，乃曳籃輿，易野服，攜一青竹杖，挾兩僧爲導，盡屏騶從。遶廟而北，過胡文定公祠，入拜焉。其左爲甘泉書院，今改爲公署，憶昔甘泉翁逾九十來游，且營菟裘焉，豈非南岳偉談，而忍廢之，不仁哉！復由中路躋崖而升，有峰如覆釜，僧曰：「此華嚴之巔也。」其右澗道下垂，飛泉噴薄，注射成潭，名曰「絡絲」，聲與形舉相類。過此路，更就下，稍平，而亂石蹲踞如虎豹，羣水激石間，益淙淙聒耳。溪轉路絶，有玉板橋。逾橋而南，屢峻屢平，上下數里，有迎仙橋。自此山益陡險，輿人顧反呼躍而上。予憫之，輒下步，攀緣旋轉，凡千數百級，爲祝高峰。坐半山亭小憩，僧歷歷指曰：「此爲香爐，此爲天柱，此爲石廩，此爲紫蓋。」高者齊肩，卑者乃在舄下，然仰睇祝融，纔當其腰耳。又上半里許，鐵佛庵僧來供茶，且曰：「庵在路歧，明日下南臺經之。」又上數里，歷丹霞、湘南二寺。而湘南特勝，其右有貫道泉，自巖下湧出。湘南以上，竹樹蓊鬱，雖逾峻嶺，如入幽谷，石或爲木根所破，松或將化爲石者，往往見之。時雲霧濛濛，似雨非雨，寒風凍雪，飄綴枝葉間，盡成玉樹。又里許，逾北斗嶺，右轉數十步，有石如舸，横度兩崖，名「飛石船」。度崖而入，有講經石，並奇，復還舊徑，路稍夷而樹益蒙茸聳拔，霧益濃，咫尺莫辨，既至上封，則暝矣。夜宿寺中，烈風怒號，助以泉聲，驚人達旦。五更起，擁裘引炬，上望日臺觀日，霧四塞，渺無所見。予曩時再登泰山，坐日觀，嘗一見之，赤輪湧出之狀，至今可想。人世奇觀，固不可數數遇也。已乃由寺後陟級而上，半里許，謁祝融君祠。祠北向，諸峰羅列其下，當裋隸中露頂伸臂，態狀益奇詭，俯仰六合，如混沌未分，灝灝一氣爾。説者謂七十二君登封弗及，僻處炎方，崇禮未廣，以是爲祝融君靳之。予獨不然。

夫登封之説，肇自叔季，飾侈叢怨，神莫之止；岱宗巍巍，玉女憑之，滋惑竭膏，神莫之禁。是兩者祝融君皆無有也，謂之正直之神，非邪？祠側有太陽泉，接以石溝，延數百丈，引注僧庖。又由峰右而下，觀會仙橋。僧掖予行冰崖雪磴中，路甚險滑，崖石欹疊，勢欲崩墮。如是里許，橋駕絶壑，下臨千仞，試立橋上，無不魂悸膽落者。僧曰：「此古青玉壇，羣仙所棲也。夜深籟寂，時時聞絲竹聲。」橋旁有試心石，突出崖畔，尤極險，以此試心，自謂全未全未。乃還上封。飯已，出寺左半里許，爲觀音巖，僧楚石所開，亦曰楚石巖。其左爲玄明洞，寺潔而幽，其徒頗好事，壁間題刻幾滿。又數里，則由南路過鐵佛庵，即又過兜率庵。庵在煙霞峰下，有石洞，洞中床几皆具，刻曰懶殘洞，蓋後人所標。予按鄴侯遇懶殘所，乃在煙霞最深處，古大明寺去此尚二十里，未能輒往。而庵中飛泉屈曲，竹修林茂，蘭亭莫及，坐而悦之。僧如濟方建一體塔，乞予銘，且止〔二〕予宿，遂宿於習懶山閣，留題焉。夜聞雨聲滴瀝檐瓦間，及旦視之，則飛泉溜雪也。是日爲二月甲申朔。自兜率而下，過祝先庵，逾祝先、兜率二橋，陟雞公巖，屢越危嶺。凡數里，出獅子峰側，入福嚴寺，謁鄴侯祠。又轉半里許，憩南臺寺。南臺爲岳中名刹，紫虚閣址故存。獅子巖尚可坐，而率中與菜和尚今無其人。僧言自此度西嶺，循天柱，可達方廣，甚近。而輿人

〔二〕底本作「上」，據《不二齋文選》改。

以路久塞辟，予弗之强。乃復由大路下退道坡，凡百餘級皆一石，儼如天梯，予易其名曰「進道坡」，大書刻之其旁。有金牛迹、飛來石，然不甚奇。又遶出集賢峰，訪集賢書院，亦鞠爲荒草矣。

還至岳廟，時尚未午，遂決策爲方廣之遊。由廟後折而右，遶山麓，路殊平坦，然澄溪疊障，漸入漸佳。十里許，復陟坡嶺，又數里，爲須彌廢寺，一老僧方營構之。須彌而上，嶺益峻，泉益駛，石益槎牙，詭怪萬狀，水蒲石竹，叢生涯際，青翠逼人。時天氣尚寒，山桃半吐，間以白梅，恍異人境，凡〔二〕十數里，躋危躡險，殊不自覺。至一木〔三〕橋，雙澗交瀉其下，兩山互抱，中爲清江庵舊址，方廣道中，此爲最勝。予佇立橋上，良久乃去。逾分水嶴，復就平坦，遥望諸峰，簇簇如蓮花瓣，方廣寺居其中，如擁蓮座。屢渡溪橋乃入寺，宋徽宗書「天下名山」懸大殿，其右爲嘉會堂，入謁朱、張二先生，次韻寓懷。已宿于東舍，夜雪撲窗欞有聲，曉起輒霽，然萬山皆白矣。予又自念，以山水之癖，而煩僕夫赤足蹈冰雪，得非罪過？則屢沽酒作炊飲食之。旋出寺，觀惠海尊者補衲、洗衣二石。蓋方廣之勝，與道中所見又倍蓰矣。已乃反，由故途，日光漸露，歸岳

〔二〕底本作「兄」，據《不二齋文選》改。

〔三〕底本作「水」，據《不二齋文選》改。

廟。飯已，將還舟次，僧言朱陵洞在道旁，遂復往焉。由廟東北行數里，有峰昂而鋭，僧曰：「此紫蓋峰也。」《志》稱七十二峰皆環拱祝融，獨此峰與之争雄，掉頭北去，今視之信然。洞在峰之足，然躋攀崖壁而上，已里許方至。刻曰「朱陵太虚洞天」，蓋道家所謂第三洞天也。峽間瀑布自天而下，寒竦毛骨。予意逾峽而進，必更有異，而莫爲破荒者。其旁巨石，率可趺卧，宋元人多題刻其上，而水中一石如砥，則沖退醉石也。第不知沖退謂何許人。已乃下，循坡阪行數里許，漸昏黑，呼燎未至，而林莽中如四炬炯炯而來，輿人駭曰：「此兩虎也。」結隊疾趨，虎亦竟去。既到舟中，時已二鼓。

予爲南岳之遊，自曩探岳麓始，既而跨回雁，摩娑石鼓，出岣嶁，入衡山，高若祝融，幽若方廣，名祠古刹，危崖陰洞，怪石好泉，皆周覽而徧賞之，雖七十二峰未能盡歷，然思過半矣。顧予屐齒所到，觸景輒書，質之舊記，稍有亥豕。蓋途徑非一，見聞互異如此。嗟夫！天下事類是者多矣，乃欲舉一隅以律四方，據所聞而概所見，其可乎哉？因併及之，以爲世喻。

遊武當山記

山以「武當」名者，謂必玄武乃足當之也。然在往代，固不甚顯，迨我明興，始崇以「太岳」、「玄岳」之號，巍然冠五岳矣。山之上下爲宫者八，太和最高，玉虚最大，淨樂、遇真次之，而迎恩最小；五龍、南巖、紫霄並奇，而五龍最幽。蓋地亘八百里，峰環七十二，鬱盤奇詭，既不可盡狀。若乃重門岌嶪，層構煇煌，離宮別院，逶迤相屬，馳道如砥，飛虹架壑，檜柏松杉，周遭森列，合抱參霄，莫詰年歲，此雖未央、甘泉、長楊、上林亦不過是，豈域内諸名山可得而髣髴者哉？

余以二月甲申朔，自衡山下來，既抵襄陽，則使事畢矣。乃以戊申渡漢江，歷樊、穀，趨石華，遊萬佛洞。時旦暮阻雪，行三日乃達界山。界山者，介於鄖、襄之間，山巃嵸蜿蜒，爲遊旅之所必經。左數里有太始觀，凡禮武當者，必自此始也。辛亥，發界山，雲忽開，日色杲杲，徙倚觀中，望天柱諸峰，歷歷可指數。亭午，飯清微館，造沐浴堂。沐已，登山，循玄岳坊入遇真宮，觀張玄玄遺像及杖笠諸物。由遇真而右排仙關，歷元和觀，凡爲橋者五。入玉虛宮，宮亦玄玄結廬故址。當宮未鼎建時，玄玄蓋預知之，故宮制視他宮特宏偉，凡爲楹二千有奇。晚宿方丈，天未曙，衆誦佛而升者，如沸海潮。余亦起盥櫛，入殿展謁。殿中所懸石磬銅鼓，云出瘞中，磬爲魚形，鱗甲宛然，色如碧玉，擊之，聲清以越，銅鼓則諸葛所製。殿之西塢爲仙衣亭，玄玄昔嘗授衣者也。亭後壘磚爲仙室，北爲樓，以望仙。由玉虛西行里許，爲仙桃觀，其旁爲八仙臺。尋出西天門，澗水渟湛，爲蓮花池，覆橋其上而亭之，爲華陽亭。又數里，至蒿口，茅屋駢連，牛羊蔽野，自成村落。逾蒿口橋，爲五龍行宮。遶出宮後，躡茅埠峰而上，漸陟陡峻，然亦時值夷坦，清溪怪石，參錯左右，鬼柳半枯，菌蠢槎牙，如老蘇所稱「木假山」者，彌望皆是。嶺益峻處，遥矚太和，積雪如畫，金殿微露於白玉堆中，日光射之，閃閃欲動。行十餘里，歷連三坡，復折而下，漸下漸幽，樹益密，石益奇。又里許，爲仁威觀，觀當四山之奧，炎喧渺隔，別是一天。由觀而西，復陟坡陀可五里，道左數十步有隱仙巖，巖敞如軒，可布數席，爲關尹子修道處，一名「尹喜巖」，前有垂柏，大二十圍，云是仙植。又數里，度磨鍼澗，上爲老姥祠，玄帝悟神女鍼杵之喻於此。祠逼五龍，石磴九曲，紆折而上，爲福地門。門之内夾以丹垣，亦九曲，過榔梅臺，轉入大殿。殿制如玉虚，而基獨聳，前後爲階九層，以象九重。殿前有天、地二池，方圓互異，左右有五龍井。右廡有日、月二池，如連環，金鱗浮泳，池水盡赤。殿之左復爲支殿，藏玄帝玉像。殿之右一小峰突起，爲起聖臺，與太和、南巖相對。北折而上里許，爲自然庵，庵高而邃，仙人房長鬚、田蓑衣之流踵居之，今有銅像及成祖所賜李道士敕衲並存。庵前有池，不甚廣，而水色如瀟湘，緑淨可愛。由庵而上，爲五龍絶頂，亦有靈池，時見神物作雲雨，蓋五炁龍君神寓之所。又循庵而下，南行二里許，爲誦經臺，陳希夷於此遇五炁龍君，授以蟄法，遂歸華山。又直下爲淩虚巖，唐孫思邈及希夷嘗居焉。是夜飛霰擊窗，旦乃大霽，復由九曲道出五龍。循右脅及其址，佶屈下千百級，如墜九淵。旁臨絶澗，水淙淙有聲，而樹木蒙翳，源委莫辨。谿徑既窮，水自北來，清而駛，青羊橋跨其上，兩崖如繡，亂石纍纍蹲踞，水激之，益幽咽成韻。睥睨青羊峰，意爲仙宅，顧無路可登。逾橋而南，復陟坡嶺，如行天台道中，泉石益種種可悦。如是數里，有白雲、仙龜二巖。白雲嶄削而色白，有衲子巢其巔。仙龜突兀而色緑，云其上有神龜，時吐煙霧，巖下腥觸鼻，土人以爲龜溺，暑月更甚。既出二巖，山豁然如闢，南巖宫宇隱隱可見。然盤旋復里許，度一小澗，爲竹笆橋，橋之勝不減青羊。時有牽狙而過者，用余言欣然放之，償以值，固讓乃受。狙既被放，立崖間，目而啼，良久乃去，余因歎彼氓能慕義，而獸知戀德如此。又由橋陟而上，爲仙侣巖，陶幼安所棲也。其左有百花泉。又里許，爲滴水巖，水滴瀝如貫珠。遂渡天一橋，入南巖之北天門，梯石而上，凡千百級，乃至小天門，禮大殿。殿後懸崖傴削，僅可容步，下臨千仞，諸峰矗矗如屏。循欄側足而西，歷元君殿，爲南薰亭，亭外有仙棋石。又里許，爲玄帝飛昇臺，臺下石室，爲謝天地巖，昔有人居此，絶粒，上下峭壁如飛，人叩之，但曰「謝天地」，無他語，後仙去，人以名其巖。余謂此語可以知足而平心，書諸紳。又自殿後折而東，巖石延覆數百步，如一帶白雲，其下壘礴疊石，爲洞爲宇，曰南巖，舊爲獨陽巖，曰紫霄巖，曰天一真慶祠，曰雙清亭，而紫霄最勝。其前斲石爲龍頭，矯出欄外五六尺，下視深黑不見底，朝禮者往往屏息而度，投香其頂，謂之龍頭香，舊稱絶險然，翼以鐵紐，甚壯。余鵠立其上，移時不見可怖。已乃出大殿而右，經雲霧巖，巖石呀然欲墜，行者過之必變色疾趨，遂飯于蓬萊之署。時日未午，言生從臾登太和，乃循殿右垣而上，數百步即太和孔道，行者肩相摩，度賽姑嶺，憩榔梅祠。數里爲黑虎巖，大林巨石中，黑虎所伏。又數里爲杉木林，清陰襲人。轉出萬丈峰下，峰腰有黄龍洞，舊傳異人虎皮張居此施藥，今尚有廬。由朝天宫而上，一徑插天，舉首魂悸，至所謂升天梯者，益陡險孤絶，如摶羊角，穿鳥道，凡數十折，始達一天門，則不可以輿。余以布纏腰，從者前引後擁，然猶支足脅息，歷數十步輒止。已又奮而登，屢憩屢起，奇峰怪石交出其旁，目不暇顧。既度摘星橋，入二、三天門，則力且竭矣。從者曰：「未也。」又復奮而登數百級，乃入朝聖門，始折而下百餘級，爲神廚。余偃息齋中，有頃，氣稍蘇，徐入宫，謁朝聖殿，其前爲古銅殿，貯元時所遺銅龕。殿壓小蓮峰，已逼霄漢，然仰睇大頂，相去尚千尺。時既暝，期以甲寅朔旦頂禮爲虔，且觀日出狀，遂返宿焉。山高風勁，冰崖墜雪，疑怒雨轟雷，驚人不寐。已而空中聞雞，亟起振衣，復躡梯九轉，乃登天柱絶頂，禮玄帝殿，坐更衣小閣。久之，霞光絢爛從東升，頓破昏黑，俄而赤輪湧起，初稍黄，欻吸數丈，則煜燁如明鏡，羣景畢出。然余憶曩時日觀所見，更奇而疾，以去扶桑爲近也。殿廷〔一〕帝像，皆範金爲之，巧若天造。殿外爲臺，深數丈，左右壁立二小閣，飛棧嵌空，紫金城環之，闢四門，儼若天闕。昔李白登華山，謂「呼吸之氣，想通帝坐」。若兹太和，則居然帝坐矣，豈待想哉？下列七十二峰，不可盡名，其最與名相肖者，如爐燭、三公、五老、七星、九卿、玉笋、卓筆，雖圖畫堆削，所不能及。已乃下，飯已，遂循舊道下三天門，步稍不艱，旋視萬衆，如

〔一〕底本作「近」，據《不二齋文選》改。底本此頁眉批亦出校作「廷」。

蟻貫猱攀，叫呼相屬。既返賽姑嶺，咫尺南巖，諸巖洞恍然在目。右望紫霄，亦舉武可到，而余將就虎巖訪不二老僧，遂由南巖之南天門折而西百餘步，觀道旁雷神洞。洞即欻火巖，石赤如焰，中有靈池，水湧出，能療疾。已復穿鉢堂而南，跨展旗峰之脊，披荆榛，踐礫砢，凡三里許，乃達虎巖。巖舊爲虎窟，不二來卓錫，虎挾子避去，居三十年，遂成精舍。上有二天池，種紅白蓮，佳卉成畦。巖前蔭修篁，縈曲澗，所至有庵可趺，有泉可漱，或謂其地即尹喜巖。不二對余，歡如平生，談説娓娓，且止余宿，遂宿于巖中。人境闃寂，擁蒲惺然，又聞蠟燭澗有范小仙者，先兩日往華山矣，爲之悵然。乙卯出巖，取小徑入紫霄，復循展旗，窮其巔，歷蓬萊第一峰，俯三清、七星諸巖，而旋其上凡二里許，乃入紫霄之北天門，禮大殿，殿負展旗，如擁纛於後。三公、五老諸峰皆拱揖於前，甚整，其左爲大小寶珠峰，右一阜爲福地殿，七十二福地，此其一也。殿之後爲萬松亭，其東爲賜劍臺。帝道成，天帝賜之劍，掛於松間，今有掛劍松。出南天門，度禹迹橋，其旁爲禹迹池、臨清亭，池清而亭幽，可憩。逾橋而南，復轉入孔道，數十步爲威烈觀，觀之北有陽和峰，昂然而秀。十里過黑虎廟，前有玉虛、黑虎二巖，巖下爲九渡澗，會紫霄、白雲諸澗之水入梅溪，達於淄水，聲潺潺。遶澗行數里，度天津橋，有龍泉觀橋上。下山復陡折，凡十八盤，至平臺稍夷，始見有跨驢者。又數里爲太子坡，坡屼嵂當道，復真觀陀坡上，行者必經其中。殿之下有聖母滴淚池，池水不盈尺，似滴淚已枯者。又過太玄觀，觀磨鍼井。十里許，爲回龍觀，山勢至此若矯首而回顧。觀西有徑通玉虛，余由東行，下好漢坡，復經元和觀，乃還遇真。飯已復行，歷草店，入迎恩宫。宫臨石板灘，灘受諸澗水，爲巨浸，時漲溢爲患。成化間，續宫之，以祈神祐，規制稍隘，僅可當一觀耳。丙辰，出迎恩橋，歷玄祐觀，凡四十里，抵均州，謁淨樂宫。《志》稱帝生淨樂之國，淨樂治麇而均爲麇地，故以名宫。宫延袤掩城之半，視玉虛雖少讓，而綺麗有加，其東爲紫雲亭，以帝初誕有紫雲之祥，故名之。亭之宏壯，亦他宫所無。日既中，余治舟漢水上，將行，而地主有攜酒于滄浪亭者，遂泛舟泝洄而上數里，陟其崖。崖屹立數十丈，爲臺者三，亭構其下，水清見石，宛如嚴瀨。春夏時，漢中諸水如萬馬奔騰而下，平沙爲海，倚檻可挹，而流更爲濁，濯纓濯足之歌以此。亭之上爲小庵，庵之上又爲小亭，曰「憑虛」，宜遠眺。又折而左百餘步，爲玉峰庵。又左爲觀音閣，並據高曠，面滄浪，樹茂而宇潔，爲淨樂之支院。入宫之遊既屬厭，復涉殊境，日暮發舟，益令人轉眄低徊不能去。是遊也，余有甚幸者二，有甚奇者二。自余入楚三閱月，雨雪過半，乃今入武當，從雪得霽，朔旦觀浴日，下太和，晴曛炙人。凡遊者夏病暑，冬苦寒，皆所不宜。乃今適春之中，木葉未稠，碧嶂如掃，而梅白桃紅，山葩互吐，何異武陵？夫晴與春並，是爲二幸。方余自號時，固不知陽和峰在武當也，乃今偶合。余嘗以「不二」名齋，頃見不二相視而笑，謂余前身殆武當僧，是爲二奇。雖然，山河等爲泡影，歲月逝爲隙駒，蛙窺幾何，羊亡則一，玆又余之一大懼也。因併記之，以自省云。

遊匡廬北山記

九江西來，與彭蠡會，天下之水莫大於是，而廬山巋然屹立乎其側，崇巒複嶂，與巨浪洪濤勢若相搏噬，而卒能勝之者，蓋天下之大觀亦無過於是矣。山之北，天池、東林爲最勝；山之南，開先、黄巖爲最勝，而白鹿洞又最古，凡來遊者，得窺其一二，輒以爲奇而止，鮮有能兼之者也。余自漢江放舟而下，阻風雨累日，既抵九江，輒大霽，則又喜曰：「匡廬君迓我矣！」遂以庚辰出郡之南，歷甘棠堤可十里，過濂溪祠。祠當黄土嶺之麓，前揖廬阜，有水自蓮花洞迢迢來，縈帶左右，先生游而樂之，遂定居焉。祠後有蓮池，池不盈畝，而蛙鳴草碧，風韻可想。由祠行數里，逾石塘橋，又逾新橋，陸放翁《記》所謂新橋市也。第見空林荒澗，不復有市，蓋滄桑之變如此。又十里許，爲太平宫，唐玄宗所建，以祀九天使者。當是時，殿宇之麗無減於今之太和，迄宋猶盛，今獨兩鐘樓，高十餘丈，猶是故物，羅文恭書「道家咏真第八洞大」榜於門。又五里，稍逼香爐峰，其下爲東林寺，晉慧遠道場也。其上方爲謝靈運繙經臺，其右爲蘇白堂，兩墀間白蓮數本，爲蓮池。僧又指門前小澗爲虎溪，溪小而水枯，予疑非是。既出寺，右行百餘步，溪流澎湃，石橋數十尺跨其上，旁有碑，題曰「虎溪」，蓋近時所表識，以破僧謬者。予方與言生徘徊橋上，緬懷往昔，俄溪東有白衣者翩翩來，則麻城周元孚也。相與驩然，更成三笑云。橋之西爲西林寺，遠兄永所居，時有二虎馴侍，而地又常香，故名庵曰「伏虎」，谷曰「香谷」。《傳》稱永道業不下遠公，而真率尤勝之。東、西二林相去不半里，有此二僧，靖節所以倘佯其間也。又數里，至雲峰寺，廬山之高自此始，乃易小輿，間以步。過錦澗橋，水從峽中數十折奔騰而下，聲震林壑，其旁多奇葩異草，紅紫燦爛如織，爲錦繡谷。凡二三里一亭，亭凡四，曰「錦繡」，曰「躡雲」，曰「甘露」，曰「披霞」，而甘露之景特勝。亭側泉水湧出，試酌之，甚洌而甘。自躡雲而上，益陡險偪仄，舉步欲顛，行雲飛鳥，並出舃履下，頃刻萬狀。元孚驟見之，驚詫欲狂，而予從衡山、太和來，則熟視之不爲異。逾甘露數十步，有坊曰「廬山高」，陽明先生書。其左峭壁插天，中裂一罅如門，舊傳此爲竹林寺後門。崖巔疊石，隱隱有樓臺之狀。既過披霞，則復紆折而下，蒼松翠竹，漸入漸幽。半里許，爲天池寺。天池者，殿前一小方池也。九奇、香爐、鐵船諸峰，遠近簇簇如蓮花，右有淩虛閣、四仙亭，高皇帝所建以祀天眼尊者、周顛仙人、赤脚僧、徐道人者，其几席皆出自上方，今燬於火。亭之右爲文殊臺，下臨邃谷，夜燁燁有光，是爲佛燈，然不常見也。予與元孚止閣中，出所攜天池茶，烹以天池水，共啜之，相視而笑曰：「登此山，嘗此味者，世復幾人！」明日復出披霞，遶而北，爲白鹿昇仙臺，高皇帝御製周顛仙碑在焉。碑述顛事甚詳，語多閟不可解，末言洪武己巳，上有疾，俄赤脚僧至，言天眼尊者及周顛仙人以藥來，上服之，疾立瘳，問其居，則曰天池。又有徐道士來，言於竹林寺見之，語與僧合，上遣使蹤迹之，杳然矣。帝王之興，神異種種，固未易窺測也。臺左數百步爲佛手巖，巖甚軒敞，可列數十席，有泉滴滴如綴珠。巖北巨石嵌空，下視深黑，僧曰：「此古竹林寺也。」有影無形，惟石劖「竹林寺」三大字而已。坐巖中，久之，酒數舉。已而元孚別去，予復陟而上，出天池之巔，過大林寺，白樂天所稱以爲匡廬第一境者，今破屋僅存。其前二寶樹，葱蒨如故。寶樹者，娑羅木也，往西域僧自其土移植於此。又出擲筆峰，憩火場，爲禪僧煉魔之所。蓋廬山之北境盡於是矣。

遊匡廬南山記

由擲筆峰轉而南，出含鄱口，兩山中豁，若將吸彭蠡而吞之。乃上漢陽峰，爲龍山絕頂，左五老，右七尖，羣峰競出。下瞰彭蠡，帆檣來往如浴鳧，西望山峽間，飛練下垂，裊裊數百丈，如白虹飲澗。予遽奇之，問其名，輿人莫識，以《志》考之，殆康王谷之簾泉也。輿人曰：「此何足奇？獨未見開先乎！」又問廬山寺、黎仙祠，則皆爲墟矣。自漢陽而下，山既峻，路復礙砢不治，步甚艱，然數里輒有亭可憩，其末一亭未有名，予題之曰「挹蠡」。凡十餘里，爲三峽橋，即棲賢橋也。康王谷黄石、桃林諸水，百道合流，奔赴於橋下，觸石怒號，如轟萬雷，突萬馬，瞿塘灩澦，誠不是過。橋之上爲玉淵，其下爲金井，皆以水勢衝激匯爲巨潭，其深無底，故名之，而金與玉言其色也。橋東有泉，自石龍首噴出，陸羽嘗品其水爲天下第六，故名「陸羽泉」。然予試嘗諸水甚衆，凡源潔而味甘者，率可瀹茗，即揚子江心與谷簾泉等耳，豈真有品哉？已乃飯于小庵，爲棲賢寺故址。又數里，至白鹿洞。洞爲先賢勝迹，不可略，别爲記記之。由洞東南行二十里，歷羅漢嶺，抵南康郡，則燈火滿城矣。又明日，發南康，遊開先。未至寺半里，右臨大溪，爲衆水所會，招隱橋跨之，長數十丈，水勢轟騰，大略與錦澗、三峽相似。馬尾、瀑布二水，自鶴鳴、雙劍諸峰倒掛而下，如兩游龍，從橋上望之，真是銀河落九天也。然視漢陽道中所見，亦無甚異。已而入寺，則不復有殿，僅僧廬耳。舊聞龍潭之勝，足不暇駐，亟往觀焉。諸生讀書寺中者四五輩來從予遊。循峽口，度萬竹橋，有石亭立潭上，甚偉，扁曰「游龍」，蓋邵侍御陛所新構，疑即漱玉亭故址，旁刻「青玉峽」，米芾書。潭上下凡二，中有磐石如砥，諸瀑之流既合，乃從山腰穿射，沸湧而出，雪翻霆擊，莫可名狀，注而成潭，泙瀜滃泱，其深不可測。僧云潭中有龍，雨將至則暴漲，盡滌去土梗，謂之「龍洗潭」。予坐磐石，久之，如佛圖澄出胃腸，洗滌塵垢，灑灑然神遊於八極也。蘇長公言廬山奇勝處不可盡記，獨開先漱玉亭、棲賢三峽橋爲二勝，信矣。然峽中山四塞，二瀑所從來顧不可見，僧曰：「上雲錦閣，乃盡其奇。」遂出峽而東，登李中主讀書臺，臺石劖陽明手書，紀平逆濠事，時爲正德之庚辰，而其末乃云「嘉靖我邦國」，先生其有前知邪？乃上雲錦閣，望瀑布，尚爲近山所障，僅見其半。予視臺端有樵徑可陟，乃賈勇而上，可半里，踞峰頂望之，匹練飄拂，如在眉睫，然尚未窮其底，意未愜。僧曰：「是必黄石巖乎！」予欣然遂往，復逾招隱橋而西，里許入峽，峰石奇怪種種，雖趿磴跋坎，殊不爲疲。已近雙劍峰，有塔亭亭插於雲表者，文殊塔也。塔在獅子峰上，環以石欄，峰高千仞，巉巖孤削，如怒獅昂首張吻。旁通一線路，可側足而度，飛瀑當其前，相隔不數丈，憑欄而望之，如出九天之上，而俯視銀河下瀉於九淵，瀑布之奇至是始盡。瀑上一小阜掩之，初若無路，旋從塔下循來徑排阜而入，蕭然數椽，黄巖寺在焉。其前有黄龍洞，雙劍之水由寺左奔躍而下，爲瀑布，予謂廬山之勝此爲第一，而遊人罕至，即李白諸人稱好奇亦未必到也。日暮，歸開先，夜半驟雨如注，忽念曰：「此非龍洗潭時乎？」詰旦，僕夫趣行，予興不可已，復振屐詣潭上，洶湧噴薄之狀，視昨更甚，徙倚良久乃行。數里，過歸宗寺，寺久頹，呼之無僧，欲觀右軍真迹不可得。又數里，渡柴桑橋，爲靖節故里，旁有碑刻靖節詩，其南諸山尚悠然可見。又出黄龍山之麓，當溪左右有湯泉二，舊甃以石，今惟土窪耳，而水熱如故。其左者尤熱而清，試盥濯之，無異探湯。問靈湯寺所在，耕者指荒林以對。已而逾隘口，如下劍閣，出函關，蓋廬山之南境盡於是矣。

夫自予所歷覽東南名山水殆遍，若乃攬江湖之勝，極泉石之奇，拏舟可至，杖策可登，其唯匡廬乎！開先、黄石之間，結茅以老，予之願也。清泉白石實聞此言，白公其爲我先盟之矣。

遊白鹿洞記

域中凡四大書院，予既遊岳麓、石鼓，頃又至白鹿，所未至者睢陽耳。觀覽既多，然而感慨亦不少矣。白鹿洞之山曰「後屏」，當五老峰之東南，嶷然突起，四山環之。有水自西來，縈遶其前，爲貫道溪，東流出峽口，聲益喧豗如雷，名「小三峽」。跨溪爲橋者三，東西爲亭者五六，皆可遊眺。既入門，謁先聖先賢祠，坐文會堂，四壁題刻幾滿。洞嵌山趾，壘石爲之，又鑿石爲鹿，蹲洞中。其上爲思賢臺，舊有田二十餘頃，以稟學徒。近以新法廢書院，於是改額爲祠，散其田十之八九，文室講堂雖幸存，亦且漸圮矣。予上下徘徊久之，爲之三歎。蓋古之爲教者，既設之學校矣，而又黨有序，術有庠，家有塾，所以振起涵育之者甚備。故當其時，士有學道之樂，而國收養士之效。迨乎後世，學校既衰，而鄉三物之教罔聞。好古之士，乃並建書院，羣師徒講習其中，蓋以廣鄉校之遺意，而佐學校之所不及，即未能無弊，乃其利爲多矣，是何可廢也！昔者子產不毁鄉校，其言曰：「夫人朝夕退而遊焉，以論執政之善否，是吾師也，若之何毁之？」子產之得爲君子也，以是哉！且吾儒往往距佛老而外之，以爲抑邪而崇正也。今二氏之宫遍天下，通邑大都無慮千百計，曾不能廬其居，而徒自廬其居，以摧沮學者之氣，是不幾于抑此而崇彼也乎？是可慨矣！予又自解曰：凡物之興廢，何常之有？白鹿之興也，蓋始於唐之李渤，其後遽廢。至南唐昇元中，又復興，其後又廢。至宋太平初，又復興，賜九經，置洞主，視昔加盛，其後又廢。至淳熙中，朱子來守南康，力請於朝，又大興。當元末，則大廢矣。迨我明正統以後，乃又大興。今所創搆，大抵皆百餘年物也。夫其興也或廢之，其廢也或興之，興而又廢，廢而又興，若循環然，斯道之流行於天下，歷萬古不可泯滅，飭廢舉墜，存乎其人耳。天之未喪斯文乎，此其人必有存者，予又何慨焉！若乃居者冒餼廩而德藝不修，遊者盛騶從而閭閻爲病，學者趨終南之捷徑，教者騖江左之虚談，若是，則白鹿雖復興，不如其廢矣。凡居於斯，遊於斯，學者教者，尚念之哉！尚念之哉！

大南峪萬佛寺記[一]

去京師六十里所，邑曰房山，山曰大南峪，有地一頃，初結庵而居之者，曰僧能貴。其後中人曰王禮、王忠輩，以南峪地廣且勝，又邑界也，暑雨冰霜，人往來者多，背僂肩頳，而無憩止，思有以擴之。乃稍出其黨醵金，旁及募者，以屬貴。起嘉靖辛亥，迄萬曆己卯而寺成。寺有殿三

〔一〕 該文由徐渭代作，亦收於《徐文長逸稿》卷十九（見《徐渭集》第三册，中華書局，1983年，頁998—999），題爲「萬佛寺記」，張元忭有所修改，故兩文有多處不同。徐文末尾「然吾聞貴有戒行，是庶幾於敬者。以故今得從萬佛還主御建慈壽寺中」一句，亦未載于張文。

楹，東西翼倍之，廚沐之楹視其殿。計將以聲衆也，置巨鐘一；以飲衆也，鑿井一；以表衆也，爲浮屠者一。而佛之數則盈萬，遂名寺曰「萬佛」。至是工竣矣，謂余嘗教内館，相率來請記。今夫主人之召客也，無弗敬者也。然客三數則暇，十則警，百則皇皇然惟恐有失矣。夫敬一也，而有暇與惕之分，則以客多少之故也。此何以異於合芻泥金碧以成佛，而以納之其廬，其人之驟而望之也，一則寥寥然，十百則總總然，至千且萬則奕奕然接之且不暇，況得而易之乎？然此猶以敬言也，至其畏也，亦靡不然。設幽都獄具而以怖夫不類，其始觀夫一署也矍然，至三五則愀然，畢觀至十則毛豎而卻走矣。夫上智者不待敬且畏而自善，下愚者畏之而後善，若夫敬而成善者，多中以上之人也。人之稟，上與下者少而中者多，則設起敬之具以成其善者，多者勝而少者不勝。佛而至萬，敬之具多矣。吾誠喜禮輩之日趨於善也，而樂爲之記。

重修小能仁寺碑記

晉會稽内史高陽許公旼，當劉石之亂，中原雲擾，不獲還故廬，廬山陰，已而自山陰遷永興，其子詢捨宅去山陰縣治南二里者爲能仁寺，復捨宅去縣治東北二里者爲寺，稱「小能仁」以別之。二寺即高僧支道林説法處，詢與王逸少、謝安石、孫興公所從詰難證解而遊息焉，即斯地也。小能仁寺自晉歷宋，觀察使錢儀嘗修之。千餘年來，其僧多遊惰不能守。寺之旁，地日蹙，牆宇頹敗，金容垢翳，行道興嗟。至嘉靖間，道人李明性糾其侶徐明益、劉法玄，與其弟子真空、能慧、如曉等誓曰：「凡寺隆替何常？係僧戒律何如耳。小能仁敝也甚矣，或者吾儕之戒律有未嚴歟！」遂相與祓心，對佛發願，日戒所不能戒，學所不能學。晨鐘夕梵，二時靡闕，四方緇白遊天台、普陀者，輒輟己餐授之。由是環寺而居暨遠近士民，咸謂支道林之風復振，相與擔負施捨，以助明性者無虛日。明性復與其徒約口食之餘資，鳩工興役，修寺之正殿三門，莊嚴釋迦諸佛像，建二亭于殿左右，傍植以柏，甎垣石陛，煥然改觀。寺舊田盡廢，能慧又以工醫置田十餘畝，贍寺僧。如曉嘗叩予，請記其事，未遑也。萬曆四年秋，高僧月亭自檇李過寺中，予與周繼實訪之，言竟日，因談昔賢捨宅事。予曰：「許與王逸少皆故越守也，相繼宅山陰，復捨爲寺，今能仁、戒珠是也。許公從元帝渡江，底輯越人於屯難否塞之時，厥功茂矣。乃子詢復不有厥居，施爲梵宇，吾越人所當世世識爲甘棠而護視之也。矧寺之僧忍坐視其蠱而不鼎新之乎？爾僧曉輩殫心膂二三十年，重修精藍，分也。抑予又聞之，西來祖師云：『造寺供僧，並無功德。』然則所謂真實功德者，舍本性妙圓之外何求哉？爾輩尚由其粗入其精，因其所至，勉其所未至，則祖教復新將在今日矣，豈徒區區補葺而已乎？」月亭上人曰：「然。」復因如曉之請，書而畀之，勒於石。

南村三庵記

南村三庵者，龜山、龍湫、龍南也。龜山庵在龜山之巔，負兑而面震，可以觀出日而内朝陽，故又曰「啓明」云。龜山之南麓爲龍湫，深不數尺，方廛丈許，而大旱不枯，土人禱雨輒有應，其前爲庵，俗所謂「龍王堂」者也。二庵所從來甚久，碑記漶漫，不可識辨。龍南庵則天池高僧玉芝之所創也，負遼山而面天柱，有竹萬竿，盛夏不知暑。予舊從龍溪王先生遊息於此，構亭磐石之上，顔曰「溪陽」，取别號之義也。城南諸村，無如南村，據湖山之中，地最幽，景最勝，三庵錯峙其間，殘僧數輩，往往能持戒習禪，與他刹迥别。予觀疇閣亭然龜山之南、遼山之東，時時挈小舟，振短屐，徜徉登眺於三庵之上下，與數僧者焚香而坐，啜茗而譚，蓋不知閣之爲我，而三庵之爲僧也；亦不知我之爲僧，而僧之爲我也；亦不知南村之外有世界，而世界之内有南村也。昔淵明居南村，謂多素心人，可與賞奇文、析疑義，今兹寥寥，誰爲素心人哉？而數僧者又皆蚩蚩然樸而野，無文可賞，無疑可析，視淵明不有缺乎？雖然，予聞之至道無文，至德無凝，凡涉語言卜度者，皆所謂第二義也。予與數僧者遊於無言之境，憩於不二之門，蓋翛然洞然，直與羲皇上人爲侣矣。不知淵明曩時與永、遠二師盤亘於東、西二林，其所印可視予有異乎不也？諸僧請爲記勒三庵中，予書此畀之。

秦望山龍潭祠記

去郡城三十里，山曰秦望，秦望之北麓，有泉涓涓，匯而成潭，時有異蛇隱見，人以爲龍，歲旱禱之，蛇見輒雨，故名「龍潭」云。土人又言：「至正間，一大士修道巖端，旱甚，捨身投巖，雨輒如注，其後旱而禱，祀龍並祀其人，龍潭祠所由建也。」歲既久，祠宇就圮，釋圓朗自古虞來主其地，因重葺之，闢地除道，繕故鼎新，建塔設碑，將垂諸永久，叩余請記。余王父大夫墓在法華之原，歲時展謁，嘗假榻祠中，略爲經紀其事，見其山川鬱盤，林木邃密，徑紆而室幽，甚可樂也。而圓朗少亦以鷙健名，中歲去其室，盡遺所有，祝髮參遊，晚乃卓錫於此，將蛻骨焉，亦可謂得戒定力者矣。今所在紺宇無算，類多淫祠，無功德可稱，而緇流往往毁律儀、棄典教，爲法界羞。若是，則雖廬其居，人其人，亦奚不可？乃若是潭以龍而靈，是潭之靈以大士而益顯，其有功德於民甚著，祠而祀之允宜，而圓朗之修持又若此，當與此祠並存矣，皆余之所樂爲記也。

卷九

傳

季彭山先生傳〔一〕

自新建公倡道東南，四方之士興起而從之者，無慮數百千人，而彭山季先生及門最久，稱高弟。先生敏慧絶羣，尤刻厲好學，弱冠領鄉薦，尋丁父母憂，終兩喪不一日入閨閣。自是家居者十二年，未嘗一日釋卷，每讀一書，必竟其顛末乃已。或有疑，不憚屈己問辨，上自經史，下逮星曆、度數、地理、兵農之學，靡不窮究，然皆務該博，未窺領要。既而師事新建公，獲聞致良知之旨，乃悉悔其舊學，而一意六經。

正德丁丑，成進士，時年三十有三矣，猶自以學未就，不欲仕。新建公勸之仕，乃仕。自建

〔一〕《徐文長三集》卷二十七《師長沙公行狀》（見《徐渭集》第一册，中華書局，1983年，頁643—649）與此文多有雷同之處。

寧理召拜侍御史，自侍御史謫揭陽簿，稍遷弋陽令、蘇州貳守、南京儀部郎，又自儀部謫判辰州，尋遷貳吉安，終長沙太守。先生歘歷郡縣，所至輒有聲。其平訟獄，寬繇賦，賑饑捍患，績甚毅，然皆他有司所能，至當利害是非之衝，他人所縮首畏避，噤舌不敢吐一言者，先生挺身危辭，無少避也。在建寧時，值宸濠反江西，新建公方發兵討之，而建有分水關，自江入閩道也，先生請于所司，身往守之。會巡按御史某以科場事，檄郡守與先生並入。守以書趣先生，先生復書曰：「建寧所恃者，有吾兩人爲人心所係耳。設因科場棄去，不爲地方計，是棄人心也，他日欲復收之，寧可再得？且兵家事在呼吸，而科場往返動計四旬，今江西勝負未可知，土寇生發叵測，微吾兩人，其誰與守？即幸而無事，當此之際，使《試録》列吾兩人名，傳播遠邇，將以爲不知所重，貽笑多矣。拒違按院之命，孰與誤國家事哉？」守深服其言，竟不往。其令弋陽也，安仁桂公復召入相，道經弋，雅重先生，一見握手求教。時方忌新建功，將奪其爵，先生爲言：「國家於人臣錫典，固不宜過越，然顧其人何如耳。爵上公，加九錫，分茅胙土，誠不可施於温、懿、操、莽，其可靳于周公乎？」桂公爲之憮然。先生仕凡再謫，而卒以讒罷。其以御史謫也，坐論救御史馬明衡、朱淛。馬與朱所陳，處慈壽太后及肅皇帝兩宫間事，已下獄，且不測，公獨抗疏救之，舉朝以爲難。其以南儀部謫也，時方排講學者，鄒公守益爲主客郎，與先生日夕講論不輟，會鄒公以疾乞歸，當事者構以微事黜之，並連先生。其在長沙，政尚嚴，鋤擊豪强，不少假借，豪家苦之，競爲蜚語入京師中先生，竟以是去。

先生在官凡二十餘年，所至輒聚徒講學，孳孳不倦。在揭陽時，新建公始建敷文書院于南寧，使先生主教事，士至者以百計。先生爲發明師旨，提關啓鑰，中人心髓，士翕然宗之，南寧至今傳新建學，大抵先生力也。在辰州時，辰故新建所嘗經寓地，其於良知旨，士往往有聞，一聞先生至，執經者滿庭廡。先生爲擇辰陽書院居之，親爲講授，士多所奮起。保、順兩宣慰相仇殺，變且作，先生遺尺緘諭之，事遂解，辰陽之學者至今猶頌而思之。其在吉安，講學于青原山。時講學者多以自然爲宗，而厭拘檢，先生懼其浸失師門之旨，因爲《龍惕説》以挽其敝，大都以龍喻心，以龍之驚惕而主變化，喻心之主宰常惺惺，其要歸乎自然，而用功則有所先。間以質諸同志，或然或否，先生亦自信其説，不爲動。既罷官歸，則載書攜諸子就居諸禪寺，誦讀其中，手自校讎，迄晝夜寒暑無間者，凡二十餘年。所著書有《廟制考義》、《春秋私考》、《讀禮疑圖》、《四書私存》、《孔孟圖譜》[一]、《樂律纂要》、《律吕别書》、《蓍法别傳》、《説理會編》、《詩説解頤》、《易學四同》，凡十一種，爲卷百有二十。大要以己意近發師説，遠會聖心，節解條貫，悉歸於一而後已。非特經義爲然，即典章政令之出于古，爲今人所不及見者，有乖于理，悉掃除之，必出

[一] 徐渭撰《師長沙公行狀》作「《孔子圖譜》」。

于己、歸于一而後已。既又窮九邊，考河故道，索海運之舊迹，别三代春秋列國之疆土川原，則又涉淮泗，歷齊魯，登太山，又歸而自江入閩者逾年，見聞既廣，學益精進。其書往往能決前人所未決之疑，粹然成一家言。當世號稱博洽如唐公順之、王公慎中，皆以經學相推尚，其所至與所居，士多以此師先生，而先生亦以此教人，皓首而益勤，迨卒之年，蓋七十有九矣。疾且革，猶進門人講《易》于榻前，亹亹如平居時。

先生磊落不羈，表裏洞達，即有過，不爲掩覆，嘗斷建寧獄當死者三，已著案，後覺其誣，大悔之，比擢去，悉爲記達諸司，陳己爲羅摭，令後斷者得據記以解，其訟過之勇如此。性剛介，不可干以私，朋友有過，或面折之，至不能容。然與人夷坦無圭角，喜引掖後進，有一善，亟稱之不容口，人以是樂親之。以理卜禍福，或奇中于數年之後，至以堪輿術家之言蠱者，特爲説以闢之。家居不問生計，篋無餘帛，廩無餘粟，先生不以爲意，惟讀書談道怡如也。不嗜酒，然喜飣豆觴。邀同志與登泛，挾册以往，咏歌講説，盡日忘疲。處家庭多濶略，教諸子亦疏其節目，使歸自得。至事伯兄東所公，問視膳寢，出入必告，雖皓首一如其童時，其慎密又如此。先生殁且十年，而鄉之縉紳若諸生益追慕之，相與建祠禹迹寺西林，實先生舊著書所，以祀先生，又買田若干畝，以供歲祀。

先生名本，字明德，别號彭山，越之會稽人。史忭曰：夫聖賢之立訓以衛道也，各因乎時。

時而執筌爲魚，滯于象數之末，而不知本體之自足也，故聖賢示之以妙悟；時而認賊作子，蕩于繩墨之外，而不知人心之易放也，故聖賢懼之以唯危。其指不同，同歸于道焉爾。余讀季先生《龍惕書》，竊謂其得聖賢兢業之意，大有功于新建之門者也。其所著書累數百萬言，世或以葛藤誚之，余閲其概，爲之三歎。嗟乎！後世有楊子雲，吾知先生之書其不爲覆瓿也夫！

鏡湖徐公傳

公名甫宰，字允平，别號鏡湖，山陰人，舉于順天，始仕爲武平令，再調程鄉，擢按察僉事，以瘁卒。公天性孝友，童時嘗剪股療其母，既長，以父産讓其兄，又傾橐濟其族之貧者。爲人悃愊少文，議論慷慨，常以奇節自負。自爲諸生及已鄉舉，未嘗以私謁公庭，至大義所關，即挺身當之無少避，俗竊嗤其戇，鮮知之者，獨南明諸公雅相重，爲莫逆交。嘉靖丙辰，諸公已及第，而公竟不售，遂謁選，出令武平。將行，諸公祖于郊，公曰：「夫言科舉則無以逾子，若他日所建樹，則未知孰先？吾與子期各努力，毋負平生也。」聞者壯之。武平當閩粤之界，山寇蟠結，時出擾城邑，吏無寧廨。他吏得此，輒環顧妻子，泣不欲往。公拜命，欣然攜一僕兼程就道。至則問疾苦，寬征繇，拊循搔抑。溪流溢，將齧城，爲築堤捍之。城中乏水，爲鑿溪引泉入之。新城久圮，爲亟完之。近賊諸寨，舊無城時，苦剽掠，爲又築城立堡者三。凡數大役，費以千計，而民不知。

歲饑，爲發倉平糴，民賴無殍。久旱雩禱，期五日不雨，以身爲犧牲，至期果雨。邑中火，風烈，火益熾，公望風拜，俄而風反火滅。暇則進諸生，爲陳説義禮，令歸語其家，轉相告誡，如是者歲餘，遠近化之，即藪澤諸寇，亦皆傾心，有不平事，往直于公，皆帖服而去。鄉有渠惡，將鼓衆從賊，公偵知，擒戮于市，其兄弟子侄朝夕服役無怨言。李古春、梁寧輩者，負險以叛者也，督府將發兵征之，公曰：「無遽征，彼固我赤子，特求生不得耳。」乃單騎詣其巢，曉以禍福，賊羅拜泣下，即解甲降。嘗按事之福寧，島夷突至州，守病不能起，城幾陷，公以便宜且守且戰，城賴以全，又以計擒他巨盜徐東洲、梁道輝等，藪賊一空。居武平六年，臺使者奏其績，疏凡十餘上。程鄉與武平接壤，知之，程鄉人相率走督府顧借公，督府爲請于朝，調公程鄉，去之日，武平老稚遮道哭，恨程鄉奪之。來程鄉，民聞公至，則又悉老稚遮道以迎，若恐武平奪之去者。於是諸寇聞之，亦率黨以至，所過民廬舍，輒相戒勿犯，獨石窟首賊未至，公以義讓之，不悛，則令其黨擒之，石窟平。公治程鄉，一如武平之初。偶公出，相傳已他轉，黠酋楊六古、良傑等遂謀作亂，公聞之，亟還，戮倡亂者，謀遂寢。當是時，公奮身任事，不避嫌怨，諸武弁有所要不遂者，頗短之於督府，然賴公名高，不足動。居無何，内召，驛聞銓部虚臺左以待。公尚不忍以高官棄程鄉，程鄉人又相率走督府，乞留公毋北，公遂留不行。已而劇賊果蜂起，徵兵至十萬，久不能克。公不用鏃矢，獨開誠釋從懸賞，以激衆心，遂俘徐加悌，縛林朝曦，殲温鑑，斬首千級，餘黨潰降略盡。督府疏最其功，得越格拜按察僉事，兵備潮州，仍廕一子千户。潮之境，巖箐四塞，濱大海，土賊島夷相煽亂。公下車，或撫或剿，降滅賊衆以萬計，自是潮無山寇之患。島夷之屯鄒堂也，公用所降賊，授以方略，搗其巢，大兵隨之，斬首萬餘，自是潮無海寇之患。然公竟以勞瘁致疾，嘔血卧床間，時聞閩兵逐殘寇入潮，猶拊髀太息，以不得復入行間爲恨。疾亟，乃乞歸，潮民慟哭送之，公亦於邑不能語。歸月餘，竟卒。公在武、程及潮皆有祠，所在村聚又竟祠私祀之，水旱疾病，輒禱于祠。或以所疑質之，無不響答。諸寇過祠下，必焚香拜乃去。其爲彼中所信戴如此。始公誕時，室中聞異香，覓之，有大蛇據床下，迨卒之夕，復有蛇自梁而墜，香徹几席，識者謂公蓋神人云。

史某曰：當公將赴武平也，余時方弱冠，猶及一見之，視其容，聽其議論，竊謂公固正人，乃其才特落落耳，用之兵，似非所長。然公竟以兵顯，語其奇，有智謀之士所不能持籌而角者，乃知事無難易，唯誠則神。誠之所通，即異類且格，矧盜固有人心者哉？公嘗語人曰：「妄念一起，輒以指畫其心，務令克去。」嗚呼！公之檢察心寇以培此，誠非一朝矣，其得此于閩粵也，豈偶然哉！豈偶然哉！

見吾陳公傳

自考亭朱子倡道於閩中，一時及門高弟砥行植節者滿郡邑，故閩中之學，在有宋孝、寧之世爲最盛。迨明興以來，朱子之書布四方，家傳而人誦之，然特習其説以獵取科第，影響剽竊，而朱子之宗旨轉晦。夫自蔡虚齋、陳紫峰兩先生相繼出，乃始一洗俗儒之陋習，獨採朱子之精微，而閩中之學在皇明正、嘉之間又最盛。見吾公蓋紫峰之從弟，自少即稟學焉，盡得其衣鉢之傳，而統承於虚齋者也。然當兩先生時，陽明先生方講致良知之學，獨異於朱子。世之爲兩先生之學者，泥于舊聞，相率而排之。公既尊信兩先生，而亦無疑於陽明之説，嘗與人論學，有云：「陽明先生懼人謂格物只是窮理，窮理只是讀書，故以格物爲主于行；懼人以致知爲致聞見之知，故加一良字於知之上。非良知不足以言知，非格物不足以言致良知。」又云：「陽明之學，入頭處在格物，要妙處在慎獨。獨者，獨知也。獨只是良知，慎獨即是致良知。此學初無足異，不知世人緣何而異之？」又云：「宋儒之學，萬分之中不無一失，陽明發明其所未至，將以爲宋儒之忠臣益友，而非欲拾彼之短以形己之長也。今講陽明之學者，輒掇拾宋儒之短以爲口實，語養德之學，則爲薄德，語講學之事，則無益於學，而徒使陽明得罪於先儒，可爲深戒。」由此推之，公於朱、王二子之學，蓋皆超然自得，而非徒依傍口耳，私開户牖者。使論學者人人如公，則二子之説不惟不相悖，而實相濟矣，尚何辨論之紛紛哉？

公姓陳，名讓，字原禮，少穎異不羣，爲文奇崛遒勁，不爲蹈襲語。嘉靖辛卯舉閩省第一，尋登進士，授紹興府推。聽獄稱平，暇則進諸生校藝講學，士彬彬興起。天真祠之置圭田，三江閘之捍海患，公區畫贊襄之力爲多。徵拜監察御史，遇事敢言，無所諱避，執政愛其才，令所知諭之曰：「賢御史稍須安靜。」公即對曰：「爲我謝相公，御史非安靜官。」由是與執政忤。肅皇帝既嗣大統，迎興獻太后入，仁壽張太后悉以藩妃禮遇之，兩宮以是有郤。巨俠劉東山者，睥睨兩宮間，將以奇論取富貴，乃令其黨構誣張鶴齡兄弟有逆謀，左道呪詛，詞連宮禁，逮繫無辜數十百人，都城騷動，諸司不敢出一語。於是公方視東城，遂捕東山下獄，究其彎弓射父之罪。東山度不可脱，益令其黨告變，且誣公爲張氏羽翼，併下公獄。公從獄中上疏，謂：「陛下有帝堯九族既睦之德，而東山乃敢對陛下倡言漢武巫蠱之禍；陛下有帝舜克諧底豫之孝，而東山乃敢對陛下公言暴秦遷母之事。宜亟正典刑，以安宗社。」上覽疏，意稍解，會西曹鞫東山所奏悉無驗，併其黨坐欺謾伏誅，公得還職，京師宴如。當是時，微公，仁壽宫危，人心摇矣。已而興獻太后登遐，廷議遷興獻帝合葬天壽。公以藩王不宜入祔皇陵，乃借堪輿家爲言顯陵氣脈不可洩，又重於勞民，請以衮帔交葬便。上初覽奏，怒甚，投疏於地，少頃復取視，曰：「此言亦是。」於是遂定不遷之議，而執政從旁擠公，竟賜罷。然公身雖退，而言則已行矣。公在臺中二年，疏屢上，皆侃侃大計，獨此二事尤人所不敢爲不敢言者，咸謂公有社稷之功焉。既退休里中，日夕静坐讀書，孜孜學問，口不談當世事，惟地方利病所關，輒不惜齒頰，亹亹爲上官陳説。爲人剛方廉介，見者竦憚，然與之久處，談論慷慨，真意溢出，人益信慕之。上自承天還，猶問公姓名。

臺使者至閩，輒以公薦於朝，而執政終忌之，置不用，家居十五年而卒。隆慶改元，録先朝諫者，贈公光禄少卿。所著有《見吾文集》二十卷、《邵武府志》若干卷行于世。夫公始終出處，大致如此。世之知公者，徒謂公爲廉吏，爲直臣，爲博雅之儒，爲剛介之士，而不知公之學，其所見者定，其所造者深，其所養者粹，蓋真有以紹紫峰之家傳，振閩中之末響。凡其平生所表見凜然偉然者，皆其所學之緒餘，而非襲取于外也。公殁未幾，其子孫無以具饘粥。予往嘗見其子某於溧陽，蓋裋褐不完，予甚憐之。頃者走二千里外來謁予，請爲公傳，且曰：「吾父之事行，志若狀既備矣，惟學術所統承，未有發其微者，是以竊有請也。」嗚呼！某之志若此，亦可謂知所重矣。故予傳公特詳其學之所自，以附於志狀之後。

范栗齋傳

先生生而穎異，讀書不務記誦，能尋究大旨，弱冠棄舉子業，卓然以古聖賢自期。當是時，士徒以章句相馳騖，不知有道德之師久矣。先生首師王司輿、許半圭兩先生。兩先生者，並以道德重于時者也。既又師陽明先生，所造益深。然先生性狷介，議論時相左，既而博考羣經，仰讀俯思，乃恍然有悟，以爲孔孟的傳惟周程得之，朱陸而下皆弗及也。家貧，無旦夕儲，嘯咏自若，人莫能測。嘗謂某曰：「天下有至寶，得而玩之，可以忘貧。」作古詩二十章，歷敘道統及太極之説，其奧義未易窺也。幼而孤，事母盡孝，授業於外，給甘毳，每御一時品，則愀然曰：「吾母安得嘗此？」輒投筯不食。既殁，執哀如古制，至病瘠骨立。醫者勸之茹葷，先生泣曰：「死生命耳，何可一日忘吾母？」母嗜芋，終身不忍食芋。二兄皆早喪，極力殮之，撫其姪如己子，積塾資爲婚娶。姪又早喪，其婦將改適，所得聘金悉以授之，族人竊議其迂，先生歎曰：「吾恨貧不能止其他適也，而又可利其入乎？」晚歲名益著，士大夫咸樂從之遊，然或以粟帛周之，堅卻弗受也。先後守令屢表其閭，辟爲鄉賓，爲社長，輒以疾辭。隆慶戊辰，先生年八十，偶病且革，呼其子語曰：「我卒不諱，寧薄殮，毋妄受人賻以污我，與其邪而有餘，寧正而不足，獨不能效黔婁氏之妻乎？」尋獲愈，一二助殮者悉反之。其平生廉潔類如此。某嘗屈之家塾數年，雖盛暑，冠服儼然，道古今，夜分不倦，與人煦煦無倨容，而步趨不越尺寸，里中人無老幼，皆以「范聖人」呼之。其孳孳問學，老而不衰，每誦衛武公之言語人曰：「毋以耄而棄我。」庚午秋，病卧數日，忽起沐，振衣危坐，三拱手而逝。先生會稽人，范氏，名瓘，廷潤其字，別號栗齋。蓋温潤而栗然，可想見其人云。

沈文池傳

明興百餘年，迨乎正、嘉之際，理學乃大振，海内書院以千百計，而淛之天真、涇之水西爲最盛。天真之始，文成公嘗託迹焉，而諸門人相與卒成之，彼猶有所因者也。若水西則何所因哉？蓋文池獨以一儒生倡之矣。故學者知有水西，則知有沈先生云。先生涇人也，名御，字子範，世居澤宫右，因共稱爲文池先生。生有異禀，甫弱冠，潛心理性，刻意砥行。奉其親，雖屢空，必竭甘毳。執親之喪，每慟哭，聲徹閭里。爲諸生，餼入必祭，祭必敬。宗黨有貧者，必倒橐周之。樂善求友，遑遑若渴。或謂先生行高矣，獨勝人氣未消耳，先生輒喜謝。自是斂華抑浮，粥粥若無能，人或面侮之，弗校也。嘉靖癸巳，以選貢卒業南雍。當是時，湛文簡、歐陽文莊兩公爲國師，方講學，風動一時。先生得承印可，益發憤慷慨，以聖人必可學而至，歸而集同志爲會水西，不輟寒暑，遠近興起甚衆。忽一日病且革，爲文自弔，唯以未至聖人自傷，既而曰：「吾得從洙泗二三子於地下，參翔於宣尼之側，吾甚樂之，奚其傷！奚其傷！」時年財四十有八耳。後八年，吉水周先生子恭志其墓，隱然以顔氏子稱之。周先生不妄許與者，殆於先生觀其深矣。今去先生且數十年，而水西之會久而彌昌，廢而將復振也。先生之神，若或臨之，有不可泯滅者。嗚呼！曾、孟氏有言：「士以仁爲己任，死而後已。」「豪傑之士，雖無文王猶興。」先生其庶幾哉？若余不類，幸生文成之鄉，竊聞緒論，乃竟未能奮身擔荷，爲諸士友倡，視先生其何如也？作《沈先生傳》，以識余之愧云。

古愚翁三異傳

古愚翁者，余姓，濂其名，世家會稽。其爲人篤厚長者，少孤，依其伯父，伯父奴畜之，長無所恨，卒厚遇諸從昆，俾有立。家故不饒而好施予，即代償人所逋，卒無所悔。遇事夷坦無機械，凡人所競趨而巧避者，一不以經意，然卒獲福以免禍，出舞智者右。居閭閻中，白首不識官府。里中人曰：「翁真古之愚者也，非今之愚也。」共呼爲「古愚翁」云。嘗客暨陽，偕衆行山谷間，翁持炬前導，若有物觸炬者，翁行不顧，衆良久乃至，翁訝曰：「何後也？」衆尚汗栗，語曰：「翁獨不見邪？適炬觸虎尾，虎若伏道左避翁，而目炯炯，掉尾伺人，我輩安敢前？」翁笑曰：「有是邪？」他日客三衢，既就舍，飯已，遥望山脊有酒家簾，遂拉其主人將陟飲。陟未半，俄聞山下喧豗之聲如雷，回視之，則蜃數頭暴作，廬舍雞犬盡漂，獨翁與主人得免。又數年，行四明山中，有客逐逸豖，殊困，翁置所負囊助之，馳里許還，覓囊不得，且暮，忽有嫗指其居，止翁宿，翁輒止，已而飯翁，翁輒飯，若無所失者。翌日，嫗出囊還付翁，翁請酬以囊之半，嫗卻之，第曰：「他日過此，幸毋相忘。」翁謝去，既歸，復過之，則草莽墟耳。問之土人，土人曰：「此中無人居，安得有嫗？」翁始悟嫗爲神人云。翁平生遭異事者三，未嘗舉以語人，唯家庭間時時爲諸子道之，且誡曰：「若曹毋謂我愚。愚者失乎人得乎天也，若曹勉之。」翁享年七十，仲子相舉于鄉，季子某、孫某有聲于校，蓋振振盛矣。

史某氏聞其事而樂道之，以爲世勸，乃爲之傳。或曰：「神怪茫茫，仲尼所諱，子是之傳也，何居？」史某氏曰：「爾何知，夫所謂神怪者，謂夫詭誕不經、不可爲訓者也。若作善降祥，百靈衛之，乃其常耳，何怪焉？是故烈風雷雨弗迷載于《書》，履敏震育、獸腓鳥翼咏于《詩》，占事考祥、鬼神吉凶之説詳于《易》，聖人固以此垂訓也，又何諱乎？嗚呼！吾嘗怪夫陂憸之徒，狐鼠其智，蛇蠍其腸，而或峨冠華組，朱輪高蓋，揚揚過都市，世之人莫之怪也，而反艷慕之，非所謂棄常而崇妖者邪！悲夫悲夫！」

貞烈張氏傳

張氏者，順天庠生翟思榮妻也。思榮病且死，目張氏曰：「我死無子，汝年少，能無踐二庭乎？」張氏泣曰：「天乎！不幸先妾逝，妾恨不能以身代，且後至矣。第勿慮。」語畢，而思榮死，遂沐浴，衣殓衣，置一榻思榮柩側，卧踞其上，旦夕悲慟，絶水穀，誓必死，父母强飲食之，哭而不答，歷十餘日，始不能起，然神氣不少亂也。父母號而語曰：「我聞斷水穀旬日，則腸胃枯如刃刺火焚，不可忍，女何自苦焉？」張氏徐應曰：「我願一死，蚤從吾夫于地下，安知痛苦哉？」無論勺水，即唾液，輒拭去，亡令下咽，期速死。京師薦紳異其事，往弔者車蓋相屬，下至擔夫稚子，填塞于巷，無不嘖嘖稱貞烈婦。凡二十一日，氣已絶。所司以聞，詔旌其門。思榮父汝儉，舉進士，早殁。大父文懿公鑾，先後在相位久。張氏錦衣女，而歸世宦家，性獨不喜華靡，平居温温恭順，上下宜之。幼時授《女孝經》，能解大義。嘗夜坐闈中，見星光曄曄如斗，若覆以華蓋狀，豈所謂精靈洞澈、慧日夜曉者與？思榮死明日，悉以其室所有分畀長幼，乃怡然就死。死之日，蓮香滿室，竟夕而散，隆慶辛未七月九日也。

或曰：「翟氏世忠孝，張氏之死，蓋正氣所鍾云。」太史氏曰：「程叔子有言：『餓死事小，失節事大。』由翟氏婦觀之，真能審大小、決死生者哉！伯夷、叔齊餓而死，以殉其君也；翟氏婦餓而死，以殉其夫也。死不同，同歸于仁。假令節婦生爲男子，寄孤城，當强虜，即常山、睢陽奚讓焉？世所稱赫赫偉丈夫，一朝饑餓不能忍，乞餘墦間冀旦夕苟活者，豈少也？視節婦有靦顔焉矣！」

節婦谷氏傳

節婦谷氏者，乾溪許德妻也，年二十四而寡，家甚貧，子女皆在提抱，婦矢志甘荼苦，所親勸之更適，輒號慟欲死。一日，其伯氏潛納富人聘，將紿致婦。婦覺之，倉皇挈其兒，逾垣奔父家，至馬趟嶺，日已暮，值虎，兒怖弗敢前，婦前祝曰：「我未亡人也，當爲虎食，食我，不者且辟我。」虎視婦良久，卒掉尾去，於是婦之節聞里中。然其父家與伯氏終以朝夕不贍，讓婦見累。婦乃痛憤，躬爲人縫紉，使兒拾薪自爨，嘗雪夜絶火，母子僵卧，終不悔。如是者幾三十年，而後其子漸長，衣食稍給。文學王子某，義士也，於許有連，乃以婦秉節事挺身白當路，得表其閭，且謂予以直筆自許，屬爲之傳。予往讀史，至弘農虎負子渡河，漢宗虎垂頭伏罪事，頗怪之，今觀於節婦事，始信。彼虎非徒喜搏噬也，噬夫人形而獸行者也。人稟扶輿之正氣，浩然而出之，可以役鬼神，貫金石，矧虎固含靈於兩間者哉！噫！吾見世人於寡婦孤兒弗之恤，又從而魚肉之，曾虎狼之不若矣。悲夫悲夫！

女兄王母張媪傳

吾先大夫同母兄漢陽公之女，爲吾女兄張媪者，嫁衛尉王氏仲子國子生金，而今其歿也，吾閔焉，非常閔也。國子生以尉家郎君中英茂，世習《詩》、《禮》，入國子而蚤世，媪財二十七耳。至于今，媪六十八，爲四十一年嫠。吾里中稱王氏貲高，媪違國子生以來，日損減淡泊，罷繒纈，節鮮醲，食止一二器，帛財時一御，至澣綻遞代，有三十年不更新者。伏臘諱忌，哭國子生如初死。大而倉囷，瑣至鬲鬵塒桀間事，靡不拮据。夫無子，大兄光禄君再一子，輒取自繦抱，且教之，惠嚴互劑，成生郡學，鷇鴞待飛。爲四十一年嫠婦，無一可訾毁殆若此，庶幾哉真吾漢陽公之女邪！然嫠常耳，何足閔？漢陽公初官，嘗拜倅，當之劍，適媪初寡，與丁宜人並憐媪，欲攜與俱。再舉，媪輒再辭曰：「女奉國子生尺許木，大人官舍寧許隨乎？時祭乎？哭無數乎？衰麻而入上官目乎？婦可長背尊章乎？尊章忍長不見繦中孤乎？」漢陽公、宜人相顧嘆服，卒不强。非常者一也。居常歸候客，有及兩醮而從臾之者，客語高徹媪，媪方茶，碎盞聲亦徹客，既而悔曰：「此必客偶耳，客敢及我？」非常者二也。媪始乳女一，嫁爲徐韶州長子婦，婦人即自男，亦多私女，矧越相尚竭富以贐女，寧貧己男，矧所後？男性廉而孝，又輒贊媪，媪顧財取適，又輒贊輒裁。其非常者三也。媪爲嫠四十一年，無一瑕指，又抱三非常，吾故曰：「媪之歿，吾閔焉而非常閔也。」夫三代盛時無旌，下至秦乃始有寡婦清，清以貲甲巴，秦客而旌之，則以貞非貲也。後世漸以貲用旌，旌遂嫌貲，於是例旌者，貧以不貲湮，而富又以貲湮，鮮時當矣。媪所後孤諸生鍾瑞造予，涕而請曰：「母已矣，甥不敏妄倖己儻小樹，遂遷延以泯母至于今。舅幸樹矣，儻亦遂以内舉嫌，忍泯若姊邪？」予亦涕曰：「吾志也。」乃姑傳之。

王節婦傳

余讀《詩》至《柏舟》，而後知先王之垂風遠、立教平也。《詩》者，諷也。《詩》采婦人節可以諷者不一二，而衛共姜以是什著。夫共姜故世家婦，寧有奇苦之遭也，乃「之死矢靡他」一言，皎皎心志，足以泣鬼神而貫金石。先王以爲是一言可諷矣，故采之篇章，令可觀攬焉。輓近風卑，論節者務采奇，嫠必微而窘，窘且尠嗣，旌始亟下。其或不幸而生爲世家婦，即窘矣，窘尠嗣矣，亦謂夫死而苦，固應至雲煙没、草木腐也，豈不悲哉？以余所覩王節婦，其所處有難之難者，顧身當其難，而以難故泯泯，殆非先王立教之平已。余故作《王節婦傳》。

節婦姓張氏，父曰浮峰公，笄而歸王生應禎，其父曰龍溪公，兩家翁俱貴。節婦生長其間，性獨喜淡泊，不好鮮醲，幼即以禮自持，寡言笑。既歸王生，以婦道聞。歸亡何，而生遘危疾，節婦慘瘁廢貌，日夜籲天，冀身代生，而生卒死，蓋竟未有子也。節婦即絶粒，矢欲與俱地下，父母環號而解之數日夜，勿聽。其姑搏膺呼曰：「天乎！吾老乃見兒若婦之踵死也。」節婦聞而撅起，抱姑足，跪且涕曰：「忍不聽姑！緩須臾死，以代夫養也。」方是時，財年二十餘耳，輒盡罷繒纈之飾，自束如老媪然矣。王生素好義慷慨，待昆弟友善，不事私藏，篋無尺幅之遺，用是業遂窘。未幾，所居不戒於火，堂皇並燼，節婦倉皇從烈焰中僅奉王生尺許木以出。遂棲止外舍，四壁蕭然，親黨有憐而饋之者，義卻不受。御辮綻，親爨滌，朝夕晏如也。居歲餘，龍溪公新構其室廬，歸節婦居之。甫獲寧處，而盜掠其室，復慘於火，由是窘益甚。當火時，母胡安人憐，欲攜之歸，節婦不忍背尊章，力辭不往。節婦雖極窘乎，然奉兩尊人必極甘腆。哭王生，三十餘年如一日，竟未敢以啼容見兩尊人也。兩尊人殁，始仰天太息曰：「吾繦中無孤，所忍死至今者，爲兩尊人也。兩尊人生，吾代夫養，死即代夫守土耳。」乃結斗茅墓傍，禮佛其中，若爲朝夕於側者，里中人以是益憐節婦而重其孝。曩龍溪公爲辭哀其先夫人，輒舉節婦以慰亡者曰：「持志貞專，係心靜業，弱女相依爲命，閫儀肅然。」夫翁豈私言也！久之，郡邑乃並旌其門曰「節孝」。余聞節婦在女室時，父中丞公間舉古列女以訓，即抵掌自許，貞烈素植，蓋天性也。以三十餘年嫠，間關百折，辛楚萬狀，而一念不回，區區以殉王氏之一抔土，所謂「之死矢靡他」者，節婦有焉。豈必奇苦之遭，始稱難乎？郡邑兩旌，夫亦得先王立教之平已。余史氏，陳詩其職也，敢爲傳之，以附《柏舟》之什云。

卷十

志銘

南京工部尚書常熟徐公合浦淑人志銘

上御極之九年冬，南京工部尚書常熟徐公卒於家，守臣以聞，上念公舊勞，賜祭葬如令甲。後六年丙戌春，公配浦淑人繼卒，其子尚德奉其門人周君弘禴所爲狀，走千里，踵某請銘。某惟公惠澤在四方，勳烈在國史，而吳中多鉅公鴻筆，必有能揚公之休者，某則何敢？辭之固。尚德涕且拜曰：「嗚呼！此先子遺命也，吾子終拒之，則先子何以瞑於地下？」某於是亦涕且拜曰：「嗚呼！唯先公與我先大夫進同榜，而先大夫之蒙詬於滇也，實賴公白其枉。暨公撫滇，凡所措注於滇者，某又目擊之最詳。然則知公之深者誠莫如某，即不文，其安得辭？」

公諱栻，字世寅，別號鳳竹，父曰天民，母曰吳淑人。公生四年而吳淑人歿，繼母張淑人。又十年而父歿，公辟踴皆如成人禮。服除，明年補邑弟子員。又明年，入太學。公生有大志，素豪宕自喜，與人譚當世務，輒抵掌慷慨，思一見其奇，人亦以是奇之。而浦淑人知公有四方之志，益從臾公讀，已則善事張太淑人惟謹。公學得益肆，遂以丙午、丁未連舉進士，授宜春令。宜春，故相嵩籍也，蒼頭千餘橫行，往往持令，公心欲要束之，乃即席白嵩，請其主計者姓名，曰恐有狐假爲威者。時世蕃佐席，變色屬酒，嵩目公久之，曰：「徐君言是。」立書二蒼頭名示公。公至，橫如故，或倨就公，公佯以爲非真，悉笞之，曰：「若曹姓名，吾久已得之，若非相國僕也，且相國僕亦何敢抗令？」於是嚴父子心銜公而絀于書名，故稍迹恕之。且公治行最著，無可螫者，乃竟得召拜南御史，而京山王公宗盛者，亦以召拜御史之南。行間，嚴盛爲祖具，窮極珍異，王問不能識，以問公，公應聲曰：「此海外珍羞也。」嚴聞而惡之。已王御史至南，即草疏發嚴奸狀，公實與聞之。一部郎遽以報嵩，嵩得預爲地，比疏至，則又有「珍羞輻輳」語，乃逐王遠邑，且切齒公矣。亡何，嵩所私趙文華者備倭南中，倭未靖，驟晉本兵。時公方奏績還留，目及流賊，立疏劾文華，文華懼，復求出鎮以自解。於是文華與嵩父子日夜欲甘心於公，遂因風霾，大計謫公淛江布政司都事。淛故文華坐鎮地也。公至，入謁，文華故怒它吏以慴公，公弗爲動，遂檄公使入賊巢，將籍手焉。公立馳詣，未至而賊解。當是時，公日與嚴相抗，且遭貶斥矣，而當路者又日詗公，以說於嚴，人人爲公危。淑人進曰：「命不在天，君第自堅而已，何憂彼？吾當奉吾姑而家養之也。」公頷之，乃獨往，持益力。已量移司理建寧，尋遷同知饒。禱雨，雨應；

拜火，火滅。一時詩歌之，有《饒陽雙異集》。久之，擢淛江按察僉事，於是淑人復奉姑往。公至淛，受命監戚將軍軍討流賊，在軍多所指授，賊平，詔賜鏹幣，時分宜已去位矣。尋擢右參議，仍守淛，逾月而扶張淑人櫬歸。既公除，即以前官起補河南，旋晉湖廣按察副使督學校，精於藻鑑而秉法公嚴，楚人士至今稱之。又幾年，擢雲南參政，已復晉按察使。時黔國席世寵，跋扈，因繫其嫠嫂，屢抗旨不遣。先後都御史、御史屢奏列其罪，猶不悛。公乃爲計，身革爵聽勘，以陽解其權，而姑令其子署事，以陰安其心。於是黔國斂手聽命，而公名籍甚矣。公在滇六年，乃調山東布政使。時新鄭再起，以異華亭故，斥逐南人，獨計公有士望，又爲華亭鄉人，乃不爲華亭所亟用，遂擢公尹順天，尋晉右副都御史，撫江右，欲以結公，而公實不義新鄭所爲。有給事笪者，新鄭鷹犬也，以心疾去，疾愈冀復起，新鄭私於公，御史且以檄要共薦，公謬曰：「笪病實未愈。」笪聞，立馳見公，又謬爲謾語勞之，若不會其指者。於是新鄭怒，方謀逐公，而新鄭遽削籍去，公乃得免。花園洞賊自正德來嘯集蟠處，爲江右患，當事懼爲難首，習事招撫，苟幸旦夕無事。公奮曰：「養寇，如民何？」立調兵平之，捷聞，賜鏹幣如淛。公在江右，壹意務節省，稍有冗費，輒顰蹙曰：「此秋毫皆下民脂膏也。」而諸所建議，如請表革除諸忠臣，請崇祀羅豫章師弟及王新建，請復臨、德二倉積儲，則皆古今大義、宗國至計也。所區處建白或值一難事，輒以語淑人，決可否。淑人沉毅寡言，而叩之輒響，答多中，所贊助於公者不少云。逾幾年，擢南少司空。時黄河東決，漕道爲梗，上南顧太息，宰臣以下咸蒿目焦心，思所以別爲計，而南大司空濟南劉公者，熟登萊事，公亦諳習海道，心然其言，遂並疏上。計上，報可，俾劉尚書往視，而公則以少司空兼僉都御史專敕理膠河。會山東當事者上言開膠河非便，所役夫且乏餉而羣譁，言不便者交和之，遂從中報罷。嗚呼！膠萊豈必不可成之役哉！今其按疏具在，後有尋故迹者，當知公今日苦心耳。公既罷膠河役，即以少司馬僉都如故，移撫淛。淛以西濱海，舊有塘當海鹽捍之，歲久圮嚙甚，前是盲風怪濤驟作，衝決數百里，浮屍如蟻，損禾稼什九，民死徙無算。公至，則愀然亟圖之。或危公曰：「塘日夕與海争道，易圮難固，且動則肘掣，公不傷於河乎？奈何復言海？」公不聽，經始益力，相地宜，謹顧慮，庀石鳩工，其縱横廣厚，一以意裁，而授之無不立就者。不浹歲而功成，巨隄虹亘，狂瀾鱷披，濱海諸大郡幾數千里，皆化沮洳爲膏沃，桑麻蔽野，流徙復歸。某嘗謂公此舉爲淛西百世之利，豈虚語哉？夫自古善議者不必善成，公嘗議河矣，乃其功奪於河而竟成於海，則公豈喜事而空譚者乎？以此徵膠河，非必不可成者也，遇然耳。海塘既成，時又有馘倭之捷，得併叙，然廑獲鏹幣之賜，又復如淛，功鉅而藩，賞則尚從膠河之左議也。淛俗華靡，又官府征科無常法，吏緣爲奸。今皇帝大婚，遣中貴督造衮綺，工料倍昔，閭閻騷困，公酌議調停，身以儉先，一切節省如江右，立三辦法，俾租調有定額。又奏請得户、工二部接濟銀二萬有奇，由是俗漸向樸而民亦大蘇。是年晉少司寇，未涖，復晉南大司空。

時江陵以奪情怒言者，公與平湖陸公光祖皆其同年，並上書規之，江陵竟不懌，承指者遂用膠河事中公。公罷歸而名益重，直指按部，輒首疏薦公，廷議且以南大司寇起公，而公溘然逝矣。惜哉！公既卒，淑人痛公哭絶，既甦，遂不能起床，蓐積六年而卒。

公爲人孝友天至，事兄若嫂如父若母，淑人事之，亦如舅若姑。公儉而好施，位至八座，猶服布素，而淑人雅不靚莊，亦有桓少君風。公歲出粟三百，贍姻黨之不給者。淑人輒承公意，躬親分予無惔容，至其在官舍，爲公劑量可否，則公時時爲鄉人道之，蓋真所謂齊德者哉！公所著有某書某書若干卷，其生平所學與所建明者，可概見於此。嗚呼！古之大臣所以利民生、持國紀而維世運者，唯才與節耳。公自爲令，爲御史，爲臬藩，以及督撫卿貳，隨其所試，無小大易難，罔弗奏功。至若開膠河，築海塘，雖機會所遭，功有成有不成，而昔人所稱才與誠合、謀而不疏者，公無愧焉！公在分宜，則其邑長吏也；在華亭，則其同閈也；在新鄭，則其所推轂；而在江陵，則其所爲同年，雅相歡者也。敭歷中外幾四十年，不可謂非久；周流四相之間，不可謂非便。然而爲御史，則見黜於分宜；爲外藩，則不亟用於華亭；爲督撫，則見嗛於新鄭；爲卿貳，則失歡於江陵。其終始一節又如此，是故才徵於歷試，節著於屢摧，二者得一焉猶以爲難，況兼而有之哉？嗚呼！公真可謂大臣矣！是宜銘。銘曰：

勾吴奥區，多賢自昔。運遘嘉隆，凡幾常伯。矯矯徐公，海虞奮迹。既惠且温，亦儉而直。

四紀垂紳，三朝宣力。靡鉅弗肩，靡艱弗歷。赤子是哺，壬夫是擊。髦士是造，強藩是格。東南載填，權門載逆。孰輓而升，孰麾而黜。維海有堤，如壘如壁。脱我沮洳，厝我袵席。緊千百年，公宜廟食。辟公之才，如彼烏獲。千鈞之任，有舉必克。豈曰斷斷，效能一幟。辟公之節，如彼砥石。狂瀾倒回，曷撼曷泐。豈曰汎汎，與時遷易。公所自信，唯此忠赤。憂在生民，慮先社稷。苟利於公，匪躬之恤。兹其大者，世或罕識。余豈私心，以誣簡册。公之逝矣，疇贖以百。粤有好逑，實唯齊德。鬱鬱新封，天子所錫。樹之豐碑，過者永式。

廣東左參議累贈太子少保都察院左都御史餘姚趙公合元配諸夫人繼配魯太夫人志銘

海濱先生趙公之歸自嶺南也，在嘉靖庚戌間。當是時，分宜父子用事，竊弄辟威，諸所進退，什九以賂，公慨然乞休屢矣。會公仲子今少保公爲御史，清戎雲貴，萬里囊疏，列分宜奸利狀，遂被逮，下詔獄，公於是益決意歸。歸數月，而少保公亦已得原放歸，父子相樂愉愉也。既若干年而公卒，又若干年而分宜敗。未幾，莊皇帝登極，遵先皇帝遺詔録言者，於是少保公從田間起，歷官至御史大夫，晉太子少保，而公亦自列卿再贈常伯，晉少保，稱御史大夫如其子。元配贈夫人諸氏，先公二十五年卒，繼配封太夫人魯氏，後公二十七年卒，皆以少保公貴，累贈與封視公，一時稱渥典云。

公諱塤，字平仲，其先宋燕王德昭裔也，南渡始入會稽，既又徙餘姚，遂世爲餘姚人。公父曰昺，母曰魯夫人。公生而卓犖不羣，舞象時，文名已嶄然起，然以博古自喜，雅不好帖括語，每爲文，必綜先秦、兩京，以故爲時輩所莊，而亦鮮有知者，屢不售，公顧益自喜不輟。公父性嚴寡容，族有横者，輒面詬之，以是切齒，及其殁，遂構釁齮齕之。於是公産日落，授經自給，而公配諸夫人者，旦夕拮据佐公讀，雖餅粟屢罄，勿令公知也。遂得肆力于文，以正德丙子舉於鄉。嘉靖丙戌，中南宫選，以病歸，己丑乃廷試，成進士，授桐城令。公性耿介，其爲政一遵古質，興化育才，勸農導利，民愛之若日於冬而嚶哺于懷也。桐之人相與尸祝之，至名公所築堤若橋，皆曰「趙公」云。然公不能媕婀上官，又曰：「以搏擊豪强、衛赤子爲急。」以是頗得難上聲，而郡守羅不無目攝公矣。邑有少司徒某者，家素横，陵轢閭里，公繩之，一切不少借。於是某與羅比，交構公，謀中以考功法，竟坐調之石城。石城處贛、閩間，小邑也，民椎樸少文，公至，則以靜簡爲律。其治，責大指而已，不苛小，間去呵騎，從二三田老問民疾苦，暇則進學官子弟躬校之，爲剖析疑義，探索要渺，民遂大治，而士亦彬彬嚮風，聲名不損於桐城時。又二年，稍遷南京刑部主事，而諸夫人遂捐簪珥矣。方夫人從公之桐城時，公與少司徒抗，家人咸以慨怵公，夫人獨陰贊之，公持益力，雖由是致浮湛，夫人處之怡如也。夫人性謹而和，居常寡言笑，然臨事岸然丈夫耳。當公未第時，其弟至武林，見睚眦於逆旅主人，主故鎮守巨璫私人，投之穽，幾乎不免。公時在外，夫人聞，亟脱所御，又旁貸親婣，重賂以出之，其見義不畏避如此，斯尤婦人所難矣。其能贊公不撓，有以也。夫人實生少保者，夫人殁而少保公尚少，公内痛夫人而外憐少保公之失撫也，久之，乃再娶于魯，是爲魯太夫人。太夫人允嗣先夫人之徽音，事公以恭，撫少保公以惠，於是公始喜得專精於公間，亡内顧憂矣。公既入留曹，時少司徒某亦已晉留卿，謬爲自悔，佯詣門結歡，而謀益秘詭，公素長者，不疑也。公持讞以平，會中貴人私欲有所縱舍，公拒之曰：「吾爲天子守三尺，此非吾曹居間所也。」於是中貴人恚，某復與中貴人比朋，造蜚語中公，復從計左調亳州同知，居亡何，遷撫州府判。又二年，遷肇慶府同知。公雖播遷偃蹇哉，然爲治一倣桐城，終不肯少自貶損。其在撫，撫守曾雅重公，大事必待公後決，公亦能佐其長，時時有所糾舉。已視篆臨川，臨川有勢家失盜者，誣連甚衆，公鞫狀盡縱之，而别遣邏者廉真盜，勢家不悦，愬於監司，惟監司亦不悦也，欲文致以罪。公曰：「使某諂事有勢者，寧詎至今日，然某終不能以殺人媚人。」遂自劾不起。士大夫知公者羣譁于監司，監司内愧，遣曾守諭意，乃起，及治肇慶，亦復如撫。往郡佐下視邑篆，輒引嫌不事事。公曰：「吾居一日官，盡一日事耳，何以真爲？」自是遇事輒行。邑之學宮久圮，前令難其費，引不敢任，公以爲政莫急於此者，遂爲葺而新之。凡遷戍士人至郡，時所不敢問者，公爲之庀庖傳甚周，其不避嫌畏勢，皆此類也。然竟坐是久不遷，遲之六年，乃得廣西僉事。初巡蒼梧，繼移桂林。廣故僻左，吏茲土者多貪縱無忌，公至，一以風紀自裁，吏始斂戢。公嘗領偏師出討賊，每戒下毋妄殺，同列有以多殺邀首功者，輒仰屋歎曰：「吾不忍以無罪之元易官賞也。」已而自念春秋漸高，時事多齟齬，遂三疏乞休，不報。又三年，擢廣東參議，公聞而喜曰：「吾乃今得歸策矣。」繼又聞少保公被逮，而魯太夫人且從旁從臾之，遂投牒，不待報，馳歸，撫臣爲請於朝，乃許致仕。

嗚呼！《易》稱「介如石，不終日」，公非其人邪？公方直寡諧，居家務刻厲，不欲徇俗爲同，故所至輒與上官不相能，其耿介特立之操，屢挫而不移，蓋天性然也。少保公立朝，大節炳炳，雖其所自致，夫亦庭訓有自哉！公歸，益自曠，夷猶山水間，葛巾布袍，瀟然一塵外人也。雅喜賓客，每會必傾倒，弈且飲，夜以繼日無勸。魯太夫人伺公意，時時縮酒、豫鮮髓以待，公益歡然自得。然公性介如故，居鄉靡一紙官府也。所居敝廬，僅蔽風雨，而魯太夫人身雖貴，猶手自紡績。及公卒，而少保公再起，家益昌大。太夫人守先公之介，輒以儉先其家人，衣不完綵，食不重味，有魯文伯母之風焉。所生二子，束之禮法甚嚴，稍有逾越，必譙讓之，勿少姑息也。少保公齒不後於太夫人，而執子道甚篤，太夫人所以撫之又甚惠，終五十餘年，人無間言，是母是子，可謂耦俱無憾也已。太夫人卒之越月，少保公哭訃于朝，天子下所司議恤典，議祭葬，並如例，於是少保公乃奉公及兩太夫人之蛻而藏之豐山焉。少保公謂某親且知，屬之銘，某小子且不文，何敢爲長者銘？辭之固不可得，乃志而銘之。銘曰：

天佑我明，累洽重熙。乃有世巨，在姚之湄。侃侃趙公，既惠且直。維民是軫，匪威是怵。爾令再黜，或尼或摧。公持定力，百折不回。所不磨者，桐城之謡。堤曰公堤，橋曰公橋。豸服稍遷，蒼梧萬里。公益自振，孰撓風紀。辟公之節，如金百煉。乃有少保，折檻以諫。公聞曰嘻，庶不負官。我亦倦遊，飄焉掛冠。清哉忠哉，萃以一門。是父是子，邦家之珍。詎惟是父，粤有兩母。齊德嗣徽，曰諸若魯。内外後先，鍾和毓祥。宜爾少保，勳閥載揚。穹碑大隧，豐山之塢。子孫萬年，無念爾祖。

南京右通政前禮科給事中會稽沈公志銘

嗚呼！自昔忠臣烈士，感激於一時，引領就斧鋸而不避，世尚以爲難，至若以直諫蒙幽囚十有八年，既出而辭榮，忍凍餓以終其身，如吾會稽沈公者，古今有幾哉！

公諱束，字宗安，自稱梅崗子。當肅皇帝之季年，分宜父子怙寵專政，諸所進退，一以賄入爲低昂。公初拜給事中，每觸事憤愾，將論列其罪狀，語稍漏。會總兵周尚文卒，請恤典，嚴氏憾其素不附己，報寢。公抗疏曰：「臣聞上有必行之賞，斯下有必效之忠。尚文忠勇素著，國之長城。其死也，邊人亡不灑泪者，而身後之典，格而不議，其何以示勸？夫當事之臣，不能上體聖心，任己意爲予奪，臣竊悼之。」疏入，嵩大恚，條旨杖公闕下，尋繫詔獄，垂絶者三四，恍惚見神人金甲頎然立於前，呼「先生」者三，徐曰：「少忍，亡恙。」既數月而創始愈。先是，公配張孺人自會稽來，念公未有子，置妾潘與俱，既至，則公已下獄三日矣。張孺人語潘曰：「吾忍死以視夫朝夕，分也。若艾年，且未識夫面，寧能共守乎？」潘涕泣，誓以死待，卒相與茹荼苦，拮据女紅易升斗。公獄中槖饘賴以僅繼，日惟兀坐玩《周易》，著《周易通解》及《文言説》，內外本末稱名辨，多要眇自得，不苟襲先儒齒頰。發爲詩歌，悲壯悽惋，令讀者裂眥酸鼻。庚戌冬，虜入犯闕，京師戒嚴，詔集廷臣，策所以退虜者。國子司業趙公貞吉抗言於朝曰：「醳沈束之囚，以求直言；録周尚文之功，以勵邊將，即虜可不戰而退。」亡何，趙公竟斥去。公在獄聞虜狀，輒具疏請得精騎五千，往來督戰，以外疑虜而內翼蔽都城。且度虜飽而歸，必道涿鹿，出遵薊，或衝突于宣大，宜傳檄諸路，乘其惰歸，設奇夾擊，必大勝。嵩見疏，輒又斥去，曰：「囚安得上書？」其後餘姚趙公錦以御史，上虞徐公學詩以刑部主事，會稽沈公鍊以錦衣經歷，先後上書論嚴氏，率被逮，譴謫以去，時號「越中四諫」，而嚴氏恨越人特甚。會有構者謂錦衣與公本同宗，疑有連，於是益切齒，欲甘心於公，屬主者加械公手足。公分且死，誡家人庀後事，張孺人徬徨紉衣袂，具兩棺，期俱死。已而華亭徐少師聞之，爲中救，得免，然嚴氏日夜以蜚語中公，浸惑上聽。壬戌，嚴氏敗。公繫獄既十有四年，而公父郱州公年八十有七，疾且革，思一見公。於是張孺人伏闕上疏，請以身代繫，令夫得一見父以瞑。凡三上，乃下部，部議上，不報，然上意稍稍動矣。當是時，上常居齋宮，好鉤察外事，即獄中一語動，日録以聞，謂之監帖，然守者或亡所得，則姑塞以謾語。丙寅冬，帖進云：「有鵲當沈束前，噪不休，束曰：『豈有喜及罪人者耶？』」蓋謾語而上信之。會何公以尚疏救海公瑞，忽有旨下何於獄而釋公。公歸，而邠州公已不待矣，乃踴而號曰：「痛乎！生不菽，死不含，吾尚得爲人乎？」於是枕塊水飲，佯狂自廢，時對客張目譫語，家人竊相耳語「木頂口」，謂公呆也。公聞而笑曰：「我之木頂于口內，第守困耳。十八年幾爲瘐鬼，今得歸首丘，幸矣，若輩更何覬邪？」家人泣不敢復言。丁卯，莊皇帝登極，首録諸諫者，起公原官。上疏乞補制，尋遷都給事中，再遷南通政，竟以疾辭。自是獨掃一室，左右經史，日夕研討其中，所著有《易圖》、《洪範》、《律吕》諸説，《書》、《詩》、《春秋》、《周禮》諸解，及《潮候集》、《雜詩稿》，惜多逸者。家故貧，僅有田十餘畝，婦妾並日而食，處之怡然，有司蘄一望見顔色，不可得也。辛巳，年六十有八，微疾而逝。少時好讀《蘇武傳》，每讀輒掩卷欷歔，當食或廢箸。由今觀之，蘇處北海十九年，白首歸漢；公繫獄十八年，亦白首歸田。蘇之歸也，以雁書；公之歸也，以鵲帖，皆託之人而成於天，事誠有不偶然者。然蘇尚拜官，而公不拜；蘇有子，而公卒無子，其節愈苦而數愈奇，天道其何如哉！

公之先，本宋文肅公紳之裔，世居會稽之皋步里。高祖潭，以子性爲御史封御史。曾祖恪、祖琨，並善書。父蓋，倅袁守邠，並有聲。公生而警敏嗜學，其舉于鄉，爲癸卯第一人。甲辰成進士，出理徽郡，三年而拜給事中禮科，財三月而上書下獄矣。其出獄也，潘猶一處女，張孺人冀公有後，日令潘進御，而身出汲入炊無難容。父没未幾，而潘亦尋没矣。凡公之勁節介行，雖所自樹，亦其婦妾能成之也。山陰徐侯貞明表其里曰「一門夙節」，太守蕭侯良幹請祀公於學宫。嗚呼公乎！名完於終始，德協於閨門，其可謂不朽也已！先大夫與公同鄉舉，庚戌而後官儀制，時時問公獄中，佐其急。張孺人之疏，實先大夫筆也，載《鳴玉稿》。公之初歸也，余小子嘗從趙公往候之，款款如平生，距今且二十年。公藁葬平水山中又數年，迄未有銘。伯兄某、弟某，以張孺人命委銘於余，余何忍辭？銘曰：

是爲名給事沈公之墓。攸之傳不必子，夷之稱不以富。千百載而下讀斯銘者，其尚足以厲頑而振懦也邪！

南京前軍都督府僉書署都督僉事潼關盛公志銘

萬曆庚辰秋八月念有二日，南京前軍都督府僉書、署都督僉事盛公卒於位，守臣以聞，上悼之，賜諭祭如令甲。其弟翰林編修敏叔氏哭之慟，余偕同館諸昆弟過而弔之，且慰之曰：「死生，晝夜耳，即孝子弟弟不能免之於其父若兄也，而何以慟爲？」敏叔且哭且言曰：「嗟嗟！

人孰無兄乎？而吾於吾兄有師道三焉：奉親師其孝；守己師其介；臨事而恪，卒以有濟，師其果。乃今喪吾兄，喪吾師矣！」語已，則又哭失聲。余於是嘉敏叔之能得師而慕公之爲人，痛朝廷失一干城之臣也。再逾年，葬公有日，敏叔乃手公狀，徵余銘。嗚呼！敏叔之兄，吾兄也，銘其可辭？

公諱愈謙，字伯光，其先本鳳陽之定遠人，始祖瑄偕其父聚從高皇帝渡江，克采石諸郡縣。已又從靖難師，累功授指揮同知，官潼關衛，遂家焉。三傳曰某，以首虜功進指揮使，是爲公之曾祖。生某，以剿寇功進都指揮僉事。某生某，襲指揮使，以敏叔貴，進階贈昭毅將軍。昭毅公四子，公最長而天性最孝。事昭毅公，晨昏省覲有常。母彭淑人蚤世，恨弗逮養，事繼母太淑人劉如其母，即太淑人亦忘其非己出也。於諸弟尤極友愛，所入奉，悉與之共，亡私藏。即與鄉人交，亦温温亡所忤。自其兒時，輒以敏慧稱。稍長，習騎射，輒精絶，每與諸材官較，皆詘服。已又習舉子業，補衛學弟子員，每試輒右。亡何，執昭毅公喪，襲職爲指揮使。嘉靖壬子，以武舉舉于鄉，尋以父功進都指揮僉事。當是時，世久承平，諸武弁率偈褥不振，文曹吏亦往往奴畜之，公深以爲恥，務以名節自矜。嘗語人曰：「每見通賂者受侮，干謁者見鄙，我死弗爲也。」歷官三十餘年，公移外未嘗以一字通所知津要，服御蕭然如寒素，絶無紈綺態，人亦以是雅重之。始以都指揮筦城操，視衛篆，飭廢舉墜，一洗相沿掊克之習。乙卯，關中大震，城舍盡圮，秦晉千里閭，人情洶洶，奸豪乘釁爭敓攘爲亂，公請于兵道，執殺數人，陰以兵法部勒閭巷，令自爲守，躬徒步巡詰之，民獲安堵。已又贊筴繕城郭，建官廨，關鎮屹然改觀，公勞居多。遷山西應州守備。應當虜衝，又大舉殘破後，士苦乏饟，主者不加恤，復侵虐之。公給予無愆期，時時噢咻如父子，士日飽而呼，至今有去思焉。自應遷陝西都司僉書，尋視篆，務以綱紀律諸屯衛，百廢具舉，一如視衛篆時。兩臺交疏薦之，自陝遷四川茂州參將。茂，冉駹故區也。諸獠每伺守者至，輒據阜姍笑嘗試之，公發二矢，中二夷，應手仆，衆讋指引去，自是不敢爲梗。草坡生番入肆鹵掠，公奉詔討平之，賜白金，自茂遷京營參將。莊皇帝大閲，較騎射，公中獨多，賜銀牌紗幣，自京營遷涼州副總兵。涼地介番、虜，虜數侵軼番，番畏虜，又欲憑藉爲内擾計。公單騎入虜營，曉以禍福，虜悦且畏，番歲免於虜患，徐以法約束其酋長，令無敢緣虜爲奸。俺答之征西海也，部落稍稍侵行塞内，抱關者呵之，則曰：「封貢一家矣，何嫌？」公諭之曰：「既效款，與編氓同，即有犯者，請以軍法從事。」虜遂往反帖帖，亡所擾，此其最大者。又嘗墾屯糧五千石益軍儲，壘邊牆數百里，活羸馬數百匹，語具兩臺薦疏中，涼人至今賴之。守邊凡七年，外靜内饒，操履如一日。已乃遷南京督府，提督小教場，訓練有方，留都倚以爲重。己卯秋，齎捧入賀，省覲太淑人，稱觴上壽，朝夕就敏叔邸舍，怡怡甚歡也。已歸留都，忽病脾，憊甚，方請于朝，得予告，而公竟不起矣，年才五十有七耳。

嗚呼！昔人言將有二，有才將，有賢將，而賢將尤不易得。吾觀於史，若吴、白、韓、彭之流，其智謀勇略皆足以攻城克敵，建非常之勳，而或蔑禮法，干名教，卒以自殺其軀，則君子何取焉？間嘗讀祭遵、杜預傳，並以廉慎儒雅善得士心，爲漢晉名將，然後知將之所以利國家、成功名者，固以賢不以才也。若公生平，純白無瑕纇，所至輒有功，能退然不自表暴，方之祭、杜兩公，謂非其儔亞哉？而不令永年以大究其用，其可慨已！敏叔，公繼母弟，名訥，與余同舉進士，又同官，葬公以是年某月某日。銘曰：

盛氏之興，曰維從龍。奮梃于濠，食采于潼。歷世滋大，允文允武。文典綸垣，武參樞府。樞府桓桓，詎曰倖徼。戡夷靖虜，厥功則高。匪直也功，厥德孔懋。懷瑾握瑜，不衒以守。功高者顯，德懋者延。胡公方壯，亟奪之年。公則已矣，慽在宗社。我銘斯石，以告來者。

錦衣衛指揮同知許良卿志銘

錦衣衛指揮同知許君良卿者，今駙馬都尉許公從誠之子也。當肅皇帝之三十有五祼，嘉善公主釐降于許，維時先大夫爲儀部尚書郎，實典是役。比余官詞林，都尉公不忘舊好，命其子良卿甫垂髫執弟子禮，從余游。余視之，其容瑩然如琳球；其拜起揖讓，恂恂如處子；其誦習經史攻文詞，刻厲如寒士。余因歎曰：「自非龍種，安得此千里駒乎？」亡何，余以先大夫得疾歸。歸五年，乃來京師，良卿則已病，卧不能起。再越月，死矣，春秋才三十耳。都尉公以訃聞于朝，上悼之，賜祭若葬如例。葬且有日，乃以韋比部所爲狀來請銘。嗚呼！知弟子莫若師，知子莫若父，余知良卿，知其概耳。若狀，則本其父言，益詳而信，遂據狀而書之。

許之先本太岳之後，以國爲氏，然世系遠者不可考。其近祖曰某，生某，某生某，實都尉公之大父，以貢授樂陵令，都尉公貴，封南城兵馬副指揮。肅皇帝所生二女，主其季也，鍾愛特甚，故都尉公初尚見，輒賜蟒玉章之，蓋異數云。主生長子顯宗，弗育，後乃生良卿，生而風神秀朗不凡，甫離繈褓，主授以《孝經》及唐詩，輒能成誦。六歲，主捐館舍，輒悲痛如成人。已而出就外傅，益善誦。初學書，輒善行楷。都尉公間試以對，對捷而多警。塾師爲講《周易》，輒曉大義，於是戚畹中竟詡揚之，著名公卿間。初從余時，年十四也。其年以蔭入太學，太學師輒見器許。已又就試順天。當是時，良卿志意翩翩，謂科第可立取，然竟以過勞苦致耗憊，逾年得痼疾，時作時止，都尉公乃始怖，令棄去舉子業，承蔭爲錦衣衛指揮同知。良卿則又憊然曰：「丈夫不得志於文，則當從事于武，提戈建功勳，以報國家累世恩寵。」於是習騎射，彎弧能發六石，弧〔一〕命中，益講韜鈐之略。暇復學爲詩，都人士所傳有「巘登天放路，野望地生濤」之句，蓋其

〔一〕底本如此，「弧」字下疑缺一「弧」字。

《春遊詩》也。性孝謹，無間内外，每追悼主弗逮，歲時享祀，輒泣失聲。事父若祖婉而敬。遇族人以恩，即奴隸不妄鞭撻。自奉約而好施，居常不喜紈綺之飾，獨趨朝與祀，必鮮潔衣冠，將事唯謹。遘疾凡數年，疾且革，卒不少亂，蓋其端厚性成如此。余觀都尉公爲天子館賓，歷事三聖，寵貴無比，獨寡默謙退，與韋布亡異。每佩刀鵠立御前，正容屏息不少惰。出入下殿門，進止不失尺寸。與人交，不敢慢於一介。公又嘗爲余言：「主雖以帝子下嬪，而婉嫕沖素，每頫首謁舅姑，旦夕進美饌，伺問起居，即士庶家執婦道者或不能過。居數年，服御蕭然，人不得以毫髮間指爲貴驕。」先是，戚畹家率憑恃恩澤，争事華侈，日以狗馬絲竹相娛樂，縱恣繩墨，外官不敢問，卒以此取覆敗亦罔悔。自主及都尉公以禮度自檢束，姻屬漸蒸蒸化之，反奢爲儉，易侈爲恭。蓋自肅皇帝之末年以至今日，戚里中未聞有干犯法紀者。夫王化必肇于閨門，由宫闈以至椒房之戚，下逮閭閻之賤，一也。顧其地位愈尊，則其觀感愈速以遠。主及都尉公之化且旁及於戚畹，若桴鼓之相答矣，矧家庭父子間哉？余謂良卿千里駒本乎龍種，其信然也夫！

銘曰：

高則易傾，滿則易盈，聖哲所矜。之子予從，抑抑温温，宛彼儒生。誰其孕之，天孫之子，肅皇之甥。維璿有源，維麟有趾，奕奕繩繩。質完數奇，志遠齡促，不没者名。鳳城之西，鬱鬱葱葱，宵明是塋。魂歸如依，於萬斯年，翊我皇明。

山西左布政使長清李公志銘

萬曆乙亥五月之七日，山西左布政使長清李公卒于家，其明年丙子春，胤子克中奉公遺命，走使數千里外，以同邑趙僉憲所爲狀來徵銘於山陰門人某。某於是始聞公訃，則爲位哭，已乃取狀讀之竟，則又哭。嗚呼！公遽至是邪！

往嘉靖戊午，公守吾越，校士得某，録之，尋舉于鄉，又諄諄誨以律身處官之法。已而公遷臬副，駐越者先後八年。某上春官輒不第，而公顧益以國士遇之。後十年，公懸車，某始登第，尋以先大夫疾乞歸，取道濟水拜公。公扶疾見之，且悲且喜。嗚呼！詎謂是時即爲永訣之期邪！公寰海交遊及門下士多聞人，乃易簀之言，獨以銘遠屬不肖某。某即在疚，且不文，銘其可辭？

按狀，公諱僑，字子高，少讀書仙人臺下，故自號仙臺子。公生而穎異，年十六遊鄉校，古鄞余公自翰林出視魯學，少許可，獨大奇公，由是雋譽輒褎然起，然弗第者久之，則益肆力於學，學益粹。癸卯、甲辰連舉進士，授平湖令。平湖賦廣而獄煩，號難治。公爲令，務以三事自持。其治賦，緩急得宜，民不病而事集。其治獄，有冤濫久不能決者，訊得其情，立釋之，民皆舉手呼曰「李父李父」云。己酉，吏部課天下有治行吏若干人征入京師。故事，赴征者先至，多得臺課。

公名在選中，獨徐徐行，不急進取，至稍後，授户部陝西司主事。是秋，虜突犯居庸，公倉卒奉命，督餉昌平，出納維謹，改兵部職方司主事。當是時，虜數擁衆入，京師訩訩，廷議創外城爲衛，工竣，公與有勞焉，賜金幣。虜再犯紫荆關，公又倉卒奉命往，日夜運籌督戰，虜乃卻，捷聞，上大悦，再賜金幣，進本司員外郎。閲諸邊馬政若戎務，深獲將士心。甲寅，進武選司郎中，革冒濫，嚴選法，吏胥不能爲奸。方島夷之亂閩、越也，帥府征餉四出，民既弗堪，而越守某復尚苛急，晝夜督丁壯乘城爲守，賊未至，衆先憊矣。於是舊守罷去，越人請于朝，願得諳練如武選郎者往。既得請，則兼程至，務爲持重。令丁壯悉歸田，毋擊刁斗，郊市晏然，賊亦竟不敢犯。平均輸，節浮冗，痌瘝頓甦，而給餉帥府亦竟不乏。帥府又欲發會稽礦佐軍費，公力陳其非便數事，頗忤意旨，而事竟寢。新昌諸令議設險捍賊，上狀，公亟檄止之，大都謂倭奴從華人行掠，多不由孔道，山蹊小徑豈能盡設敵臺，要當以人爲守耳。乃下令練鄉兵，設伏出奇，賊覘知，竟皆避去。凡公所以惠安吾越者，其鎮静善籌類如此。至風化所關，若洿淫飲博，有犯必峻治之，即請託交入，卒不少貸。其於民間之貧富良暴，士類之妍媸黑白，無不了了，即猥瑣事，毫髮不能隱。居越凡六年，雖爲大吏所摧阻，而士民久益信戴之，不忍一旦舍公去。庚申，進按察副使，備兵寧紹，蓋復從越人之請也。島夷據海上爲窟，至壬戌猶未靖，我兵既益練，乘間奮擊，遺孽盡殲。公所衝之力爲多，部使者上功，詔賜金褒異，進山西左參政。甲子，進四川按察使。土酋薛兆乾以龍州叛，掠青川諸邑。公贊策撫臺，俘斬兆乾，赦其脅從，更置龍安郡。亡何，妖人蔡伯貫煽亂，旬日至萬人，殘破銅梁諸州，勢甚熾。公又與撫臺定計，先伐謀，散其黨，且擒且撫，數月就平。當兩寇之亂驟起，微公，全蜀摇矣。丙寅，進浙江右布政使，未至，復進山西左布政使。山西三面距虜，民無寧居，公保釐三載，流亡漸歸，邊境賴之，然竟以耿介不悦于當路。而公驅馳逾二十年，髮種種，亦倦遊矣。戊辰，上計當調，輒投紱歸，築圃城南，灌花理釣，澹如也，獨當世知公者惜其施未竟耳。庚午春，忽得痺，艱步履。癸酉，以今上登極，詔進一階，猶朝服扶杖，望闕叩頭謝。又二年而卒。

公性孝友，髫年失怙恃，輒解執喪禮。及禄仕，痛親弗逮，每一進秩，必跽奠欷歔不能禁。以伯兄有鞠育恩，父事之。與人交，白首無替，里中稱長者。其爲人志端而識遠，慮精而守恪，所見一定，雖賁育不能移。故仕轍所至，薦更變亂，而功迄有成。其他宦迹，某特據狀以書，非目擊也，若在越時所措注則所熟睹。蓋自有識以來三十餘年，前後郡守如公者能幾人哉？以是推之，如狀所載，其皆信而可傳無疑矣。嗚呼！昔我先大夫嘗與公同官兵部者兩月，後家庭間亟稱之。先大夫亦得痺，後公二年，而歿顧先公一年。某哭公且哭我先大夫也，於是慟益不能屬辭，而使者趣行，姑收淚勉爲之銘。銘曰：

泰之峙兮嶢嶢，公之鎮定兮與山並高。濟之逝兮悠悠，公之洞達兮與水同流。公之去兮，越人之思。公之歿兮，越人之悲。思且悲兮，詎唯越人。百爾君子兮，悼喪其隣。有封若堂兮，於濟之陽。千里將銘兮，萬古斯藏。

德安府知府山陰羅公志銘

公諱椿，字玄齡，别號外山，其先文弼公本豫章人，宋紹興中以兵亂遷會稽，九傳而有顯，是爲公高大父。顯生某，某生某，封南京刑部郎中，娶沈氏，封安人，生公。公與先大夫爲兩姨家兄弟，既戚，且以才齊名，遂自髫時起社塾，至邑庠又自丙丁間，後舉于鄉，同對於大廷，無一日不接管把裾，聯轡共裘衾。事大自朝署，瑣至闈闥，亦無一語不相評榷，即互有可否，終不爲忤。先大夫號内山，而公曰外山者，言表裏一也。其生時如此，以故歿時猶呻呼夢寐，若把臂以往。今公歿幾二十年矣，其子某輩感之，故以銘石屬予。予數思先大夫即思公也，如此言猶晚矣，其奚辭？

大約公爲諸生，有名於庠中，如木之有傑，如是者一時十餘輩，獨公與先大夫取金紫，秩二千石。其居官，自泉州理歷南刑諸郎大夫。出守德安，所至唯廉謹，以禮自閑，然遇不可，一執東，雖斧繡大吏不能奪。閩中有某文選者，方當路，爲時所趨，以事來囑公，公拒之不爲動。山海武吏習抗，稍被稽，輒幟以嚻，遇公則帖然以靡，其勁勍又如此。然在南刑時，則閒曹，守德安又不逾年而歿，不能悉穎露。特居家孝友，於朋輩必以信，臨取予必以義，不妄干人，亦不妄有所施，故鄉論舉推公爲端人。然公又善鑒知黑白，定蛇龍，泉州時以片文識童子張君會宗於衆中，今爲辛未榜進士，時對予言之，猶嘆服不置。而予童時數在公前啖餻菓，公數指曰：「是兒他日當食公庖中肉。」既弱冠，侍公，公益以國士遇之。噫！獨恨無以副公耳！銘曰：

公與考，兩姨昆，内若外，齊厥名，瞑呼以往同死生。予壙考，公始銘，事亦偶矣慰厥靈。

前進士潁上令山陰郁公志銘

潁上令心齋郁公之卒也，既三年，而余以使事歸，其子大謨持公狀來謁余銘，且以公所訂三《傳》諸書授余而泣曰：「此吾父遺命也。」蓋公知余於弱冠，而余知公在爲吏時，庶幾乎古人之交者，而今已矣！銘公，非余其誰？

公諱言，字從忠，世家山陰，曾祖臻，祖瓛，生采及柬。采以正德戊辰進士同知裕州，賊攻城，城陷，駡賊而死，贈光禄少卿，世所稱忠節公者也。柬，公父也，以伯子文爲南駕部郎，贈如其官。贈公初娶某氏，生二子，一爲忠節公後，一爲憲四公後，再娶吴氏，生公兄弟四人。公少而魯，贈公謂駕部已業儒，未效，謂公且休。公間從旁聽駕部與其徒談説經義，輒有省，自謂儒可爲，請於贈公，未之許。已而贈公歿，公年十九矣，又泣而請於母夫人。母夫人憐其志而許之，乃從駕部學，學數年而就，尋試有司，輒高等，補邑弟子員，一時同輩見其文竟避席，以公少不學謾言耳。乙卯，領鄉薦，母夫人喜曰：「魯兒如是，乃何憂慧者？」己未成進士，出令宜興。宜興素饒，舊令往往以墨敗。公至，裁一切例金以千計，訟者造於庭，燭照斧斷，吏不得舞文爲奸。邑多巨室，善交關長吏，而恣其呑噬，詭其畝，以累貧者。公一以法繩之，而核其畝，賦賴以均，四野歡呼相屬，而豪家舉側目於公矣。會以法忤，逢掖士嫉公者乘間擠之，遂得謫去，父老遮道乞留，力不能與士相角也。公歸而倘佯西湖、天竺之間，余嘗往從之遊，若將終身焉，母夫人趣之行乃行。甲子冬，補倅睢州，稍遷潁上令。或謂公宜懲往轍，與俗爲浮湛，公不顧，益自矯厲如宜興時，竟又得謫罷歸。歸之日，槖無赢金，僦數椽以居，日讀書其中，稍權子母爲生計。既十餘年，乃有屋一區，田一頃，以給俯仰。奉其母夫人必盡歡。撫二弟，爲昏娶，畀以田宅。其爲舅氏及寡嫂無依，贍之終其身。貧交若葉、王諸君，時時割所有周之，此里中所共知者也。其爲人，洞達無城府。抵掌談世務，若泉涌飆舉。遇事敢任，雖冒嫌怨不避。彭山季先生，越大儒也，請祀學宮，久未決，公奮然糾鄉大夫士爲祠祀先生。龐御史所更繇法最便，當路有議反之者，公又奮然糾鄉人爲祠祀龐御史。朱孝子泰與其婦守節，事甚苦，公時時向人道之，至泣下，朱竟得旌，有同姓欲攘其利者，公叱之。爲建祠，曰「孝節」，悉出公畫，凡公所爲率類此。殆所謂當仁不讓，見義必爲者，非歟？此則余所獨深知者也。故其居也，争者聽其平，悖者畏其議，而弱者賴其援，然以此爲流俗所憎亦不少矣。晚年尤肆力於《春秋》，嘗玩讀季先生《春秋私考》，謂得孔氏本旨而猶有未盡者，則旁搜力索，著爲書三種以羽翼之，曰《三傳正訛》，曰《春秋直指》，曰《胡傳辯疑》，大要據理以明經，據經以駁傳，直欲以獨見而破千古，其爲義甚精而用力甚久，遇有所得，至廢寢食。余謂此書可必傳無疑，乃竟以神過勞而卒，財五十有四耳。嗟乎！以公之才之志，藉令遘時會，得一展布，其建豎必益炳炳。又令天假之年，得究其所學，挫其鋭，淘其滓，所就當益不可量。而今堇堇若此也，悲夫悲夫！豈獨升沉有命，即學之淺深大小其亦有限之者邪？銘曰：

是爲忠節公之裔，寧介而躓抗於世。公穀左胡搴厥幟。我匪子雲獨爾契。美且不溢九原慰。

文林郎京山知縣西安魏公合田孺人志銘

隆慶辛未春，京山魏君師堯偕予舉進士。魏君蓋家大夫督學時所甄識者也，故於年友中相與甚歡，已而令衢之西安。衢去吾紹僅數百里，凡君諸善狀，予日熟于耳，故知君之才且賢又甚詳。方期君於遠，乃一夕訃至矣。嗚呼！楚亡良士，國亡良臣，而予也亡一良友，悲哉悲哉！其子植秀等奉遺命走使者徵予銘。予即不文，念吾友垂瞑之托重，諸孤數千里之請銘，焉可辭？

君名良知，別號邙洲，師堯其字也。其先本豫章之新建人，世以科第顯。始遷京山者，爲七世祖某，某生某，某生珍，爲岳藩奉祀。珍二子，次曰鷹者，君父也，以君考績西安，得贈文林郎。母胡氏，封太孺人。君爲贈公冢子，生而穎異嗜學，甫冠，贈公即世，家輒中落，君悉以家事付其配田孺人，而一意攻舉子業，文譽峻起，每試輒高等。嘉靖戊午舉于鄉，屢蹶於春官，益奮。辛未竟成進士，尋令西安。西安當兩淛之衝，土瘠而賦繁，俗好争，士鮮知學而多盜，最號難治。君至，身自飲嚼冰蘗，問民所疾苦，興汰之，亡所忌。縣故有官課絹若銀，並呈以樣，樣可千餘金，吏故以自膏者，君悉下令裁去，以是里甲之困稍甦。立鄉約二所，日爲陳説禮儀，使知遜讓。或有愬於庭，直以片言，立折之，請託者不得行，以是嚚訟之風稍息。募民墾濠田三頃，歸之兩泮，贍師弟子，以是學校稍振。修保甲之法，使奸宄無所匿。練鄉兵於四境，使自爲扞，以是盜賊稍戢，而西安輒大治。聞者輒稱曰：「孰謂西安難治邪？有魏君則易矣。」於是按部使者往往列其狀薦諸朝，蓋兩年而八疏矣。以時方行久任法，未即内召，而君性又鯁介，不能媚上官，幾爲守所傾。幸當塗察之，僅得免，而守竟謝去。丁丑春，上計闕下，得疾歸，亡何卒矣。君蚤歲而孤，刻苦自樹，每痛其父弗逮，既通籍，淚下承睫，既得贈，猶泣曰：「安得父身被之邪？」其奉母必備甘旨，每計得稍遷便乞歸養，而未能也。當贈公歿時，弟良能方在提抱，君撫之如己子，稍長，日與同寢食，共几席，躬督課之。已而良能學稍成，得補弟子員，則爲婚娶，營室廬，析產以畀之。此又君孝友大節籍甚於鄉評者。夫以君涖官之大概如彼，其持身之大節又如此，可不謂完德君子哉？乃位不得竟其才，年不得竟其志，是可悲矣！

田孺人者，處士潤之女，年十六歸於魏，即諳婦道，事舅姑甚謹，尋佐君襄贈公大事，奉其姑益盡歡。蚤夜謂君曰：「若母，我任奉之；若家政，我任理之；若幼弟，我任鞠成之。君復何顧而不力於學邪？」君聞之爲感動，且知孺人才足勝所托，於是往就學於名師，下帷發憤者數年。而孺人旦夕解簪珥，勤紡績，以佐君之急。内而米鹽之細，外而繇税之繁，君一無所問，而事悉辦。良能之自幼而長，自學而有室，無纖鉅皆孺人所措注。已又課諸子如嚴師，每讀書至夜分，其間左時聞機杼聲從吾伊中出。蓋君之始終得成其學，娛親克家，撫弟訓子，大都多孺人力也。性樸素，雖貴猶服澣敝，至周貧恤孤，則倒橐無所靳。平居婉婉言笑，不逾閫閾，而料事往往奇中。當君之令西安也，孺人規之曰：「以君素抱理，一邑運掌耳，第先理君性行哉！」既至衢，君以郡守狀語孺人，孺人即愀然曰：「君殆不能與守相能也。」頃之，君竟以亢忤守，於是益歎孺人能早見云。嗚呼！古稱婦人主酒漿蠶繅之事無所缺，足矣，孺人顧能兼總旁燭如此，則史所載樂羊子、伯宗氏之妻，詎曰今無其人邪？銘曰：

楩柟之植，弗爲梁邪。瑶琨之美，柙以藏邪。鏌鋣之逝，招干將邪。龍瘞而雙暐，其有光邪。

鄉進士平湖陸與容志銘

平湖鄉進士陸君歿且五年，而其兄司空公始以狀屬余，使銘其墓。嗚呼！余尚忍銘君乎哉！往歲丁卯冬，君與余同赴春官，君性坦易無城府，而余疏且戇，君顧獨有取焉。久之，益歡甚，亡所逆，迨庚午遂同舍，已又游太學。明年春，余幸登第，君爲喜動，不啻若己有也。再逾年，余抱憂家居，君既病且卧，尚遣僮來弔問，亡何，君竟逝矣，年五十四爾。悲夫悲夫！豐于德而嗇于年，艷于學而厄于遇，蓋自古有之矣，寧獨君哉！君生平孝友本乎天性，無所矜飾，務義好施，惟父兄之志是成。隆慶初，有詔辟孝廉，有司將以君應，君力拒之，因語所知曰：「吾有兄方顯於時，吾可賈虛聲以叢姍邪？」其恬退不欲自炫類如此。間嘗謂余曰：「吾伯仲間，所崇信孔、釋異趣。吾愚人也，第書諸座右云：『不談禪，不講學，但爲善，不爲惡。』」余謂「志仁無惡」，孔門之訓也；「奉行衆善」，釋氏之律也。君雖不以口耳爲從違，門户爲依傍，謂之默契而躬行者，非歟？嗚呼！若君者不待年而壽，不待位而榮矣。君名光裕，字與容。銘曰：

道不在言，視厥行。行不在顯，徵鄉評。吁嗟嗟！爾樹其實，我爲識爾名。

卷十一

志銘

贈刑科給事中長興韓公合李太孺人志銘

徵仕公者，給事中韓君紹之父也。始給事君爲諸生，公蚤卒，年財五十有四。後二十年，其配太孺人李氏卒，於時給事君方在掖垣，留其婦若子奉太孺人於家。訃遽聞，給事君哭欲死，余過弔之。給事君曰：「紹至不孝，於吾父禄養不逮也，於吾母含殮弗親也。」哭失聲，語不能竟。閱數日，介其姻友夏刑部來請銘，曰：「匪是無以慰先人於地下。」余以年家子，誼不得辭。

按德清許吏部所爲狀，公諱志孝，字應純，別號南愚，其先鳳陽人。當高皇帝起兵時，有韓僧保者，爲長興侯耿炳文壻。炳文率師取湖州路，僧保實居幄中與籌筴。後事平，遂占籍長興之白烏鄉，數傳至孫茂，始徙居郡城之西。茂三子，其季曰繼者，公父也。母楊氏，生志忠及公。後母劉氏，生志英。公於昆季中號最肖，而成立最艱。生八歲喪母，又數歲喪父，伶仃失學。稍長乃就鄰家學究，受《孝經》、《小學》，輒了大義。又輒工真、草書，然竟以貧棄去。久之，見郡吏掾率舞文爲奸利，因讀律，究其指，遂能以法律爲人師。每據法斷事，成敗若逆覩，陰以其意止囂解争，脱人於機穽，利濟甚夥。已而恥弄刀筆，又輒棄去，日以藝田種魚爲生計，業亦頓起。是時公年三十，而給事君生。生數歲，且嶄〔一〕然露頭角矣。乃一意教子，歲延致名師儁友，旦夕供具極豐腆，每夜坐聽給事君誦經史，至古人壯節偉行，輒令三復之，曰：「兒他日立身，不當如是邪？」蓋公之志不顯於時，而見於庭訓者如此。其平生孝友出于天性，兒時兩丁大變，輒哭踴如成人，里中稱曰：「韓孺子本名志孝，可不謂孝乎？」長而事後母劉無異己母，及居劉之喪，亦如喪其母也。與昆季居數十年，不以一絲自營。季嘗得奇疾，再遘奇禍，公救之殫其力，復挈橐中貲，令業廢居，贏縮任之亡所問。年既衰食，指令兩邑，皆有惠政，蓋太孺人之教居多。太孺人自奉極菲惡，及給事君貴顯矣，常衣布衣，有再澣者，即給事君以純綿之服進，弗服也。雅敬佛，勤禮拜，或見殺一生，則竟日慘慘不樂。晚益以徵仕公故，絶不茹葷，子婦屢長跽請之，卒不聽，然自是腸胃寖虚矣。歸自閩中二年，脾疾涌作，竟不起，享年六十有四。嗚呼！徵仕公雖不永其年，然有太孺人成其志而美益彰。太孺人雖不死於其子之手，然予聞其婦沈孺人刲

〔一〕此處底本批注：「原件短缺。」

股以救其姑，其孫敏求遍禱于神，請以己壽延其祖母，慈孝之報，此可以徵已！韓氏之興也，豈有艾哉！銘曰：

行不必顯，積者崇。壽不必永，以考終。報不必躬，後乃豐。亦有好逑，諧厥功。生不偕老，死同封。史氏勒銘，照無窮。

贈刑部郎中山陰王公合沈太宜人志銘

誥贈比部郎季源王公歿而葬梅里，既十年，其配太宜人楊氏又歿，將以是年之冬十月某日啓公之莪，而合葬於寶壽山之柴塢，其子撫州刺史燮偕其兄某持狀過張子，泣且拜，請銘。張子受狀讀之，歎曰：「余於是益信天道與地理蓋適相符云！」近世堪輿家競神其説，若謂休咎之徵盡由卜兆，乃束教之士則又黜堪輿家爲誕曼不足憑，斯二者其皆不得爲通方之論邪？始刺史大父梅隱翁痛其家弗競，乃用術者言，營季家山葬其父。術者屈指期曰：「自是六十年，若子孫必有興者。」迨刺史成進士及從弟照薦順天，計其期，與術者言卒不爽。孰謂堪輿家果不足憑乎？既而梅隱翁歿，亦祔於季家山。季源，公之自號，蓋不忘其源也。然余聞梅隱翁故長者，雖在韋布，時時誦讀書史，間從縉紳大夫游，慨然屬其諸子及諸孫令自奮。家故無贏貲，而相宅卜基，延師課子，不猥瑣爲目前計，蓋其締樹規模已恢恢閎遠矣。季源公醇樸最肖於翁，平生顥顥無機械，不急生殖，居常哦古調以自娱。與人交，務處其厚，人或侮之亦不較。憫貧乏，恤死喪，寧旦夕不自贍，必勉捐助之。其教子亦勉其力之所不逮，懃懃數十年，刺史竟以成名，公益自韜抑，白首不識公府，里中無少長益愛重之。太宜人又以貞静之德贊理於内，自始歸至老，未嘗妄言笑，緇髻素裳，至貴不改。務施訓子，惟公之意是承。奉舅姑，甘旨必躬，老而彌篤。舅姑並享耄耋，嘗籲天曰：「吾婦篤孝如是，我無以報，惟天帝鑒之，俾若婦如吾婦耳！」嗟乎！王氏之興也宜哉！一念之善，父子相續，内外無間，其所積者厚矣。其子孫蟄蟄振起，實乃天道，獨地理云乎哉？抑公微時，屢夢冠服坐華堂，儼然貴者，覺而語太宜人，太宜人遽止之曰：「慎勿言，徒爲人笑。」亡何時，刺史官行人，公得封行人，尋遷駕部員外郎，值莊皇帝登極覃恩，公晉封員外郎。當是時，公固亡恙，煌煌命服既身被之矣，歿未幾，又以今上覃恩，晉贈比部郎，與太宜人皆三被褒錫，遭遘非常，視疇昔之夢，宛如一日。然則上帝之福善，既彰示於宵寐中矣，又豈獨術者之言爲奇中邪？嗟乎！是足爲作善者勸矣！銘曰：

沉釀之洋洋，生而同堂。壽原之突突，死而共藏。斯堂斯藏，唯德之光。啓爾後胤，其無疆。

鄉進士贈工部主事會稽葉公合錢太安人志銘

前鄉進士對山葉公卒既三十年，而其子雲礽成進士，授繕部郎，用皇子覃恩，得贈公如其官。當公卒時，其配錢氏今封太安人旌節孝者，年財二十有七，二孤皆在提抱，太安人茹荼飲蘗以鞠其孤亦既三十年，而後親見繕部君之有成也。故事，封者亡，得更旌。太安人既得封，未下，而御史按越，具疏請旌，報可，封且旌一時並舉，蓋異數云。亡何，太安人亦病卒，繕部君手述兩尊人狀來請銘。余方有先慈之戚，未遑也。久之，乃允銘。

公諱應揚，字叔文，父統，廣西宣化簿，以伯子常德守應春貴，封刑部主事。母俞氏，封安人，生三子，公其仲也。公在妊甫八月而生，生而穎異，然羸而病衄，宣化公愛憐之，不欲困以章句，而課伯子則苛甚。公顧恚曰：「大人薄仲兒邪？」宣化公奇其語，遂均課之，比長，攻苦力學，遂與伯氏齊名。其始昏太安人也，實太安人父處士某鑒公不凡，而授之室也。太安人父諱秀，故武肅王裔，母張媪，以貞淑稱。太安人幼閑姆教，自《女誡》諸書以及組紃葅醢之事，靡不精解，而性尤至孝。當張媪病革，太安人籲天請代，迨歿，哀毀骨立。已而事後母嚴，能不失其歡。嚴頗媒孽二子婦，太安人時爲翼蔽，處士父子賴以亡間。比歸，則與公蚤夜同心，事兩尊人唯謹。公常肄業於外，太安人拮据持門户，小大蔪蔪。宣化公之初就官也，窶不能俶裝，公謀於太安人，罄奩具以佐之，因侍宣化公於官所。宣化裔孝廉者，名儒也，公往受業焉，聲籍籍起粤中。壬子歸試，輒高等，補博士弟子員。歸時有僕胠篋而遁，宣化公將窮治之。公曰：「奈何以一盜故逮詣無辜？」竟寢之。已復之宣化，偕苕溪俞某往度庾嶺，剽者猝至，執俞，俞亡所齎，公亟出槖中金贖俞，俞德之終身，時時爲鄉人誦之。宣化公解官，歸道羅旁，山寇四集，衆怖，莫知所爲。公曰：「毋怖，即寇至，可賂之耳，不者，兒且以身代。」遂移舟行，會官兵適至，盜散去。比抵越，值島夷之亂，民間騷動，繇役繁興，公殫力佐宣化公，一切倚辦，而衄疾屢作矣。乙卯，入貲太學，遂與伯氏同舉順天。明年丙辰，伯氏成進士，需選部曹，而公歸侍宣化公，益下帷發憤，疾日甚。已又觸暑送嫂氏之京，往來武林間，疽發於背，醫者誤投鍼砭，衄大作，遂不可療。宣化公自武林馳歸，已嗚嗚不能語，然猶泫然以伯氏方顯慰宣化公，誡太安人善事尊章，手摩繕部君頂，誡以善事祖若母，蓋無一語不出於正也。先是，人有逋負者，或躉太安人宜及此時爲請，太安人泣曰：「何忍？」公聞之復呼曰：「貸誠有之，皆親故也。必責償，是叢怨矣，其悉焚爾券。」已遂瞑。太安人撫棺踴，絶卻飲食，欲死，姑號之曰：「婦若此，奈兒女子何？」太安人以姑命，强進粥糜。於是悉取故券焚之，而籍公所讀書鐍之，曰：「他日以遺吾兒足矣。」乃日夜撫諸子女，而督繕部君攻經史。常以身爲師，稍惰輒垂涕誰讓不少貸。繕部君用是益刻勵，蚤有名諸生中。然太安人煢煢一嫠婦，昏嫁子女甫畢，貲日旁落矣，而居常必勉具滫瀡，以娱兩尊人，兩尊人亦安之，不知有喪子之戚也。宣化公嘗遘疾甚劇，太安人刲股療之。姑病雙瞽，太安人日雞鳴起，啣苦茗舐目，愈其一。已復患疽，時方溽暑，而太安人躬澡滌，旦暮不少懈。兩尊人每謂繕部君曰：「孝哉若母，報必在若曹乎！」繕部君竟以萬曆庚辰成進士，爲郎，迎太安人就養，太安人益務儉素，誡侈汰。繕部君董役内庭，每暮歸，太安人必具詰日所辦事以策勉之。暇則命諸孫譚古今格言若孝順事實，娓娓不休。已而痰結左股，漸艱步履，繕部君乃乞差歸，歸逾年，竟不起矣。方疾大漸，命二尼誦《心經》，間和之，曰「以寧吾神」。既遍呼諸子女，勖以孝敬，復呼冢婦櫛髮整容，曰：「此吾歸吉時也。」遂黯然逝，視公殁時不少亂，蓋絶相似云。公平時好義能容，而太安人每善承之，不獨焚券一事爲然。公嘗見侮里中某甲子，弗較也，後繕部君官京師，其人復來謁，繕部君不爲禮，太安人詫曰：「若以侮父故仇之邪？即父在且容之矣，胡隘也？」立命報之。太安人之峻於守而又閎於度若此，其於公可不謂齊德而媲美者哉？嗚呼！若公績學褆行，不永於躬而昌於子；太安人篤孝秉節，屯於家而耀於國，是皆足以風世，宜有銘。銘曰：

有茁而折根曷傷，有閼而決流乃長。鏡水之濱雙龍藏，瘞石以識永不忘。

贈太常博士秀水張公志銘

鳳岡公者，太常博士張君德中之父也。穆皇帝之五年辛未春，德中偕余舉進士，諸進士僉詣文廟奠而釋褐焉。蓋羣然歡也，德中獨慘慘不樂，淚且承睫，余怪而問之，則曰：「某不幸幼而失吾父，距今且三十餘年，而猶未允葬也。兹賴母氏之訓以有今日，而吾父弗及見也。」語半，於邑不能竟，余甚傷之。是年冬，德中授太常博士。明年壬申，今上登極，覃恩中外，鳳岡公得贈如子官，德中悲且喜，則持狀過余，拜而請曰：「予幸矣！予幸矣！今而葬吾父有日矣！夫某於吾父匪惟不能養也，且不能一覯其音容，歿逾三十年而始允葬，又不能揚其懿行以垂于後，則不孝之罪滋大矣。子太史也，其爲我志而銘之。」語已，又泣不能禁。嗚呼！若德中則可謂孝矣，余烏忍以不文辭！

公諱桐，字用樂，嘉之秀水人。其先本汴人，宋南渡，徙家秀水，自幾世祖華甫始。幾傳曰餘慶者，以歲貢生爲泗州衛幕。幾傳曰綬者，成化甲午薦於鄉，爲夔少府。綬生恩，恩生淮，爲雲南嶍峨令。淮生二子，長曰榛，公其次也。母戴氏，娶於諸。公生而穎慧嗜學，方髫齔時，輒與其兄交砥厲，晨昏誦讀不輟，戴安人慮其過勞，呵之不能止。安人父經，故泰安守，禾城世家也，藏書千卷，無嗣，喜二甥能讀書，悉以授之，乃得縱觀經史百家之言，日益淹貫，然竟以過勞致羸疾。公既周覽古書，至爲時義亦輒用古語，頗左時好，年二十四始補邑庠生。又三年，竟以羸疾終矣。前屬纊一日尚亡恙，忽語諸孺人曰：「余夜夢《陸績懷橘圖》縣于堂。吾其死夫？」時德中方嬉戲于旁，指而歎曰：「必此兒也卒吾志者，可善撫之。」語畢，出就讀書所，猶乎批《戰國策》，忽血暈而斃，時嘉靖戊戌九月某日也。公天性孝友。嵋峨公遠官萬里外，每初度或朔望，必焚香南向拜且祝，即佳辰醵會，忽念嵋峨公，輒歔欷不樂而罷。事其兄如其父母，獨坐書室，聞其兄謦欬聲，輒起立避席以待。長各有室矣，乃朝夕豐約必共之，無私奉也。尤究心性命之學，凡濂洛之書及近世諸碩儒言，咸手録而玩味之。名其齋曰「涵虚」，時偕二三同志鼓琴哦咏，論述古今，非其人弗與入也。諸孺人父憲副苧村公，嘗游陽明先生門，稱高弟，少許可，每公往謁，待之如嚴賓，或坐語竟日不休，視餘子婿蔑如也。卒之日，遠近來弔者舉大慟，曰：「惜哉！善士而天不憖遺也。」嗟乎！士或負穎邁之資而荒沉自廢者亡論已，若乃剽綴口耳，絺繪章句，期以炫奇角勝獵榮名而止，玆其所就，眇乎卑耳！公既粹于所禀，而日孳孳于學，躬履乎孝友之行，而神遊於性命之府，使天假之年俾究其所造詣，雖進於古聖賢之域無難也。而竟以疾殀，豈非命哉！豈非命哉！自公之殁也，諸孺人茹荼履辛以訓其派，歷三十年如一日，而德中乃成進士。公雖嗇于年，未究所學，有賢記足以不辱其聲，有令子足以酬其志，公乎公乎！可無遺恨于九原矣！銘曰：

嗟嗟鳳岡，績學而殀，詎命之常。辟彼淵泉，孰塞其流，而澤彌長。有美嗣君，策名巖廊，世緒其昌。嗟嗟鳳岡，孰云其殀，壽且無疆。

贈河南右參政山陰沈公合王太淑人志銘

去城西數十里，有鄉曰馬塢，山僻而阻，今按察使沈公寅世家於是。是歲丁丑閏八月之十有三日，其母太淑人王氏卒，予聞之，亟走山中弔焉。按察公爲吏以廉聞，太淑人爲婦以節孝聞。予之弔之也，蓋匪獨以莩葭之私也。既閱月，按察公衰絰徒跣踵予門，奉幣與狀，且泣且拜，請曰：「傷哉！寅也蓋六歲而喪吾父，賴吾母氏之鞠育以底于成，今不幸又溘然逝矣。向也葬吾父于諸暨之乾溪，兹將啓其窆而合葬焉。子太史知我，敢徼一言之寵以納諸幽，吾父母死且不朽！」語已，又泣下不能止。嗚呼！予誠不佞，得托名賢士令母之墓石，以垂無窮，豈非幸哉！又焉敢辭？

沈之先，當宋時有文肅公紳者，以文學顯於時，世居山陰之城南。其後百六承事，始遷馬塢，幾傳而爲某，是爲按察公大父。倜儻有識，沈氏至是始昌，年九十餘，猶得身受其孫三品之封，蓋世所希覯云。配張氏，贈淑人，生二子，長曰大經者，則按察公父，誥贈河南右參政者也，字汝常，別號守原，年三十一而蚤卒。其行誼不大著於時，然其宗人至今稱而惜之，曰：「若守原之愿厚孝友，而竟以不壽，命也夫！」太淑人王氏出梅市右族，自弱笄歸守原公，即婉娩諳婦道，上下宜之。居亡何而寡，二子皆在提抱，所以拊育之，至長且有立，蓋甚艱矣。而按察公自兒時輒穎露，太淑人課之尤嚴，或學稍怠，輒泣謂曰：「兒何以慰亡人于地下邪？」按察公由是益感奮，學大就，卒舉進士，歷官中外，每以板輿迎太淑人就養，輒念舅氏年高，辭不赴。第誡以毋墮乃守，毋曠乃職，毋汲汲於私圖。按察公所至，甘冰蘗，秉孤介，不與俗爲浮沉，蓋母教然也。當參政河南時，馭下吏一以法，遂爲所中，而上又無援者，遂賜罷，時已遷貴州按察使，拂衣歸矣。歸之日，行李蕭然，躬耕灌以自給，閭里或嘲之，太淑人獨欣然曰：「兒能如是，上不負國，下不辱親矣，吾復何憾？且兒幼而孤，豈意有今日哉？」卒相與啜菽飲水，融融如也。嫠居四十五年，清苦如一日。其自奉甚嗇，獨周恤孤寡，即倒橐無所靳，蓋傷其所遭與己類也。而性又至孝，事舅氏必曲盡其歡。舅氏年既耄，太淑人亦春秋高矣，每食必侍立於旁，伺所食甘不，爲憂喜，旦夕以爲常，里中稱太淑人蓋節孝兼之云。疾逾月，且革，呼子婦，謂曰：「勉爲善人，天不汝負。」語畢而瞑，享年六十有七。予獨私念，節孝之褒，國有令典，所以激頹風、植人紀也，以太淑人之懿行彰彰如是，而褒揚未逮，得非有司之過歟？然壽幾耆耄，兩被恩封，胤續蔓發，昌熾無量，天之所以褒太淑人者，則既厚矣。即守原公壽不稱德，有太淑人爲之婦而按察公爲之子，又安在其爲不壽哉？銘曰：

仁不必壽，乃昌爾後。爾後曷昌，有此貞母。反哺而娱，茹荼以守。帝命不渝，相爾左右。

宜爾後昆，鵬擊鯨吼。鬱彼佳城，滄桑並久。

贈奉直大夫汶上張公合耿宜人志銘

公諱某，字世豪，其先籍山西之洪洞，自始祖某徙汶上顏氏里勸學鄉，遂爲汶上人。某生某某，次即公，配耿宜人。公與宜人自始知食飲，並茹素，葷俎一不涉唇吻，若夙相約者，兩家大人異之，卒以此約婚。及長，益朴淳，務寬厚，敬鬼神而樂施。嘗買鄰人郝子文宅，宅壞，露錢滿窖，中人争取之，公特箕坐爲據守，召歸之而後起。里有婚喪，即乏，公必往周之，不復問賞與否。行遇祠廟必拜，拜必祝，遇鬭必解，遇犯必不校，遇草木禾麥誤觸仆之，必起而後去。蓋自少至長如一日，以故里中人見公，或不見而及公名，必曰「張善人」、「張善人」。蓋生既如此，至其歿也，又以赴其伯兄憲之難。而歿時耿宜人春秋甫三十三，鞠兩孩，曰經，曰綸。綸即今户部君也。及長，宜人使之學，往師兩吴公，於是户部君始得聞正學，名一時起諸生間。然兩比輒蹶而愠，宜人責之曰：「我望女爲好男子耳，何必舉？且多士中雋者，孰不蹶也而愠爲？」於是吴公兄弟聞而異之，爲風縣官，且旌宜人矣，而宜人竟以痺不起，不及見君顯也。始嘉靖中饑，宜人爲出麥四百石，不逾年而再饑，再出粟豆六百餘，並以食饑者，勿責償，人謂宜人好施予與贈公等，蓋生而並茹素，長而並力于善，人謂天作之合云。並以户部君爲通州守，考最，贈如其秩。公葬既若干年，尋以勿吉徙祖塋，與耿宜人合，久之未銘也。而予頃居京師，辱户部君不予鄙，爲忘年交，至是來屬以銘。銘曰：

翁若嫗，乳不肉，維摩居士兩眷屬。里顔氏，鄉勸學，計部先生等正覺。諒夙緣，詎偶然。爲公銘，怡九原。

贈奉直大夫順德嚴公合簡宜人志銘

往隆慶庚午，某始游太學時，祭酒同州馬文莊公月校諸生甚勤，今鎮寧守嚴先生爲助教，得某卷而奇之，以上公，公亟褒，計某於時謬有聲六館中，實先生倡之也。明年辛未，某登第，其年秋，先生出守灤州，某爲詩歌送之郊。既數年，先生再移鎮寧。而某自家居及再入京師，亦且十年所矣，無從聞問於先生。今年春，鎮寧黄生以貢來，持先生書，屬曰：「先大夫墓未有銘，子其銘之。」嗚呼！此知我者之命也，其敢辭？

按狀，贈大夫諱清，子淵其字，廣之順德人，世居東郊儒林里。其初諱某者生某，某生某，大夫考也。大夫生平以豪宕稱里中，又以尺度爲里中平柱直，既以其身沉淪於水石，自稱曰養閒生，而又以雲霄之事望其後人，故爲之擇友簡師，以督課其二子，必售而後已。而簡宜人實中佐之，和敬儉勤，晝夜從機杼中相其鉛槧之所不及。先生起爲助教，即爲賢師，及守兩州，即爲賢大夫。以故輦轂徼荒之外，士大夫黔首之不齊，至于今誦之無異詞者，雖先生之好修實致之，然義方之教不爲無助矣。公始封爲國子助教，爲孺人。及先生州秩滿，再封乃得大夫、宜人云。卒之後三年，始合葬於背岡。銘曰：

古人有言，知我者等於生我，緊大夫宜人實生鎮寧？鎮寧萬里屬我以銘，蓋重其所生，而我不能爲佞也。曷以重知我者之生？維於考德，庶其有徵。

河南西川尤先生志銘

嗚呼！此河南西川尤先生之墓。先生嘗仕於朝，爲户部主事矣。而其鄉之人被服於先生之教最久，故共稱爲西川先生，而不以其官。於其殁也，亦以此題其墓，此鄉人意也。予不識先生，而識其門人孟進士叔龍，聞先生之教最詳，先生殁而屬予銘其墓，此孟君意也。嗚呼！予銘先生，有不勝其悲者。自予居京師，得與四方之賢士爲友，於山東得孟子成，而又得聞其師，所謂宏山張先生焉，於河南得孟叔龍，而又得聞先生，是予幸而得兩友又得兩師也。前年宏山殁，予爲表其墓。乃今先生又殁，而兩孟君一以憎去，一以憂歸，予悼夫老成之日以凋落也，良朋之日散而之四方也。嗚呼！予銘先生，能無悲哉？

先生諱時熙，字季美，其先本吴人。高祖某始從軍，隸河南衛。父錦，贈户部主事。母姜氏，封太安人。其生母蓋王氏云。先生生而警敏不羣，稍長爲諸生，輒有聲。弱冠舉于鄉，是爲嘉靖壬午。時王文成公《傳習録》始出，士大夫泥於舊聞，競駭而排之。先生計偕入京師，一見輒有省，晝夜讀之不休，則歎曰：「道不在是邪？嚮吾役志於詞章，抑末矣！」已而以疾稍從事養生家，則又歎曰：「文成公致良知之旨，所謂養生主者，非歟？何以他爲？」自是深信而潛體之，毅然以聖學爲己任。壬辰，授元氏學諭。甲午，丁外艱，服除，再諭章丘。其教兩邑士，一以文成宗旨委曲開導之，兩邑士始知有聖人之學。庚子，遷國子學正。時祭酒爲華亭少師徐公，最重先生，每令他館師弟子咸取法焉。辛丑，年四十，因念古人「道明德立」語，忽淚下。居常以不及師事文成爲恨，且曰：「學無師，終不能有成。」於是以弟子禮見文成之門人晴川劉先生，師事之甚謹。劉先生以言事下詔獄，則書所疑契，時時從犴狴中質辨不少輟。甲辰，遷户部主事，榷滸墅税。先是，司榷者務以苛斂溢歲額爲能，甚且牟其羨以自肥。先生至，則一意便民，僅僅足常税而止，纖介不以自污，所居蕭然，亡異於學宫也。長洲令某，負氣與部使者抗，先生廉其人實賢者，初不與較。他日代榷者至，問吴中令孰賢，先生首稱長洲。代者曰：「此非抗君者耶？」先生曰：「吾儕論人惟其賢，豈當以細故雌黄其間耶？」丁未，年四十有六，以母老乞終養，歸。

歸三十餘年，日以修德明道爲事，足未嘗一涉公庭。所居環堵，諷咏自若。郡守或以官地遺之，謝不受。不妄與人交，然於後進有向學而來者，輒喜動眉宇，與之言終日不倦。其所問答，隨人深淺，而要歸於提撕其本心，令聞者各有所省。其大旨率祖文成，而得於體驗者爲多。蓋自一見《傳習録》，寖讀寖入，寖入寖透。齋中設文成位，晨起必焚拜，來學者必令展謁，其尊信若此。迨其晚年，病世之學者崇虚見而忽躬行，甚且誤認不良之知而越繩墨以自恣。先生嘆曰：「孔門教人，必以孝弟爲先，忠信爲本，其慮深矣。」故其論議必依乎中庸，切於日用，而不爲玄虚隱怪之談，其善學文成而救其末流之弊又若此。陝洛間士聞其風，擔簦笈而至者百數十人，士大夫道洛者，咸以一覯顔色爲快。嗚呼！河南自兩程子殁，寥寥數百年，其間策名砥行之士豈少乎？而知學者鮮矣。予曩聞沔水有曹先生，間嘗閲其書，論其世，蓋篤行君子也，視先生見大而識融有徑庭焉。叔龍謂先生「二程之後一人」，豈溢美乎哉！

先生卒以萬曆庚辰九月二十七日，享年七十有八。卒之日，門人十數輩在側，相向哭，皆失聲，爲之經紀其後事，葬以是年仲冬十有八日，墓在洛西澗之陽。配解氏，與子郡庠生洙，皆先先生卒。女二，適訓導李君柔、學正李君根。孫三：居厚、居默、居朴。厚與默皆郡庠生，能世其學。曾孫學顔、學魯、學思。〔一〕先生所著有《擬學小記》、《聖諭衍》，諸門人方謀梓而行之。予

〔一〕「女二……君根」與「曾孫……學思」二句，底本闕，據尤西川《擬學小記·附録》（明李根輯，中國科學院圖書館藏清同治三年刻本）上卷補。

又聞先生臨殁時，手自爲志，僅紀里氏歲月，不欲爲身後名，然則叔龍又何以銘爲請哉？雖然，凡古之聖賢皆非有意於名，然而門弟子不可使其師泯没而不傳，則叔龍之請爲宜。予於是摭次其狀而爲之銘。銘曰：

瞻彼伊洛，其源涓涓。真儒迭出，如流有源。孰開其源，卓彼二程。孰溯其流，庶幾先生。先生之傳，文成是啓。仰讀俯思，無言不唯。匪唯以言，允蹈以身。出以範士，處以淑人。道尊而壽，有孫繩繩。吁嗟先生，生順殁寧。西川之濱，西澗之陽。以棲以藏，源遠流長。

許母沈安人志銘

南吏部文選郎許君孚遠之母沈安人殁逾年，葬且有日，吏部君乃手述安人之遺行會其友張子於天真，泣且拜，屬之銘。予與吏部君自戊午同鄉舉，即以問學相砥礪，蓋念載於兹矣。往丁卯秋，嘗一造其廬，見其二季家庭間儼然自爲師友，已而絃歌相和，雍雍也，時則已私識安人之賢。乃今受狀讀之，益泫然出涕曰：「嗟乎！有母如是，吏部君之克成其學也宜哉！」於是摭次來狀而志之曰：德清之羌山有隱君子曰松厓沈公者，以行誼重里中，生六男子二女，而女德最肖。其孟爲武康陳孺人，以節顯。其季，安人也。母許氏，爲金鵞右族。安人年及笄，歸封君介山公。封君久困膠庠，日衣食於奔走，安人甘荼蓼，身親操作，以佐朝夕者，垂三十年。封君時不如意，或加恚嗔，必怡顏承之。其事舅姑，雖菽水必盡歡。姑歿時，年已八十有六，安人猶哀楚不自禁，每歲時享祀輒嗚咽，竟日不樂。其於宗姻，無少長必致敬。或有急而叩，輒倒橐周之，即力有不給，則憂形於色，若有重負於人者。平居凝然不妄言笑，雖盛暑未嘗袒裼於子婦前，至白首，率以爲常。蓋其孝順惠恭得於天性者如此。尤注意於訓子。其訓諸子也，尤嚴於吏部君。方吏部君兒時，適封君他出，偶逐鄰兒游，安人縛還杖之，且泣曰：「吾所望者在女，今若此耶？」於是吏部君亦感泣，謝鄰兒，閉門力學，卒以成名。既舉進士，由南工曹晉司勳主事。聲譽方蔚然起，顧不能以脂韋悅當路，竟外補南粵，已又謫淮海。人或爲安人憂，安人顧喜曰：「吾兒庶幾不辱吾教矣。」亡何，論定而枉白，乃稍遷南太僕丞，再晉南吏部。人或爲安人賀，安人徐謝曰：「吾兒何以報國恩邪？」蓋吏部君始終克有所樹者，以安人之教也。安人訓女如其子，而愛婦如其女，遇側室如其婦，而遇側室之子女亦如己之子女。仲子志遠蚤卒，其婦嫠居且病羸，安人日夜撫之，諭諸婦以完其守。蓋吏部君俯仰得無所累者，以有安人在也。然安人早歷艱劬，中更喪子之戚，兼以吏部君官南粵，子婦遠在瘴鄉，百憂叢積而病作矣。晚歲始以家政屬諸婦，獨掃一室，日焚香誦《金剛》及《心經》，久之，漸以通悟，益厭苦世事，疏食不肉，自是病骨立。吏部君方在南都，聞之亟馳歸，乃安人先四夕捐養矣。臨革時，歷視所親爲永訣語，謂封君曰：「善自愛。」謂少子行遠曰：「爾宜戒性。」謂志遠之婦曰：「善自保持。」語皆鑿鑿可佩，至死不少亂，豈誠於内典有得，而能翛然於去來若此邪？予觀古史所載婦人事，非有烈節奇行，輒忽而不詳，乃知鄒孟氏、二程氏、和靖氏、永叔氏之四母者，類非有烈節奇行足稱也，徒以言教子，卒有述於後世。彼其誕生大賢，育成其道德，以嘉惠無窮，其有功於天下萬世，豈彼一節一行者可與較尺寸哉？若吏部君，篤學好修，卓然以濂洛之傳爲己任，而要其所自，得於母氏之訓居多，是足與四母並傳矣。銘曰：

子匪母曷竢以修兮，母匪子曷顯以流兮。程兮鄒兮尹兮歐兮，永媲美于千秋兮。

葛母潘安人志銘〔一〕

上虞之菘城，有潘隱君炤者，其女配參政葛公木，封安人，里中稱其賢有年矣。然予聞隱君爲虞賢士，而女之母，則方伯陳公金之孫，少宗伯章公敞之甥也。兩公並以賢重越中，其家法固有自哉！始參政父大理公浩爲南御史，抗疏忤閹瑾，被詔逮。時參政公傫然以一鄉解生蒼卒掖大理公走闕下。大理公淑人俞方警頓就奄，使無安人，則俞淑人且不起。及事平，大理公幸

〔一〕《徐文長逸稿》卷二十二所收《葛安人墓志銘》（見《徐渭集》第三册，中華書局，1983年，頁1029—1030）與此文雷同，疑爲同一人所作。

守邵武，俞淑人則留以奉大理公之兩尊人。安人既以一身奉淑人，則又兼奉兩尊人。其後參政公成進士，得主事刑部，而諸内尊人重念參政公，不令安人獨留，則安人又以一身走數千里，奉參政公於郎邸。既而轉守淮安，徙按察副，備兵天津，再徙得參政山西，安人獨山西不偕耳。其在邸，則真爲主事把燭照囚書，數從臾，使得多平反。其在淮，在天津，則後先爲郡公、鎮公，時時視候涼暖，把箴尺測寬窄短長，徐取縑帛絺毳而袍襖單複之。或客至，則自篝匳立鬲釜間，手醬酢，陳圓方亭齊，以授一童子，步不逾闌檻，而設以告具。終公兩役，竟不令衣工庖子一闖衙署扉，此豈獨其才能通也，蓋周防之慮遠矣。至其客所師友公父子間者，安人則又善爲陶氏媪故事，伺而得其良益，相臾戒父子間，謹權輿，無替醴設。若淮之倪工部潤、丁吏侍士美、陳户部斗南，天津之劉都臺燾、汪憲副來諸公者，後並以文業顯。或來宦浙中，無不造請拜安人於堂，退而語諸人，則又無不多安人識，以爲真能成其夫與子者。

先是，參政公捐山西館，其後長子婦又相繼亡，莫侍，獨鄂州君兄弟兩孤，煢煢膝下。而大理公翁媪益老，不事事。其後孫曾芽茁，冠髻盈室，安人獨以一嫠，上之處祖曾生殁之事，中操兩孤之劬鞠，下叢諸孫之哺飴，纖巨畢膺，孝慈益舉。乃鄂州當榮戀侍，則勉使就道，至其九十，永愴未亡，壽者雲集，成賀而停樂，則可稱陳情之奪，未見曲全于劉媪；追遠之厚，庶幾默契于子輿者矣。鄂州，余友也，曩昔宣慕安人，數徵篇什，懿德之敷，未嘗不入予筆札間。且距僅百里，而先公昨存其於葛門，非旦夕交好。故鄂州以狀涕而來，而予慨焉銘之，以太息而往。時有拙蹇不彰耳，無詇也。始鄂州已後其伯父翁模，未幾翁嫗並捐，鄂州且將侍安人以老，安人强之乃出。計即歸，而遘諱不敢遽請，安人殁，諱亦解，鄂州始得請以歸。鄂州於所後及安人，可爲兩無憾矣。安人之殁也，春秋逾九十一。子三人：光，國子生，所稱偕早亡者也。焝以久次薦補鄂州府判，以文飾吏治者也。爔，諸生，母則庶，狀所稱安人視如己者也。孫十一人：曉，始諸生，以專養謝去，旌逸士者也。其他爲某某。銘曰：

母德皜皜，而享齡以耄。母雌而早嫠，顧代雄以孜孜，然則耄之享不勝代之勞矣。噫！人亦有言，難成者婦之道，難必者子孫之肖。母兼而有之，是謂享溢于勞。參公名賢，俟母茆山，不負公托，寧不解顔。

鍾母顧宜人志銘

顧宜人者，山東按察副使鍾使君某之配也。殁再期，將葬，其子某抱使君故吏姜君所爲狀來請銘，余不得辭。

按狀，宜人之翁某，世上虞人，始以明經爲諸生，即奇於一第，然以右族聞。娶趙氏，生宜人，有異夢。宜人生而端靜，似有夙稟，人謂夢果符，益以此得翁母憐，須良耦。六歲，母死，哭之哀。事後母極孝謹，及歸使君，能以勤勞佐使君學。使君成進士，官刑部，以郎中知池州府，又自池遷鎮臨清，凡贊好補遺，多宜人力。故所在並以職許，獨臨清值宜人請奉姑太宜人歸養其家，故不偕往。然於別時，無他語，獨謂臨號重鎮，相規勉尤懇至，其語人間能誦之。始使君有弟壘陽，壘陽死，使君哭之慟，宜人俟間，爲罷淚曰：「慟何能不死叔？叔有女孤，君取孤女之使不孤，乃不死叔也，且益可歡太君。」及使君在池，迎太宜人與壘陽女，俱既至，宜人謂女業所許可益歡太君者也，乃瑣至饌女猶饌太宜人，及嫁女猶嫁己女。太宜人朝夕目得之，果益喜。於是宜人徐語使君曰：「如君曩者百哀，能博太母今一笑耶？」蓋宜人爲此語，意欲以是感使君，使每事得較所重從之也，於是使君益賢宜人。宜人有少妹，翁母倍憐之，翁死，宜人視妹亦如視其翁，及是妹又死，宜人傷其妹亦復傷翁，遂病，病至不可藥。而訣之夕，固以不復得躬侍使君，又不復撫諸兒女痛而訣，而於不得躬侍太宜人，令太宜人歡己之養，顧令垂老而悲己之喪，尤咽哽，語不復可辨。噫！若宜人者，真可謂始終一於孝矣，非夙稟曷至此？狀所稱夢之祥殆然耶！銘曰：

內則班班，諦先婦教。綱舉目隨，厥要維孝。婦姑不說，脣稽以噍。自古已然，末靡不蹈。取叔之孤，視女而醮。太母曰嘻，易顰以笑。迨殞厥軀，傷妹及考。卜阡於何，倘邇孝娥之廟。

卷十二

行狀

南京工部尚書新昌呂公行狀〔一〕

資政大夫南京工部尚書前巡撫雲南兵部尚書兼右都御史新昌呂公歿之四年，而某奉璽書還自楚。公之子國子君某來，以公行狀告，再拜俯興，涕不可止，曰：「某翁與若翁，公所悉也，不腆先人之遺幣，若小子日所紀，與諸從之年所譜在〔二〕，敢以干。」噫！夫君子之於豪賢也，不幸而不身當其世與其人，則讀其書，想見其行事，至有願爲之執鞭，若子長之於平仲者，故特爲之傳管、晏。矧生而身當其世，幸與其父兄共挹其波，承其風，後先同秉笏而進，解車而退，奔走

〔一〕《徐文長文集》（明萬曆四十二年鍾人傑刻本，影印本見《續修四庫全書》第1354、1355册）卷二十八所收《呂尚書行狀》與本文略同，僅個別文字有差異，另徐文末尾自「公生正德三年七月七日」起約一百六十餘字未見於本文。

〔二〕「與諸從之年所譜在」，《徐文長文集》本《呂尚書行狀》「從」作「宗」。

夙夜於兩朝，效命嬰瑕於戎蠻萬里之外，若義不使彼獨生我獨死者。〔二〕又其學，紳孔子而珮周公，不問道遠而任重也，必貴王而賤伯者哉。且公嘗表我先子墓矣，藉使公先吾先子，則是狀也，儻吾先子事也，雖不敏，敢不竭其愚？雖然，遷之傳嬰也止兩事，公所宜傳者且不少，不可褻以細。謂國子君：「吾姑狀其大者，以備國老採，君姑譜而藏其細者於家。」

公諱光洵，字信卿，紹興之新昌人。遡其始，實爲周太公望。其居新昌，則自宋大理評事諱億者始。十一傳而爲贈按察僉事存正。存正生欒，欒生旌士廷圭及廷安。廷安無子，以廷圭子世良爲子。自世良公而上至廷安、廷圭兩公，皆得贈及移贈尚書、右都御史，妣皆夫人。而世良公者，公父也。當嘉靖壬辰間，甫逾冠，公已成進士，知崇安。崇安一女子中祟，其縣中豪舞訟者欲以覘公，教其父持一紙，倉卒訟祟鬼於公。公徐收其紙，日且夕，纛易草移城隍所。明夕，祟來謂女曰：「何至是！我且去，霜降後復來耳。」至霜月，果丁章夫人憂。服闋，補溧陽。臺使者行縣，饌羹偶垢墨，使者疑，欲一切以毒法。公馳往，取羹對使者，立啜盡一器，使者悟，爲起謝。在溧三年，上下以學道聞，召入，補御史，領河南。肅皇帝南巡，大學士某居守，增設員已外至千人，公奏罷之。又奏河東薛瑄、崇仁吴與弼、新會陳獻章三賢者，不宜不在孔子廟庭。十

〔二〕「若義不使彼獨生我獨死者」，《徐文長文集》本《吕尚書行狀》作「若義不使彼獨死我獨生者」，於義爲優。

九年，地震，則又奏九邊中有大闕綻凡十事，不宜不補。馬倒死，不宜獨責廝養卒；最不宜者，令芻地漁入倖戚貴家；宮僚係儲本，不宜使非其人，其人矣，又不宜不重其禮貌。如是者凡十餘奏，並要切，觸諱忌，改領江西，遂出領南直隸蘇松常鎮四府巡按事。蘇松澤國，苦水劇，無善計，吏後先孔塞，亦無了息期。公總釃有法，水效職，至今工罷，輒譜畫册書，可千百年不虞滅没。奏入，肅皇帝嘉之，賜金綺。又奏免旱租六十萬餘，用餘皇破海寇大洋中，罷覆刷陳牘，省費無算，再賜金綺，增俸二級。代入，會虜入古北口，逼京師，與故侯鸞争馬市不可，一日章十三上，謂「虜驕易與，且都城何地也，可使逞以歸邪？今日臣有死無和，有進戰無退守。」上覽表爲動色，公亦自掖馳歸，托其母夫人姑婦問於所善，欲以身死國。會虜退而止，改領京畿，遷南京光禄寺少卿，改北。丁贈公憂，芝産其廬。起補，更太僕、大理二寺少卿，俄復改南如舊職。徙尹應天，諸輸府者用富民，費常倍蓰，公易民以官，民相率俎豆公。徙南大理卿，會南卒以餉不繼殺户侍郎，乃擢公副都御史，董餉事，尋改南工右侍郎，又進北工左。公督餉則卒馴帖，領掌用工則商又俎豆公如尹時，用工於北則大橋成，加二品俸。

於是癸亥間，滇事漸痺，砭者鮮效，舉朝則交共舉公。公遂從工左侍遷右都御史，以繡斧往蒞滇。至則首軍昆陽，斬叛酋馬苴、李應朝，昆陽平。明年春，水西宣慰安國亨寇霑益，夏，李向陽、方廷美反昆陽，虧遮者索反尋甸，公並後先討平之，事聞，晉兵部尚書，兼如故。而武定府土酋鳳繼祖者，世毒螫，鈎連他府小大酋寮濟薑者數十輩，遠至川貴，相婚姻，有衆數萬，地千里，據城以叛，數出諸蠻攻城郭，殺憲臣於軍，用僞王南面其衆，意卑眇向者麓川然。孽顧始沐氏數莊豪，而兵符故專沐氏。公表其繇，並乞符，得自調，賊倚川貴爲三窟，計其敗遁必從貴走川，乞稍借得暫領川貴諸兵道裨帥。賊果用是敗遁，竟授首於川。武定平，悉有其地。沐氏既啣公抑其權，又恚當公未表時，頻卻其寶賂，及得賊，又追論其左袒賊若莊豪激叛與叛者諸陰事，痛一剪束。而公自軍興，則先子首腰鞬琫捧符以奉軍約，無一日不寄首領於象馬間。移按沐氏黨，則用先子假按察，長把三尺，提一寸狸兔，爲鷹鸇擊鳥雀，以誅君惡於棘柏之署。以故望重者則得謗〔一〕，稍改工書以歸；而眇微無所根柢若先子，則交擊以蒙逮。公重，則用數十薦而不起；先子眇微，則脱丁贖，得復齒士林，稍烏素其顛軀而已矣。於是兩翁者痛既定，追灼而悸，數往來鏡湖、天姥間，相約彼廬而此舟，幸長有林泉以準換苦逸，意造物未必並此奪之。俄而鏡湖館寂矣，壬午距庚辰幾何哉，而天姥巖巒又遽報黯惻。噫！此吾所以狀之日爲慟移晷，三擲筆而未成也。

公自入仕，仕靡不優，而爲御史巡吴，爲部院長治滇，勞最著。自結髮爲學，學靡不優，而中

〔一〕「以故望重者則得謗」，《徐文長文集》本《吕尚書行狀》「望重」後有「若公」二字。

治新建旨，再後與餘姚錢刑部德洪、山陰王兵部畿、武進唐都院順之三先生相切摩最力，以故悦親取友諸倫教事，率謹篤如古人。在滇方盛晉賞，輒辭賞乞歸，得大臣體。他若好捐賑，爲鄉里作福田，遊精翰藻，芳華朗映，人所難，然不足爲公詳也。

吏部右侍郎兼翰林院侍讀學士贈禮部尚書山陰諸公行狀

今上改元萬曆癸酉之春正月十有三日，吏部右侍郎兼侍讀學士諸公卒於京邸。先是，冬，公疾革，再疏乞骸骨，蒙上恩許乘傳，方戒行，竟長逝矣。訃聞，上念公講讀勞，贈禮部尚書，賜祭葬有加。惟時縉紳大夫以及鄉人士之在都下者咸驚悼咨嗟，奔赴柩所，哭之慟。冢子某治喪，少間則撰次公事行，授某俾爲狀，以請銘于當世立言君子。嗚呼！自我家君偕公舉於鄉，遂爲莫逆交。某少也輒獲侍公，公以爲可教也，進而誨之甚勤。蓋某之辱教於公最久，而知公最詳。兹狀公，匪不足文是懼，蓋握管數攬涕焉而不能綴一辭也。

按，諸氏實越大夫諸稽郢後，世家山陰，當宋時有所避，改姓諸葛，其後有某某者，累世以儒顯，某復姓諸氏，又數傳爲明庵公，公大父也。明庵公三子：長雙潭公宗輔，配陳氏；次宗弼；又次國太公宗教，配金氏。公蓋雙潭公仲子，爲國太公後，兩公及明庵公皆以公貴，累贈通議大夫、吏部右侍郎兼侍讀學士，配並封且贈淑人。公之始誕也，陳淑人夢有鳳自天投于懷，已而岐穎絶羣。甫髫，日誦千餘言，目不再過。十歲善屬文，比部郎八山錢公，越巨儒也，見而奇之，乃言於兄，以女女公，是爲錢安人。閲四歲，隨雙潭公官祁門。祁門令又見而奇之，語人曰：「此非東南竹箭邪？」居三歲，返越補郡諸生，文學日益邃，時輩畏之。又明年癸卯，領鄉薦，及宴，御史舒公數睨之，問年幾何，曰二十有一，舒顧諸寮曰：「是子凝采不凡，異時有聞館閣，光兹榜者，必其人也。」人至今服其雅鑒。然自甲辰歷癸丑，凡四上春官，輒不第歸。歸則杜門，茹涵今古，益以淹貫。其自律若處子，未嘗逐隊登公庭有所託。雙潭以丁未違養，公歸自北，號踴幾絶，執喪逾制。乙卯，又北上，宿清源逆旅，夢天帝並肅皇帝坐而語，指公爲才賢，畀以印劍。明年丙辰，舉會試第二、廷試第一人，傳臚日，越卧龍山鳴，聲聞數里，人謂地靈響應，視曩時名至卿云者，蓋同符云。時家人以公既貴顯，置袴欲以紈，公遽斥曰：「袴宜以紈耶？吾行將菲糲以終身，安用此？」每慕王文正「不在温飽」句，因鐫之石章。隨授翰林院修撰，亟迎二淑人於邸，日奉旨甘，侍膳寢。

己未春，充會試同考試官，既陛辭，則歸拜二淑人而後入，且曰：「兒所藉手以報國恩萬一，在兹役也，敢不努力？」已入院，則又焚香籲天曰：「夫録士以文耳，文豈能盡得士哉？唯神明默相予，令一一真才入彀中，用充國家任使，則神之貺也。」後凡公所録士，率多表見者。舊制，凡爲人後者，封不及本生，公痛之。是夏秩滿，乃日夜草奏祈貤封，詞甚懇惻，肅皇帝嘉其孝，特允之。於是在廷諸臣凡若此者舉相慶，以爲此殊典自諸太史始。嗣後，公爲學士，爲侍郎，兩值覃恩，皆得並及所生如公官。庚申春，乞假歸，陳淑人倉卒卒于途，哀毁，執喪一如喪雙潭公時。居家益事韜斂，謝請託，至關一郡利弊，則毅然任之，不惜齒頰。如辛酉夏，台卒乏餉以萬計，督府檄吾郡假輸甚急，公爲言于當路，往復者再三，事竟寢，它率類此。壬戌，服除，赴闕補原官。前所稱舊制，爲人後者，不得兼封本生，亦未有兼服本生者。公顧服陳淑人喪，衰絰疏水者三年，逾假期且兩閱歲而後出。當事者哀公情，爲疏于朝，凡後於人者，皆得服其本生，著爲令，在廷諸臣凡若此者又舉相慶，以爲此殊典自諸太史始。

癸亥夏，有詔偕閣臣纂修《承天大志》。甲子春，校録《永樂大典》。乙丑會試，再充同考試官，其祈天一如己未。夏，公所居祖第災，報至，無所問，第曰：「是祝融之儆予也夫！」丙寅春，《承天大志》成，賜銀幣寶鈔。丁卯春，肅皇帝崩，莊皇帝嗣位，始以恩得封本階及錢安人。無何，偕史臣纂修《肅皇帝實録》，兼管理文階誥敕。夏，《永樂大典》成，陞左春坊左諭德兼侍讀，仍陞俸一級。莊皇帝御講，充經筵日講官，賜銀幣，追講，加賜金，緋紵、羅紗各一及寶鈔。公在講筵凡五歷寒暑，每進講，必先一夕齋戒，積精凝思，期以至誠悟主上，而丰姿修偉，步止雍肅，吐音朗朗成韻，帝每竦意聽之。所著經史講義，凡涉理亂幾微，必剴切詳盡，言人所不敢言。一日講《尚書》，至「有言逆于汝心，必求諸道；遜于汝志，必求諸非道」，反覆開諭，諄諄以納忠鯁、屏諛佞爲言，帝爲肅然改容。它日講《論語》，至「朝聞道」章，同列難之，公獨從容啓發，不爲諱沮。一日，寺臣侍經幃者某，忽癇發，哮簌豕視，滿廷盡愕，公講迪如故，若不見聞。及出，大學士徐公、李公相顧言曰：「諸君真講官，非大有養者曷至是？」冬，陞侍讀學士，掌院事，充纂修玉牒總裁官。戊辰春，從莊皇帝謁長陵，錫金、緋羅服，仍充會試、武舉考試官。冬從莊皇帝郊，賜金、緋紵表裏一。己巳秋，大閱，隨駕，賜緋羅服。庚午夏，陞禮部右侍郎，兼官日講如故，仍充《肅皇帝實録》副總裁。辛未春，莊皇帝親策禮部所舉士於廷，充提調官，賜鈔。時兩册宫妃，咸預典禮，賜銀幣者再。會今上方冠，廷議冠禮，中貴多樂簡便，公正色諍之，多所條改。長陵竣工，賜銀綵。

莊皇帝崩，公自以始終莊皇帝世，無一日不在侍從，沐寵遇殊它班，每一哭臨，至失聲，而大喪禮儀又當其劇，以是形神交憊，病遂作矣。六月，有詔馳天壽山視大峪陵，賜銀幣。時暑甚，人馬有喘而斃者，公獨上下卑峻不少避，竟觸熱敗脾，及歸命，即卧榻艱起。七月改吏部右侍郎，兼官如故。既越月，病小瘉，始一赴公座，而莊皇帝尋即幽宫，又扶疾徒跣行二十餘里，哭送于郊。自是病益甚，涉秋，迫季冬，始得請歸田，乃竟不起。嗚呼悲哉！公病中時時對家人語，惟以國恩未報，負聖君之知爲没齒恨。自莊皇帝崩，先後馳驅，罔恤勞瘁，家人或勸沮之，公愀然曰：「以死勤事，人臣之分也。」嗚呼！公竟以是殞其軀邪！庚午夏，某始入都門，視公顔色少悴于往時，竊訝之，以問公，公曰：「吾自爲講官來，夙夜兢兢，食未嘗敢飽，寢未嘗敢寧也。而視日以眊，神日以衰，常中夜忽驚，攬衣起若將趨講筵者，即當白晝坐，亦或恍恍若是。」嗚呼！此公之病本也，乃竟以是殞其軀邪！將屬纊時，猶注視金淑人，曰：「不孝兒乃弗獲終養吾母也。」蓋公生平誓以忠孝大節匹休古人，故至死不渝如此。

性豈弟夷坦，事伯兄若二弟備極友愛，或有過，務掩覆之。厚桑梓，篤故舊，即布衣之交，白首無間。平居鮮疾言遽色，至於利誘勢怵，則屹然山立，不爲撼而動也。其遇下，煦煦有恩。小吏某死無所歸，爲具木殮之。或隸卒有詿誤，不遽加譴。公殁之後，即胥吏賤卒過其門，無不欷泣下者。雅尚恬憺，室無姬侍，絶綺麗之好。某屢入問疾，見公所居蕭然，惟古圖書數卷，茗甌香几之外，無長物也。公事之暇，輒兀坐一室，研精墳史，尤究意當世之務。爲文爾雅閎暢，不事纖靡，宗曾子固，一時鴻謨巨筆多出公手，皆刻燭而就。詩沖澹自如，多煙霞物外之想。尤喜獎掖士類，吐握延接，若恐弗及。間評騭人物，不與衆同可否，後一一悉中，時推冰鑑。及銓衡命下，輿議翕然，方喁喁佇公大用，而造物者亟奪之去矣。

公雖位不副望，壽不滿德，然自少長以至於殁，其處心制行，光明純潔，略無瑕纇。公即死，其不可死者固在也。宫諭申公贊公像，謂時人皆惜公功業未著，余謂公功業獨著者在先皇帝。先皇帝始臨羣臣也，命公日侍講讀。公進説經義，因事納忠，居有盟心之誠，入有逆耳之誨。六年之中，主德日新，朝政無闕，中外禔福，氓萌乂安，疇之力也？嗚呼！兹誠信史已！公在九原，可庶幾自慰，以無負于先皇帝者，寧不在兹乎？

陝西行太僕寺卿會稽商公行狀

行太僕卿明洲商公之歿也，春秋八十有八矣。會冢子爲正以大理少卿解組歸，歸且數月，而公乃歿，内外支黨凡爲公所自出者殆百人，皆不訃而集。太夫人哭於幃甚哀，亦八十有六矣。小子某爲公甥壻，既就位哭，則又私悼曰：「傷乎！吾怙恃見背皆未及七十，視公何如哉？若公則奚憾焉？」既越月，大理公乃手述公事行，率其二弟過某，拜且泣曰：「先大夫亡恙時，嘗營菟裘於下塗山之原，兹將奉遺蜕而藏焉。唯我先大夫生平，吾子所知，吾子其幸狀之。」嗚呼！某其可辭哉？某婦生未彌月而失母，公痛其女，則憐其甥也甚至，而某初就甥館，公一見輒器許。先是，丙子，公嘗病，度不可起，呼某執其手，屬以狀，蓋言猶在耳也。即微大理公之命，狀其忍辭？

公諱廷試，字汝明，明洲其別號也。商爲著姓，世居汴，宋南渡，徙㴩之嵊曰某者，伯仲四人並顯，故名其鄉曰「繼錦」。已又徙會稽之樊江，則自某始，幾傳而爲澄，即公之大父也，以掾爲豐亭長。時文毅公方秉軸，而豐亭公又稱廉幹，乃以郵長攝縣事，有惠政清流，人德之，覬其即真。忽一日，賦「白雲卷舒」之句題廳壁，拂衣竟歸，自稱歸樂公。歸而拓義冢，創義學，種德甚厚，自是商氏之興蒸蒸矣。公父曰公澤，業舉子，一試不效，輒棄去，以公貴贈奉直大夫、刑部員外郎。妣謝氏，封太宜人。生二子：長曰璉，領嘉靖甲午鄉薦，爲汀郡理。公其次也，初名珙，舅氏謝無後，以公爲後，遂更今名，襲姓謝。久之，公既入仕，而舅氏已舉三子，乃請於朝，復本姓云。

公生十歲而能文，郡邑長召試之，落筆驚人，共呼爲奇童子。戊子，領鄉薦。己丑，歸自北，奉直公及所後母吴安人相繼殁，公執兩喪，情禮曲至。辛丑，成進士，授刑部福建司主事。以儒生爲法吏，人多難之，公獨明習典章，遇事燭照斧斷，雖老吏自謝弗如，每有疑獄，必就公取決焉。盗竊西内齋壇物，諸閹率被逮，而巨璫守壇者得倖脱。公白於尚書曰：「盗入禁地，主守者烏得無罪？」巨璫怵以利害，公弗顧，竟置於法。邊將某某者以失律論死，公草奏謂此輩久於疆場，號勇敢，即有過，宜使策奇自贖，上從之。其用法不苛又如此。

丙午，考績，遷廣西司員外郎，值覃恩，得封贈父母如其官。已而奉詔慮囚雲貴，取道歸，爲太宜人稱觴上壽，乃去。滇中率用土舍邏盗，盗卒不可得，懼獲譴，則誘夷氓以充，夷語侏離，卒難辨，獄具久之始覺，即欲辯不得矣。前後讞獄者類膠成案，莫敢更，公愀然曰：「若是，則欽恤之義謂何？」立爲辯之，若矜疑，録所全活者數百人，具《恤刑疏》草中。訖事歸，哭太宜人之訃於途，宅憂三年，足不入公府。庚戌，服除，補原官，尋遷陝西司郎中。其年冬，虜入，犯闕下，肅皇帝怒本兵緩援師，戮之西市，並下職方郎於獄，公當按之。時相分宜與郎有連，密遣所親屬公，公正色曰：「兵之緩急在職方，尚書且坐是死矣，郎烏得免？吾寧忤執政，不敢骫三尺以忤上！與俱死，亡益。」〔二〕持之益堅，分宜大銜之，百計構公不得，則姑詘公資，出爲黄州守。黄於楚諸縣最劇而疲，且嚚訟，公至，務爲簡約，汰浮費千餘金，斥胥吏舞文者數人，檄下諸縣，有所攝，與爲期，期而不至有罰，終歲不遣一隸下諸縣。晨起視事，公門洞開，欲訴者亡所閡，訟入，立剖，獄亡繫囚。諸縣有所輸，第驗封，立遣庫，亡羨金，羣吏束手無所爲。郡庭闃如，境内大治。蘄水豪方某者交縣令，睚眦殺人，讎家仲鳴之，縣令以爲誣，繫之獄，方賂獄卒甲，拉殺之，而以瘐死報。其弟季鳴之按臺，事下守道，方大困，則詭季名，擴詞撫臺曰：「殺仲者乙也，以索不遂耳。」亦下守道。方復賂掌案者，匿季初詞，而以詭詞訊。季與乙莫知所爲，將力爭，則又使人首季受乙賄。季不敢爭，乙坐死。人皆冤之，而上卒莫能辨也。公閱其案，詫曰：「乙所索幾何，輒殺人？是非殺人者。」俄呼乙至，屏左右，詰之，乙涕泣良久，乃曰：「某實不殺人，季仇我不知何爲。」則又呼季至，詰之，季亦涕曰：「某所告者甲耳，詞在按，不在撫，今反之

〔二〕「亡益」，疑爲「亡易」之誤。

不知何爲。」公頓足曰：「吾知之矣。」立呼方與甲至，一鞫之，具伏，遂坐兩人死而釋乙，闔郡大快。其摘發如見，皆此類也。河南賊師尚詔糾衆爲亂，光與黄接壤，遠近恟恟，謂賊旦夕且渡河掠黄，所司議調兵以守。公争之曰：「尚詔陸寇耳，當走山東鼓饑民，勢且益熾，若走澤國，祇就縛耳。必不至，調兵何爲？」既而賊果不至。黄與九江接壤，土人争界而鬭，所司輒以叛聞，議發兵以攻。公又争之曰：「此鬭而争地，非叛也，發兵何爲？守請身諭之。」乃單騎往。衆感泣，相率羅拜請死。公與其長偕來見撫臺，竟不發一兵而土宇帖然。此兩事者，微公，民不見賊而已困於兵，所争尋常而蒙叛名以死者，何算也。故公之守黄爲諸郡最，至今人人誦之。

乙卯，遷山東按察副使，備兵青州。青故多盜，而楊思仁者，以其兄殺人繫獄，將劫出之，哨聚數千人，諸黨分布中外，剋期而動。值公初下車，戒嚴，賊不得逞。公偵知其狀，亟以兵掩捕之，賊擁衆走濰。濰多鑛徒，公曰：「賊若合鑛徒據險阻，即難圖矣。」遂進兵急擊之，賊大敗，斬首六百級，宥其降者千餘人。度思仁必走河南，先期遣健卒要諸途，果獲之，賊遂平。蒙陰鑛徒王恭、劉顯等聚衆亦千餘人，久不能捕。公曰：「是可以計取也。」乃誘其腹心周某者，厚撫之，因與約曰：「吾欲取恭、顯，今歲且暮，當以仲春爲期。吾以檄來，女其爲内應，功成當爵女。」對曰唯唯。尋呼諸校立庭下，謂曰：「若等歲暮各放操。」乃遣周去，而密令諸校兼程薄賊巢。周歸，卒以公語語賊，且言已放操。賊信之，遂不設備。會除夜，方張宴爲樂，兵舉火驟進，賊倉皇狼顧鼠竄，一夕悉就擒。公在青，平兩巨寇，奇正迭用，功甚偉而恥於自張。捷書上兩臺，又不敘所指授，既失兩臺意。疏下本兵，分宜挾宿憾，嗾臺史掩公功，而以罪論，調雲南副使，備兵金騰，公亦不鞅鞅。緬酋莽達剌者，脅三宣撫以叛。公駐兵騰越間以禦之，酋不敢動。復上議撫臺曰：「酋所需者牌印，牌印在永昌庫中，國家假此以羈縻諸夷者，置之無用，非計，盍下令令酋改圖，爲我守鄣毋擾，則當爲爾上請，貰爾罪，予爾牌印，酋必感恩悔禍，我兵可解甲，而民可安枕，爲地方計甚便。」撫臺不能用，緬酋至今爲梗，滇人每思公言。蓋公曉暢物情，氣定而識遠，故隨其所至，輒建樹炳炳，識者謂公可肩鉅任。然天性夷坦，既不能媕婀取容，又不能結交延譽，故挾負雖磊磊，而世不盡知也。

自雲南量移陝西。陝西職在馬，而仕者視爲散局，率高卧不事事，馬政日隤，公欲稍稍振刷，曾不得展，乃歎曰：「湖山遲我久矣，胡不歸？胡不歸？」遂自投劾，乞身去，家居逾二十年，日唯課子弄孫自娱，深究黄老養生之指，其於一切玩好，泊如也，晚更號澹翁以見志。與人温温可親，喜愠不遽形於色，至論事可否是非，侃侃不阿，必當於理。其學博綜今古，叩之輒響答，發爲文詞，不事組繪，而充然成一家言。有《明洲集》及所訂《參同契》藏於家。嗚呼！公之德厚而福完，壽考偕老，後昆昌大，若此者，世有幾？某方讀禮，屏筆研，乃兹抑哀草狀，以應公父子死生之託，詞甚不倫，唯當世立言君子採而銘之。

封右諭德兼侍讀會稽羅公行狀

望湖羅公者，南京禮部右侍郎萬化之父也。先是，公封修撰，萬曆壬午，用皇子覃恩進封右諭德兼侍讀。明年冬，公與沈宜人並七十，宗伯公因乞南，爲兩尊人壽，亡何，赴官所，則時時念兩尊人，將乞歸養，公固止之。居二年，丙戌二月之六日，公忽以微疾終于正寢。宗伯公奔訃踴絶，某馳往哭之，皆失聲。既三月，宗伯公將營葬事，乃述公事行，屬某爲狀。嗚呼！某忍狀公哉！某自弱冠與宗伯公同師，已又同几研者十年。某第南宮，實宗伯公所手録。已又締兒女盟。蓋後先三十年，庶幾古人之交。以故某每父事公，而公視某猶子也。知公狀公，非某其誰！

按，羅氏自三國時有某者卜居會稽之羅村，遂世爲會稽人。歷歲彌遠，譜系殆不可考。迄元至正間，某始自羅村遷倉塘，凡五傳並潛德弗耀。某生某，是爲東溪處士。處士始以勤嗇起家，産漸饒而好施。嘗爲賦長，單户逋賦急，且抵罪，處士輒代輸之。有負處士金者，而鬻妻以償，處士詰知其故，乃大驚，擲金還之，曰：「亟歸爾婦。」其人泣曰：「婦即歸，如枵腹何？」處士愴然，更予之金，夫婦得復完，每旦必焚香祝之，終其身。蓋羅氏之世有陰德如此。處士三子，長芬，入貲爲郎，未仕卒。芬二子：長拱奎，以國子生爲西城副兵馬。次拱璧，即公也。公生十歲而父歿，亡何，叔季氏道尋歿，無後，以公爲之後，時年財十一耳。所生母金孺人與所後母朱孺人，兩嫠煢煢，公以一童子周旋其間，則既以孝聞。稍長，就外傅習舉子業，又輒有聲，然竟以孤棄去。當是時，公與沈宜人内外操作，上稟承大父母，内事孀母，外諧諸昆季，雍雍如也。而公天性至孝，每以父蚤世，身爲人後，母在不得養，心痛之，竊時時致甘毳焉，而又不敢傷朱孺人心。比母卒，哀甚，因跽請朱孺人曰：「兒，金所出也，今長往矣。且伯氏不振，大事設有悔，奈何？」卒得請，偕伯兄治含殮，勞費倍之，然公心獨苦也。其事朱孺人，無纖鉅必稟而後行，朱孺人亦忘其非己出也。朱孺人矢節植孤，歷四十餘年而卒，公哭之一如喪金孺人。已而宗伯公舉廷對第一人，官翰林，疏朱孺人節請於朝，詔旌其間。公乃泣告于朱孺人曰：「今而後，兒願始畢矣。」當大父母卒時，未及葬而叔仲氏及兵馬君相繼凋落。公既卜吉葬其大父母，爰及叔氏，並以身肩之，旁兄弟莫助也。居常獨恨以孤廢學，於是督課宗伯公及諸子嚴甚，寢興與俱，間視宗伯公所與游，名士也，即掃槖張具弗少恡。宗伯公弱冠已籍籍負時望，公顧誡之曰：「學匪徒博科名爾矣，要在立身。」既宗伯公登上第，居侍從，公又誡之曰：「仕匪徒取卿相爾矣，要在報國。」宗伯公唯唯，奉教惟謹，歷官幾二十年，不亢不詭，若虛若無，蓋庭訓有自云。凡羅氏三世，賴公且繩且啓，其大致如此。

平生於一切世好，泊然不入於心，澣衣糲食，雖貴不改。諸子或以腆羞進，必投箸卻之。夫妻相對如賓，白首無忤容。諸子稍有過，不遽譙訶，第閉閣兀坐，而諸子慄慄不敢見，必省改乃已。居常寡言笑，喜怒不徵於色，至臨事獨裁，所見既定，雖萬夫不能摇也，而又犁然各當於理。有司之庭，歲財一二至，絶無它干，至以鄉大賓辟之，亦不赴，最後財一二赴，又輒謝去。其與鄉人處，恂恂和易，雖田夫牧子必與抗禮，或加以横逆，弗較也。晚歲門閥寖盛，益競競務戢斂，常以侈汰爲戒。用是諸子弟僕從無不俛首退讓，猶然儒業。越人稱世家德門者，必曰「傖塘羅」、「傖塘羅」云。嗚呼！以某觀於公，長厚篤誠，身無墮行，口無媟言，足無徑蹈，外無間里閈，內不愧妻子，即世儒以學名者，或不能過也。而公顧以廢學自恨，豈其然哉！豈其然哉！某嚮不敢爲綺語，乃於公則又有隱善之懼焉，惟當代立言君子採而銘之。

工部主事餘姚諸公行狀

吾師曙海諸先生歿既逾年，其子國子生某以狀屬不肖某，將以請銘于太倉王學憲敬美。蓋某與敬美當弱冠時，從先生受《易》於長安邸中，距今且三十年，先生遂厭世以逝，而兩生者卒相與狀而銘之。嗚呼！尚忍言哉？

先生名大圭，字信夫，其先本朱姓，元季，曰彥明者自鳳陽徙廣陵，已又徙於姚，因家焉。幾傳而爲正，正舉進士，乃更姓爲諸，蓋文皇帝制科之始也。某生某，是爲先生之曾祖。今海內譚

《易》者，並推姚江，而諸氏尤號專門，若理齋先生，其傑然者也。先生曾祖及祖絢，並以明經起家，迨父應第爲諸生，每不得志，而伯兄某亦久困於儒，遂欲令先生棄儒而業農。先生甫十齡，竊聞父兄語，大恚曰：「夫業農者不亦有凶年乎？然終不以凶年故擲其耒耜。吾家世業儒，奈何以一再不效而輒棄之？」於是下帷刻苦，久之，學竟成。已遊郡庠，文譽日起。武進方山薛公視學於浙，自負名高，眄睞若無人，及至紹，得先生卷，擊節嘆賞曰：「浙士千萬人，此豈有兩哉？」是歲爲嘉靖壬子，賢書出，先生果褎然舉首。既而歸丁内外艱。凡七上春官，輒不第歸，歸則日坐皋比授弟子，諸弟子拾其餘唾以掇青紫者日益衆，而先生猶儒冠，然氣不少沮。

今上御極之五年丁丑，竟成進士，一時典文者交酹酒賀得人，尋授繕部主事。繕部所司，大而宫闕陵寢之營建，其細則百工羣材之叢委，迨還並至。而所與共事者率閹貴人，動多齟齬。其下則胥吏夤緣爲奸，稍稍約束，脣吻且横起。先生處之，不亢不隨，守己潔而御下嚴，亡鉅細必躬握籌算，事集而費省，工與商交便之，然以是過用其神而疾作矣。己巳考績，得贈父如其官，妣某氏贈安人。先生色喜曰：「吾始不意爲儒，今幸以儒顯，且徼榮於我二人，吾願畢矣。」於是飄然乞歸，而尚書廉知其能，固留之。已而疏請先生分署清源，謂清源事簡，可卧而治也。乃疾日益甚，遂歸，逾一歲而卒。

先生歸而假屋以居，卒而無以爲殮，其持身服官可概見已。平生孝友出於天性，雖貧窶時，必竭甘毳以奉其兩尊人。所得諸弟子行脩，必手致兩尊人，不以入私闥。既登仕，則悉以所遺宅歸伯兄，而獨撫其幼弟至長。視諸姪如己子，它至内外宗婣，贍恤備至。見人有急難，即疏遠必極力拯之。與人姁姁，未嘗有遽色，言呐呐不出口，常退然有以自下者。以是所至人人愛敬，久而不衰。其學旁羅幽討，叩之而不窮，爲文爾雅，有如其人。人謂先生厚畜而晚成，宜有遐享，乃官不過六品，壽不滿六袠。茫茫天道，誰得而究詰哉！

伯父漢陽貳守伯母丁宜人行狀

嗚呼！伯父之殁既五稔而始卜有葬地，葬既有日矣，而始以狀屬不肖忭。忭方以吾父之戚煢煢苦塊，又何忍狀吾伯父也！雖然，伯父之潛德懿行，惟不肖忭聞之於父兄者爲最詳，狀其可辭？

伯父實先大父慈亮府君之冢子，與仲父雙澗翁洎吾父皆趙安人所生。吾張氏世業儒，然自國初來，未有以科第顯者，至伯父始以嘉靖龍飛之壬午領鄉薦，而張氏始寖以昌。弱冠即粹于《易》，爲里中師，仲父洎吾父皆從而受業焉。即不肖輩世守其業，以濫竽科第，皆伯父之緒餘也。伯父爲文典雅，至今可誦。然初試于有司，不早售，年二十有七始補郡庠生，居一年，薦于鄉。卒業于南雍，大司成甘泉湛先生雅器之，一時同舍並以《易》學相推讓。然累試于春官，又輒不售，至辛丑，凡七試矣。是春，主司得其卷，既首録之而復以誤遺，乃嘆曰：「吾之不獲一第，真命矣！且吾母老矣，而不爲禄仕，可乎？」遂謁選，授延平倅。延平爲海濱痌瘝之鄉。至則寬催科，省詞訟，一以廉勤簡易拊循之。嘗斷二疑獄，衆服其神。監司廉其能，委署安邊館，司海舶之出入，爲貨賄輻輳之藪而皭然不爲染。有巨商持千金因所親以進，伯父正色曰：「若視吾骨，可以一日安獲千金者哉？吾得保令名，歸老牖下足矣。」竟峻拒之。日唯砥礪爲海防計，緝堡栅，謹烽燧，練兵卒，瀕海之民恃以無恐。巨寇李文勝、竇老兒者，出没島中數十年，莫敢誰何。竟以計令自相鬬，尋發兵追躡之，積寇悉平。漳、泉間咸德其惠，既代而去，争立石頌之。績聞，擢漢陽貳守，其廉勤簡易一如延平時。然性孤介，不習脂韋，竟以是忤當路。

丁未春，以大察免，而是年吾父舉進士矣，先大母又幸亡恙，伯父乃欣然歸。歸之日，行李蕭然，家壁四立，僦居南園者且十餘年，日夜拮据畜租，乃稍足自給。而長子又已登仕，有餘俸，始置第簞醪河之里，居常恬憺，無紛華之好，博弈諸技絶不經意，唯庭前蒔花數本、竹數竿，旦夕手灌之，以自爲樂。亦不喜廣延賓客，晚年唯與一二老友爲真率之會而已。至于郡縣之庭，歲時一拜賀外，不數數至也。以是其操行純潔亦鮮有知者。當開講稽山時，誨導有方，出其門者多名士，若趙僉憲理、徐僉憲甫宰、吾師俞侍御先生咨益，其表著者也。口未嘗談人長短，而善藻鑑，嘗以一言品騭于數十年之前，後卒不爽。吾父童髫時，伯父輒以爲奇，謂先大父曰：

「大張氏之門者必季弟矣。」徐僉憲公之令武平也，乞言于伯父，適不肖侍側，徐既去，伯父目之曰：「是夫也，見卓而志遠。其策勳閩粵間乎？」即不肖少而顓蒙，伯父每以國器期之。庚午夏，既北上，伯父遺之書曰：「吾視汝志趣不凡，今天衣祖山鳴三日夜，其兆端爲汝矣，第勉之。」其明年辛未，廷試報未聞，而伯父溘然逝矣。先一夕，病且革，猶瞪目謂家人曰：「吾姪捷音尚未至邪？」嗚呼！其前知若此，豈非其心靜，其神靈邪！顧不肖黯淺，無以副伯父之期，玆爲狀，實酸楚流涕而不能自已也。伯父名天衢，字道亨，別號十峰，以天衣十峰之麓先大父之墓在焉，志不忘親也。

先考内山府君行狀

嗚呼！先大夫之行非不肖孤所忍狀，然先大夫有治命：「知子者莫若父，知父者亦莫若子。我卒不諱，汝必手狀之，以請志于先生長者。」嗚呼！言猶在耳，而先大夫遽長逝矣！不肖孤於是負罪忍死，抆血淚而爲狀。

狀曰：先大夫姓張氏，名某，字復亨，號内山，一號初陽，晚歲更號鏡波釣叟。先世本蜀之綿竹人，宋咸淳中，名遠猷者爲紹興太守，有惠政，卒而葬山陰，遂世爲山陰人，居南和里。遷今常禧里，則自先大夫始也。太守公四傳生福，以鄉進士爲温州學正。學正生仕廉，當元末，抱德而隱。高皇帝既定天下，以隱士徵，不就，郡守羅賢之，辟爲鄉大賓。仕廉生原旭。原旭生恭，少孤，育於舅氏陸，因冒陸氏。恭生宗盛，雖從里閈爲散官，而好古敦行，有長者風，鄉人至今稱「陸如松翁」云。弘治間，陸之子孫搆奪其居，始白於官，復故姓。宗盛生四子，季曰詔，則先大父也，以先大夫貴，贈吏部驗封司主事，其襲爲長者行，與大母贈安人趙氏之賢，語具少師華亭徐公《志》中。大父生三子，先大夫最少而孿生。當少時，二伯父皆已業儒，大父顧念家弗饒，且令季者治生産。先大夫艴然曰：「兒獨非男子，不當有事四方邪？」大父壯其志，乃令就學。弱冠補邑諸生，即以時藝出諸生右，尤工古文辭，與羅先生椿、柳先生文爲友，皆少年有文名，時稱「越中三雋」。華亭徐公校文至越，得先大夫，大奇之，遇以國士。比行，先大夫贈以古詩二章，徐公起謝曰：「由前所言，我階不敢當。由後所言，我階不敢不勉。」自是名益彰，弟子從游者日益衆。邑舊無志，許侯東望以屬先大夫，卒成信史。操觚問字者往往造門，先大夫既紛應無虛日，然又以大父早世，益以其餘力治生。家即不饒，無窘狀，恥對人言貧。事大母，必備甘毳盡其歡。歲時祀先大父，必極豐潔。所居數椽之室，環堵之牆，必植果卉，陳圖書，客至不覺其陋。值令節時亦喜遊，而攻制科則益邃。嘉靖癸卯，領鄉薦，及宴，念大父弗逮，嗚咽不能食。丁未舉進士，明年奉使江右，歸拜大母於庭，數月始馳復使命。已而哭大母之訃，於途幾絶，僅匍匐以歸。

庚戌，服除，謁選，授禮部祠祭司主事。時内閣奏選朝士長於文學者理制、誥兩房事，吏部首以先大夫上，遂改吏部驗封司主事，入直制敕房，一時典誥表箋多出先大夫手。既三載，當軸知先大夫才不當老鉛槧，遷兵部職方司員外郎，兩月，再遷禮部主客司郎中，尋轉儀制。時肅皇帝遇羣臣嚴，稍誤即得罪叵測，而儀制復多事，若嘉善公主下嫁、莊皇帝大婚、景恭王就國數大典踵集，先大夫稽古制，酌時宜，從容劑量之，迄無廢事。又與諸寮纂儀司職掌爲成書，自是事有定制，吏不能操販爲奸。既滿兩考，會光禄少卿缺，序當及，先大夫意有所避，辭不就，乃外補湖廣提學副使，是爲戊午之夏，距省試不遠。或謂先大夫且迂道，可逃其勞，先大夫曰：「爲人臣，奉天子命專選舉一方，可憚勞邪？」卒冒暑兼程以進，至則諸士集省中者以數萬，分刻而校之，甲乙一覽而定，比鄉書出，視校榜若合左券，監臨者疏薦之，有「妍媸如見，敏捷若神」語。是秋，不肖孤亦舉于鄉，往省于楚，歲既暮，不忍别去，欲留楚。先大夫誡之曰：「汝能不躁進，固善，第以此圖自逸，則不可。」然竟留楚。楚地延袤數千里，前此學使者馳校鮮能遍，若辰、沅間士，有曠數十年不蒙校者。先大夫居楚三年，凡兩遍其境，即窮邑無不足履而面授之，士以是翕然思奮起。又遇諸士務以和，多開襟，少威夏，煦煦若對家人父子，貧者周之，喪不能舉者助之，楚人士至今有去思焉。既又聘諸文學修全楚志，書成，未刻，以江西左參政行。過越，展大父母墓，乃就任。

明年壬戌，以察左遷雲南副使。時沐氏藉累世資，專恣日甚，巡撫吕公光洵，巡按王公諍、劉公思問，皆老成謀國人，謂及今裁之，庶幾爲國家全功臣後，毋貽西南憂。而先大夫實與三公同心，又方握堂印，凡沐氏不法事，操頗急，沐氏思得而齮齕之。既而武定土酋鳳繼祖叛，攻城郭，襲殺憲臣，動摇滇省。先大夫贊策撫臺，偕二三藩臬分道進剿，冒矢石，犯瘴癘，數月就平。會先大夫斬馘名酋，撫定黎夷，功特著，語具《平黔記》中。撫按論功交最，同事者忌而欲攘之。先大夫遷甘肅行太僕寺卿，去滇，一時撫按者皆新代，沐氏讒搆于内，同事者萋菲于外，於是寢武定功，且下吏按治。當是時，先大夫憤恚病甚，不肖孤扶掖就對，既入滇，則遠近父老若獠夷千百人，日奔號省中，爲先大夫冤，旦夕負芻米饋問不絶，所司乃廉其枉，事稍白，罷歸。歸則日眺覽郭外，葺舊廬，鑿池拓圃，徜徉其中。因誦賀監歸鏡湖詩有感，名其别館曰「鏡波」。性喜飲，賓至，輒陳觴俎，陶然忘醉。晚既閒，益工詩文，紛應益不暇給，所著有《鳴玉堂稿》行于世。善行草及署書，人有求者，輒揮毫，竟日忘倦。平生立心純厚，好施予，濟危周急，不責其報。宗族有饑者，分所入贍之，歲以爲常。尤篤故舊，無顯晦白首如初。每歲春，必命役夫行郊外，裒骴骼瘞之，既乃甃石爲埋骨冢。或桑梓有利病可興汰者，輒爲白當路，汲汲若己事，即以此蒙訾毁不恨。

嗚呼！先大夫才大而志遠，若宦轍所表見，特萬分一耳，乃不得盡究其施而鬱鬱以老；

生平種德累行以遺我子孫者甚厚，乃不得身享百年之樂而溘焉以歿。嗚呼！此不肖孤之所以飲痛而不能已也。往歲辛未，不肖孤幸及第，官修撰。明年壬申，今上嗣服覃恩，不肖孤具疏言：「臣父某，曩昔有武定功，被枉，乞復臣父某職。」詔允之。是年九月，適六十初度，不肖孤將先期乞歸，稱觴上壽，先大夫遽止之曰：「吾父子世受國恩，汝又遭殊遇，捐私計，殫報塞，其時也，奈何效兒女子依依思歸寧哉？」不肖孤以是不即歸，逾年二月，先大夫感風痺疾，不肖孤乃請告歸，甫十月而疾革，竟不起。嗚呼！此不肖孤之所以追恨而不能已也！先大夫雅信堪輿家，當六十時，自爲塋于天柱峰下之官山墺，位坤向艮，一木一石，皆手自經畫，遺書京師示不肖孤曰：「吾百歲後，魂魄長遊于此矣。」嗚呼！忍言哉？不肖孤謹承先志，將以是年十二月二日，奉蜕而藏焉。伏惟門下之文足以垂信將來，而先大夫又辱知最久，幸憐而賜之一言，以光幽宅，先大夫死且不朽矣。

先妣劉安人行狀

痛乎！不肖孤忭之不孝也！蓋自辛未竊禄于朝，始迎養吾母，甫二年而先大夫疾作，亟奉母以歸，歸未及期，先大夫見背矣。其後五年，復官于朝，母以春秋高，不與俱。孤忭黽勉京師凡五年，常悒悒不樂也。會有楚藩之役，既訖事，輒取道歸，歸僅數月，母又見背矣。嗚呼！

自非孤忭僇盭貫盈，奉養多闕，則何兩奪我怙恃皆當歸覲之日邪！嗚呼！孤忭之不孝，無所逃矣，即死且不可贖，尚何忍握管以狀母之行？顧閫以内事，雖肺腑之親有不得悉聞者，於是敢負罪草狀，以哭於太史氏而請銘焉。

母姓劉氏，處士東山翁曉之長女也。處士爲人嚴重，多憂寡笑，不妄取予，事後母若弟孝且友，里中以長者稱。母雖女子，實最肖，處士最鍾愛，且詢且卜，以字我先大夫。先大夫既弱冠，爲諸生，有聲，乃逆吾母以歸。母年財十有七，已諳婦道。當是時，先大父封驗封府君方好義務施，家日落，而處士以力本致饒，母歸，奩具頗贏，一日，悉毁易以佐公需，不少悋。先大夫終歲館於外，母手乳孤忭，而身兼操作，竭滫瀡以奉事先大父母。先大父母於諸婦中最宜吾母，然辛苦備至矣。其後先大夫既躋膴仕，孤忭亦濫竊一第。母每念疇昔之艱難，儉素如故，食唯脱粟，衣必重澣，子婦或以甘毳進，輒嚬蹙而卻之。先大母趙歿時，先大夫既成進士，需選京師，一切喪殮亡巨細，母挺身任之，時孤忭已十齡，母哀號欲絶之狀，至今猶能記憶也。每歲時伏臘，必哽咽不勝，左右見之，亡不流涕者。母止生孤忭一人，庶母陳舉二弟一妹。母平時待孤忭至嚴，即一言詿誤，必呵之，而於弟若妹，獨姁姁以和。其待長婦，曾不少假，而於二弟婦，見之未嘗不色喜也。事外大父母若姨舅行，愛而有節，偶御一物而甘，輒思割之。然意不欲私外家，即有所問遺，雖纖瑣未嘗不慎。子婦竊窺其指，則時時問遺不絶，母意乃悦。每家祀後，必更祀外大父母，其哽咽不勝，亦如祀先大父母，然未嘗數數過外氏，常謂婦人之義固如此。此猶其小者也。若母之識遠而見定，有丈夫所不及者。始先大夫以祠部郎改典內制，浮湛散局中，意常鞅鞅，母曰：「仕通塞有命，第安之。」已而再遷儀制，以臬副視學湖湘，而孤忭亦於是秋厠鄉書。母曰：「可以知足矣。」因諷先大夫爲歸計。後數年，徙官滇南，蒙詬譴，乃悔不用母之言。先大夫萬里就對，孤忭掖以行，親交祖道，並相視悽惋，母獨無幾微見于顔面。及孤忭登第，母顧有憂色，曰：「福不已過乎？」數遺書孤忭，誡以立身、報君父云。其年秋，就養邸舍，母日甘澹泊，即孤忭侈心無繇萌。又明年冬，孤忭以星變有罪言，恐駭母，不以聞，會從弟自外來，驟言之，母顧婦曰：「有是乎？」婦曰：「有之，不敢言耳。」母笑曰：「兒能效忠，吾何憂？」已而疏留中不報。是夕乃垂涕謂孤忭曰：「汝父母老矣，奈何越位以冒不測邪？」孤忭唯唯，自是則緘其口矣。母識見不凡類如此。

平生禮佛持齋，然多病，不能耐煩。癸未初夏，孤忭歸自楚爲母壽，母歡甚。及秋病脾，匕箸漸減，孤忭憂之，將請告，母厲色止之曰：「兒以國慶行，而可以疾請邪？且我自度無大恙，奈何牽私愛而稽王程？非我所望。」於是日呼二弟二孫趣治行甚峻。孤忭遲回不忍去，母顧恚曰：「令我不得壹意靜調，安在爲孝？」孤忭不得已，則謬緩其期，及臘月之望，乃勉遵母命以行。行之晨，母故强飯，已而疾頓劇，孤忭自武林馳歸，母尚訝曰：「兒何遽返邪？」後五日，竟不起矣。臨終了了，不少亂，一切後事皆手自擘畫如平時。未屬纊前一夕，疾革，孤忭呼謂母曰：「母嚮仗佛，此正其時也。」母乃連念「彌陀」，聲尚徹壁，因命諸孫和以《心經》，諸孫倉皇誦之，母更爲正其舛謬，又言：「此事人人不免，若我則欣然往矣。無罣礙，無痛苦，若曹毋爲我悲。」又時時寢右向。孤忭候其氣息如常，竊幸之，而乃溘焉以逝。嗚呼！痛矣！釋氏言人終右脇臥，神不亂，則往生西方之證，母其是邪？非歟？嗚呼！痛矣！曩先大夫之喪，弟若妹皆在齠齔，諸曾孫未誕也，距今十年，弟妹婚嫁粗畢，諸曾孫羅遶膝下，母視先大夫則既有間矣。顧孤忭碌碌一官，迄無所表見，既不能以善養，而母居常敝衣疏食，未嘗享一朝之奉，又不得云禄養也。今則已矣，孤忭所以頓地號天而莫能自解也。兹將以某月某日，奉母柩合先大夫葬於天柱山之官山墺。所藉以章母懿，垂不朽者，惟執事之片言重於九鼎也，幸執事哀憐之。

卷十三

墓表

資政大夫南京吏部尚書邢臺王公墓表

邢臺金泉先生王公之監試於浙也，在嘉靖之戊午，余小子某實公所録士云。後十四年爲隆慶辛未，某始登第，官翰林，而公致南太宰政，歸邢臺。邢臺距京師爲近，蓋時時問起居焉。又十四年爲萬曆甲申，某方廬居，而公竟卒於家，二子若孫相繼歿，獨幼子弱孫煢煢存耳。頃某復官於朝，始與同門友通政趙參曾謀所以表公之墓，謂某史也，授之簡。嗚呼！某其忍辭？

公前以樂安令入爲御史，初使秦，以核兵行，再使蜀，以巡察行。未幾，丁内艱歸，服除，始按吾浙。去浙後，九遷而至南京吏部尚書。敭歷中外三十餘年，偉節豐功具在國史，余小子何能枚舉？第舉其大者且耳目所睹記也。

公按浙時，島夷内訌，華人王直爲之嚮導，督府胡公誘使歸正，約官之，直果詣軍門降，督府欲如約，公謂「中行説實魚肉我赤子，罪未易擢髮，而以小諒忘大憝，謂天討何？」竟置之辟，朝論韙之。督府以寇平，欲置酒高會，號「泰平宴」，以耀吴越，計費萬金。公謂：「創痍未起，反側子潛伏叵測，安所稱泰平？」竟格不行。後督府以糜兵餉爲言者所糾，冀公勘報爲掩之，公竟以實聞，且疏論其先後奏功欺謾狀。時分宜柄國，實翼蔽督府，謀所以齕齮公。會遼左饑，奏令公行賑，給贏百匹，運米十二萬斛，戒夙報毋後期。公疏請予其半，折色給遠地，獨近地給本色，凡再閲月而報完，遼人賴焉。故事，御史八年晉貳九卿，公以分宜故，竟出陝西副臬，飭兵西寧。西寧當孔道，華夷錯處，公務和輯，而一稟之于法。莊浪魯氏素驕悍，通判損其月餉，軍作亂。公身撫之，叛者旋定。土夷白事率以譯達，華人多賄譯者，反其辭以爲奸。公豫置象胥二人於側辨析之，民不能欺。晉參政，未幾，分宜敗，復入爲大理寺左少卿。晉南京都察院右僉都御史，督江防，尋移北。晉左副都御史、刑部左侍郎，改兵部，協理營務。隆慶初，改吏部。時新鄭以政府攝銓衡，任意予奪，公卿累息下之，公獨無所加。聞虜將犯塞，新鄭欲設督餉重臣暨它官禦之，公謂虜徒虚喝爾，不覩其形而先以騷駭衆？議遂寢。其它議多不合，遂遷南京吏部尚書。今上踐祚，屏去新鄭。江陵欲盡逐其黨，大察兩京，移書罷一給事、一御史。公廉其無害，全之。江陵不悦，會公以考績還，移疏乞休，遂得請歸。迨江陵殁，廷臣屢薦，不起，壽七十一卒。

嗚呼！公之外也，以時宰，公突未黔，而時宰不能保其子；公在南也，以時宰，公車未懸，而時宰不能保其位；公之歸也，以時宰，公木未拱，而時宰不能保其家。世道之變，較若循環，良可慨。夫古大臣不乏剛正之節，而往往觸藩曳輿，動虞跋鰲。公終身虎尾，屢蹪復興，雖未究其設施，而勳名壽考，始終無缺。天之篤祐元老，以彰我國家熙洽之運，詎偶然哉？故爲之表其大者若此。公諱本固，字子民，嘉靖甲辰進士，其世系閥閲、生卒日月，詳具大司寇舒公《志》中。

贈兵部職方司員外郎稷山裴公墓表

平陽之稷山，有東野裴翁禮者，少業《易》，爲諸生，已而聞涇野吕先生講道於太學，則入貲走太學，往從之。既卒業歸，會其父病股，脂膏滫瀡之具且不繼，於是慨然曰：「學不以治生爲急乎？」晉地故沃衍，其俗率爲呰窳。翁性獨喜稼穡，亡他嗜好，旦暮相原隰所宜，以時藨蓘，歲所入常倍蓰於他農。久之，庾囷相望，父見之，喜曰：「噫！而父弗克菑，兒顧肯穫邪！」先世第舍湫隘，至是始拓而新之。左祠右塾，内庖外厩，爛然畢備。父又喜曰：「嘻！而父弗克作室，兒顧肯搆邪！」父故好客，客常接轂于門外，爲除舍張具，跽上酒食，無弗當父意指，即父所欲衣食人，已先意衣食之矣。其遇諸疏昆弟，敦讓而務施，窶者待以舉火，鰥者待以婚喪，無歸者待以殮，率以爲常。歲大祲，粟價騰涌，翁藏粟甚夥，悉以貸貧者，不責償，里中人無近遠舉呼翁長者。他日盜羣聚，剽旁舍，次且薄翁，俄一赤巾者訶曰：「叱！避！毋怛長者。」遽引去。旁舍火，竟延翁所，積著蕩然，舊所嘗負翁者競肩輓以償，業復起。生平以積散爲事迹，故不顯，第嚴課其子賜，卒成進士，今爲職方郎中，人以爲厚施之報云。初，翁生數月失母，鄰許媪者乳之。稍長，始知刻木以奉其母，而終身事許媪如母也。年四十有六，以哭父過傷卒，其年嘉靖癸亥之某日，與其父同日葬于某山之原。後十年，以子貴，贈武選司員外郎，配胡氏封太宜人。其世次事行，詳劉太史志中。

史某曰：余聞裴翁喜讀史，恥爲曲士，嘗有味乎晁錯之言明主貴五穀、賤珠玉也。乃卒用農業起家，埒於素封，奉養其親，盡歡而且聚且散之，以芘其一鄉之人，翁亦偉丈夫哉！蓋古者務本而力穡，非獨農也，惟士亦然。是故伊尹耕莘，郤缺耕冀，其他耦耕荷蓧之徒，皆春秋之賢者，豈獨不遇於時，姑有所托而逃之哉？誠以農爲衣食之原，自天子以至庶人，莫得而廢也。史遷有言：「原大則饒，原小則鮮。上則富國，下則富家。」余觀裴翁，以彼其才，特不遇而小試之耳。藉令有知翁者，舉而授之農師田畯之任，以其試於家者用之於國，雖使秦晉燕趙之墟墉崇而櫛比焉可也，豈特惠施於鄉而已哉！吾故表而出之，以愧夫世之爲士而不能辨菽麥者。

茌平弘山張先生墓表

有明正嘉之際，王文成公倡道於姚江，維時及門之士，自大江以南無慮千百人，而淮以北顧寥寥焉，誠阻於地也。既一再傳，諸高第門人，各以其學流布于四方，然後一二傑者，始興起於齊、魯、燕、趙之間，而其毅然自樹，超然獨得，顧有出於及門諸賢之上，何哉？今夫世胄之家，其子弟有父兄之教，或不能率；有父兄之書，或不能讀；其得之者易，故其守之也不堅，如是而有成者，十亡一二焉。甕牖繩樞之子，崛起於布素，非有所承藉也。得一師，則敬信而從之；得一書，不成誦不置；得之彌艱，守之彌固，蓋鮮有不成者。嗟乎，學者徒傍門牆、務口耳，其信不若自修自悟者之爲堅哉！予頃居京師，得一友，曰孟子成氏。子成，山東茌平人也。其守介，其學特立而深詣。予每叩其所由，則稱曰吾師云、吾師云。已而叩其師，則曰吾邑弘山張先生也。已又叩先生之所由，則曰先生故嘗私淑於文成之門人江右中溪顏公、波石徐公而得之者也。一日出弘山教言數十條示予，予受而讀之，既終業，嘆曰：「有是哉！文成之的傳其將在兹歟！」江以南諸君子，著書以明良知之説者多矣，大都高者或過于玄遠而無當，其次或湊泊牽附而未融。予甚愚下，誠不能無逆于心。今觀先生書，簡直融貫，無一言不本於心得，無一言不契於宗旨，其最著明者，有曰「耳本天聰，目本天明，順帝之則，何慮何營」；有曰「良即是知，知即是良，良外無知，知外無良」；有曰「人心不死，無不動時，動而無動，是名主靜」；有曰「真知是忿，忿自懲。真知是慾，慾自窒。懲忿如沸釜抽薪，窒慾如紅爐點雪，摧山填壑，愈難愈遠」。凡此類直揭本體，非高遠，非湊泊，即令文成復起，且首肯之矣。斯道將不在先生歟？

先生名後覺，字志仁，自蚤歲爲諸生，獲聞良知之説於兩公，輒自信此心與仲尼無二。久之益深思力踐，洞朗無礙。已又以取友未廣爲媿恥，於是南結會於香山，西結會於丁塊，北結會於大雲，東結會於王遇。齊魯間學者，舉知有弘山先生。海内大賢道茌平者，必造先生之廬。近溪羅公守東郡，穎泉鄒公視學東藩，爲先生兩建書院，曰「願學」，曰「見大」。先生又北走燕，南走金陵，入水西，日與四方諸同志證其所學，歸而與其門人孟子成秋、趙暹、趙維新輩，日夕相琢磨，蓋不知其身之不遇與老之將至也。先生狀貌魁梧，美鬚髯，軒眉廣顙，見者傾斂。其事親孝，遇宗黨有恩，與人交，恂恂恭讓，里中稱長者。其仕終華陰諭。當在華陰時，會大震，殞者亡算，先生獨亡恙。奉檄視邑篆，未匝月，起仆弭亂，境賴以安。家居逾二十年，以萬曆戊寅七月二十日卒，享年七十有六。其明年某月日，葬于城北十里原之先塋。其世次具其父東社公志中。其子一本，介於子成，請予表其墓。

嗚呼！先生仕不顯于時，其學之可用，僅一試於華陰，而平生又不喜著書，向微門人録其教言以傳，則遂没没而已乎！雖然，以先生卓爾之見，上接乎文成，則其人雖死，其神固不死也，又豈以書之傳不傳爲顯晦哉？世有知先生者，當不以予言爲過。

祭文

哭楊椒山文 時年十九。

椒山之上疏也，余在京師，親覩其事，每爲之惋憤不平。公囚五年，余寓京五年，訊之無恙，輒自慰。余于是秋方歸娶，而公訃已聞矣。嗚呼哀哉！路遠不能臨柩一哭，乃姑爲文以哭之曰：嗚呼！謂天無意于斯人乎，斯人何爲而生？謂天有意于斯人乎，斯人何爲而死？吾於此蓋不能自解也。自古直臣死者非一，夫子獨擅其英；自古衰國必殺諫臣，今天子聖明，而夫子適罹其刑。嗚呼天乎！何畀之厚而祐之薄耶？豈蒼穹之無信，抑黎庶之鮮緣？當鸞氏之議和，言官拑口而莫敢喧，夫子激義而抗疏，爲國忠謀而不復計夫沛顛，意既左于權臣，遂逢上怒而斥逐于遐邊。既而奸謀發以遭戮，乃上亦思夫子之言，召自卑遠而貴近，人方撫掌而慶其道將大展，孰知碩鼠之倚社，猶之乎昔日之奸。夫子感主恩而思奮，歷患難而節益堅，將厲筆鋒以誅佞，何遽爾長往而不返哉？嗚呼！夫子而今已矣！有妻貞淑，實内相夫子之賢。方夫子之囚居，夫人手貽以持身之編；及夫子之臨刑，夫人自誓以《柏舟》之篇。嗚呼！夫子忠直志遂，雙節名完。夫子固飄飄乎若羽化而登仙，吾獨悲佞人之名與夫子之芳名而俱傳，吾復悲斯世幸遇夫子而又不得一被其澤焉。吾始至京師，年方垂髫，讀夫子之章而嗟歎，覩夫子之事而悲感。雖沮勢而志不獲通，猶冀夫子之得脱而一面。歷五載而同寓，喜夫子雖幽囚而尚延。夫何余方歸越，而夫子遽有此慘？嗚呼！一時勁草，千古名山，夫子亦何憾而不快然于九原！所慟者，眇焉小子復何自而得與夫子一見也？仰呼彼蒼，惟默惟玄，盻望燕雲，以高以遠。嗚呼！夫子今何爲乎？誠散爲太虚與造化者遊乎？將結爲靈瑞以寓其精乎？豈爲震雷爲怒電以泄其憤乎？將爲悲風爲淒雨以鳴其哀乎？豈爲神爲明以遂此正直乎？豈爲鬼爲厲以殲此邪佞乎？嗚呼！夫子倏然逝矣，冥冥茫茫，果不知其何爲矣！彼濁濁者，誰與清之？此皦皦者，誰與翼之？興言及此，内若焚烈，臨風一慟，我腸幾絶。嗚呼！天乎有知，可使夫子不復生耶！

祭朱東武公文

唯帝命之孔嘉兮，恒鷺賫乎仁賢。胡澡德環材兮，乃靳施而嗇其年。若元亮之高標兮，竟厄轅于彭澤。僅享齡之六紀兮，倐祖行于丁卯之夕。歷千餘載而迄今兮，再振響于先生。幼佩此芳潔兮，迨壯且老而逾駿厥聲。氣志呑礴兮，湛八埏以霖雨。六籍沉酣兮，闡周孔之靈秘。

翱翔藝圃兮，追晉魏之長風。天植孝友兮，允參騫之可同。明時匪乏兮，悵知遇之爲艱。躋驥步于下櫪兮，鵬垂翅而孤騫。雖棠惠之不磨兮，豈百里之足騁。恥督郵之屈腰兮，矢娛真于暮景。寧懷蘭而握瑾兮，肯汩泥而揚波？直蒼生之數畸兮，奚俺恨〔二〕乎丘軻？鏡水可弔兮，容賀老之投閒。胡天弗憖兮，奄永委乎人間。

吁嗟先生！神交五柳兮，官亦授乎彭澤。歿與之同年兮，固先生之所適。繄古之君子兮，身抑而道愈彰。天之福善不于其躬兮，亶流慶之彌長。賢子英孫兮，鸞鳳濟濟。發潛德之懿光兮，頌先生其曷已？慟惟寒鄙兮，締奕世之交。悼哲人之云亡兮，望靈輀而魂銷。陳蕪詞兮，薦玄酒。豈黍稷之爲馨兮？庶私衷之上剖。

祭諸南明公文〔三〕

稽山之靈，奎壁之精。篤生偉人，翊我皇明。初對大廷，裒然舉首。望繄士林，太山北斗。鑾坡視草，棘院掄文。絲綸是寄，杞梓集門。繽紛典謨，疇當大筆。閎詞奥論，藏輝石室。於穆

〔二〕底本此處批注曰「原件短缺」，然對照《不二齋文選》，實爲完整之文本。

〔三〕底本僅存45字，據《不二齋文選》補足。

先皇，經幄日臨。宿齋豫戒，啓心沃心。既由宗伯，晉貳銓衡。八紘引領，雨霈雲蒸。云胡壹疾，數月弗瘳。將遺羈馽，樂彼林丘。帝念厥功，賜歸乘傳。車御未驅，靈輀欻奠。嗚呼哀哉！公疾之由，盡瘁講筵。疾之轉劇，穆皇賓天。誠期悟主，忠惟殉國。志大數奇，名完壽蹙。嗚呼哀哉！人世百年，生必有死。死而不朽，厥惟君子。猗歟我公，才優經世，學弗阿時。外和中介，靡激靡隨。性遠紛華，室無姬侍。儉素之風，作我標幟。獎掖士類，吐握遑遑。篤友尚舊，維仆植僵。望士炫奇，絺章繪句。斲雕爲樸，大雅獨步。有宋文人，推歐及曾。曰振其響，非公孰承。猗歟我公，質稟其厚，文歸於淳。豈其炳炳，與衆俱湮。矧有彝典，加秩考謚。寵溢夜臺，澤延後嗣。生既顯榮，殁復流芳。公在九原，詎不相羊。所爲動者，老成凋謝。朝列同悲，鄉邦交訝。嗚呼哀哉！自我家君，世講夙敦。契若金蘭，誼逾弟昆。肆予小〔二〕子，早蒙款誨。格言懿行，終身可佩。公之云亡，酸辛倍百。撫棺爲訣，涕淚霑臆。丹旐載揚，返其故疆。曷紓我哀，薦此一觴。

〔二〕「小」字底本原闕，據《不二齋文選》補。

再祭諸南明公文 代家君。

惟公科名之選，邁於等倫；文學之品，甲於儒林；行誼之修，孚於輿論；啓沃之勤，冠於臣鄰。當躋艾而未幾，將宣麻之是膺，故望治者以爲是蒼生之福也，而偃于丘壑如某等者，亦自幸其與魚鳥而同春。若夫穆廟上賓，攀髯失聲，日抱弓劍，盡瘁山陵，幸予告於沖聖，方乘傳以南征，雖望治者以爲是蒼生之阨也，而附於絲蘿如某等者，又且幸其奉杖屨於階庭。孰意其一去而不予留也，不特於魚鳥之春、杖屨之奉，杳然其絶望，而數十年之在平居而教我，處險難而拯我者，曾不能以握手而相傾。兹輿蜕以即壙，阻卧病於長呻，痛千古之永别，無一效以致情，真有激於流水之絶知，欲破琴而罷鼓，又奚待於山陽之聞笛，始雪涕而沾巾耶？

祭陶文僖公文

嗚呼！某之辱知於公有年矣。始公之訃傳自京師，則爲位而哭之；既公之柩反乎越，則憑柩而哭之。時我先君尚亡恙也。亡何時，先君見背，乃不能輟吾父之哭而哭公，蓋鬱鬱于中者，歲且兩易矣。兹公將即于夜臺，幽明永隔，其能無一言而已乎？嗚呼！某於公哭之屢而悼之深者，匪直以公之知也，爲宗社蒼生慟也。天下未嘗無才，而常病于其心無所敬畏，故其志易侈，而其守易肆。某嘗造公之堂，見大書于壁曰：「小心翼翼，昭事上帝。上帝臨女，毋貳爾心。」蓋羅文恭之筆，而公之所顧諟以朝夕者也。故公之持己也，雖一介而不苟；其與人也，無一夫之敢慢；其容止，退然若不勝衣；其言論，訥然若有所禁；其處富貴也，泊乎若在於韋布；其履盛滿也，凜乎若蹈於春冰：蓋其平生以敬畏自持者如此。少年登第，尋執親喪，耳不聞外事，足不躡公庭，士論歸之矣。既而主南考，歷成均，掄選必慎，模範必端；總史局，侍講筵，是非必公，盟心必豫；貳秩宗，晉少宰，儉素刑於朝著，苞苴絶于私門：蓋敬畏之心始終不渝又如此。天下方喁喁想望風采，謂公庶幾有楊文貞、趙清獻之風焉。使少假之年，入司鼎鉉，則宗社蒼生尚亦有利哉！而造物者一旦亟奪公以去也，此某之所以哭且慟而不能自已也。雖然，公生享令名，殁有顯謚，未畢之緒，付之後昆，公之一身，則既無餘憾矣。公今何之，秦望之下。策我縞車，言送于野。呼公不聞，有淚如瀉。嗚呼哀哉！

祭司空徐鳳竹公文

嗚呼！天之生才，可大受者不可以小知，惟公則綽乎兼大小而皆宜。人臣之於國，能論事者，未必能任事，惟公則始能論之，終能任之，而確乎其不移。公初仕爲名宰，既徵爲名御史；視學於楚，旬宣於滇，爲名臬藩；督撫於江之左右，爲名中丞。辟若干將之劍，陸則剸犀，水則斷蛟，而惟其用之所施。公爲御史，嘗侃侃論朝政，批逆鱗而不諱。既爲卿貳大僚，可以優遊養望矣，而議開膠河，議築海塘，雖其功之成不成繫乎時之用不用，而以若所任較若所論，辟若左券之不爽，而忠誠懇惻可以對皎日而不欺。若乃海塘之役，捍數百里横溢之水，底數十年難就之緒，費省而功倍，成速而利遠，則吾浙之人將千百世尸祝之，而號曰「徐公之陂」。嗚呼！公之歷官所建樹炳炳若此，而彼不知者顧呶呶焉姍蘭茝爲賫葹。曾懸車之未及久，俄國是之旋明，方將起公于緑野，畀公以莞樞，奈何溘焉厭世而長辭！嗚呼！老成凋謝，哲人其萎，此固同朝之所交痛，舉世之所共悲，而如某不佞，則尤拊膺長慟而倍萬于等夷。昔我先君與公同升，非有范、張之契，管、鮑之知，而滇南就對，公乃排羣喙，冒嫌疑，白其誣於鑠金銷骨之時。公固持大體，秉至公，未嘗骫法以爲徇，而我先君一洗薏苡之讒，以歸老于鏡湖之曲，則孰非公之所遺？蛇雀有心，曾未能少效其區區，而公之撫潮也，則又猶子畜我，國士遇我，辟若寸草方莫報於春暉，而猶日夜蒙雨露之滋。凡公之厚施於我父子者，每一念至，輒感激而涕洟；而况公之永訣而不復見也，吾雖欲一效於公而奚爲？意我先君既迓公於九原，聊結草以前驅，而我子孫將永永俎豆公於先祠。燕山吴水相去數千里，既不能憑其棺，臨其穴，而徒緘辭以奠，蓋誠上爲天下慟，而下以哭吾私。

祭徐年伯文　高州太守東山公孺東給諫之父。

我思古人，死而不死。流芳遺惠，兼惟有子。於斯克全，實難其人。於鑠我公，萃之一身。異稟天植，脱穎蚤歲。性和而介，學博而粹。始官赤邑，賢聲日茂。五袴興謡，叩廷借寇。帝曰嘉哉，載字句容。奏績九年，絃歌雍雍。尋刺高州，惠風遠流。冰清金斷，卓魯是侔。葉老諸梁，漢歸二疏。洞超止足，勇退懸車。或娱採釣，或散琴書。出也處也，公其允宜。聿有令子，策名天府。試宰山陰，人稱杜母。窮本反始，誰爲之宗。儒經吏術，傳自我公。思昔乙亥，就養于署。公來過予，曰惟始遇。玄談雄論，如披雲霧。令子廷召，公亦回裾。我邦之人，卧轍攀車。歌盈于野，觴滿于閭。因委遡源，大父母如。公歸于鄉，予墓于廬。尚冀覿止，乞公緒餘。繼聞令子，掖垣正色。謇謇昂昂，竟以累謫。既赴太平，亟圖侍省。予方竊羨，孝與忠並。遐想重闈，笑言庶幾。云何一夕，公也永歸。國喪老成，邦失蓍龜。念兹窀穸，能不痛悲？

雖然，公以身則名完於終始，以仕則惠遺於郡邑。問繼序兮何人，亦肯堂爾，而肯堂，古之所謂死而不死者，公實其人矣。矧壽躋乎大耋，歸令子以易簀。在公既儵然以觀化，吾黨又奚庸乎戚戚？遥緘辭以陳奠，魂乘雲而來格。

祭錦衣衛指揮同知許良卿文

嗟寓形於宇宙兮，若逆旅之靡常。殊修短其等死兮，奚忻戚乎彭殤。昔尼父之忘情兮，猶哭慟於顔氏。測交情于衆中兮，余能不潸然于吾子？締金蘭其兩世兮，緣識子于垂髫。靚丰姿其玉雪兮，籍天潢而靡驕。肆執經以朝夕兮，儼步趨之有恪。紛稠人其並處兮，炯雞羣之海鶴。雖彪炳之未成兮，吐奇氣于食牛。苟羽翰之既調兮，何榆枋之可留。適予旋以罹憂兮，欻歲月之五週。子未壯而抱痾兮，勞予思其若抽。予既釋衰而趨朝兮，庶從容其與晤。發劇談于枚叔兮，或痛楚子之宿痼。曾晦朔之未幾兮，僕夫馳而告訃。芝蘭易摧、美玉易毁兮，洵天道之多妒。如死者之可生兮，人贖以百。何巫咸之弗靈兮，告上帝其未獲？般紛紛之衆庶兮，咸耄耋其春秋。胡美人之清揚兮，奄促迫如蜉蝣？澄修竹之檀欒兮，鳳不見乎九苞。渢繐帳之蹁躚兮，叫孤雛其嗷嗷。曰予有季，歲始童兮。速罹不造，恫予衷兮。孰爾奇葩，忽折其英兮？嗟爾俯仰，獨何爲情兮？山寂寂兮水泠泠，帝子宅兮晝長扃。靡依匪母兮，魂其含笑于冥冥。病勿執手兮，化不倚户。我則背兮，伊誰之過？告爾情兮奠爾漿，魂兮歸來乎飲我觴！

合祭耿封君文

嗚呼！程氏有大中，朱氏有喬年，而閩洛之學乃始閎衍而昌明。兹楚黄之學脈，方標準乎四方，凡辱交於伯仲間者，孰不遡其所自，而私淑翁之儀刑？然則翁之生也，令子之仕而行其志也，天下方欣欣望其風采。而今其殁也，令子之歸而倚其廬也，豈徒八閩之追思於方、召，天台之延頸於龔、黄者，羣然淚墮而魂驚？當學絶道衰之會，方賴令子爲之宗盟。而顧若此乎斂其翼而喑其吭也，吾黨亦悵悵乎何以爲情？然而壽逾大耋，頽乎考終有如翁者，則既可謂生順而殁寧矣。而况後之稱翁者，且將與大中、喬年而齊名。馳生芻之一束，緘蕪詞于千里，聊以爲奠且慰也，翁乎有知，其尚來格于冥冥也耶！

合祭鄒聚所年兄文

嗚呼！才賢之見嫉，豈惟人哉？抑亦見忌於天。不然，則何既厄其遇而又促其年！嗟嗟！吾兄其擔荷之勇，將上接姚江之緒；而造詣之深，蓋近承三世之傳。其氣温然，如玉之潤，而韻宇出塵，又如沖霄之鶴，淩千仞而翩翩。當穆皇之臨軒，羣髦士而彙征。人皆謂兄宜首被瀛洲之選，而兄顧戢光，卻步而不敢先。一官西曹，泊乎自甘。若文成之從祀，乃毅然抗衆議而陳言。慨斯文之不振，則嘗孜孜汲汲，鼓同志而勉旃。知之者嘆其任重而道遠，時之人方呶呶焉，竟以賈謗而叢詈。既外臺之蹔陟，俄再擯而蹇[一]連。將謂造物者姑投之拂鬱以堅其志，抑使之肆力于問學，以故未老而投閒。夫何龍蛇之讖，曾歲月之不少延。嗟嗟！吾兄位雖不顯，而兆已行于伊洛；壽雖不永，而數已過乎顏淵。生而委順以居貞，豈其殁而不瞑於九泉？惟吾儕之駑下，賴直諒之交鞭。今則已矣，徒臨風隕涕以漣漣。嗚呼悲哉！

祭王龍溪先生文

嗚呼！顏子没而一貫之學不傳，蓋自漢而唐。歷千載以茫茫，肆濂洛之迭興，庶墜緒之寖昌。乃其後或支離附會，道愈晦而不明。天之未喪，生我文成，發良知之秘藏，起萬古之膏肓。當時驟而聞之，且駭且疑，方且鼓羣喙而交争。於惟先生，蚤事門牆，微言密授，神解心承，直窺閫奥，何止升堂？四方之士，望其風采，咸以爲孔之顏、閔，程之游、楊。文成既没，數十年來，總持三教，狎主宗盟，江之左右，浙之東西，或一聆其謦欬，輒興歎於望洋。俾文成之脈綿延不絶者，實先生爲之表章。余生也晚，不及摳侍於文成，而猶幸竊其緒餘於先生之旁。或聯舟於

[一]「蹇」，底本作「寋」，據《不二齋文選》改。

鏡水，或信宿於禪房，每獲聞所未聞，以自破其迷荒。天奪先生，喪我兩師，夜行不燭，能無悵悵？於惟先生，玉振金聲，渾乎若濁，沖乎不盈。悲舉世之皆溺，寧冒諱而褰裳。運知覺之常圓，類瓦合而毁方。突不黔而席不暖，竟皓首以皇皇。惟秉心以自信，紛多口其何傷！譬之明珠，處溷而光；譬之蓮花，處淤而芳。愧余力之弗逮，僅自守以硜硜。間嘗謂世之學者，非無其知，而病夫知之未必行，苟藩籬之少疏，恐假借以猖狂。嘗妄以不可學先生之可，而先生以爲轍殊心一，亦無害於參商。嗚呼！余復何言！先生未死，文成猶生；先生死矣，文成其不復生也，絶學如綫，誰與主張？末俗如鶩，誰爲典刑？嗟哲人之既萎隕，余涕之縱横；矧余仲子，辱爲孫甥。余哭先生，雖不係乎兒女之情，而凡先生所以愛我厚我者，則百世其難忘。每憶先生之言，天地有窮而我無窮，則知先生之耿耿者，固不與形而俱亡。意者乘雲駕霧，驂文成而逍遥於帝鄉。尚亦鑒余之衷，翩然而來，歆此一觴也邪？

祭俞連山先生文

嗚呼！吾兄以忠信之資，篤實之學，卓越之識，果確之才，乃弗獲一竟其志，而遽至於是。嗚呼！痛哉！吾兄早歲多病，習養生之術者十餘年，既而幡然志於性命之學，奮然以聖賢爲必可至，毅然以道爲己任，勤勤懇懇，方將與吾黨講明切磋，以共進先哲之遺軌。二三年來，涉歷于師牧之任，勞役于案牘之煩，計兄慮日精，學日益粹，而某亦於頓挫疢疾之中，稍知警策，有所省悟。乃今北上，期兄入覲，當聚晤旅邸，以交質其所得，而甫入國門，訃音且至矣。嗚呼！痛哉！某少吾兄二十年，幸以同年之後，愛我猶弟，而兄實我師也。有失必規，有過必告，兄常諤諤，某常唯唯，蓋庶幾古人相與之義，將終身是賴，而一旦舍我逝矣。憶在乙丑之春，就試甫竣，吾兄拊我背曰：「天欲大造汝，汝必未第。」已而果下第，兄又拊我背曰：「勉之，天果有意造汝也。」嗚呼！言猶在耳。某即欲勉自振勵，以迄于有所成立，而兄且弗及見矣。聞兄司諭欒邑，未逾年而文教興。頃令肅寧，甫九月而均田興學，賑貧訓俗，德化洽，百廢舉，士曰我師，民曰我父，蓋俎豆而尸祝之者比比矣。奈何不自愛恤，竭精殫力，晝夜不息，以殞其軀。嗚呼，是肅寧之士民無幸也！吾兄平居，議論侃侃，乃今可謂不負所學，得正而斃。人之有生，其孰無死？生順死安，夫復何恨？某之所爲深慟者，非爲吾兄慟，竊以自傷也。某嘗取友於四方，蓋直諒切偲者，百無一二焉。自兄之歿，有失孰與規？有過孰與告？有疑有得，孰與辨明而相長？嗚呼！天固無意造我耶，何奪吾兄之速也！在禮哭兄弟於廟，哭師於寢，哭朋友於寢門之外。某於吾兄，時而哭諸廟，時而哭諸寢，時而哭諸寢門之外，蓋情義兼之也。《傳》有之，使死者復生，生者不愧乎其言。兄今已矣，某當夙夜孳孳，省愆蓄德，庶不愧兄于重泉之下。唯兄有靈，其尚啓翼我，俾勿淪墜，乃某改操易志，貽知己羞，兄尚殛我於冥冥中，俾勿終於迷。若是則始終愛我，信不以生死隔也。嗚呼！痛哉！

歸越祭俞連山墓文

唯兄與我，管鮑之知。天乎不仁，奪我鍾期。自兄云亡，忽忽七年。中夜省愆，汗顔九泉。兄德則完，所詘者志。我學則陋，而叨上第。藉令兄在，詎惟色喜。詔我翼我，曷其有已。我歸自京，酹此一杯。悠悠蒼天，孰知我悲？

曲阜謁孔子文

嗚呼！兩楹夢而太山頹，距今且幾千載，而夫子之神靈精爽，其不待生而存者，則固塞宇宙，貫今古，而與天地並運于無窮。豈惟洙泗之緒，闡明紹述之者，代有其人，而家誦其書，户服其教，即雕題異類，猶知嚮慕而尊信之。又如天地之於物，舉昆蟲草木，而悉囿之覆載之中。王者大統，莫不易姓改命，若周之卜年八百則其極矣。而夫子至今爲帝者師，儼然南面，世教賴以立，斯道賴以尊。是宜賜、予之徒，謂其爲生民所未有，而上掩乎堯舜之功。元忭小子，誦其書，未能窺其奧；服其教，未能無愧於心。而此心之本來具有仲尼者，則可以的然自信，而不敢不黽勉于所從。兹來東魯，拜謁於庭，憂焉惚焉，如面承乎無行不與之訓，而親炙乎秋陽江漢之容。夫子不倦乎包蒙，意者與其進而弗之拒，竊比乎互鄉與儀封。嗚呼！尚饗！

讓海若文

歲惟乙亥，律中林鐘。朔日子夜，海扇颶風。妖氛翳漢，黑霧迷空。出門無覩，萬象冥蒙。渾茫水陸，不辨西東。忽濤聲之動地，洶千尺而横流。決堤防于一瀉，駛萬馬其來投。哀赤子之何辜，紛比屋以漂浮。

噫吁戲！號聲滿野，怨結雲愁。母提兒以哽咽，子抱父以啁啾。呼穹蒼以告援，蒼若付以不聞。嗟隕絶于斯須，熾衷腸其若焚。既羽翰之未得，諒脱死其無由。悲七尺之靈軀，供黿鼉之庶羞。信彭殤其齊殀，嗟智愚之同泅。奮鱣鯨以鼓鬣，縱蛟螭以嬉游。水湯湯其不止，波浩浩其焉休？闃原野兮無煙，惟鬼哭兮啾啾。

傷心哉！誰爲謀？吾惟海若兮爾尤。驅滔天之逆浪，徙沃土爲洪流。俾民人與禾黍，嗟纖末之無留。斯元元兮黎庶，實帝籍兮相收。兹鯨吞而蛇啖，將賦税兮奚求？

天之高兮惟帝靈，鑒視下土擊不平。海若不仁殘我氓，吾惟訴爾天之庭。皇斯震怒廣照臨，海若播虐兮，其何以逃刑？障吾土兮植我禾，風不鳴兮海不波。俾海陬兮安而和，實惟帝兮錫福多。春秋報祀兮，擊缶以歌。

弔溺鬼文

嗚呼！大海之潰，白浪連雲。汪洋浩渺，南北無分。停舟入岸，斜日西曛。悲風慘烈，冤響如聞。枯骸亂髮，沙際成墳。傷心哉！吾想夫北風振盪，潮勢初來。排山決岸，動地轟雷。啓門扉以四望，層浪勢之崔嵬。將攜家以避地，恨去路之無媒。天昏昏其莫辨，霧慘慘其不開。對爺娘以哽咽，顧兒女以悲哀。忽崩崖與翻屋，惟震聲之喧豗。嗟一夕之横流，殲萬命于塵埃。嘆何辜于彼蒼，俾罹其重災。

嗟夫！我于爾靈兮，義非鄰比，情不葭莩。恫民溺之由己，斯仁心其孰無？昔夏后胼胝于四載，惟軫念乎民瘼。余豈無拯溺之懷兮，愧非守土之大夫。曩不能禳爾災于未然兮，今不能收爾骨于既枯。聊臨風而弔望兮，安能肉白骨而使蘇？身葬魚腸兮骸暴沙，鱣鯨飽腹兮蛇磨牙。絶爾命兮覆爾家，天長地久兮恨共賒。水流嗚咽兮草木吁嗟，愁雲黕黮兮風急雨斜。啾啾不絶兮長夜譁，母號兒兮子哭爺。余來斯兮江之坡，招爾魂兮餉爾魔。奠椒醑兮膾鯉鮀，靈來享兮毋厲以和。楚屠咸陽兮流血滿河，秦坑長平兮積尸嵯峨。化歷陽兮變鼋鼉，漂空桑兮成洪波。古來怨鬼知幾多？生死有命兮可奈何！靈兮靈兮安之阿！

卷十四

贊

宋太尉李忠襄公像贊 有序。

余嘗遊泰望之北麓，有李太尉墓，翁仲具在。《宋史》載公功烈甚偉，晚歲丐祠居會稽，遂卒而葬焉。《會稽名賢贊》云：「生挺神奇，策勳異域，志復中原，厄奸而殁。」可以概公之生平已。公墓幾失，裔孫蒙吉力復之。公之遺像留於後人者十有七，獨此幅亡恙，而絹且朽裂，蒙吉恐其久而遂湮也，爰搆工摹而新之。又恐其久而無徵也，因謁余更贊之。贊曰：

豐頤秀目，緩帶長裾。其名則將，其貌則儒。歸自鄜延，破家殉國。一甲一弓，百戰百克。始厄於檜，終撓於淵。大讎未復，有恨徹天。法華之原，秦望之趾。馬鬣依然，萬年勿毁。

丁山人像贊

豐爾容，潔爾躬，胡命之蹇而遭其窮？嗟嗟！惟爾之蹇，爾學日宏。惟爾之窮，爾詩日工。彼造物者，固將嗇爾外而篤爾衷也。爾惟德之懋，靡福弗從。吾烏乎知蹇者之不亨而窮者之不通邪？

古蕘言君小像贊

謂子拙邪，而藝擅乎觚。謂子巧邪，而尺尺寸寸以趨。謂子遇邪，而知之者滿朝，不能置之承明之廬。謂子不遇邪，而見之者倒屣，以爲類乎君子之儒。嗟吁！嗟吁！巧而拙，終以無缺；不遇而遇，矯焉以樹：斯其爲文學吴公之後裔也夫！

銘

懲忿銘

物即是我，元無分界。平心率物，我亦何害？彼昏不知，分彼分己。分生於心，競端乃起。

唯恕一言，終身可行。如水濟火，忿心乃平。

自警銘

萬物林林，最靈者人。胡不賢聖，而甘獸禽？誰能無過，要在一覺。旋覺旋止，不遠之復。起一念嗔，如火自焚。生一切喜，和風卿雲。木以蠹枯，井以漏涸。葆爾元精，毋耽鴆毒。山澤藏垢，河海納污。用晦而明，乃與道俱。多動多尤，多言多悔。維靜維默，衆善所會。内之與外，孰疏孰親？毋逐汝假，而喪汝真。日出而作，日入而息。優哉遊哉，順帝之則。

斧研磬銘

相君之背斧也可以俟，相君之面研也可以供天禄之讎。時一叩之，而泠然於耳也，可以止慾而忘憂。

雲門古研銘爲葛隱君作

嘉靖初，雲門寺重修大殿，發礎得古研，貯以銀匣，囊以丹紵，隱隱有「梁天監三年」字，稍見風即灰滅不可復識矣。研爲章太守所得。葛，章甥也，得而寶之，索予銘。

鐵門限，瘞筆冢，舊事荒涼盡草莽。唯此石，玉其質，疑是臨書閣上物。千年至寶柱下藏，一朝金匣開光芒，自非墨客其誰當？

捧研銘

端石研有兩耳可捧，一名貴妃研，本董文簡公家所藏，其孫餘徵以惠予，遂爲銘。

汪汪其腹，濕濕其耳。可榮可執，時行時止。或以展李白之狂，或以成董狐之史。耳常塞聰，腹不染滓。維抱一以自全，願周旋而奉子。

沈給諫手製文具椶箑銘 有序。

會稽沈公束，初拜給事中，上疏忤相嵩，繫詔獄十有八年，屢瀕於死，處之坦如也。稍間，則尋繹墳典，兼攻匠藝。偶得香楠數尺，獄中無斧鋸，則以廢鐵日夕磨之，久而銛利，遂以琢木爲文具，凡大格七，小匣八，巧若天造，蓋累日積歲而成者。又得椶數片，編以爲箑，體圜而麈尾，良工皆謝不能，事雖微瑣，亦足以覘公之困而亨矣。公無子，夫人張屬予志公墓，以二物爲贄。余拜而受之，因爲銘。銘曰：

十九年，中郎節。十八年，給諫匣。節邪匣邪同一轍。文具。

塞外氊，饑可餐。獄中箠，塵莫干。前蘇後沈名班班。樓箑。

武岡山栖仙亭銘有序。

武岡山，去州治北數里而近，其下有洞，曰響泉。泉聲日夜喧豗如雷，而深黝莫窺其狀。伏流數百步，遶出仙院，匯爲巨潭，曰靈湫。僧嘗以緡探之，墜數十丈，竟莫得其底。其旁怪石如林，最奇者爲遇仙關，兩石如闕，一巨石覆之如關。然潭水回旋石間，時隱時見，有石横亘其上，曰仙橋。逾橋而西，爲石峽，甚窄，行者不得比肩。出峽忽平曠，羣石環列如城。俯靈湫，仰仙關，地僅方丈，而景最勝。予與侍御曹子，長史顔子、陳子，署州事黎子游而樂之，遂謀構亭其上，名之曰「栖仙」，而屬予爲之銘。銘曰：

人在山則仙，不必昇于天。山有仙則名，吾以名斯亭。山永不崩，水永不涸。後來遊者同此樂。

兜率庵一體塔銘有序。

兜率庵在煙霞峰之麓，宋從悦禪師道場也。泉石幽勝，歲久就荒，嘉靖間，僧如濟始漸營構，遂爲南岳諸禪林之最。頃又建石塔，以待僧俗之死而無歸者。工質堅好，冀垂永久，名曰「一體」，示無所擇。適予來遊，稽首乞銘。予嘉其志，遂莫之拒。銘曰：

諸佛如來，衆生爲體。是體不二，孰彼孰己。今古聖凡，貴賤醜美。生若異然，死則同爾。唯大智慧，觀化於此。亦有慈悲，曰皆兄弟。以瘞以藏，甃塔以待。中虛若龕，外封若壘。兜率之東，煙霞之趾。厥製孔良，繄百千載。

隆中長吟亭銘 有序。

去襄城西三十里爲隆中，余偕楊少府往遊，謁三顧堂，旋探草廬，疑其地不甚邃，殆非故址。折而右，歷襄簡王墓，前有小山，如偃半月於衆山中。其陽多怪石，如鬥虎，如伏龜，不可盡狀。中一石如椅，可坐，名「抱膝石」，環以幽澗，蔭以長松，蓋隆中最勝處。余意武侯吟於斯，未必不廬於斯也。今襄殿下將構石亭其上，題曰「長吟」，屬余銘之。銘曰：

泰山峨峨，梁父蔽之。生也不逢，甯氏所悲。輟耕而吟，知音其誰？幡然三顧，如牙遇期。臥龍一去，歸來何時？澗水湉湉，林鳥喈喈。如發公嘯，如歌公詩。亭斯銘斯，悠悠我思。

偈

九華僧年七十餘且病出其像索題

無壯不老，有生爲患。空爾四大，何聚何散。咦爾若會得時，許爾見佛之面。

仙院老僧無涯頗有戒行持卷索題

以有涯逐無涯，是謂迷；以無涯照有涯，是謂悟。迷即淪苦海，悟即超淨土。迷悟之端，有無之故。咄咄老僧須自度。

示禪者四偈

小覺小顯，大覺大顯。行深般若，勿爲淺淺。覺顯。

心常平等，應物如衡。輕重隨地，何礙何營。祖衡。

迷時如夜，悟時如曉。爆地一聲，何事不了。如曉。

智以頓悟，禮以漸修。自悟自修，是大比丘。智禮。

題

題龍南庵壁

龍南庵者，玉芝禪師所嘗卓錫處也。往陽明先生倡道稽山，以良知爲宗，一時驟聞之，且疑且駭。玉芝時方祝髮吴中，一見《傳習録》，大驚曰：「此非不二法門邪？」乃走數百里，以詩謁先生。其詩曰：「自識太虚含萬象，此心同體没餘遺。從來有有元無物，到底無無是有基。鑿井及泉須棄鍤，駕牛忘乘莫尋蹄。恐非滯寂還枝葉，更請宫牆問獨知。」先生知是法器，信口答之以詩云：「良知只是獨知時，此知之外更無知。誰人不有良知在，知得良知卻是誰？知得良知卻是誰，自家痛癢自家知。若將痛癢從人問，痛癢何須更問爲？」玉芝言下大悟，卒演其旨，弘法於天池。其後先生没，時時往來稽山，與季、王諸公遊，遂結此庵而居之。一傳而祖玉，再傳而文通，今至於圓淨，蓋三傳矣。予不及見玉芝，而得見其三世師弟子，皆能持戒習禪，以守其相承之衣鉢，兹庵其有幸哉！龍南山簇而水環，拏舟可至，振屐可登，固幽人逸士之所栖也。頃予卜廬其間，俗緣稍寡，方外二三子，日來擁蒲團，燒柏子，談空理，相慰藉，以寬吾憂，然則庵之幸又非予之幸也夫！暇日偶感玉芝事，爰書之以示二僧，使知自策云。

跋董神童新胡桃詩

董神童者，文簡公玘也，其詩曰：「形象似太極，剛柔内外分。鑿開混沌殼，渾是一團仁。」

董文簡公，幼而穎異，時呼爲神童子，右《新胡桃詩》，乃其七歲時手書也。公之子思近守尋甸，見之黔國所，乃請以歸。公之門人楊太史愼爲録金公詩於後，而公之孫祖慶因寶藏之。予觀史傳，所稱神童子者多矣，大都所賦咏率風雲月露之狀耳。今公是詩曰太極，曰剛柔，曰沌混中渾是仁，則非見理之奥者不能道也，詩賦云乎哉？始公生歲餘，有異僧過之，摩其頂曰：「此吾家師也，宜善視之。」然則公之神解於斯理，誠亦有夙因者邪？惜公與新建同時，而論學乃不相入，抱生知之稟，而不得與於濂洛之統也。雖然，若公之博學簡行，高視一世，則會稽之美信不在竹箭矣夫。

跋雲門問答

吾越爲文成公倡道之鄉，而龍溪先生又親受衣鉢之傳者。先生之學，洞徹圓融，無所疑滯。汲汲乎欲人同進於善，故其於人也無可否，皆和光以與之；孳孳乎求以利濟乎物，故其於事也無好醜，皆混迹以應之。蓋先生唯自信其心，而吾鄉之人每不能無疑於其迹。某於先生，固不敢疑鄉人之所疑，而猶未能信先生之所信。蓋嘗以吾之不可學先生之可，而先生不以爲謬也。是歲仲夏，柱棹雲門，相從累日，或默而坐，或步而游，一時諸友迭爲唱和，欣欣焉，舞雩風咏之樂不是過也。某不自量，乃出所疑數條，以請正於先生，而先生條答之，亹亹數千言，所以啓師門之關鑰，指後學之迷津者，至詳懇矣。抑某聞之，非言之艱，行之唯艱。今日之問答皆言耳，吾黨苟不能以身體之，入乎耳出乎耳，聞教之後與未聞教之先，猶若人也，則一時之辯論皆空言，而先生之嘉惠爲虚辱矣。兹某之所大懼，亦諸友之所宜同懼者也。敢以是交勖焉！萬曆甲戌夏五月之吉，張元忭謹跋。〔一〕

跋客座私祝

此陽明先生出山絶筆也。先生奉命赴兩廣，功成而身殞，車不復返矣。瀕行書此，以誡子弟，告士友，唯諄諄於德業之相勸，過失之相規，則其平時所以修於身、教於家者，爲何如也！且當西征㕁勷之秋，而從容揮翰，遒勁莊嚴，所謂造次必於是者，先生之所養，亦從可窺矣。嗟

〔一〕此句底本無，據《龍溪先生會語》（明萬曆四年刻本）卷六所收此文補。

乎！後之談良知云者，其説愈玄，而其義愈晦。至於善之當遷，過之當改，輒以爲淺近而忽之。行背其言，志役于氣，纔臨小利害，便覺倉皇。視先生此刻，試自省焉，有不愓然警，赧然愧者乎？忭佩服先生之訓，如臨左右，常張之客座間，凡見者，亡不瞻對徘徊，起高山之仰。永春李金部啓東甫，請重刻之，以惠同好。忭敬書數語於後，以見先生之學急於倫理，切於身心，非徒虚知虚見云爾。

書治田議後

僕不敏，以爲當今之弊，不在法而在人，不在官少而在官多，不在廢事而在多事。誠令爲民上者，省刑罰，薄税斂，無所以擾之，使民皆得畢力於田，而海宇熙熙矣。濬畎澮，通溝洫，一有司治之，一撫按督察之，而足耳。苟有司不事事，撫按不得其人，徒增一治田御史何益？吾恐官愈多而民愈病也。雖然，四方異宜，民情異便，若吾江淛之間，民即欲耕而無田，或欲致力于田，而病于官府之擾之也，則有之矣，安事督之而後治？即欲督之，第以責之水利之官，而撫按一爲振刷焉，何田不治？意者蘇、松之族，有田者或坐享其利而吝不肯治，佃田者或歲被其害而力不能治，不得不假官以專督之乎，宜即以水利御史兼之可也。意者西北之地，阡陌既壞，溝洫不通，昔所稱肥饒之境，今悉爲萑葦之埸，又不得不假官以修墾之乎，宜即以屯田御史兼之可也。豈唯江浙之間無事增設，蓋他所皆然矣。僕每讀《郭橐駞傳》、《蓋公堂記》，以爲治天下者誠有意乎息民，甚無樂乎其擾之也。故妄論若此，執事其更籌之。

書獄箴後

靜臺杜子授南陽郡理，瀕行，屬予作《司理箴》，予病未能也。偶閱舊編，得燕公所著《獄箴》，遂爲書之，以復於杜子。夫杜子受學於文恭之門，聞體仁之旨舊矣。仁者以萬物爲一體，無論戕及肌膚，即牽一髮，拔一毛，未有不動於心者，解綱泣辜，要之此心自不容已，箴云乎哉！雖然，箴者鍼也，醫者以之攻疾，學者以之警心，心常知警，其有不仁焉者寡矣。杜子求箴於予，其尚求仁於心乎！

書煎茶圖後

予以麋鹿之性誤入塵樊，每當風月之辰輒起林皋之想。朱明初届，素魄載圓，忽枉越峥太僕之招，遂與天池山人偕往。虎丘新茗，烹活水之鱗鱗；太液浮香，來輕風之冉冉。借問長安陌上何如耶？邯鄲夢中更有幾人能知此味？於是天池走筆，漫寫茶評。談塵頻揮，笑視浮雲之態；月光在壁，驚聞驟雨之聲。坐賞冰壺，聽殘玉漏。嗚呼！良宵佳侶，久矣難兼；此夕斯人，庶乎無忝。諒勝游之可續，矢寤言其勿諼。

書朱節婦記後

友人自苕溪來，示余《朱節婦記》，時方盛暑，展卷讀之，不覺秋霜凜凜侵骨也。嗟乎！節婦以笄年喪所天，眇然女子耳，而家徒四壁，繦中兒才四月，茹荼飲蘗垂四紀，卒殮送其舅姑，撫遺孤迄有立，藉令節婦生爲男子，不可與程嬰、王蠋、巡、遠諸人相頡頏哉！南坦劉先生謂苕、雪之秀僅鍾于都、朱兩節婦。許司勳謂先生特有激而云，將使吾鄉奇男子砥行植節，擔荷綱常，屹然與山川争勝，不甘讓於兩節婦也。余既嘉節婦之行，尤有感于兩賢之言，皆足以勵頹風，維世教，爰揮汗書此，貽節婦之孤周子某。

雜著

内館訓言

萬曆戊寅秋，余奉命教習内館。蓋諸豎雖微眇，然必教之於童時，使知趨向，而後用之於他日，庶無愆違，此聖祖深意也。第往時率以尊官領之，而今則薄視其職，類用資淺者，又以五人輪番而入，分既不隆，任又不一，安望其有裨哉？余以爲任無大小，莫非王事，矧茲教習所關係非淺鮮者。故每如期而入，於常課之外，擬爲《訓言》八條，曰忠、廉、誠、慎、慈、儉、謙、和，各系以詩。又摘史傳中賢宦事迹，各爲訓解，日取一條，令年長二人宣讀二遍，請童豎皆環立而聽，講畢歌詩，皆同聲而和之。維時司禮老成者聞館中講且歌，並相讚歎，諸豎亦勃勃鼓動，儻行之二三年，未必無補萬一。惜余在館兩月，尋有管理誥敕之命，遂不復入，所著《訓言》，僅僅數條耳。今録於此，以告同心者。

忠訓　講者講此。

凡爲朝廷臣子，無論官之大小，地之内外，皆當以盡心報國爲心。古人一飯不敢忘君，何況爾等自幼蒙恩，選入掖庭，一飲一衣，皆是朝廷所賜。又特命翰林官教習作養，蓋欲爾等曉古今，識理義，他日可稱任使，免於過愆。爾等受此天高地厚罔極之恩，可不焚香自誓，做個忠良之臣？且説如何爲忠，只是一心爲著朝廷，不爲一己私圖而已。爾等今日聚於一堂，先須各存此心，他日一有官守，即當各盡其職。或蒙主上簡拔，衣蟒腰玉，益宜殫竭忠貞，小心敬畏，不可怙寵自恣。或時命不齊，官職卑小，亦宜隨緣守分，思報主恩，不可少有怨望。或在主上左右，務要保祐聖躬，勸以親賢勤政，不可導以非義。或蒙差遣出外，務要簡約安靜，體恤小民，布宣朝廷德意，不可横作威福。凡此皆是盡忠之事，爾等果能若此，則富貴可保於生前，名譽且垂於身後。豈不美哉！豈不榮哉！

訓忠吟 講畢歌此。

聖主恩波海樣深，無分中外重詞林。欲將涓滴酬滄海，但願諸君矢赤心。

一飯之恩不可忘，君恩況乃比穹蒼。請看自古忠良輩，青史標題姓字香。

廉訓

人臣欲事君以忠，必先守己以廉，其或敗名喪節，未有不由於貪者。官無大小，朝廷皆有俸給以養其廉，苟務省約，日用自充，此外妄求濫取，皆爲不義，非鼠竊於公家，則漁侵於私室，明有人非，幽有鬼責，忠良之臣，必不如此。且人之貪得無厭者，將爲目前計乎，則高堂大廈，夜卧不過一床；五鼎八珍，日食不過一飽，一身之外，悉爲剩物，徒自營營，於我何益？將爲身後計乎，則貴賤同歸於黄土，貲財頓屬於他人，一身之外，盡將不去，向來碌碌，只成一笑。以此兩端，日夜細思，則廉靖爲樂，貪黷爲憂，不待智者，當自瞭然。古昔中貴，如東漢丁肅等，以清謹稱。後魏趙海領節鎮，人或以賂干之，海曰：「高官厚禄，足以自給，賣公營私，本非情願。」終無所受。皇太后聞之，獎賜甚隆。此等賢璫，享福于當時，流芳于百世，乃是爾曹的師範。其尚勉哉！勉哉！

訓廉吟

清白由來世所欽，莫將阿堵壞良心。古人見利能思義，留得芳名直到今。

誠訓

人生世間，處心行事，全以誠爲主。古聖賢立下掀天揭地的功業，也都從誠上起，若還不誠，則根本先壞，縱然用計用數，畢竟做不得好人，濟不得大事。且說如何是誠，只真實不欺而已。即尔等蒙恩作養，選入讀書，若真要自己進益，著實用功；真要朋友大家進益，著實勸勉。後來受了官職之時，或管理事務，用心幹辦；或給事御前，加意保護。纔於道理上不安，斷不妄想；於法度上有礙，誓不胡行：這便是不欺而誠。若徒具目前，苟且塞責，專事機械，悖公營私，以小惡之無妨，謂非道之可妄，這便是欺而不誠。所以《大學》釋誠意，只説毋自欺，而孔聖人論事君，亦只説勿欺。夫臣而欺君，莫大之罪，在人豈肯蹈之者，始初只緣一念不誠，以漸彌縫掩覆，便至不可收拾耳。今爾等正宜存誠不欺，立定根本，乘此時會，輔以才能，他日必然與國家出力，濟得大事，做得好人，亦不虛此一生矣。其相與勖之哉！

訓誡吟

愛國忠君仗至誠，休將一念壞平生。勿欺請繹宣尼訓，留取丹心答聖明。

東漢李巡

汝陽李巡以爲諸博士試甲乙科，争第高下，更相告言，至有行賂定蘭臺漆書經字，以合其私文者。乃白帝，與諸儒共刻五經文於石，於是詔蔡邕等正其文字。自後五經一定，争者用息。

汝陽即今汝寧府屬縣，漢時置有五經博士甲乙科，是明經射策科，署爲大小兩等，有甲乙科之辨。蘭臺即秘書省，所藏孔壁、汲冢科斗文皆漆書。東漢史上説，李巡因做博士來試甲乙科的，專一争論等第高下，互相言説，各要求勝，甚至有用了賄賂，反定過蘭臺漆書經字，去合著那人的私文者。國家試科最是公典，於此尚然納賄，何所不至？只因當時五經不定，所以賄賂得行。李巡乃奏聞靈帝，使與諸儒刊刻經文於石，於是詔議郎蔡邕等訂正經文字樣，用三體書之，立於太學門外，今相傳石經便是。自後五經定而文教明，争端息而士風正矣。此皆李巡建議之功也。其行事如此，又安肯自開賄賂之門，以塞衆正之路哉？史稱清忠，有以也夫。

東漢曹騰

曹騰，沛國譙人也，用事省闥三十餘年，奉事四帝，未嘗有過，所進達皆海内名人。蜀郡太守因計吏賂遺於騰，益州刺史种暠搜得其書，上奏太守，並以劾騰。騰不爲纖介，嘗稱暠爲能吏，時人嗟美之。

沛國即今鳳陽府地方，譙是譙縣，今之亳州是也。用事省闥是指他在内裏管事。東漢史上説，曹騰是沛國所屬譙縣人，在内裏管事三十餘年，奉事漢家四朝皇帝。這等年久，始終未有過失。在帝前惟知薦賢，爲國所進達的人都是四海之内有名望的，不肯引用邪人壞了國事。蜀郡即今四川地方，計吏就與今之朝覲官一般。益州是四川所屬的州名。太守、刺史都是官名。种暠是益州刺史的姓名。賂遺是私送禮物。那時有個蜀郡的太守，因考滿官來京，寄些禮物私送與騰，益州刺史种暠搜得那太守送禮的私書，便上奏疏劾他不該私送，也曾劾著騰不該私交外官。似常人記讎的，日後豈不忌恨种暠？騰卻無纖毫介意，時常只稱説种暠是個有才能的好官。當時人見騰這等至公，都嗟歎稱美，以騰爲難及。大凡人臣在君上前論人賢否，都該付之公道，自己的私恩私讎都不可存在心間，纔是忠臣。觀曹騰只此一事也，記在史書，留名百代，況能秉公持正過于曹騰者乎？

東漢吕强

吕强，河南成皋人也，自小黄門遷中常侍，爲人清忠奉公。靈帝時，以例封强爲都鄉侯，强辭讓懇惻，固不敢當，乃聽之。因上疏陳事。書奏，帝知其忠。

河南成皋即今開封府所屬汜水縣，小黄門、中常侍，都是内裏的官銜。東漢史上説，吕强是河南成皋人，從小黄門陞中常侍之職，金璫右貂，官已尊了。他平日爲人清謹忠亮，奉公守法，是個忠臣。漢靈帝時，嘗封中常侍曹節等爲列侯，已有這個例，故要把强也封做都鄉侯。吕强自思漢高帝定下盟約，原説非功臣不侯。我等雖在御前給事，豈是汗馬功勞，可當侯爵？再三辭讓，詞意懇惻，固執不敢當。靈帝方纔聽允，不封他了。强因上疏陳説此事，大約謂封侯之例，斷不宜開，須得從此停止。其言激切詳盡。書奏入，靈帝省覽，也知他純心爲國，是個忠臣，但不能用之耳。使當時能進用吕强，漢室之隆可計日而待也。今遇聖明在上，簡任忠良，果有吕强其人，何患不行其志哉？

後魏趙默

趙默，河内温人也，有容貌，恭謹小心，賜爵關内侯，出爲定州刺史，克己清儉，憂濟公私。時或有人欲行私賂，默曰：「官高禄厚，足以自給，賣公營私，本非情願。」終無所納。帝聞之，賜帛五百匹、穀一千石。

温縣屬懷慶府，定州屬真定府，刺史就是太守官。《魏書》上説，趙默是温縣人，有容貌，小心謹慎，朝廷信任他，賜爵位至關内侯上，後來陞出做定州刺史。在官克己清儉，不爲身圖，惟苦心幹辦，一切政務，憂濟公私，又肯任事，是個好刺史。那時有人要行賄賂，干他以私。趙默説道：凡人壞了操守，或者爲貧所累，或原是好利的人。我官高禄厚，自足贍給，況賣公法營己私，本非情願，安用賄？竟卻而不納。孝文帝聞，知道有這等清操，須是賞賚優奬，因賜他帛五百匹、穀一千石。古人説：

「非澹泊無以明志。」又説：「人生最難克是利欲。」故要做好人全在操守上，要勵操守全在儉約上。若專務靡麗奢華，必得錢神用事，用之無節，不免取之無道，賄賂所以公行也。史稱趙默卻賄，而言其克己清儉。然則儉之爲務，其亦克己之一端與！

東漢良賀

良賀清儉退厚，位至大長秋。陽嘉中，詔九卿舉武猛，賀獨無所薦。帝引問其故，對曰：「臣生自草茅，長於宮掖，既無知人之明，又未嘗交知士類。昔衛鞅因景監以見，有識知其不終。今得臣舉者，匪榮伊辱。」固辭之。及卒，帝思賀忠。

大長秋是内裏尊官，陽嘉是漢順帝年號。東漢史上説，良賀爲人清謹儉約，謙退孰厚，歷官至大長秋位。陽嘉年間，曾下詔書，令九卿舉武猛可任將帥的人，賀獨無所薦拔。順帝怪問其故，賀對説：「臣生田野草茅之中，長而給事宫掖之内，既無知人明哲，又未嘗與士類私交，何從薦之？且於事理亦有不可。昔衛國商鞅，因嬖人景監以見秦王。那時有識之士已知他不能善終，後竟有車裂之禍。今得臣之舉者，萬一如鞅，無榮無辱，此臣所以不敢也。」因固辭之。看來良賀惟恐引用匪人，以致敗事，此正其忠於朝廷處，故卒而帝思焉。

卷十五

賦

越裳獻雉賦 閣試。

繄周之興也，漸仁摩義，累洽重熙。肆成后之幼沖，儼有密以爲基。輔周召之同心，登運祚于隆綦。太和氤氳於兩間，禎符昭赫于四垂。慶雲覆兮若蓋，甘露降兮如飴。靈郊廓兮麒麟遊，帝庭敞兮鳳凰儀。湛洪庥兮暨八埏，敷文命兮式九圍。

乃有卉服峒夷，鳥音越裳。雖正朔之匪加，訝海波之不揚。曰中國其有聖人兮，重九譯而來王。惟兹白雉，誕彼殊方。奇毛兮灑雪，皓體皜兮摶霜。孕太素兮獨全，覽至德兮下翔。炳乎文明之象，爍矣聖世之祥。虎拜稽顙，篚筐是將。祝天子以萬年，永錫福于無疆。

在周之先，燕禖肇跡。白魚躍兮入舟，赤烏戢兮止屋。鳩關關兮鵲巢應，麟振振兮騶虞育。帝眷德兮示徵，諒後先兮同輻。嗟禽鳥兮無知，胡得氣兮斯速。矧戴髮兮含齒，寧自絶兮遐域。

嘻吁乎！興王務修德以柔遠，明主或閉關而卻獻。危莫危兮履盈盛，憂莫憂兮耽佚宴。旦謙讓兮未遑，爽怠荒兮是諫。茲聖哲之嘉謨，歷百王而爲憲。敬納誨于丹扆，尚兢兢於宵旰。

晚香堂賦 有序。

暘谷王公以武選郎出守天雄。閱三載，政平訟簡，公庭晝寂。乃搜韓魏公故事，構堂廳事之西，時偕賓從，吟哦其中，而仍其舊名，曰「晚香」，業屬沈太史爲記記之矣。余惟魏公在當時，忠純恢博，終始不渝，其豐功偉烈，垂千百載而彌芳者也。而平居猶兢兢以晚節自砥，「九日寒花」之句，至今讀之猶足以遐想其風標焉。王公雅尚恬憺，卓行殊遠，方家居時，嘗以「晚香」名其園，意有所慕也。乃今綰符上郡，托蹤前哲，事蓋有不偶然者。他日所建樹，且與魏公並傳不朽。俾郡之人士，指是堂而稱述之，以爲勝事，顧不美歟！幕吏章某於余有連，函書走京師，索賦爲公壽。而余又公年家子也，輒爲賦之。其辭曰：

翳東海之偉人兮，守陶唐之冀方。撫鴻溝之故界兮，與武陽之舊疆。闢蕪穢於兑隅兮，構橑櫨以爲堂。聚芳馥之藹藹兮，榜厥名曰晚香。

余故知夫君之修姱兮，洵嘉名之所起。將含馨以潤身兮，擷芳英於終始。粵初載而斸桂兮，寢征輪於蘅皋。恥岐徑之捷趨兮，預托盟於久要。覽春妍於原野兮，藝至能之所譜。粲幽馨於廣園兮，標晚香以名圃。

潛二紀而始出兮，扣帝閽而獻之。睹玄都之夭夭兮，匪夫君之所宜。含雞舌於粉署兮，騁騄耳於九逵。佩虎符而出守兮，馳熊轂於近畿。景前修之鴻烈兮，展矣魏公之可師。嗟伊人之瓌瑰兮，實彪炳於宋室。偕使相而知天雄兮，動時事之憂惻。葆晚節其如初兮，爰寄情於篇什。甘秋容之慘淡兮，眷寒花之香澤。園有亭曰晚香兮，迓賓僚而燕適。曰余既抱此夙好兮，胡前修之先得？人邈邈而亭圮兮，顧芳名而如憶。懷永寧之故園兮，空東籬之秋色。弭塵鞅於沙麓兮，眄大羅而莫即。

世有曠而相求兮，矧後先於兹土。道可以神而禪兮，亦何嫌異乎圭組？公矜競以息駕兮，余慎旃於布武。

園與亭其並名兮，則爲堂以志思。儼丘園之未出兮，恍簪紱之追隨。洵芳烈之共嗜兮，咸不謀而同之。護靈荄之艱植兮，芟易蔓之葹薋。

春融融而芳菲兮，亦向榮於載陽。羣葩灼爍而競麗兮，獨結秀於金商。露瀼瀼而爲霜兮，苞密蕊而吐黄。舒幽香於叢薄兮，淩凉飆而孤芳。

美夫君之嘉植兮，已迎秋而三花。花爛熳而滋茂兮，訟平簡而無譁。望皇路之蕩平兮，將脂車而秣馬。及芳辰之初度兮，賓萃止而稱斝。幕徵辭於余史兮，又申余以世雅。

昔負劍於父行兮，胡不斐而辭爲？際春芳之蔚郁兮，紛丹藥之榮敷。紉椒蘭以薦旨兮，終不若落蘠之荂華。文賓服之以羽化兮，風子餌之而不老。彼左尚而餌兮，或非夫子之所寶也。惟惕若于宦成兮，節雖晚而是操。畢勤物以久相兮，抑自戒於既耄。魚矢直於身後兮，禹饕餮於師保。溷濁之於芳潔兮，薰與蕕其異道。

指帝都而縱轡兮，肆驅馳於長路。握余好之離離兮，襲芳妍於遲暮。苟嗟失於榆暉兮，雖洵美其奚補？歲冉冉其將至兮，顔皎皎而如玉。飲甘谷之芳泉兮，廣百齡而自足。修彭祖之遺術兮，繇懷恩於一束。餐靈均之落英兮，余何心於餌服？信夫君之德馨兮，占令終於有俶。駗喬松之遐年兮，追魏公之芳躅。

遣鼠賦

伊清夜之寥廓兮，萬竅闃其無聲。思至人之髣髴兮，探精極於空同。屏接構之紛囂兮，時賡和乎周公。駗余駕以游羲黄兮，欻神擾而魂驚。訝榻側之多警兮，恨羣醜之營營。誓將去爾而卜居兮，爾靡往而弗從。悲人生之勞碌兮，亦息智于一瞑。嗟爾何獨逆行兮，竟遥夜以憧憧。畏太陽之洞燭兮，穴幽隱以潛踪。蛙產乎晉陽之竈兮，何有于爾之宫？宜上帝之惡殺兮，傾沸鼎而弗庸。

哂吾生之日饕兮，胡麻蔓菁。箱盈案積兮，故籍殘經。胡適爾欲兮，引類奔騰。戒爾去此兮，往就庖羹。俾余安枕兮，毋重余憎。

嗚呼噫嘻！大塊之造物兮，人特稟其靈。固天壤間一大類兮，又何惡乎鼯鼪？彼鄙夫之逐利兮，厲顔白日而墮行于冥冥。啗要津之流沫兮，甘笑罵以爲榮。憚鷹鸇之排擊兮，巧四顧以彌縫。滿腹爲快兮，啼饑孰聽？三窟爲固兮，孰爲長城？直道宵遯兮，海宇弗寧。抱兹鬱鬱兮，誰扣明庭？人形鼠行比比兮，又奚怪乎爾之縱横！世大夢而弗覺兮，或藉爾以先醒。余方怡神于無何有兮，勿煩爾之叮嚀。戢爾步兮拑爾口，吾與爾無相害兮，永以並生！

詩

自警六首

誰謂一身小，卓然參三才。豈在血肉軀，賴此虚靈臺。虚靈何所有，仁義爲根荄。放之彌六合，端倪在提孩。良心蕩不存，人極因以頽。本來貴且尊，自喪良可哀。反之亦何難，收之即復來。内省誠不疚，俯仰何愧哉！

又

萬物並生息，惟人秀且靈。妙在幾希間，儲彼天地精。巍巍古賢聖，盡性乃踐形。人極賴以立，二儀贊清寧。斯理苟牿亡，能言類猩猩。聖凡一何遠，靜言心自驚。克念信由人，夜氣常清明。存存慎匪懈，毋忝爾所生。

又

堯舜人可爲，先哲匪虛言。四體既相似，胡獨心不然？傷哉世教衰，仰睇如登天。試觀乍見時，躍然呈其端。此心知自充，何我非聖賢。譬彼滄溟水，發源始涓涓。涓涓儻無壅，浩浩成巨川。嗟予乏靈根，景行徒拳拳。爲之誠在我，駑足勤加鞭。

又

仲尼教無隱，性道非難聞。俯仰霄壤間，飛躍皆天真。體用本不離，微顯互爲根。心虛萬象通，義精自入神。升堂在妙悟，深造宜循循。道本易且簡，力行近乎仁。如何務玄遠，穿鑿徒紛紜。

又

人心有蟊賊，無非欲與利。欲乃理之障，利爲義之累。旦晝旋相牽，良心日已昧。克己誠先難，習熟乃終易。爲之卓有要，介然勵吾志。志辟則大帥，衆體實偏裨。大帥一登壇，三軍孰睥睨。毋憂二賊侵，干城戒先備。

又

孔門務爲仁，孟氏善養氣。爲仁在四勿，養氣先集義。形色與天性，須臾豈相離？敬義日惺惺，千聖尚可繼。四海歸吾仁，浩然塞天地。鄒魯無旁蹊，夫道一而已。

謁清楓嶺烈婦祠

我觀世道衰，丈夫鮮完節。婦也有士行，稟性特貞烈。豈不畏高崖，所惜污芳潔。豈不懼深淵，所恥事胡羯。一笑還太虚，百年甘永訣。剛腸厲金石，苦操凜冰雪。衣冠氣倍伸，旃裘膽已裂。至今儼遺像，浩氣何曾缺？涓涓東流水，隱隱題痕血。山頂幕層雲，泉聲若嗚咽。我來挹清風，灑淚空悲切。嗟彼貪生者，終歸荒草火。九原如可作，應媿謀生拙。

上趙麟陽公四首 己未。

持旌出滇海，驅車歷長坂。白髮垂高堂，佳胤猶未誕。抗疏膺權奸，鈇鉞豈辭難。死生忍不顧，遑恤家人盻。忠竭孝乃揚，耿耿燭青汗。正襟讀封事，起我再三歎。

又

哲人豈虚生，天意良獨優。孜孜古賢聖，德業難與侔。周王老受命，丹書敬諮諏。衛公年已耄，懿戒懷遠猶。濂洛道未墜，淵源承魯鄒。願言策高足，力挽頽波舟。

又

太極生陰陽，吾道本一原。道一教亦一，二氏胡能參？鄒孟距楊墨，宣尼攻異端。齊梁尚虚淨，昌黎排羣喧。好辨豈得已，中流障狂瀾。寂滅生道乖，羌夷雜華冠。至人久云逝，誰爲繩其愆？

又

聖賢垂世訓，立言崇彝倫。云胡舍日用，幽玄以爲新。心行岐二途，伐枝云培根。六經文在茲，異説淆其真。鴃舌變莊語，正學埋荆榛。尊王賴盟主，慷慨懷其人。

金懷南惠菊賦謝

寒風鳴林間，落葉飄前堂。景物頓蕭瑟，歎息思春陽。野菊蔓東籬，披離雜蒼黄。慇懃美人意，佳種遥相將。幽姿澹無語，清芬襲我裳。人生逐紛華，奄忽同草莽。何如秉高節，歲晚有餘芳。感此欣我懷，援琴發清商。仲子何時來，長歌倒壺觴。

蘭石圖

秋蘭長深谷，習習香風吹。巖穴鮮人迹，欣賞知有誰？名園蔓荆榛，鸞斯鞏棲之。芳質我自珍，悠然木石居。非我玉池侶，貞性聊相宜。邈矣清真者，同心勞我思。

登滕王閣 己巳春，之滇南道中作。

洪都古名勝，高樓洵塏爽。江湖几席間，星河屬頫仰。傑人已陳迹，憑欄寄慨慷。王子方妙齡，宰君從兹訪。鵬翮摶扶摇，奇文尚遺響。予乃躍顛危，驅使歷蒼莽。眺吟亦何心，瞻雲倍悽愴。好風從東來，中流快蘭槳。

南陽卧龍岡

孔明本琅琊，負耒耕南陽。聞達既無求，胡爲居道傍。棲棲魯中叟，環車竟遑遑。懷寶諒匪難，而忍迷其邦。漢祚欲傾頽，伊誰振皇綱？偃息籌中原，梁甫吟何長。〔二〕幡然再三顧，伊吕齊聲光。大節洵炳炳，成敗何庸傷？寥寥千載後，徘徊卧龍崗。〔三〕

〔二〕　底本此處批注：「原件短缺。」查看底本，當缺頁十一上、下，内容爲《虜王貢馬恭上聖德無外詩》、《賦得今日非昨日》及《觀欹器圖》前四句。所缺部分，除《虜王貢馬恭上聖德無外詩》外，據《不二齋文選》補入。

〔三〕　底本此篇與前中斷。從内容上看，當爲《南陽卧龍崗》之後最後六句。疑非缺《南陽卧龍崗》之後頁，而是缺《虜王貢馬恭上聖德無外詩》之後頁，即頁十一上、下。原本校對有誤。

登第後寄親丈

昔余秉微尚，築室稽山幽。嘉朋日萃止，六籍事冥搜。顧慙學術疏，徒然抱先憂。屬時際休朗，葑菲誤見收。弱羽乘風雲，眇質依嵩丘。皇恩等蒼昊，捐糜難爲酬。竊言循素履，黽勉希前修。眄彼鴻鵠舉，詎爲稻粱謀。

虞王貢馬恭上聖德無外詩（佚）

賦得今日非昨日〔一〕

今日非昨日，陽烏競奔馳。明日猶今日，悠悠竟何爲？猗彼古賢聖，千載流聲施。惜陰共推禹，待旦亦稱姬。伊人未云遠，黽勉良在茲。修途始跬步，厚獲由耘耔。蚤夜自鞭策，妙道庶能窺。斯理苟自信，安事求人知？青陽不我待，華髮忽已衰。中宵起徬徨，恐負平生期。

〔一〕底本原缺，今據《不二齋文選》補。

觀欹器圖〔一〕

周運當綦隆，艱哉賴守成。公旦輔沖人，作器儆其盈。宣尼勤夢寐，入廟懷典刑。慨彼盈虚理，挹注有餘情。天命信匪易，危平易即傾。所以古明聖，盛滿日兢兢。

送耿三臺奉使還麻城

龜峰鬱嵯峨，鍾靈集耿氏。家庭奏塤篪，德誼互箴砥。予懷久寤寐，登庸幸偕子。早成緣夙知，飲醇銷吝鄙。午夜聆玄談，曠然探無始。回也事四勿，參乎悟一唯。頓漸寧二途，存誠即知止。蹇予夢難覺，徒然贅口耳。所賴同心人，頻呼或可起。如何聚會艱，輶車忽南指。離羣良足歎，勉旃慎所履。異代猶神交，况乃千百里。寄言明道公，道盛豈終否？

贈無弦和尚

可聽皆爲幻，太音本希聲。兹譜久不傳，伊誰啜其精。衲子有真解，早與山水盟。自言謝

〔一〕　底本缺「宣尼」前四句，今據《不二齋文選》補。

操縵，聊以盪幽情。問君不用弦，安得琴索鳴？天籟有從來，聲匪由弦生。至人茹恬素，哲士辭令名。靈響鼓玄秘，萬竅和韶韺。嗟予在塵境，聒耳羣喧轟。此日對焦君，泠然心意清。願廣無弦調，一醒寰中酲。

靈巖次蘇穎濱韻

僊都續舊遊，探奇欲窮底。況復秋氣佳，諸峰淨於洗。松已作新枝，石猶流舊泚。山僧迓故人，未言輒首稽。聚會恍宿緣，登臨亦天啓。高岡獅雙蹲，曲磴羊羣觝。塵襟破孤嘯，枯腸灑甘醴。攀蘿訪證明，如升九霄陛。俛仰六合間，眇然太倉米。縱目撤藩籬，萬物本一體。慚予煩公庖，菜色皆兄弟。寄語肉食者，試嚼野中薺。

初到雲門言志用孟浩然韻

我昨縶塵纓，夢遊屢在野。予告尋初盟，棲遲借蘭若。小閣藏永書，澄流飲支馬。聽經集沙彌，出徑逢樵者。振衣秦望巔，千仞不能下。泠然一長笑，四大詎難捨。碌碌寰中人，何時悟真假？歸來石橋路，颯颯溪風灑。怡此清和辰，狂歌慕點也。

十月朔日課兒曹勉之以詩

古人惜三冬，兹辰乃其始。晨興展六籍，課爾二三子。糟魄非虚陳，千聖瀝精髓。豈伊粗浮腸，可晰淵微旨。勖哉日沉潛，貫通庶可擬。敷詞取達意，慎勿競夸靡。乘此風日佳，焚膏足繼晷。明師臨爾前，自棄能無恥？丁寧望爾曹，毋墮前人美。

杜轄巖訪吴公度

杜轄巖中人，曲江舊同席。未折彭澤腰，早着東山屐。棲心老氏書，結廬武夷側。晴峰萬點青，雲溪幾條白。玄關夾長松，丹房架危壁。巖頭露可餐，巖下芝可摘。猿鶴時爲羣，車馬杳難即。我本方朔徒〔一〕，聊作金門客。煙霞夙同好，出處偶殊迹。竭來訪安道，披襟話疇昔。笑我尚馳驅，看君生羽翼。諦觀聲利場，何似神仙宅。四十已無聞，百年亦瞬息。將從赤松子，巢居煉形魄。明發出閩嶺，題詩訂泉石。

〔一〕《文淵閣四庫全書》集部總集類《御選宋金元明四朝詩·御選明詩》卷三十收入該詩，此句作「我本丘壑人」，並缺「竭來……羽翼」四句。

容膝軒爲喻邦相賦

鯤鵬詎爲大，鷦鷯未爲小。託身各有所，乾坤何浩浩。達人去健羡，斗室自云好。心閒境轉寬，客稀花不掃。小窗風日佳，悠然此懷抱。華屋多危機，身安足爲寶。我欲與之俱，偃息以終老。

甘義麓將赴閩臬出乃祖蓮坪翁所藏詩卷示予徵別言漫賦此以相勖云

長安三月時，柳條未堪折。嗟我同心人，忽作天涯別。示我大父篇，古道殊可悦。不愧盤中餐，夏公語尤徹。三復還書紳，持身此爲訣。先民去我久，頹波良易汩。知子有雅操，耿耿秉芳潔。臨岐亦何言，步趨景前哲。

使楚紀懷四首

神樞夕飛電，歌聲九域喧。皇仁篤本支，温綸遍諸藩。我本柱下史，藏拙在金門。一朝蒙驅使，龍節浮湘沅。金函何焜燿，玄纁亦殷繁。徂秋迫冬季，霜雪時爲餐。君命期不辱，辛苦安足論？

又

茫茫六合中，名區歷可數。川嶽疇最雄，自昔誇三楚。祝融高及天，洞庭闊於海。叶更有太和宫，崔嵬祀玄武。金闕恍帝居，人間那得伍。我昔兩經過，靈境曾未睹。黄鶴不可招，夢遊笑天姥。朅來使六藩，從容播天語。因之愜壯遊，窮探逐緇羽。放浪煙霞間，寧知縶簪組。舉足皆皇恩，涓滴無由補。

又

赫赫我皇祖，開基一何壯。奮身濠梁間，胡羶片時蕩。陳氏據武昌，么麼崛相抗。克之康郎山，八荒盡環嚮。功高祚應遠，卜世詎能量。龍種二十五，裂土各分王。湖湘魚米鄉，藩封自開創。至今二百年，天潢益繁廣。玉葉紛扶疏，金城屹屏障。秦魏不足論，周曆豈多讓。瞻彼江漢流，萬載同湯湯。

又

銜命首荆楚，渡蘄入武昌。次及吉與岷，星沙復都梁。次及榮與襄，義陵訖襄陽。皇皇歷冬春，道路阻且長。有時駕飛舸，擊楫淩瀟湘。有時乘輕軺，披雲躡崇岡。所忻熙洽辰，萬里皆康莊。况此諸藩賢，樂善多東平。驚聞天詔臨，三薰肅對揚。郊迎列仙仗，庶采羣趨蹌。紫泥發中庭，虎拜還稽顙。以我金闥客，張宴羅笙簧。鞠躬問天子，萬壽應無疆。禮恭氣更閑，狀貌咸宜王。願言葆令德，祖訓何洋洋。

宿虎巖贈不二和尚

我昔讀《維摩》，有齋題不二。揭來遊武當，作禮印真諦。一笑敞荆扉，不語便相契。巖頭白蓮長，巖下乳虎避。好鳥隔林鳴，修篁拂簷翠。清流曲可枕，秀石竦宜拜。我欲從之隱，師言且姑待。閉户元非枯，纓冠亦無累。人空更法空，在世即出世。如如兩無著，斯爲第一義。此意頗聞之，顧我機與滯。違己涉世途，勞勞竟何事。不如尋舊盟，筍蕨有餘味。虎溪訂遠公，陶潛覺今是。

登漢陽峰

每讀廬山謡，翩翩欲騰翅。夜宿文殊臺，卻問廬山寺。步出漢陽峰，恍然昔曾至。紺宇埋荒丘，蒼蘚蝕餘砌。廬山幾千仞，兹峰倬無對。舉手摩青冥，極目浮空翠。五老與七尖，左右拱而侍。支條紛纍纍，兒孫跪且拜。裊裊康王谷，冰簾自天墜。奔濤赴三峽，白日雷霆沸。玉淵接金井，下有蛟龍睡。茫茫彭蠡湖，九江西來會。横放數百里，滉瀁包天地。赤帝遺玄夷，驅石截吞噬。狂瀾撼峭壁，角勝水爲避。帆檣互飆發，瞬息萬馬駛。睥睨星子城，千家一環貫。俯仰立躊躕，色喜復魂悸。乃知匡廬巔，敻與人境異。雨巖何沉沉，朝昏結雲氣。綽約黎仙子，巖栖忘年歲。我欲往從之，乘風忽先逝。

題上虞葛氏佳聲樓

世人爲兒孫，紛紛作牛馬。旦暮握牙籌，聒耳聲細瑣。翻令賢與愚，但成驕且惰。偉哉葛氏翁，築樓金罍下。數椽無刻鏤，悠然秀而野。架藏萬卷書，課兒向燈火。吾伊自成韻，琅琅當子夜。有時機杼鳴，驚心憶鄒軻。韋編斷復續，呻吟幾冬夏。坐看子及孫，對策齊董賈。芳名播八寰，寧詎青紫假。至今百餘年，翩翩多大雅。茲樓仍舊構，蒼蘚繡古瓦。世業洵可久，豈必易高廈。試聽絲竹喧，何如讀書者。

久雨有懷

山居已幽寂，久雨人迹稀。兀坐理遺編，會意當告誰。開窗望四山，濛濛煙樹迷。簑笠誰氏子，行行將何之。

寓言六首

我有如意珠，裹之以破衲。盜賊不得窺，夜深弄明月。

又

我有百煉刀，非銅亦非鐵。清宵試一揮，羣魔永消滅。

又

醜婦妬明鏡，一擊菱花碎。何如明鏡在，猶堪理雲髻。

又

猛虎咋千人，不聞咋醉者。至人醉玄漿，鞭虎似鞭馬。

又

適越乃北轅，狂馳竟何止。試問越來人，迴車即便是。

又

貧子强説金，種種浪分别。寧知富金者，黄白不須説。

鏡水村謡送拙齋蕭太守入覲

聖主哀東南，當軒列五馬。何人到會稽，宛陵學道者。一解。
學是文成學，官是文成里。全家坐樓臺，但飲清白水。二解。
使君退郡齋，蕭然如逆旅。生平一片心，夢與神明語。三解。
晨起理簿書，老吏拱而侍。使君若明鏡，兒童亦歡喜。四解。
問俗何所病，問民何所苦。試觀闤闠間，誰敢戲與賭。五解。
三江應宿閘，起敝如更新。而今阡陌間，水旱從蒼旻。六解。
稽山環青衿，諄諄語聖學。色笑繼魯侯，昔賢如可作。七解。

城隍一夕火，不得留片瓦。使君孝鬼神，神宫接雲赭。八解。
十月戒行李，劉寵行向燕。若耶五六叟，不敢獻一錢。九解。
小民願借冠，陽春八百里。安得攀轅心，輸將聖天子。十解。

靈洞山房十景爲蘭溪趙太史賦

古洞栖霞

結廬靈鷲巔，古洞鎖深碧。青霞拂前楹，吐吸忘朝夕。

天池漾月

一泓接清漢，千峰墮朗月。對此獨泠然，欲語不就説。

中巘千霄

梯雲陟層巘，孤聳抗玄閶。星辰若可捫，舉舉亦神王。

三山環壁

海上三神山，開軒儼然至。相對鬱盤桓，知我環中意。

片石飛雲

突兀蒼雲根，雲出石欲舞。山中不堪持，霏霏已成雨。

寒泉漱玉

一片瀟湘水，分來轉緑淨。迴風戞鳴琴，逕月出明鏡。

梵刹鐘聲

古寺隱崇阿，雲深人迹鮮。松外落鐘聲，那知路近遠。

山亭樵話

巖栖絶塵想，伏臘任更换。偶逢樵者談，不知柯已爛。

雲徑晴松

旭日露東嶺，白雲破幽徑。長嘯引清猿，松下遥相應。

溪橋煙柳

新柳籠輕煙，溪橋幽事並。道暍想晴陰，未許學陶令。

題武夷麗陽洞

接筍峰之巔有巖，題曰「些兒奇勝」，白玉蟾筆也。道人汪麗陽蜕巖下，貯以兩甕，予爲識此。

會得些兒意，騎鯨物外遊。依然雙甕在，雲壑萬年秋。

君山雜咏八首

目極天涯遠，魂隨地下游。如何千載後，翠黛尚含愁。湘妃祠。

我持一杯酒，來弔二妃墳。斑竹埋青草，蒼梧空白雲。湘妃冢。

龍去弓何在，舟成鐵亦飛。只應臺上路，猿鶴夜來歸。軒轅臺。
地僻會無酒，風來時有香。我是東方朔，當年試一嘗。酒香亭。
山自坐中見，聲從行處聞。卻疑仙樂奏，欲問洞庭君。響山。
虎迹平沙晚，龍吟大澤秋。洞中趺坐久，長嘯撼松楸。龍虎洞。
秦怒山俱赭，湘靈木自青。至今銀杏樹，老榦入蒼冥。秦皇火樹。
徒倚朗吟亭，僊迹不可見。唯應千尺松，曾識吕翁面。朗吟亭。

送李翰峰奉使歸金陵

帝里初傾蓋，宗盟道誼新。草玄耽自好，抱樸返天真。貌古衣如怯，情投意轉親。孽孽排二氏，屹屹任千鈞。濂洛知誰在，金陵會有人。夜深酣妙論，歲晚託芳隣。銜命天涯使，離羣夢裏身。起予仍有待，覿爾恰宜頻。楚澤梅舒臘，燕臺柳綻春。趨朝莫濡滯，訂晤在斯辰。

送沈鏡宇告歸湖州兼壽尊翁年伯

仙署初聯珮，秋風子獨歸。暫看辭紫禁，旋喜舞斑衣。沈約寧多病，陶潛解息機。明時儲雅望，遊子惬重闈。苕水松筠老，吴江鱸鱖肥。嗟予何事者，碌碌素心違。

壽高少師六十 同館中作。

寶曆開昌運，台垣燿紫宮。龍雲千載會，魚水一心同。致主虞唐上，師臣夢卜中。《甘盤》推舊學，公旦起居東。臺閣謨謀遠，銓衡藻鑒公。精誠膺獨眷，妙算屈羣雄。干羽三苗格，梯航百粵通。登龍遍桃李，鳴鳳集梧桐。忠孝煩敷論，綱常賴折衷。道傳元日浴，岳降正當嵩。南極光長燦，文昌象倍融。岡陵躋上壽，山斗仰高風。樗散慙庸品，栽培屬化工。當筵歌《棫樸》，載咏作人功。

曲阜謁孔廟

光岳開靈秘，斯文良在兹。斷碑封古篆，老檜挺寒枝。世已非周代，身猶相魯時。當年窮轍迹，此日儼容儀。俎豆仍千祼，綱常賴四維。宮牆瞻肅肅，邑里尚熙熙。展謁增予媿，空談徒爾爲。何當起洙泗，趨步日追隨。

冒雨登金山喜霽

爲憶江天勝，何妨冒雨來。棹移沙岸近，峰轉寺門開。躋險凴雙屐，淩虚縱一杯。浮沉鱗介窟，飄渺鳳凰臺。況復澄新霽，翻令促舊醅。煙消溟海濶，浪折鏡波迴。三國兵戈地，六朝詞賦才。浮名竟安在，搔首獨徘徊。

遊姑蘇之西山夜宿天池次周公瑕山人韻

吴市逢詩客，相攜作勝遊。乍收千嶂雨，别是一天秋。入谷蘿爲幔，乘危馬作舟。泉疑松頂落，雲自石邊流。日暮樵歌歇，風高鶴夢愁。梵傳蕭寺響，燈露佛龕幽。況有周顒伴，何妨支遁留。明朝恣奇賞，信宿未言休。

贈郁心齋五十 有序。

心齋子之期我以國士也，在戊午未第之先。予之諒心齋子爲廉吏也，在宜興被謗之日。彼九方皋之相馬，迹忘於牝牡驪黄之外；鍾子期之賞音，神解於高山流水之間。吾兩人者，庶幾似之矣。心齋子解組既十年，始有城南之居，娱情翰墨，旁通内典，予家居，尤重有資焉。兹當五十初度之辰，友人繪圖爲壽，予能無一言而已乎？爰作五言律十一韻以遺之。蓋不徒以頌，而終之以規云。

一顧知予日，予方弱冠時。君今年已艾，予亦鬢成絲。互歡升沉異，潛驚歲月移。桑田新世態，蘭茝舊襟期。猶憶長沙謫，空慚鮑叔知。縣車還未老，投杼竟何爲。松菊開陶徑，風流步習池。觀空齊得喪，抱一混雄雌。誰謂將衰候，忻看益壯姿。知非有蘧瑗，達命獨宣尼。努力希賢聖，毋忘抑抑詩。

壽邵月湖太守八十

公有丈夫子八人，而其父若祖皆享年九十，稱世壽云。

南極姚江麗，東山謝脁鄰。仙源知有自，嶽降詎無因。鶴算承三葉，龍駒駕八荀。一官惟卓犖，五馬尚清貧。菊滿陶潛徑，棠垂邵武春。花溪青雀舫，錦里白綸巾。共羡山如壽，何妨鬢若銀。鸞書天寵舊，豸史舞衣新。三島安期棗，千年莊社椿。還期玆二物，遥祝掛弧辰。

輓馬文莊師

天上台星隕，人間太華傾。貳公新弼亮，三禮舊寅清。輿望推司馬，訏謨屬保衡。擬將天壽格，坐致泰階平。正爾勤三接，俄然夢兩楹。帝嗟亡鼎鉉，士悼失章程。贈謚皇恩重，圖書宦槖輕。蒼生關喜戚，夫子備哀榮。莫贖楊公逝，空留謝傅名。昔來紆赤舄，今去摻丹旐。雪暗故山遠，風淒祖道盈。罷鶩方伏櫪，剪拂使長鳴。蘇軾應難並，文忠自娛評。鑾坡叨末路，藜杖挹餘明。最幸揠衣侍，那期執紼行。有知非草木，無計合生成。淚逐愁雲落，歌傳《薤露》驚。何年堪築室，此日繫簪纓。未就招魂賦，悲來已失聲。

壽陳松谷相公七袠

黄閣方承寵，華簪卻早抽。遐觀塵世外，勇退峽江流。洛社推文潞，衡山隱鄴侯。襟期千載契，豁達幾人侔。影絶沖霄鶴，機忘狎海鷗。放歌真浩浩，坦腹自悠悠。松柏成形古，嬰兒服氣柔。無心居鼎鼐，有子紹弓裘。池上毛仍鳳，崖間種得騮。鑾坡傳盛事，玉署纘遺謀。七袠稀初度，三台爛不收。狄雲思正切，萊彩戲重修。綺席黄花綻，霞觴緑野浮。笙簫喧里第，氣色恍蓬丘。棲樂峰增秀，嘉陵景借幽。祥煙分靉靆，旭日儼遲留。王母書應至，靈椿算必周。還看遺讖驗，大小更連洲。《一統志》云：「異人過南充，指大小洲相連，謂當有父子繼相者。」

雨夜至福田寺同徐文長登憑虚閣偶吟舉杯邀落日句遂以爲題

連鑣度長薄，落葉響清秋。雨拭諸峰淨，泉添别澗幽。解鞍投古寺，呼酒眺高樓。倏忽孤霞映，蒼茫暮景收。白榆難曳晷，青岫欲銜毬。一斗頻斟酌，千觴仰勸酬。娥輪猶未上，羲轡幸相留。蟻磨翻如石，烏停款若遊。杖憐夸父化，戈爲魯陽愁。返照林逾媚，高舂話正稠。不妨山氣紫，一任野煙浮。聽法猿依貝，歸巢鳥啄榴。片雲隨麈尾，半月挂簾鈎。明日還晴旭，西湖照碼頭。

同李沖涵年丈遊岳麓書院述懷十四韻

光岳開南極，星沙擁上遊。千峰雲氣接，一徑水聲幽。結構先朝遠，宮牆數仞周。禹碑遺鳥篆，拜石立松丘。右峰有拜岳石。靈傑三湘會，朱張兩月留。二先生寓此凡兩月。學承濂洛系，名與漢江流。夏至今仍在，春衣得共遊。初來山色暗，中渡日光浮。歌咏偕童冠，烝嘗薦棗脩。是日釋菜於宣聖祠。嘐嘐狂者志，默默杞人憂。任重吾何敢，升高爾自優。明宜虛户牖，寢莫愧衾裯。九十途方半，二三道不侔。好將今日意，努力紹前修。

哭亡友周繼實十六韻

昔我章縫日，逢君剡水東。交深行迹外，氣洽立談中。白社聽經入，玄關習靜從。校才宜穎脱，問學得心宗。戴髮塵無染，承顔槖屢空。義高辭歲薦，宅捨復林叢。梓里推陳寔，祇園擬許公。蹉跎艱擢桂，聚散訝飄蓬。道豈形骸隔，心知出處同。予歸廬柏冢，爾蚤閉麟封。顔氏無非殀，原思故不窮。使君題墓碣，高士墮星紅。淨土還真性，蕭齋肖幻容。無兒繩顯業，有弟發潛蹤。尚阻生芻奠，徒憐拱木穠。秋郊一慟哭，百里起悲風。

題沈翁畫竹 大宗伯龍岡公父。

誰寫淇園竹，檀欒衛水陰。亭亭皆直節，寸寸表虚心。不作彤庭貢，甘爲緑蟻沉。時招三徑屐，每和七賢琴。忽長淩霄榦，俄驚傲雪林。從風能鳳舞，映水作龍吟。嶰谷伶倫製，虞廷律吕音。南宫司禮樂，北斗斡奎參。葉布垂貽遠，根盤種植深。會看鱗甲迸，階序立森森。

甲子冬將北上宿寶石寺次方棠陵韻

畫閣登臨處，寒煙欲暮時。禪關依月寂，星石倚雲危。乘興遊將遍，探幽步獨遲。他年論往事，猶有舊題詩。

丙寅秋日游越王峥遂遊靈峰夜酌口聯二首

舉酒見明月，疏林影欲浮。塵清三寶地，涼送萬山秋。對景興何極，論心話自投。幾時能共約，還續此來遊。

又

越峥遊未倦，數里又靈峰。古刹層雲裏，長江一望中。笑看山月上，痛飲酒尊空。夜半渾忘睡，俄驚報曉鐘。

夏日遊摩訶庵次康洲韻

都市苦炎熱，行尋物外閑。聽琴過竹院，脱幘卧松關。風静疑僊界，雲飛遠俗寰。晚來山更媚，相對欲忘還。

紫騮馬

紫騮驕且肥，珠勒黄金鞿。不惜紅顔换，看追赤電飛。駸驔行玉壘，迢遞上金微。卻望關門路，秋風冷鐵衣。

莊皇帝梓宫發引輓詩十首

撫世當全盛，那居自樂胥。殷邦嘉靖後，周宇版章初。有象觀風動，無爲玩日舒。何憐天上逸，一去杳龍輿。

又

於穆天同運，莊臨儼若神。正依開泰日，忽漸陟遐辰。仍几遺周命，因山營漢民。忍看飛帟動，淚雨濕車塵。

又

繼統車書一，重光星日懸。隆開萬載曆，慶衍九宗傳。民逸躋仁壽，君勞咸歷年。偏憐老癃淚，隧道灑重泉。

又

不道天崩墜，真成杞國憂。橋山埋玉舄，燕谷壘珠丘。雲日難重睹，衣冠空復遊。惟餘霜露愴，歲歲泣松楸。

又

脱屣遊寥廓，瞻雲隔渺茫。鼎湖捐侍從，湘水候英皇。恭默神如在，憂勤道不忘。念茲思陟降，長得見羹牆。

又

聖澤流千載，神精瘁萬幾。舍茲黄屋去，乘彼白雲歸。號闕瞻丹扆，觀星辨紫微。猶疑英爽在，仿佛覲天威。

又

六載臨皇極，尊親遍宇寰。金甌鞏河岳，玉塞款羌蠻。龍馭無端邁，烏號不可攀。神霄應咫尺，何路即天顔。

又

禹業傳家日，堯民喪考時。風號丹鳥下，雨泣白茅垂。鳳翣行歸遠，鸞車出警遲。秋空倍蕭瑟，是物總含悲。

又

講幄經墳啓，戎壇韎韐臨。九圍式如玉，四裔獻其琛。共卜玄天永，翻驚白日沉。化成非道久，誰不更摧心？

又

曉日催鸞輅，空山駐翠華。泉宫行漸邇，天路望逾賒。音遏絲匏響，歌翻蒿薤譁。幾迴讀遺詔，哀慕永無涯。

送蕭拙齋奉使歸寧國

悵别長安道，離筵聽馬嘶。仙槎雲外度，使節望中迷。久容驚秋雁，爲官病夏畦。水西頻入夢，未得共攀躋。

送王武舉

矯矯西平子，馳驅萬里遥。跨鞍知將種，射策識人豪。驛路梅初綻，開河凍已消。匈奴猶未滅，應待霍嫖姚。

送唐凝庵歸武進

傾蓋毘陵日，連鑣上苑天。詞林慚我拙，世學賴君傳。劍佩宵衝斗，車旌曉拂煙。武夷如可待，相與問真詮。

吴節婦輓詩

怪爾正芳年，怡然殉所天。未亡羞破鏡，之死共新阡。卻粒腸逾潔，捐軀義獨全。寥寥千載後，更續《柏舟》篇。

甘露寺

喜入東吴境，忙爲北固遊。金焦浮兩粟，江漢折中州。月落秋潭淨，雲歸夜壑幽。古苔封斷石，何處覓孫劉。

招隱寺

吏隱終斯世，幽棲豈厭深。行行度叢薄，窅窅入層林。徑窄謝俗駕，流清滌煩襟。高蹤久寥寂，千載獨相尋。

惠山泉

纔下江心寺，重過第二泉。僧攜新茗至，童掃落松煎。頓已文園渴，無煩驛路傳。平生蕭瑟意，對此轉泠然。

虎丘寺

到岸聞清梵，披襟度曲隈。劍池清薜荔，講座老莓苔。塔迴穿雲入，僧歸摘茗來。昔人讀書處，寂寞有空臺。

天池

屼嵂羣峰杪，澄泓一鑑開。晴光摇碧樹，夜色混蒼苔。味覺曹溪似，流應銀漢來。鵾鵬從此奮，斥鴳不須猜。

甲戌元夕遊會稽九里山二首

不問今何夕，但知娱素襟。棹移九里近，路入一溪深。飛瀑晴還雨，虚巖晝亦陰。坐來塵世隔，便欲老雲林。

又

九陌繁燈火，孤村自寂寥。看山酬令節，换燭話深宵。洞古留雲濕，簾虚款月饒。不知城郭裏，何處沸笙簫。

相者吕生當乙丑之冬謂予當得大魁戊辰下第還遇之武林復言之如是吁亦奇矣兹自吴中來訪聊短述贈之

偶應高人術，慚予何所能。舌中左契出，眉下曙星稜。牝牡分如畫，魚龍照在冰。乖厓做得不，莫去問胡僧。

晚過白米堰

此地倍蕭蕭，初秋横海潮。只聞嫠婦哭，不見酒旗摇。井竈餘殘壘，町畦剩死苗。觀風賢使者，肯爲達中朝。

登東山

夢到東山久，今來始一登。長松雙偃蹇，怪石幾崚嶒。洗屐披荒草，栽薇問老僧。新封正纍纍，往事總難憑。

自東山進舟宿馮家浦贈馮氏兄弟

謝朓登臨罷，拏舟日已曛。鳥棲不擇木，豹隱況逢君。高閣全邀月，奇峰半入雲。飄愁歸棹促，城市又紛紛。

七月十四日偕康洲雲石再登秦望四首

吾儕二三子，總是漆園徒。赤日僧俱怯，青藤我獨扶。飛泉翻雪浪，幽谷入冰壺。試問紅塵裏，清涼似此無。

又

共説羊腸險，重來絶頂行。芒鞵侵露濕，羽扇拂雲輕。草色迷秦碣，湖光浸越城。無愁歸路晚，溪月向人明。

又

常年看似畫，此日坐如磐。身以雲爲衲，頭將斗作冠。山河雙泡影，吴越一泥丸。自笑非凡骨，秋風正羽翰。

又

並有煙霞癖，相看坐夕曛。樵歌中谷應，僧磬下方聞。海畔懸孤月，山腰絶片雲。百年猶旦暮，何事日紛紛。

寶石山房夜坐感舊四首

十載遠公别，雲林幾度思。那知今夕會，又是仲秋時。樹辨山前徑，苔侵石上詩。徘徊還自笑，華髮半成絲。

又

滿前無限景，樗葉亂遮人。試破千株暗，俄看萬象新。湖光當檻出，遊子蕩舟頻。更向沙彌説，無留寶鏡塵。

又

極目凭欄處，翛然解鬱陶。鐘聞三竺近，玉削兩峰高。僧定依秋壑，菱歌動晚舠。悠悠湖水上，盡日少波濤。

又

碧落開新霽，山頂坐月華。蛩聲撩梵語，塔勢削蓮花。影動鴉歸樹，香浮僧薦茶。不知閑話久，涼露濕袈裟。

送金學訓擢諭定海二首

幾載談經處，青衿意盡傾。卻憐明海畔，又得濟南生。帆向蛟門落，樓看蜃氣成。高秋三五夜，應動并州情。

又

未遂開三徑，還聽説二南。經師君不忝，土俗我曾諳。夷島諸軍護，官齋一水含。寄聲驄馬客，幾夜憶玄談。

寄懷傅慎所侍御二首

明廷朝抗疏，夕譴到天理。自欲誼才老，誰云黯戇危。杜門甘蠆螫，放迹伴蛟螭。久辨山陰棹，何時訪戴逵。

又

梵宇論交日，春風四座傾。幾年懷叔度，萬里謫陽城。學羨貧還富，名知辱更榮。賜環應有待，前席問蒼生。

雨後避暑村莊雜興八首

積雨衣仍夾，初晴暑便侵。扣門無褦襶，入徑自蕭森。水落游鱗淺，苗肥浴鷺深。今秋知更熟，處處發謳吟。

又

霡霂聲初歇，林塘趣自多。新禾翻翠浪，遠岫抹青蛾。枕適莊生蝶，書臨逸少鵝。炎蒸渾不覺，散髮弄漁簑。

又

垂柳籠虚閣，擎荷出短牆。卻疑三伏候，別有九秋涼。日隱林間薄，風來花底香。何須北窗下，到處是羲皇。

又

卻掃松關靜，讀書隨樹陰。那知塵世裏，得見古人心。物外情俱遣，閑中樂自尋。爐香纔一炷，笑指赤輪沉。

又

長日無他事，松間理素桐。數聲入商調，六月灑秋風。波動游魚狎，天高唳鶴通。虧成竟何有，解道本來空。

又

有客五雲至，楸枰來對談。搏風探虎穴，得雨起蛟潭。平蔡雖由斷，征遼尚覺貪。局終渾一笑，何似坐松龕。

又

暫遣營營累，難消種種心。羊亡終自詫，蝸戰轉相尋。水静雲摇影，山空鳥弄音。虚舟元不繫，何處著浮沉。

又

蒲柳非金石，那禁烈火攻。向來青鬢客，半作白頭翁。炎海波難定，清都境本空。翛然坐終日，此意與誰同？

四十生辰

猶憶童髫戲，俄驚霜鬢侵。誰云强仕日，已有倦遊心。世路風塵滿，雲山野趣深。登樓望天柱，對酒不能斟。

焦山謁焦隱君祠次了元禪師韻

炎火欲西淪，巖棲獨抱真。不緣當叔季，肯自忘君臣。得姓山增重，摩碑字轉新。何如文若輩，剌促半生身。

遊金山次唐人張祜韻

天險何年設，神州此地分。濤飛千里雪，樓插九霄雲。帆影參差渡，砧聲杳渺聞。當杯論往事，惆悵不成醺。

四月五日值太夫人誕辰述懷

堂上稱觴日，天涯陟屺時。稚孫看習舞，弱弟爲烹葵。千里雲飛遠，三春雁到遲。惟應今夜夢，還到故園馳。

贈王樂山先生

藏名在城市，幽興卻巖居。意與山俱寂，心將雲共舒。穿松羣鹿豕，入谷話樵漁。知爾有仙骨，應探石室書。

送管東溟比部備兵南詔兼簡李沖涵丈二首

萬言曾抗疏，三尺舊稱平。忽領銅符去，還逾桂嶺行。山無蠻箐險，地有祖溪清。吾獨哀南海，瘡痍未解兵。

又

已恨李膺去，那堪又送君。他鄉星自聚，此地袂難分。直道明時屈，香名海國聞。行看勒銅柱，於爾總浮雲。

送史光禄遷靖江少尹

春色正芳菲，看君捧檄歸。天廚辭禁臠，海國佐鳴徽。忽訝驪駒唱，難留彩鷁飛。還將分肉意，盡遣邑人肥。末用陳平事。

壽何南溪七十

七十耶溪叟，長安幾度來。青雲多舊識，白雪有新裁。事業看兒輩，生涯只酒杯。客星今再見，燁燁傍三台。

寄散亭

蓬萊尋丈地，恩許結方亭。户疊西山翠，林分上苑青。詩情閑裹得，鳥語靜中聽。自是金門隱，何須羨客星？

過雙寺贈靜修上人

詩社名先識，祇園見未曾。臨池摹古帖，覓句坐深更。法受無生忍，禪參最上乘。君看靈澈輩，何似碓坊僧。

雄山杜内翰五十 杜蓋教習宫嬪者，而雅好文墨，樂與士大夫遊。

百歲纔過半，三朝寵渥多。君王呼内史，弟子總宫蛾。曳玉腰偏健，垂貂鬢未皤。況當秋正好，南極映天河。

汨羅江 去湘陰縣之歸義渡十里。

初入湘陰道，重悲澤畔吟。忠臣千古淚，騷客百年心。桂實蟲偏蠹，蘭芳蟻慣侵。從來汨羅水，嗚咽到如今。

謁濂溪先生祠過愛蓮池 祠在邵陽城外，池在城中，先生嘗以永倅署州事。

古邵荒祠在，東山濱水邊。弦歌曾幾月，俎豆已千年。色借庭前草，香餘池上蓮。甘棠還有渡，遺愛共流傳。城外有甘棠渡。

開先寺觀龍潭 潭上下凡二，旁刻「青玉峽」，米芾書。

度峽捫青玉，臨流坐緑苔。水從雙劍下，山挾兩龍來。春暖花驚雪，林空石迸雷。塵纓聊此濯，欲去首重回。

過黄巖

杳杳窮飛瀑，行行入澗西。貪奇嫌日短，躡頂覺天低。霜劍雌雄合，雲寰姊妹齊。莫愁歸路黑，爐畔欲然犀。姊妹石、雙劍、香爐、犀牛諸峰，皆道中所見。

送妹丈趙公雅北上

彩服辭親舍，星槎返帝京。一琴唯舊物，四韻有新聲。白雁霜前至，驪駒雨後鳴。臨岐何所贈，努力紹芳名。

又

摇摇雙棹去，離思正如麻。弟妹天涯隔，雲山客路賒。尊前方説劍，城上忽鳴笳。欲問相逢日，長安桃李花。

秋日入臨安訪沈廣文

棹入苕溪路，端因訪戴來。秋山同振屐，夜月共銜杯。莫歎馮唐老，應憐沈約才。驪歌忽言別，去去首重回。

送沈山人歸雲間

吴客游燕市，黄花幾度看。焦琴頻自弄，裋褐不求完。筆底青山動，囊中白雪寒。秋風暫歸去，何日又長安。

贈市隱者

最愛成都市，君平好寄蹤。蓬門臨若水，清夢繞空同。點《易》寧知老，吟詩不問窮。嗟予湖海客，塵世覓苓通。

游摩訶庵與張射堂朱金庭聯句

休沐避煩熱，驅車問隱淪。金庭。
曠懷思遠俗，好雨爲清塵。射堂。
山色全迎騎，波光半浴蘋。陽和。
語深忘道遠，榴吐覺時新。金。
寶刹仍前墅，支公迓故人。陽。
雲霞拂長珮，鐘磬入清旻。射。
蔌釜羞桑蕨，茗甌泛杪椿。金。
談經無隻字，披衲有千鶉。射。
空相誰爲幻，乾坤總是身。陽。
爐煙薰几席，花氣襲衣巾。金。
石古苔成繡，堦深草作茵。陽。
琴迴千古意，酒和一腔春。射。
梯閣俯青嶂，臨池飯赤鱗。金。

挑燈款良夜，扣月過芳鄰。金。
蓮社情偏洽，林泉思轉親。射。
由來饒歲月，何處少松筠。射。
始悟無生訣，猶牽未了因。陽。
惺然發長嘯，直欲解簪紳。陽。

同張射堂朱金庭碧雲寺流觴聯句坐促罰嚴不計工拙

飛觴激清泉，射。仰面呼青天。金。
倒景浴空翠，陽。返照留芳妍。射。
尊中酒欲盡，金。筆底思未慳。陽。
幽禽響珠樹，射。金鱗躍澄漣。金。
濠梁觀化者，意到欲忘還。陽。
郊行遠塵鞅，濯纓水粼粼。射。
誰知梵王宇，復見永和人。金。
趺坐狎三嘯，狂歌詫四鄰。陽。

文禽集庭柯，星果薦園新。射。
翠微我欲陟，酡顔僧莫嗔。金。
層崖捫薜蘿，曲徑穿松筠。陽。
嵐消洞捲幕，苔古石纈鱗。射。
瀑飛濺荷衲，葉墮欹葛巾。金。
澗底日沉璧，樹杪月掛銀。陽。
得興詎緣景，感遇信有神。射。
壺中莫問竭，杖頭餘百緡。陽。
拂衣忘歸路，不識主與賓。金。

自碧雲寺歸宿摩訶庵道上聯句

日落促歸驂，幽奇到處探。射。
水聲全繞澗，山色半藏嵐。金。
景物皆爲幻，登臨總是耽。陽。
遠公如何遇，還擬共松龕。金。

又

空山沉夕景，投宿望珠林。陽。

螢燦籬邊火，蟬調葉底琴。金。

樓臺蒙霧隱，鐘磬出雲深。射。

喜有支公迓，金。悠然開素襟。陽。

釣臺聯句 有序。

徐子文長過予雲門，將盡賞此中之勝，阻雨未即，以溪左雙石曰釣臺者甚奇而邇，遂偕陳子經甫蒙霏往征，輒用成都氏韻聯句。韻凡五十，不越所次，咄嗟而成，故亦不能工也。

瞰霽往雙壁，阻雨返重岡。徐文長。

蘿徑移步迫，莰階促膝剛。陳經甫。

突林角駭阱，翻波鱗觸綱。陽和。

縞霧噀屑玉，黑石凝冶鋼。長。

筐重嫗戴道，笠欹僮飯櫚。甫。

落枯酒可炙，羸奴榼交掆。陽。
桃李嬌倚曆，鵝鴨喛迴肮。長。
春急湍擊轂，炊熟煙浮旷。甫。
村釀飣筍蕨，社賽喧笙蚢。陽。
鳥語或澀澀，林挺何伉伉。長。
帆飛虹刷漢，乳溢春盈缸。甫。
險怪謔郊愈，放浪鞭伶康。陽。
陵丘幾糟醨，天地一粃糠。長。
千峰拜復拱，三笑慨以慷。甫。
野哭近寒食，昏星將角亢。陽。
矜滑髁轉蹶，顧飛首爲卬。長。
陰霾結未散，陽魄沉鄳昂。甫。
枝濕鶯坐愁，泥淖馬立駉。陽。
苔荒葛洪井，櫪爛支遁枊。長。
雷呼蟄陟覺，崖墮藤相常。甫。

懸瀑壑拖練，冪嵐山橫鐺。陽。
在座有館客，持疏叫閽瑲。長。
遐思鴻在冥，嗤彼虱處襠。甫。
百家互嘲詆，萬竅鳴篔簹。陽。
顧余次觴渚，忽憶臨鑊湯。長。
汾陽憐李白，鉅鹿老馮唐。甫。
君莫賤丘壑，吾欲營陂塘。陽。
鑽尚苦榆柳，節已甘餳糖。長。
既爾脱桎梏，自不聞蜩螗。甫。
佛燈即藜火，梵鐸亦琚瑲。陽。
同心合蘭蕙，異姓成棣糖。長。
褰裳聯厲揭，没屐接麋溏。甫。
垂釣選長篠，聽經集虛堂。陽。
緣息漚滅海，嗔生雀邏螳。長。
鷗狎罷争席，魚樂匪觀棠。甫。

抱琴俯流水，得句鐫峭碭。陽。
傾壺無剩斛，收景有巨囊。長。
行歌慕狂點，導引希老彭。甫。
密義竟仿佛，陳言慙剽榜。陽。
餌賞忽爽朗，妬遊復淋滂。長。
燐寒颯閃焰，岸汏俄驚磅。甫。
覆鹿詫夢幻，亡羊泣岐旁。陽。
塔標松檜裏，樓插星辰傍。長。
迴與城市別，宜隨猿鶴彷。甫。
秦碑已摧剥，禹書同渺茫。陽。
大塊賒我逸，寸晷從渠忙。長。
趺坐陋小乘，高眠暖麤幠。甫。
卻掃詎遺世，攝真聊自蘉。陽。
學詩取以興，習禮貴其坊。長。
夜久衆籟寂，甫。清磬來何方。陽。

同康洲雲石二丈夜坐聯句

碧月逗疏林，清光入我襟。康洲。
幾宵成久坐，一茗助枯吟。雲石。
山鳥棲還語，溪流寂有音。陽和。
翻憐城市客，何似老僧心。陽和。

卷十六

詩

釣臺歌 癸亥春。

富春山前江水清，釣魚臺下釣舟横。釣舟横兮人已非，登荒臺兮草萋萋。懷高蹤兮不可追，世愈下兮將安歸？吁嗟先生心，落落誰與語？洗耳不是同巢父，側身天地還希吕。吕望釣磻溪，西伯非故知。兆入飛熊躬趣駕，尊稱尚父其焉辭？故人交歡日已久，玄纁安駟空奔走。澤中故有不召士，諫議何當屈老友。懷仁輔義治之經，阿諛順旨世所傾。狂奴故態終難改，咄咄嫚語何相輕？子陵文叔術相左，肯將腰折君房下？一任浮雲轉眼飄，明月蘆花且高卧。南陽故人垂冕旒，滄江老子甘羊裘。翻覆波濤總不知，長竿短棹何悠悠。君不見麗華一寵郭后廢，君恩旦暮成捐棄。長門寂寞糟糠怨，貧賤結交安可恃？又不見伏波將軍老不休，匹馬南馳圖封侯。薏苡終成貝錦讒，按劍那能保白頭？江上老漁拍手笑，兩岸青山依舊好。誰道鷹揚輸尚父，渭水春江本同調。漢家御座幾迭興，客星猶屬嚴子陵。來往臺前斟濁酒，畏途逐逐誰先醒？笑殺馮氏子，彈鋏嗟無魚。乾坤無限江水長，胡不江頭釣煙水！

遊玉女潭歌 丙寅春。

玉陽之山來洪濛，洗頭玉女留其蹤。深林無路不可到，沿流獨有漁人通。天留此景如有待，謫遣仙人令幾載。借將片斧桂花中，鑿開混沌青天外。玉潭之水深無底，石梁疑是孤虹起。舟竇通明日亭午，波光飛入層霄裏。照膽澄心世慮空，須臾木末來長風。嘯歌響答知林谷，往來屈曲迷西東。復有雙姑鴉髻裊，瑶臺瓊樹芙蓉繞。文殊普賢手可攀，天花散落猿公笑。東望太湖一何渺，狹滿闊步舟人嘯。不須破浪幾回摇，千里回還未云少。别洞幽巖險復平，落花流出杳難凴。攜糧欲入歸何路，把燎將行步履停。也識溪流無二瀉，也識層簷非一榭。人生對景不解樂，忽去光陰向誰借。獨喜吾家住卧龍，稽山鏡水如争雄。兹鄉洵美非吾土，歸去高卧蓬萊宫。

清白歌爲上虞丞李紹坡作

晉江之水清且長，高蓋亭亭雲蒼蒼。有美人兮山之陽，酌清泉兮澡雪肺腸。冥鴻高舉兮四海翱翔，聊假息兮虞之鄉。豈腐鼠之足嗜兮，終與鴛鶵喈鳴乎翠梧而碧篁。吾安得從子乎小山叢竹之亭兮，日以徜徉。

麓湖長春歌爲岳父六十初度賦

春風曉拂龍山麓，山下澄湖漾新緑。海日初懸照碧波，翠微掩映青羅縠。舅家別業湖水濱，舅氏名宗蒔里族。華閥初承甲第芳，萬卷千倉給耕讀。早從曲阜佐雙凫，闕里于今頌賢牧。蓴鱸味美賦歸來，三畝湖中聊自足。輕橈畫舫日徜徉，把釣不令驚雁鶩。曲沼香浮茂叔蓮，疏籬花满淵明菊。傳經有子振家聲，丹桂庭槐轉芳馥。憶昔館甥十載前，樓上蘭釭夜開牘。甥今射策侍承明，舅年及艾顏如玉。揭來京邸歸路寒，獻歲懸弧出弓韣。一曲長春侑綺筵，會看仙籌添海屋。

雪湖將赴浦城過予雲門言別且出梅譜索題作歌贈之

道人自得觀梅趣，尋梅直入深雲處。今年梅花落太早，恨殺連朝濯枝雨。雪湖居士華光流，別予言向浦城去。手出梅譜索予題，展卷横斜百千樹。搏冰屈玉風骨奇，疏枝冷蘂花神妬。醉游何似庾嶺春，卧看恍惚羅浮暮。若使移根石橋畔，逋仙未必孤山住。君到閩中何時還，武夷九曲争躋攀。餐霞吸霧興轉豪，應留幾筆蒼崖間。昔我有約探寒泉，蹉跎歲月登臨慳。聞説崇安清獻梅，依然古榦莓苔班。爲我圖寫歸稽山。朝煙暮雪，時時相對開心顔。

出使琉球歌贈蕭給諫

海東之國名琉球，蒼茫萬里連蓬丘。長鯨巨蛟時出没，往往仙人不敢遊。曈曨曉日扶桑赤，天吴弄毬摇海色。老尉初捐一國人，共擁遺孤未曾立。波臣魚鱉亦有靈，來叩天朝徼寵榮。由來君命難不辱，除卻蕭侯孰可行？銜章握節辭青瑣，紆麟曳玉下承明。西湖遇我談襟抱，真覺眉端浩氣生。浩氣生，指長劍。壯矣哉，蕭給諫！渺視六合如一線。船頭一壺聊出餞，不見幾微露顔面。初懸五兩驀滄波，渾疑博望向銀河。蟲來篷底知神集，龍起檣邊帶雹過。一見邦君儀度好，嵩呼亦作中華道。奇觀題入錦囊多，兼金卻去行裝少。行裝少，平生志。清風兩袖歸丹陛，對君且問海中事。把手相看如夢寐。吁嗟嗟，歲幾更？丈夫蹤迹蓬與萍，纔爾扶桑又帝京。匣中一寸青編在，半似當年《山海經》。

醉竹歌爲長洲顧封君作

員嶠先生心獨醒，清風卻許何人領。年來自號醉竹翁，齋前一片瀟湘景。閉門著書盡日看，高節相期傲歲寒。廣野何須遠人境，醉鄉只隔幾琅玕。更有兩竿高拂雲，移來上苑策奇勳。丰標灑灑何所似，卻似而翁對此君。九月秋容野樹浮，跨驢聊作燕京遊。投我詩編輒歸去，憶殺山陰王子猷。嗟我書室鏡湖曲，小徑深深隱修竹。安得邀翁下剡溪，緑雪停橈聽萬玉。萬玉山房，鄙人讀書處也。

雲霽登黄鶴樓歌 有序。

予以臘月廿日涉雪入武昌，恭致璽書於楚藩，有宴。已而赴中丞陳公之招，登黄鶴樓，至則張鐙矣。中丞公笑曰：「『昏黑應須到上頭』，豈謂今日邪？」明日雪更甚，藩臬諸大夫復張具樓上，而是日以武闈試騎射，竟夕未散。予度不可待，乃先挈一壺，偕言生登樓命酌。四望皎澈，如坐冰壺，飛禽絶影，惟長江一帶，汹汹有聲，而帆檣時時往來於雪浪中，亦奇觀也。比諸大夫至，則又張鐙矣。予私念是樓爲楚中大觀，自戊午一登，距今二紀，獲再登，謂有天幸，而彤雲累日，曾未覩晴川之勝，豈吕翁妬我邪？又明日，且治行，忽朗霽，乃更買輿獨登，命從人旋呼酒，未至。而尚遜、壽泉二宗君爲先君舊好，並能詩，先是，招予飲，不赴，已聞登樓，輒攜榼來，向日布坐。晴波與雪岸交映射，堆玉躍金，未足爲喻，回視前夕，世界迥別矣。乃大快，擊釜作《巴人歌》，不暇避席於崔、李云。

我入武昌只三日，三度登樓景非一。初來飛雪夜更稠，昏黑猶然到上頭。明日重登天未暮，樓頭白鶴爲我舞。去去千年今復來，毛羽翩翩色非故。戍城鼓角聲乍清，江村兒女譁新晴。曉起出門雲氣開，須臾紅旭升瑶臺。遊思沸湧不可遏，獨騫雙屐忘尊罍。朱屋故人亦好事，青奴擔酒俄然至。便掃晴窗向日坐，纔傾數琖心先醉。醉眼偏明忽四望，日光雪色連下上。孤峰隔岸玉嶙峋，一水摇波金蕩漾。歷歷晴川樹着花，片片風帆錦浪斜。樓東碧瓦參差見，道是雪中帝子家。楚天多雨向少寒，今年臘雪何漫漫？且共酌酒慶三白，莫言使者行路難。但願四海皆豐年，樓臺歌舞人人歡。不獨我爾，銜杯賡句相敖般。

惜陰篇〔一〕有序。

惜陰書院在長沙西門外，舊祀陶公侃者，近以新法罷書院，改爲陶、真二公祠矣。夫西山先生以理學鳴當世，師模具在，而陶公「惜陰」數語，有足以激頑警惰，有裨於後學不淺也。余使長沙，凡兩宿于祠中，憲副李君性甫旦夕集諸生來會，意甚懇懇。余漫賦此篇，期

〔一〕此篇亦收於吴道行編《重修岳麓書院圖志》（萬曆二十二年刻本）卷十和趙寧編《新修岳麓書院志》（康熙二十七年刻本）卷五，字句略有異。

與諸友共勉之。

我聞大禹聖且神，尚惜寸陰逾寸金。寸金失卻猶可覓，寸陰一去誰能尋？惜陰惜陰寧獨禹，古來大聖皆如此。競競業業唐君臣，昧爽待旦周父子。我曹去聖應萬分，更宜惜分如惜寸。分積寸累日孳孳，百鍊成鋼無利鈍。此道本非難，辟如一簣可爲山。超凡入聖等閑事，轉迷爲覺須臾間。此道亦非易，辟如九仞須一簣。終身惕厲聖可幾，一念怠荒功盡棄。人生百年一瞬息，纔見青春忽頭白。老大悲傷竟何益，惜陰惜陰須早惜。六尺之軀豈小哉，頂天立地成三才。何爲碌碌孤此生，可憐飄忽同灰埃。我行入楚歲未晏，只今柳發春將半。歲月蹉跎心獨驚，此日此會良非漫。惜陰自勉還勉君，浮雲蒼素安足論？惟有進修事在我，可以千載流清芬。君不見陶與真，立功立德皆由勤，儼然俎豆湘江濵，彼何人？予何人？

壯哉行爲鄒進士賦

丁丑冬，艾、沈二比部，吴、趙二翰林，並言執政奪情事，忤旨，杖闕下。已而鄒進士元標復言之，亦逮杖，言益直，氣益壯，尤人所難。杖已，亡恙，則道金陵，多市古書，赴戍所。予聞而奇之，爲賦此。

白日忽黯慘，玄冬激雷霆。昌言四君子，駢首鞭天庭。鄒生後至氣轉烈，帝閽錯愕爲生説。

爾胡自苦非諫官，不見彤墀尚流血。封章朝入夕被逮，金吾力士毒如蠆。男兒生來不畏死，筋骨可爛舌猶在。臣言則戇，臣心無他。君恩寬斧鉞，餘生亦已多。慷慨夜郎去，敢辭萬里途。只愁魍魅不解談，行向金陵市古書。流傳寓内競嗟歎，千載茅焦今再見。我瞻北斗一酹觴，有臣如此國之祥。但願青陽燭蔀屋，盡令逐客還巖廊。

杜鵑行贈陳思立

杜鵑丈五世所稀，漱僊題詩更增價。我昔聞名未見花，幾回夢踏花枝下。芙渠徑，松蘿關，正少奇葩結翠團，俄然蕩槳移根至，亭亭鬱鬱千人看。持觴對之喜不極，竹友梅朋亦增色。明歲花開知幾許，赤城丹霞光皪皪。只恐主人遠遊去，又向東風怨寥寂。陳生山林客，能詩早得名。丰姿玉立何挺挺，落紙爛熳見者驚。君才堪與此花比，直榦繁英鏡湖裏。立破蒼苔酒半醺，此時對花如對君。

二孟行送孟户部之留都

二孟先生，河之南，山之東，相隔幾千里，氣味遥相同，無乃洙泗伊洛之遺風。東孟介以孤，於時不合，飄然拂衣歸田廬。南孟貞而和，一官初拜司留儲，辟如圖南之翼，雲霄萬里皆亨衢。

我居京師求友生，斯文一綫聲相應。兩君不我鄙，意氣爲我傾，我如曲木欣從繩。前歲西郊别子成，君今又向金陵行。使我如失左右手，良朋漸覺如晨星。君行矣，慎勉旃，學術經世非空言。米鹽瑣碎有至理，古來盡説鮮于賢。我聞西川之脈接姚江，他年待爾弘其傳。空齋卧病艱出餞，窗前鳴鳥令人憐。

送山陰侯劉景孟年丈入覲兼壽尊翁七十

西陵昨夜風和雨，渡頭楓葉鋪紅綺。蕭蕭琴鶴向金臺，簇簇冠裳祖帳開。問君作宰時能幾，頓使香名播人耳。君不見鑑湖之水清澈底，憐君澡潔真如此。君家阿翁年古稀，烏紗白髮何光輝。佳辰誰爲長生祝，令子朱輪趁此歸。當時狄相雲間思，此夕尊前萊子衣。盤餐何所有，細鱠鱘鱑肥。更有仙棗來安期，滿堂絃管歡追隨。辭親卻向帝城去，銓衡課績應稱最。玉璽金章耀故閭，娱親豈但羅甘毳？君此行，不偶然，千里長江入路便。不緣奏計經過道，那得斑斕舞壽筵。

過蘇黄渡長短句

山谷老，東坡仙，大鵬稀有雙翩翩。投荒一時何足嗟，遺蹤千載還依然。蘇公渡，黄公渡，今古寥寥稱獨步。眼看青冢埋奸雄，子孫不道先人墓。人生百歲能有幾，蓋棺清論應難洗。渡頭日日旌旆過，中夜思之顙有泚。

寒菊篇

蓐收布嚴令，涼飆肅高林。千花萬卉頓蕭索，悠然野菊摇黄金。疏枝澹無語，瘦影聊自禁。不與桃李鬥春色，幽姿卻耐風霜侵。感兹歲寒操，愜予清素心。寂寞虚堂坐相對，微香冉冉生塵襟。獨引淵明杯，徐調中散琴。回首盼春華，感慨一何深！

送羅太史扶侍還會稽

會稽之山鏡湖水，積翠浮光百餘里。聖代文明運當午，伏龍雛鳳翩翩起。憶昔師門授《易》時，回首光陰疾如駛。探珠亭上肝膽傾，管鮑相知無乃似。一朝健翮先騰空，鷽鳩已分枋榆止。殷勤最有古人意，把酒論心一始終。揭來秉筆司文衡，姓名更列門牆士。舊瑟非緣齊客工，新琴偶入鍾期耳。遭逢似此稱絶奇，吉禹彈冠何足擬。子陵本是南陽交，狄公不植私門李。世人報德徒含情，我願持身報知己。温飽豈是生平期，科名不愧真男子。寤言夙昔共勉旃，莫使前修擅青史。秋河耿耿露欲稀，仙蓋遥遥向南指。合歡堂上斑衣輕，不爲朱軒耀桑梓。嗟予鉛槧尚淹留，幾度看雲陟岵屺。别後思心復誰語，月明獨對烏皮几。

十月十四夜雲門對月分得對字

芒鞵更入雲門寺，正是霜天夜十四。萬木初憐落葉稀，長空不著纖雲礙。踏月顧影已成三，況復羣英共相對。老衲寧非支遁流，山人何忝許詢輩。溪頭坐久衆籟寂，一聲猿笑層崖内。此時此景豈易得，只恐冰輪忽西墜。好泉亭，在何處，唯有殘碑餘六字。古來興廢真一漚，起滅須臾何足嘅。君看此月碧霄懸，照盡人間千萬態。石橋且莫負今宵，明夜雖圓又城市。

題王仲山所寫右軍圖

仲山山人右軍後，吴下丹青無敵手。金君好事得此紙，索題更向張無垢。幾枝疏柳弄斜醺，兀坐苔磯是右軍。烏巾素服拖芒履，瀟灑丰姿自不羣。小窗披卷初然見，恍如重對先生面。一兒何處抱鵝來，莫是《黄庭》將此换。千年墨妙至今誇，殘帖猶能放百花。蘭亭勝事渾疑昨，古樹悲風集暮鴉。

息柯亭 陳海樵山人舊業。

天吴鞭石羣峰舞，飛來會稽作玄武。中有仙翁隱姓名，逢人長自呼樵父。朝伐扶桑向東瀛，暮探桂子投西溟。一片浮槎遍諸島，碧霞深處聲丁丁。邇來仙翁卻薪爨，獨駕雲車遊汗漫。蓬萊水淺世幾更，亭上短柯渾不爛。

七月望飲清嘯臺漫述

昨夜立秋今夜望，秋風秋月清且明。主人築臺飛來巔，舉杯遥與南山平。竹徑荒苔淨如洗，浮圖突兀蒼冥裏。一聲長嘯棲鶻驚，渾疑仙梵空中起。餘響烏烏暮壑靜，海天湧出青銅鏡。疏林頓覺白紛紛，玉宇銀河相掩映。越俗事鬼逐楚招，六街燈火喧笙簫。寶塔層層燦珠樹，誰云此夜非元宵。酒既酣，歌更放，吟風助我聲悲壯。夜深涼露濕絺衣，不知身在煙霄上。徘徊無奈月沉西，天雞欲鳴星漸稀。倒屣坡前歸去遲，青陽閣上生微暉。

泊天津夢鄧定宇

定光遺骨中峰影，與君收盡西湖景。朝登秦望暮蘭亭，山堂夜語燈熒熒。别去江頭又春夏，忽忽光陰水東瀉。天津昨夜繫孤舟，夢君偕我洪都遊。覺來明月照蓬窗，雲山煙樹空茫茫。

送黎秘書致仕還嶺南

桃花未紅李未白，長安二月無春色。海南有客賦歸來，祖道紛紛皆歎息。先生本是澹蕩人，金馬浮沉二十春。對酒時賡少陵句，臨池獨步中郎塵。軒冕煙霞總幽致，越鳥終有南枝思。一朝投紱辭明光，萬里冥鴻奮孤翅。海中之洲棲羣仙，紫鱗玄鶴相與還。高蹤杳然不可攀，唯餘翰墨留人間。

送青霞老人之廣南 老人蜀人，生天順初年，百二十有五矣。

老人來自峨眉巔，酡顏蒼鬢行翩翩。問翁甲子週幾度，兒時曾記天順年。七朝人物手可數，五湖蹤迹人能傳。問翁不死有何訣，身無妻子腰無錢。前歲逢翁逆旅間，夜深煨芋時談玄。燕郊麥秀春風冷，別余去看羅浮景。大庾梅樹十萬株，野鶴飛來間疏影。間疏影，翁前身，蹁躚海宇誰與倫？羽衣何處容清塵！青山蛇蜒宜深入，應有仙人舊相識。若個巖前可結庵，他日遲余分半室。

南兵禦北虜謡

我家東海頭，倭奴忽來寇。督府縣金募壯士，負戟持戈習戰鬥。戰鬥幾年倭寇平，南兵剩有壯士名。壯士名，何浪傳，卻隨主將來防邊。兒啼婦怨生别離，裂膚墮指沙場寒。吁嗟嗟！南人北人同是王家臣，縱然辛苦何足論，奮身誓把匈奴吞。朝飲黄龍血，夜哭陰山魂。捷書馳報飛將軍，千秋萬歲，南兵卻虜名長存！

賣兒謡 淮陽道中有感作。

晨起欲炊瓶無粟，賣兒易米供晨粥。粥熟呼兒不見兒，吞聲忍食孩兒肉。

夏日山居

六月山居暑不侵，竹牀夜半擁重衾。怡然夢入羲皇境，指點先天混古今。

緑樹蟬聲日正長，山窗幽竹送微涼。高歌忽悟天無際，鼓瑟聊爲點也狂。

莫言無事可安閑，到處昭昭總是天。獨寢獨行求不愧，此心那可不惺然。

題月林上人圖

修竹茅庵一徑幽，石橋横跨碧溪頭。禪心何處通虚寂，月自中天水自流。

濠梁道中即事

萬國書同二百年，冠裳此日共朝天。郵亭日夜馳車馬，茅屋蕭條斷暮煙。

中都遥望瑞雲連，賈誼憂時席未前。聖祖開基重陵寢，驚聞山谷有鳴弦。

皇陵之南爲西山，盗盤據之，時出剽掠爲患。

過閔子墓

野樹荒郊繞暮雲，聊將溪藻奠孤墳。年來講道多藤葛，德行如君未有聞。

戊辰之春予懷壹鬱邂逅錫峰山人撫琴談道樂而忘憂臨岐賦四絶贈之

抱琴惆悵出燕京，此夕逢君道眼明。漫作《漪蘭》傷世路，衡門風月一般清。

囊裏瑶琴意若何，相攜爾我道情多。子期未必人間有，明月清風可浪過。

琴到無心韻亦希，世人那得解玄機。淵明爲結空門社，相送溪頭帶笑歸。

竹院逢君花落時，幽懷禪語正相宜。忘機一曲鳴天籟，別後還應兩地思。

古雄道中即事

夾道青蘆蔭緑楊，捕魚老子色淒涼。水田沃土江南似，四月將過未插秧。

過黄石山 在東阿縣境。

爲憶橋邊進履時，仙蹤彷彿到今疑。山前磊磊多黄石，藏垢含輝亦我師。

謁濂溪先生祠四首

夢中幾度憶光風，此地趨庭拜玉容。生意古今猶一瞬，滿前芳草自青葱。

又

龍見星聯道在天，陳圖畫卦欲無言。宣尼微論千言絶，會把真詮覺後賢。

又

萬象森羅總大圜，弄丸胸次往來閒。靜中細認東君面，太極先天只一般。

又

心能無欲澄然靜，學到知幾自入神。大道不須身外覓，更將己事讓何人。

過桃源洞

飛鳬浴鷺滿晴沙，洞口誰人掃落花。我欲停車問仙迹，荒村無奈夕陽斜。
避居幽谷自成村，晉魏紛紜總未論。安得此天同此境，催租無吏叫柴門。

沅陵道中山石絶勝太湖感而賦此

麟蹲鳳舞玉成林，潦倒籬邊思不禁。安得神人驅石手，芙蓉小苑翠華臨。
怪石奇峰空自幽，野人採蕨鬧山頭。欲憑禹鑿開天險，大地桑麻盡有秋。
路入沅陽石更奇，可憐埋没武陵夷。行人莫訝妨車轍，自是洪濛未鑿時。

遊辰溪鐘鼓洞 洞在溪之南高崖上，二石，扣之作鐘鼓聲。

蒼崖陰洞碧溪寒，鐘鼓泠然午漏殘。自是聲傳空谷裏，錯疑仙樂下雲端。

過滹沱河三首

王霸權詞豈勝籌，只憑天意欲興劉。禎符不獨河冰合，古井祠前水逆流。

光武祠在裕州，前有井，方數尺，而泉水迸出，可灌田數頃。按《碑記》云：帝過此，偶渴，命軍士扳枯井，而水遂溢出，因名爲「扳倒井」，至今不絶。亦異代帝王之興，禎祥不一，史氏不能盡載也。

又

黄霧冥冥炎祚衰，南陽龍起幾顛危。金盤玉筯終光復，猶記滹沱麥飯時。

又

猶記滹沱麥飯時，塵埃君相竟誰知。古來大受多憂戚，百轉艱難且莫辭。

閒居吟

生死光陰瞬息間，醉生夢死亦堪憐。不虚生即不虚死，幾個男兒透此關。
數仞千楹一榻安，何須碌碌又殷殷？請君反向身中覓，無減無增海樣寬。
欲明聖蹠初分處，只在雞鳴一念時。於此關頭打不破，人前空自説良知。
多言不獨口津津，緘口胸中話説頻。纔涉商量都是妄，昏昏默默是天真。
浮雲起處失青山，雲掩山空意自閑。須識青山元不動，任他雲去又雲還。

除夕書懷二首

燈火千門夜不寒，迎新簫鼓動長安。獨慚半載趨青瑣，素食蹉跎臘已殘。

又

兒童守歲未成眠，習舞藏鈎柏葉前。碌碌浮生還自舊，驚聞明日是新年。

紀夢

予舊寓元真觀，得兆甚奇，題此詩于壁，已而果驗，乃録存之，以見榮遇有數云。

一燈獨卧小堂幽，耳畔分明報狀頭。莫道山人多外想，年來心與白雲流。

題瓊林醉歸圖

曲江宴罷日初斜，烏帽分明内苑花。並轡長安還共語，好將赤膽答皇家。

贈鄧醫士

虬髯鶴髮骨崚嶒，肘後仙方到處靈。我病在心須自藥，問君何計用參苓。

雲門夜雨

一夜溪聲雜雨聲，小樓孤枕自惺惺。若爲細解《楞嚴》句，並入空山靜裏聽。

溪聲

春漲溪流百道雄，驚人殘夢小樓中。兒童借問聲何似，十丈滿帆駕海風。

古木根跨澗作橋甚奇題之曰天木橋

蒼龍千尺拂雲長，半偃溪流渡作梁。卻憶當年驅石事，海東猶自笑秦皇。

石橋飛瀑

東海蛟龍吸水來，五雲噴薄夜驚雷。如何滾滾波濤去，不洗人間半點埃。

葛仙釣磯

雙石依然踞若耶，仙翁曾此弄煙霞。清溪不禁重來釣，自是無人占席沙。

盤古社木

古木遥連石橋路，遮將白日渾如暮。長安道上多風塵，安得婆娑數株樹。

辨才浮屠 以上俱雲門景。

玉龍昨夜溪頭挂，辨才塔前雨破塊。借問塔中何所藏，疑是蘭亭帖還在。

天台道中二首

怪石危巒勢欲摧，攀蘿轉入白雲隈。羣仙住處應難到，劉阮無端去復回。

又

石磴崔巍路不分，旋隨飛鳥度層雲。依稀更入滇南道，虎嘯猿啼不可聞。

僊人趕石灘

僊人鞭石不停手，電激雷轟石羣走。山頂曾無飛瀑聲，只聞地底蛟龍吼。

萬年寺小樓名之曰一息

擾擾浮生盡白頭，阿誰未死肯前休。若教一息能真悟，皓月常懸萬古秋。

曉發萬年

一枝聊借萬年幽，獨霧連空雨未收。短屐殘蓑能賈興，山靈那得妬吾遊。

贈金子少濱 鑑濱太守之子。

愛爾湖南水竹居，幾回打槳獨躊躇。當年刺史風流在，好向晴窗讀父書。

題李太白醉裏承宣圖二首

長安市上恣清狂，中使催呼入未央。莫道謫仙真是醉，解將詩句動君王。

又

君王本自重賢才，不悟蛾眉種禍胎。早使昭陽遠飛燕，鑾輿那得馬嵬來。

龍南庵習靜不語 丙子十一月。

四十年來多病身，暫依梵宇學全真。默然自會維摩意，問答都忘君莫嗔。

虎跑寺聽葦航説華嚴經

西來一葦幾千年，衣鉢今知若個傳。説盡《華嚴》了了義，天花飛墮法壇前。

贈江寺僧

禪房歲久長蒼苔，默坐焚香絶點埃。此去峨眉應萬里，只從一息見如來。

小芙蓉城弔王隱士墓

稽山一室飽藜羹，贏得詩名滿越城。今日草堂非舊主，里中猶自説君平。
生來不識陶潛面，死後空瞻隱士墳。一咏遺篇一惆悵，荒山寂寂鎖愁雲。
寒食村村挂紙錢，芙蓉城畔最堪憐。苔深松落無人掃，唯有山花泣杜鵑。
松檜陰陰手自栽，僊翁跨鶴幾時回。人生飄忽真如寄，且放湖船更舉杯。

龍南庵秋社示大衆

天池一脈自曹溪，曾向龍南指衆迷。三十年來蓮社滿，不知若個證菩提。

龍南社中贈别吴興道川上人

蓮社逢君説法新，片帆那復渡江津。臺山長者如相問，我亦傳燈會裏人。
江寒霜滑衲衣單，歸路隨緣化幾餐。想見窗前楓樹葉，因風吹擁舊蒲團。

曉發錢塘 戊寅春正月。

一卧雲門五度春，征帆又復逐風塵。即令早晚須歸去，只恐山靈已笑人。
經旬雨雪斷行艖，此日晴江静不波。弱柳千條漏春色，遠山一帶抹青蛾。
回首雲飛是越城，出門轉恨别離輕。不須别久方多夢，昨夜孤舟夢屢驚。

憶故園

孤舟兩月似飄蓬，野色蕭條到處同。料得故園春正好，粉毬初白杜鵑紅。
去年乞得杜鵑花，小徑疏林葉半遮。此日花開應萬朵，虚齋寂寂鎖流霞。

過阿城

當年一怒遂强齊，此地翻憐阿大夫。世態總爲虚套誤，斯人何事獨蒙辜。

聊城懷古

笑卻强秦氣獨雄，綱常萬古振頹風。如何一矢傾燕將，不使孤臣得盡忠。

光岳樓四首呈閻月川太守

高樓結構是何年，極目蒼茫海岱連。此去玉京應尺五，翠華仿佛未央前。

又

探奇曾上日觀峰，十載煙霞似夢中。此日更窮千里目，夕陽初下海雲紅。

又

翬飛百尺壯神州，何事登臨動客愁。九十春光今已暮，不堪又上望鄉樓。

又

羅含舊日此同登，猶憶清談對月明。近喜閻公真雅望，樓頭時有管弦聲。

予往年登樓，羅近溪公正在東昌。

過武城

緑柳青蕪入望遥，昔賢曾此試牛刀。只今城郭還如昨，何事弦歌漫寂寥。

過甲馬營 據土人相傳如此。按宋祖所生處實在今河南府。

天香爲送趙家兒，檢點分明了不疑。自是中原應有主，黄袍何用着人爲。

故城阻雨

蕭蕭夜雨旅魂驚，況復朝來風浪生。沙岸泊舟煙樹暗，不知何處是燕京。

一春已恨客中過，白浪黄沙恨轉多。何似鏡湖三四月，輕舟蕩漾水無波。

贈劉生 總戎之子。

異時飛將憶廉頗，對爾談經感慨多。可是太平無用武，昔人投筆爾投戈。

過柏亭禪舍偶題

誰云城市即山林，畢竟僧家野趣深。鼎内茶煙香細細，亭前柏子影森森。

題畫

柱下浮沉歲月移，五雲春樹夢中思。閑來試轉丹青看，恰似溪橋煙雨時。

遊摩訶庵遇雨次徐文長韻

空門誰許續傳燈，冒雨重來叩上乘。相對蒲團無一語，西山幾點逼人青。

紅塵日日憶西齋，短蓋輕衫趁雨來。何似故園秋爽後，若耶溪畔少陵鞋。

遊西山諸寺即事四首

昨日郊原細雨迷，今朝晴旭滿芳堤。老僧指點西山路，到處登臨信馬蹄。

又

攀蘿轉入翠微幽，碧眼胡僧坐石頭。可似曇磨歸去後，重來面壁向嵩丘。

翠微寺洞中見西夏僧。

又

辟支個個弄精魂，兀坐靈巖有世尊。一任衆星明爝火，獨輸孤月挂崑崙。

五百羅漢巖。

又

漱翁雙鬢白如銀，斜插山花墜角巾。笑擲彩毫頻喚酒，山僧爭道謫僊人。

文長別號漱僊。

直日過西苑觀鰲山恭紀次劉衡野年丈韻二十首 壬午。

朱雀窗開敞玉樓，燒天萬燭紫煙浮。君王有道鯨波靜，試向蓬山頂上游。

又

蘂宮仙子盡瓊裾，撒手花開十丈餘。萬朵紅雲遥捧處，通明殿裏玉皇居。

又

龍燈鶴焰簇春和，共道豐年樂事多。不獨宫中絃管沸，萬方幾處擁笙歌。

又

華燈焯爍映星躔，火樹開花別様妍。此夜西清歡宴處，瑶池阿母會羣仙。

又

誰移蓬島鳳城隈，玉樹瓊花爛熳開。疑是海神輸寶藏，驪龍齊捧夜珠來。

又

絳闕重重景轉幽，北辰不動衆星稠。金銀夜月三千界，羅綺春風十二樓。

又

珠聯璧合夜光浮，遮莫瑶池勝可儔。夙駕不須飛八駿，金羈緩控苑西遊。

又

月榭星樓百尺高，空中結構不崇朝。太平天子人争頌，立極由來斷巨鰲。

又

鰲宫向夕恍瀛洲，簾幙無風盡可鈎。中使傳宣燒絳蠟，整齊仙樂便宸遊。

又

西清應是接銀河，繡柱擎天列宿多。侍女雙雙王母下，迎和門裏沸笙歌。

又

熙朝故事歷年來，西苑張燈第幾回。歡擁慈宫頻進酒，彤芝蓋底笑顔開。

又

華月凝寒氣不驕，金爐寶炬煖煙消。百花暗裏傳春信，都是東皇五夜調。

又

兩宫燕喜登臺處，萬姓歡呼湧海潮。華月正當三五夜，玻璃爲障彩爲橋。

又

東風先度玉樓前，玄圃花開夜轉鮮。寄語窮簷千萬户，陽春今已播堯天。

又

玉皇昨夜駕虹橋，銀燕金鳧景自饒。卻念民膏問幽谷，得無風雨正寥寥。

又

火市輝煌切禁城，翠華到處百神迎。瑶燈一半殊方貢，年少宫娃不識名。

又

侍從甘泉秘籍通，劉郎此日賦偏工。寂寥莫恨青藜火，應有金蓮出禁中。

又

太乙祠前鳳輦過，望中星斗共森羅。爲祈農事行春令，不似當年競踏歌。

又

上林燈火閂春光，月色纔臨倍煒煌。燭影暗摇花影亂，歌聲細續漏聲長。

又

燈火年年樂歲豐，但懸禁里罷追從。君王儉德超千古，不向天街放燭龍。

送包義士授唐藩典儀歸南陽兼簡杜靜野節推

風雨茅堂記昔年，故人雙鬢忽蒼然。塵埃物色吾何異，雞黍殷勤爾自賢。帝里銜杯燈月夜，玉門曳履杏花天。南陽杜母今重見，好聽弦歌徧布廛。

法光上人見訪將辭歸戲贈

歸言歸去欲何歸，言去言來尚覺非。何似去來都不繫，白雲一片趁風飛。上人應口答云：「本來無心去不思，清風明月兩相知。請君試看天邊鶴，也向喬松占一枝。」

九華雜咏八首

筍輿初上半霄亭，小衲爐香隊隊迎。宛轉雲璈雜幽澗，只疑雙引紫鸞笙。半霄亭。

又

初望望江插天外，忽來亭上俯松檜。山僧向余指長江，千里茫茫纔一帶。望江亭。

又

半日青奴起復顛，亭心趺坐息諸緣。九華到此峰俱下，一覽長空玄又玄。玄覽亭。

又

九華西去即西方，寶塔千年化佛藏。妙法蓮花當面是，微風冉冉送天香。地藏塔。

又

百轉攀蘿到上頭，喜看紅旭掛丹丘。一聲長嘯萬壑應，九十九峰不足遊。東巖，即宴坐巖。

又

太白豪氣振萬古，王湛一時兩大儒。千載書堂九華勝，今來何事頓荒蕪。太白、陽明、甘泉三先生書堂，今並毀其額矣。

又

祝髪空門四十秋，九華深處一龕幽。逢予卻話西來意，泉自涓涓雲自浮。贈九華僧雲泉。

又

我登九華雪初霽，竹折梅肥色交翠。歸來卻展吴翁圖，自是良工先得意。題吴翁《梅竹圖》。

泊彭澤望小孤

繫纜江邊風浪驚，舉杯猶自憶淵明。柴桑人去孤峰在，萬古頹波一柱撑。

將發蘄陽訪李參伯湖心亭不遇

聞説東湖草亭好，匆匆臨發更停鞭。主人何必能陪客，山色湖光自可憐。

過雲堂登竹樓二首

素几明窗對翠微，坐間白雪欲侵衣。江邊小艇頻移棹，疑是坡僊赤壁歸。

又

二十年前此一登，江山猶有故人情。但教風月長無恙，竹瓦從他萬遍更。

次陽邏驛題江涵齋年丈不息亭

小亭偏向大江開，千里風濤拂檻回。爲解宣尼川上意，坐看終日自徘徊。

除夕遊君山

歲晚人間萬事並，市廛燈火簇如星。逍遥獨有乘槎客，把酒君山望洞庭。

曉起湘娥點翠眉，窗前一片碧琉璃。湖光山色長如此，臘盡春來總不知。

元旦登岳陽樓二首

巴陵風景入新年，樓上湖山倍覺妍。一一雲鬟重整翠，團團銀鏡淨無煙。

又

樓俯瀟湘百尺高，振衣北望九天遥。一樽此日聊傾柏，雙闕何人卻頌椒。

巴陵道中

正月二日行人稀，輕貂又度薜蘿圍。幾家茅屋荒村裏，也有春聯貼短扉。

岳麓吟四章自勉

支分南岳自稱雄，碧嶂層層到祝融。須識高遐始卑近，莫將跬步錯行蹤。

又

峨峨紺宇祀宣尼，曲曲清泉山共回。萬壑總歸江上去，一源元自谷中來。

又

太極先天自古今，兩賢曾此共推尋，須知至寶人人具，萬象由來只此心。朱、張二先生遊岳麓，極論太極二晝夜。

又

江心新月弄清輝，卻憶先賢夜話時。千古此江兼此月，可將此事讓人爲？時泛舟夜歸，江中星月皎然。

武岡道中元宵值雨二首

怪石清泉百轉幽，桃源疑在武岡州。但將此景酬佳節，何必鰲山午夜遊。

又

山城風雨晚蕭蕭，旅館寒燈漫寂寥。卻憶仙家蓬海外，也應如此度元宵。

下自祝融過南臺寺爲退道坡更今名

古寺深深隱薜蘿，祝融回首更嵯峨。丹梯萬丈由人到，我欲更名進道坡。

遊方廣寺謁晦庵南軒二先生祠次韻四首

曾聞火裏可栽蓮，開向炎方色更妍。此日偶來花下坐，不妨重賦愛蓮篇。

又

風月行囊總一肩，芒鞵得得破春煙。碧桃溪畔花先吐，始信山中別有天。

又

試咏同遊百絶吟，至今流水亦知音。雙鸞一去經千載，渺渺雪山何處尋。

又

禪堂獨對一燈清，卻訝溪聲似雨聲。湝湝東流無日夜，今人剩有古人情。

武當雜咏十首

松陰十里護玄關，野鶴清宵自往還。不信仙真渺難遇，將攜瓢笠遍名山。遇真宫。

又

複道重門敞帝居，參差碧樹擁儲胥。望仙臺上雲如蓋，仿佛鸞簫下玉虚。玉虚宫。

又

雪竇冰崖路轉幽，連三坡下隱丹丘。山中道士無仙骨，白日翻嫌松檜稠。仁威觀。

又

華山睡法五龍傳，絶頂靈湫梵度天。我亦曾聞無上訣，北窗一枕可忘年。五龍絶頂。

又

九淵如墜忽清涼，一道飛泉噴石梁。啼鳥空山仙路杳，不知何處覓青羊。青羊澗。

又

天一橋南巖壑奇，春風更入榔梅枝。便應不待黄粱熟，早向巖中嚼紫芝。南巖。

又

斗柄猶横禮化城，金輪初湧萬方明。眼前培塿不須數，三十六天一柱擎。天柱峰觀日。

又

步出蓬萊第一峰，紫霄福地俯三公。真人已駕虬龍去，臺畔猶存挂劍松。入紫霄。

又

玄武開天殿北方，紫霄淨樂事茫茫。文皇百戰由燕邸，帝時千年重武當。淨樂宫。

又

春半滄浪水正清，棹歌時作楚些聲。太和回首青天外，更向亭前一濯纓。滄浪亭。

登黄石巖觀瀑布三首

開先未極濠梁意，黄石重尋瀑布源。插地孤根青鳥没，倚天雙劍白龍奔。

又

古塔高懸半日躋，香爐相近紫煙低。側身已在銀河上，坐看飛流下九溪。

又

黄龍洞口雷霆門，獅子峰前蝃蝀寒。誰道飛濤落天外，我來俯視只凭欄。

遊武夷雜咏十四首

纔下匡廬又武夷，仙關不厭更攀躋。飛泉百道雲中落，半入章江半建溪。度分水關。

又

九十春光自可憐，東風百二況今年。扁舟蕩入武夷去，玉女峰頭花正妍。舟發崇安。

又

武夷秀色甲東南，仙侶相攜路舊諳。試問此中佳絶處，奇峰六六水三三。泛九曲。

又

人間三月景蕭蕭，此地春光轉覺饒。銀鏡曉妝花萬朵，翠屏晚對柳千條。

又

短棹輕舟去復停，鳳簫鼉鼓激蒼冥。山頭雨過虹橋合，仿佛羣仙集幔亭。

又

仙去千年鶴未還，香爐丹竈尚依然。春來溪漲高千尺，一棹疑翻架壑船。

又

摇摇畫艇蕩銀河，曲曲丹山浸碧波。啼鳥莫催遊客去，疏林猶喜夕陽多。

又

溪轉峰回路不分，幾條白練濕青雲。最憐行到水窮處，雞犬桑麻别有村。

又

書屋肅然大隱屏，晚來相對四山青。試聽九曲歌聲咽，舟子猶能説考亭。過考亭精舍。

又

萬竅風號折筍尖，是誰巧接緑纖纖。手攀殘籜淩飛瀑，白雪黄芽味可兼。登接筍峰。

又

大隱誰云不在山，入山自是出人寰。漫將黑白論仙弈，且弄煙霞掃俗顔。登大隱屏，坐仙弈亭。

又

絶壁雲梯一綫懸，升真洞口訪張仙。不知骨自何年蜕，此度重來獨悄然。登大王峰張仙巖。

又

四時不斷青山雨，萬壑常喧白日雷。試對冰簾揮玉麈，紅塵何處得飛來。過水簾洞。

又

口吸朝霞夜卧雲，武夷深處卻逢君。半山月色千山見，一曲琴聲九曲聞。書程道人卷。

書吴山人卷 公度之姪。

青塢黄庭共一肩，尋龍控鶴自飄然。夜來與爾巖頭坐，安石東山有謝玄。

過草萍題余叟卷二首

塵世悠悠盡草萍，故人相迓眼偏青。小樓依舊環蒼翠，二十年來此再經。

又

漢使初回萬里槎，白雲遥指是吾家。江山漫説他鄉好，且及春風向若耶。

天目山觀瀑亭 舊名「臨流」，今更此。

蒼崖千尺白虹垂，噴雪驚人八月時。卻憶年來觀處處，匡廬天目兩稱奇。

迴光庵 即洗眼池，今題此。

法眼由來徹九旻，無端知見自沉淪。而今更洗天池水，萬劫何緣染一塵。

白雲窩 即白雲西殿，今更此。以上俱東天目景。

峰迴遥見白雲扉，又傍松蘿過嶺西。試問白雲何所似，隨風倒處是禪機。

下苕溪

苕溪緑淨似瀟湘，短棹輕舟載夕陽。何處雲璈聲漸近，洞霄仙界隔疏篁。

雲棲六景

夕陽欲下五雲西，片片飛霞映落暉。信是靈光元不昧，塵緣息處見天機。迴耀峰。

大冶千年鑄寶刀，江干突兀立青霄。不須暫試屠龍技，怪鰐狂螭孽自消。寶刀巃。

觀心廿載坐蓮臺，不覺蒲團繡緑苔。獨有孤峰常對面，卻疑少室又飛來。壁觀峰。

一鉢降龍般若深，遥看飛沫注東林。時人只解争餘瀝，活水源頭何處尋。青龍泉。

中峰湧出自潺湲，分得曹溪入萬村。幾處山泉名第一，何如此地問真源。聖義泉。

聞説祇園布地金，光摇池水半浮沉。上人漱齒爲清供，丹液融融滿素襟。金液泉。

賜藕鮮恭紀

太液曾聞蓮似玉，上林忽賜藕如船。花開華岳根來遠，果獻瑶池味更鮮。冰雪爲姿渾皎皎，漣漪浴體自娟娟。祇應玉食羅仙品，何幸金盤撤御筵。甘露疑從天上降，嘉派絶勝禁中傳。相如日視明光草，病渴旋消寵澤偏。

沃洲吕司馬明農軒成寄咏十二韻

司馬勳名播九州，退身暫卧白雲樓。東山已見歸安石，南詔猶聞説武侯。結屋全收天姥勝，灌田半入剡溪流。菑畬自適農家樂，畎畝寧忘聖世憂。水刺緑針經澍雨，畦翻翠浪向高秋。萬方正值豐穰會，百室同爲燕喜遊。社酒儘招羊仲醉，賽歌剩有季方訓。坐憐遺穗時呼鶴，行到清泉自飲牛。化洽鄉隣知讓畔，義先故舊定捐舟。德公世業青山下，裴相閒居緑野幽。細麥露滋春蔭滿，新粳風度晚香浮。更餘玉粒餐雛鳳，聊取瓊枝隱鷺鳩。最是達人明止足，只愁丹詔起林丘。

少傅吕南渠先生八十蒙恩存問小詩爲賀凡十二韻

帝傅懸弧八十齡，尊罍珍重出明廷。坐依北極曾霖雨，瑞見東方更歲星。滿頰凝春丹液潤，方瞳點漆電光螢。金貂耀日堂重慶，玉燕當年夢已靈。雲裏大椿堪並算，春來小鳳快揚翎。絲綸世掌蕃庭桂，泉石新交飽隰苓。雙壽霜顔同伉儷，十行天語獨丁寧。鳩藤款款行隨鶴，蟒繡輝輝色借猩。袖彩亂翻階樹錦，酒香高瀉沼筒青。中台纏次繁星聚，大暑樓居爽氣並。洛縣鄭公多結社，賓筵衛武屢書銘。欲言曆數同天運，日侍軒皇闡道經。

送家君之滇南舟發錢塘次韻二首

逐浪揚帆欲問津，驅馳端不媿王臣。九重日月承恩舊，萬里滄波拜命新。竹馬久延天上節，星槎漫訝客中身。白雲它日登樓望，寄語平安肯厭頻。

又

孤舟摇拽出通津，萬里滄江一使臣。風激怒濤朝雨急，山迎征旆物情新。漫愁迢遞黔中路，總是逍遥夢裏身。早晚徵書下金闕，壽筵仍進紫霞頻。是時家君詩云：「孤棹滯江津，黄花笑逐臣。星霜塵興薄，夜雨客愁新。幾月昆明路，千山羈旅身。風潮喜初息，莫厭别尊頻。」蓋遠别，意殊悽楚，故不肖和二詩，冀稍寬慰耳。

次葛百岡韻寄答一首

城西結構傍湖山，心遠何妨混市闤。一榻清風聊自慰，萬竿修竹未應删。煙霞長護疏林靜，車馬稀逢曲徑閒。欲問山人近何事，焚香終日斂三關。

甲子冬將北上憩寶石山房凡七宿與山僧話别

保叔重來菊正殘，塵心喜得暫時閒。堤邊宿鷺銜寒發，天際飛鴉帶日還。百歲光陰忙裏度，六橋風景坐中看。明朝回首長亭路，石洞癯僧自掩關。

丙寅秋日偕朱四丈沈十三丈遊越王峥用壁間韻口聯

路入深林日未西，半空清磬落招提。相攜尊酒陶秋興，肯逐浮生病夏畦。洞裏閑雲憑去住，望中疏樹自高低。登臨莫訝興亡事，醉卧禪堂聽午雞。

南陽道中田禾大稔喜而作歌

穀亭渡口麥初熟，緑野黄雲繞茅屋。築場老子酒半醺，眼前顆粒皆珠玉。刀劍家家盡買牛，燈火村村可投宿。農夫勤動亦可憐，行人莫騁驊騮足。

宿濂溪祠聞溪聲

溪聲入夜奏笙簧，小閣臨流客夢長。便欲窮源攀絶磴，還應濯足趁斜陽。柳堤雨過依依緑，蓮沼風來細細香。何處浴沂尋樂事，一團明月印滄浪。

醴陵阻雨步泗州寺次陽明先生韻

嵐氣唯憑薄酒當，那堪入谷似車箱。煙迷湘浦鷗雙没，雲斷衡陽雁數行。杏蕊欲開淹宿雨，葵心何日對朝陽。蕭然四壁殘燈在，坐理韋編夜更長。

貴陽道中述懷寄京師故人 時掖家君入滇。

兩月驅馳萬里程，白雲縹緲若爲情。春深未擬花前醉，日落猶從樹杪行。薏苡還應憐馬援，奏書那得似緹縈。故人遥在明光署，可聽南來雁一聲。

再遊飛雲洞

到處探奇兩屐輕，仙巖應不厭重登。高崖瀑布千尋雪，陰洞垂珠四月冰。坐久不知雲出岫，山空唯見鳥依僧。他年未卜遠來否，十里回頭望翠屏。

由荆襄北上述懷

西去北來萬餘里，寥寥宇宙一孤蹤。楚狂邂逅歌衰鳳，越客支離憶卧龍。日落荒城初擊柝，星移遠寺又聞鐘。間關九折那辭險，漫道王楊卻未忠。

過樂城憶俞連山哭之一首

寂寞春風冷絳幃，士林猶自憶光輝。北方道價爭軒輊，東魯文源今是非。振鐸獨憐遺響在，結茅重約故山違。經過此地堪腸斷，立馬孤城悵落暉。

讀中秘書有述 以下登第後作。

晨趨秘閣鳳城東，玉軸牙籤點檢中。曠典何緣霑湛露，禁林還喜坐春風。藜懸太乙星辰近，境入蓬瀛霄漢通。詞賦誰能追屈宋，欲憑經濟答皇穹。

雪霽早朝

鐘聲初度斗猶橫，曳珮趨朝雪乍晴。雲擁曙光分彩仗，月將寒色上金莖。細看宮樹銀花合，遥見龍顔玉陛明。更喜占年重報瑞，還應授簡頌昇平。

南郊陪祀

圜丘歲歲禮玄穹，應候新陽至日中。玉輦遥臨處對越，瑶壇夙戒儼趨從。薌升預卜居歆速，敬衍由來肇祀同。自幸叨榮偕奏假，不知何以答天功。

夏至院中齋居有述

日永朱明令節分，禁林齋宿侶仙羣。階前蔞草逢時秀，花外蜩聲入夜聞。禮重周官處北時，風和舜樂動南薰。遥知宣室更衣罷，玉輦朝臨擁瑞雲。

二月聞漕舟已過洪入閘志喜

春半漕河乍解冰，漕舟早已度彭城。輕風爲送千帆急，新漲還看兩岸平。轉餉漫誇唐相計，運籌寧讓漢臣名。獨慚素飽真無補，擬續康衢頌聖明。

效康節體答鄧定宇

山人非是愛吟詩，詩是山人看破時。無事絆身長坦腹，有天知我且舒眉。欲陶真性頻呼酒，怕起機心懶著棋。虞夏神農得見不，山人非是愛吟詩。

送吳景山歸浦城

十年獻賦投明主，何事翩翩便拂衣。丹闕漸看雙舄遠，青霄遥見一鴻飛。憂時報國心仍在，弔水尋山願不違。好向武夷君訂約，爲予先掃白雲扉。

送趙瀫陽使長沙

久從桑梓挹春風，禁苑追隨意氣同。自向韋編參法象，不將詞賦競雕蟲。當年虎觀人争識，此夕驪歌道復東。岳麓諸生虚講席，暫停使節啓顓蒙。

遊碧雲寺次丁山人韻

路指祇林西復西，最憐槐柳夾芳堤。禪關閉月僧初定，古塔參霄客共躋。細細飛泉鳴曲澗，嚶嚶羣鳥逐幽棲。登臨卻起邊城思，談笑誰當一劍提。

送韓太史使朝鮮頒登極詔

漢家聲教遍遐荒，詔使翩翩下建章。萬里謳歌新聖主，千年玉帛舊夷王。麟袍曉映江波緑，虎節秋連塞草黄。況是呼韓正稽顙，無愁戍鼓動遼陽。

送國博嚴鳳林先生知灤州

灤河瀰瀰入盧龍，環水爲州百雉雄。獨抱一琴敷化日，遥憐孤竹起清風。雨軒尚憶横經鱔，露冕行看夾轂熊。疇昔知予重分旆，相思同繞璧池中。予游太學時，嚴公實見知云。

送田洛浦僉憲之滇南

當年僰道驅驄馬，此日瀾江握虎符。雲物又看迎洞箐，風裁重見肅車徒。法星遠斥蜂蟻聚，疏草曾開薏苡誣。卻憶隨侯陰德在，不知何以效銜珠。家君就訊滇南，田公爲御史，有辨枉之澤焉。

春日偕寮友及兒輩同遊郊壇

芳菲春色滿長安，儷侣同過太一壇。笙磬遠從天外落，旛幢近向日邊看。雲深輦路瑶臺寂，風捲松濤貝闕寒。遥想冕旒登祀夜，翠華影裏擁千官。

菊齋爲習氏作

當年大隱本豪雄，梓里江鄉尚有風。自擬茅齋卧元亮，不將池館醉山公。床縈帶草書千帙，籬遶巾車菊數叢。想見抱孫今慰祖，神遊疑向玉堂中。

送何參軍之留都

朝辭鳳闕去翩翩，南望河山似北燕。舊國龍蟠真百二，當年虎賁尚三千。煙清江上萑苻静，日耀營前烏雀妍。曾是酒酣聽説劍，信知戎幕有青蓮。

癸酉秋日再遊靈巖

僊巖曾是昔時遊，屈指今來又幾秋。道士尚依丹竈住，閑人更爲白雲留。霜寒木落峰俱出，夢覺風微磬自流。怪底老僧多卻事，舊題真許碧紗酬。

重登泰山

三年兩度遊東岳，此度遊時勝昔時。萬里清秋見毫末，一藤絶頂指華夷。滄波日動雞先識，絳闕風高鳥不居。俯仰混茫渾一笑，從前分别太支離。

泰山觀日

星河耿耿霽高秋，日觀峰頭寄遠眸。碧嶂早爲初曙立，紅雲低與大波浮。俄看片鏡飛三島，即擬孤輪遍九州。疇昔登臨殊缺此，奇觀不負此來遊。

讀書雲門

幾度來遊歸棹忙，今來借得遠師房。山經春雨微當户，竹弄晴煙暗滿床。賀監不應營剡曲，陶公自合老柴桑。殘編理罷月初白，更抱孤琴到上方。

恨雨

一月兩月雨未歇，千山萬山雲亂遮。勒將岸柳難舒眼，催向江梅先到花。短屐定知孤野鶴，小樓聊復寄愁蝸。縱令明日開晴嶂，半擲春光已足嗟。

龍溪先生枉棹山中有作次韻奉謝

巖居猶自媿心齋，此日欣逢杖屨來。直爲乞言頻掃徑，不因覓句數登臺。花經宿雨娟娟淨，山吐奇雲片片裁。良會倍增林壑勝，溪風莫送錦帆回。

觀高宗六字碑有感

雲門有高宗御書，曰「傳忠廣孝之寺」，歷今數百年，丹篆如新。予覽之，慨然歎曰：「徽、欽竟死于沙漠，武穆飲痛于金牌。夫高宗安識忠孝字，而將以此掩後世之耳目哉？恢復無心，宴安是即，千載而下有餘恨矣。」

山河更改幾經秋，此日無端淚更流。六字只餘南渡迹，兩宫誰復北轅讎。中原禾黍嘶胡騎，鏡水煙波逐野鷗。若使當年識忠孝，金牌何事急相收。

青楓嶺次王烈婦韻二首

紅顔無計可逃災，强逐胡塵此地來。未忍夫存先死去，定知家破不生回。幾行血字痕猶碧，萬古愁雲慘不開。立馬青楓竦毛骨，澄江峭壁並奇哉。

又

胡馬長驅宋祚災，幾多紅粉逐塵來。奮身獨向巖前墮，怨魄知從月下回。一死冰霜終自信，千年祠宇是誰開？鬚眉漫自呼男子，試對青楓無愧哉？

讀王烈婦碑

手摩蒼蘚讀遺銘，讀罷令人眼倍青。自與山川争凜烈，不隨蒲柳共飄零。祠經血濺身逾潔，討使鯨殲鬼亦靈。嘉靖間，海寇自天台而下，至祠前，見美婦人，寇争逐之，入祠，忽不見，遂爲官兵所圍，盡殲于祠中，流血濺四壁，而烈婦像了無所染。此日悲歌正淒切，長江風雨晝冥冥。

宿沃洲山房呈謝吕尚書

十里崎嶇到忽平，松林隱隱見孤亭。一簾山色經秋媚，四壁雞聲入夜聽。涑水舊淹司馬轍，滇南新勒伏波銘。半生勞我高山夢，此夕清燈眼自醒。

侍呂尚書過真覺寺

古刹曾聞隱沃洲，僧來引我入松楸。高賢十八空殘碣，世界三千總一漚。幽徑偏宜憐慧遠，祇園共喜遇裴休。他年更有天台約，半榻應爲數夕留。

水簾洞

東出南明路不賒，冰簾百尺挂晴沙。遮將洞口紅塵隔，飄向巖前素練斜。清晝玉龍施法雨，遥空神女散天花。坐來已是忘身世，劉阮如何更憶家。

天姥

李白當年只夢遊，我來振屐正高秋。半空信是聞雞犬，絶頂分明接斗牛。剡曲孤城環帶小，錢塘萬舸亂漚浮。明朝更入天台去，仙迹茫茫不可求。

石梁喜霽

戴雨披雲訪石梁，山頭俄喜吐晴光。飛濤怒噴蛟潭黑，絶壁危連鵲架長。彼岸未應凡骨度，畏途暫覺道心涼。煙霞處處堪爲主，難道兹山非我鄉。

贈蓮池上人

蓮池本杭城沈氏，少方伯三洲之弟，弱冠有聲黌校，已而棄室家，祝髮爲僧。是歲乙亥冬，吾邑興浦庵結禪期，延爲首座，予因獲見之，嘉其超世之勇，而猶冀其歸于正也，故遺之以詩。

羨爾三十遺世事，獨披破衲投空門。不容一髮爲身累，難把二心與俗論。皓月孤懸自皎皎，黑風時作正昏昏。應知聖果圓成後，回首還酬罔極恩。

次鄧定宇韻見懷

都門爲别五年餘，迂拙何人問索居。踏遍青山憑拄杖，旋修白業欲抛書。海天漠漠雲生際，夜漏沉沉月上初。安得片帆來剡曲，蒲團相對話真如。

送張節推擢户部 張於予爲兩世年家。

與君上苑共看花，重喜霜旌駐若耶。兩世金蘭傾海内，幾年菽水隔天涯。棘牆夜靜無冤鬼，柏院風清集暮鴉。丹詔暫煩司會計，東南民力正堪嗟。

項貞女詩

貞女，吴江人，未嫁而其夫死。女哭已，援琴而鼓，示其父無他，潛以佩帶自縊死。予聞而壯之，爲作此詩。

楓江元是浣紗鄉，淑女殉夫誼更長。共惴尚危秦氏穴，獨憐未着少君裳。嗚琴聲斷雲浮峽，弄珮魂歸月滿梁。寄語而翁莫惆悵，古來香骨幾流芳。

月夜有懷清嘯臺戲呈陳少野都閫

清嘯臺邊竹徑寬，春來許我共追歡。卻憐幾度亭前月，未得相攜醉裏看。筆底懸河應自和，曲中流水對誰彈？只今已是新秋候，莫待荷花開更殘。

壽王龍溪翁八十

文成一脈早能傳，説法東南八十年。共擬遐齡過衛武，豈徒神解似顔淵。青衿誨語心偏切，白首周遊性自便。顧我煉金還未就，欲從清夜乞丹鉛。

天真書院陪祀陽明先生

道術支離數百年，紛紛何處覓真詮。稽山獨朗中秋月，濂洛重開不夜天。潮湧海門常浩浩，泉飛雲峽自涓涓。摳趨最恨生來晚，此日瞻依倍惘然。

德清許敬庵蘭谿胡如川姚江宋蓮塘同祭天真畢因過虎跑再宿次大蘇韻二首

菊蕊萸房滿路香，疏林瑟瑟動微涼。已知野外紅塵遠，更覺山中白日長。十里乘風來異地，幾宵對月夜同方。寒泉好訂他年約，未許僧家獨自嘗。

又

秋半風吹桂子香，頓令煩暑變清涼。未論幻海波濤險，自愛空門滋味長。物物現前皆佛意，茫茫何處覓仙方。虎跑聖水無今古，留與吾儕次第嘗。

虞亭峰京兆七十

天畔孤峰渺翠亭，仙翁曾此對楸枰。偶飛雙舃遊塵世，便向三山隱姓名。開徑儘栽陶令柳，餐霞兼掇楚人英。卻憐舊日彈棋侶，七十年來局幾更。亭上有仙人枰石，故云。

鄧定宇自南昌來爲吴越之遊既歸言别

扁舟千里入山陰，禹穴秦碑任討尋。健足儘供登覽興，玄談直指妙明心。淡煙古木秋崖靜，細雨清燈夜漏沉。出世自應兼濟世，何當長戀白雲岑。

贈督漕陳守軒侍御

扁舟三月向彭城，黄石祠前年識荆。轉餉兩年身獨悴，校讎五夜興偏清。帆檣風動看魚貫，帝里晨趨聽鳳鳴。卻説徐淮桑海换，好將民隱奏承明。

葵庵楊金部襟宇萬水部邀登回瀾亭漫述亭在徐州城外，舊爲蘇墨亭。

坡仙遺墨半塵埋，突兀中流獨此臺。樽俎那期偕二妙，鶯花若爲勸深杯。九天水自何年瀉，萬里波從此地回。坐間不是城闉接，只擬乘槎霄漢來。

又

洪流淼淼只徐淮，目極蕭條此度來。異國風沙昏白晝，故園晴雨乍黄梅。問奇翻載楊雄酒，雅會重叨萬石杯。誰謂當筵非歡所，蒼生魚鼈正堪哀。

過留城

春風三月渡留城，新柳依依鳥亂鳴。天下已無劉項在，祠前猶説子房名。雄摧隻履千年重，祚卻三齊一羽輕。若使淮陰知此意，也應辟穀學長生。

舟次逢葛百岡南歸

舟泊荒村不記名，故人邂逅自燕京。君還念母能南去，我卻辭親又北征。殘柝通宵渾共語，片帆侵曉各分程。高堂見日煩傳慰，遊子相將到鳳城。

送葉和齋出守廬江

郭隗臺前貰酒頻，秋風送爾獨傷神。賞音京國朱絃舊，出牧廬江紫綬新。落水鳴蛩催去棹，寒崖幽谷待陽春。年來淮右偏痌瘝，好播甘霖接寇恂。

又

紛紛冠蓋禁城中，宦轍惟君有右風。不惜鐵藩勞握虎，卻憐文字擅雕龍。歸銜定有琴尊興，問俗應多雨露功。只尺同心隔千里，愁將雙眼送秋鴻。

萊庭重壽詩爲林封君作

九十萱堂七十兒，君家重慶世應稀。饌分玉粒來青瑣，函捧金章下紫薇。天上初邀王母駕，庭前還戲老萊衣。雲間兩度瞻佳氣，南極光聯寶婺輝。

送李沖涵給諫之廣東少參

與君共有古人期，湖海萍蹤歲屢移。促膝正憐初暑候，分襟又是杪秋時。蒼梧兵火還如昨，青瑣風標更屬誰？笑折黄花將别意，願持晚節慰相思。

送黄定宇太守之河南

曾持三尺抵台司，勁節清標世共推。卻掃已甘尋舊業，致身還自戀明時。只今西洛迎黄霸，在昔冬陽憶趙衰。聞説先賢遺事在，峴山伊水總吾師。

送朱越峥使魯藩便道歸省

芍藥初開又送君，津亭車馬正紛紛。詔傳魯國分青土，帆指胥江慰白雲。柳色漸看迷去旆，鶯聲猶似惜離羣。家山若過同遊處，可憶題詩到夜分。

送徐侍講使荆藩便歸陽羨

青藜方照明光草，綠節俄臨帝子居。宗國喜瞻周太史，鄉人争識漢相如。雲生夢澤題詩處，雨急荆溪煮茗初。聖主只今虚講席，永應幽意狎樵漁。

雙壽榮封爲賈大理封君賦

君山佳氣入華堂，七十齊眉福未央。鳳誥兩朝霑雨露，鶯花三徑足倘佯。連枝松柏冬偏秀，並蒂芙蕖晚更芳。西寺嗣君新晝錦，大官攜得九霞觴。

送葛百岡别駕之岳陽便道省覲

看君捧檄出楓宸，喜氣翩翩錦綬新。抵郡未登青雀舫，過家先拜白頭親。望懸竹馬三湘暮，政有蒲鞭九澤春。信是離筵倍惆悵，天涯我亦望雲人。

無弦和尚移居法藏庵

東齋應是畏輪蹄，移得禪牀更向西。佶屈梵經翻白晝，煇煌寶塔映朱題。琴彈舊日堂相對，佛禮新龕香可攜。蓮社肯容陶令飲，一尊重入遠公溪。

送錢仲美掌教南昌兼簡洪陽少司成

南昌自古盛才賢，亦仗臯比啓正傳。肯使異同虛白鹿，但教升散繞青氈。文成舊發千年秘，道脈今如一綫懸。卻喜陽城方予告，好從暇日問真詮。

送許敬庵出守建昌 有序。

敬庵子以駕部郎出爲建昌守。或謂敬庵子：「徊翔仕路二十年，堇堇得此官，世方好竽而獨鼓瑟，故若是淹邪？」敬庵子曰：「不然。夫仕者以仕爲身，即旦夕而取崇顯，猶蕲之也。學者以仕爲學，即一命而上，有大不易稱者，況乎郡守古二千石，師帥一方，十萬户生靈欣戚，所繫甚重。吾方鰓鰓焉惟任使之弗效是懼，而敢有所望乎？」於是張子聞其言而偉之，聊賦近體，以志別離之感，且以爲盱人幸云。

廿年不負歲寒盟，聚散天涯夢屢驚。正喜燕臺初並馬，忽聞盱水又專城。一囊緑綺行相伴，百鍊青萍試益精。料得西江春雨後，四郊時有管弦聲。

挽雁門劉將軍 劉名國，曾以一矢中二虜，遂大敗之，而其貌頗類雲長公，故云。

曾將一矢洞雙雕，驍勇年來竟寂寥。塞外城崩千里暗，營中星隕萬夫號。旌旗尚落狂胡膽，祠宇空懸上將袍。自古亭侯元不老，英魂耿耿不須招。

送臨淮李侯出鎮留都

岐陽勳業在乾坤，緩帶登壇更有孫。雲裏旌旗趨白下，雪中冠蓋擁都門。時平久已消烽火，地勝偏宜對酒樽。知爾才名追李白，鳳臺佳句許誰論。

宛陵阻雪登文昌閣次羅念庵先生韻二首

高樓端爲閟宮開，偶駐征驂踏雪來。百雉周遭當檻出，六花飛舞向簷回。人懷陶謝空留賦，勝攬江山獨此臺。卻憶橋門多吉士，春風桃李幾人栽。

又

疊嶂層樓已自奇，園林況復綴瓊枝。地憐有客偏無酒，山喜多情可少詩。煮雪尚留他日話，吟風都入古人思。明朝又是天元節，遥想衣冠集鳳池。

南陵雪後長至 以下使楚作。

南陵官閣報晴鐘，長至朝天拜舞同。班列兩階渾序鷺，光揺萬樹擁飛龍。青宮初進前星表，紫塞重收不戰功。雲物不隨風土異，都將書入客囊中。

自青陽遊九華宿化城寺凡得三首

九華南去路非遥，料得山靈早見招。朵朵青蓮擎積雪，重重丹壑出層霄。天爲遊客新開霽，月到中峰不待邀。聞道茗園泉更好，便應澆渴借僧瓢。

又

芙蓉削出與天齊，雪後雲開路不迷。江湧飛濤横白練，磴懸絶壁立丹梯。好泉偏釀僧家酒，清梵時撩午夜雞。九九峰頭無限意，何年卜築細攀躋。

又

張騫奉使未須誇，此日真乘八月槎。眼底層層收華嶽，脚跟步步蹴蓮花。飛濤半瀉銀河水，積雪全飄織女紗。爲憶君平還在不，欲從西蜀問年華。

下自九華贈吴太常

五溪深處敞幽軒，信是仙家别有村。人卧北窗瞻華嶽，家從西漢隱桃源。青緗舊守先人業，紫綬新承聖主恩。誰似太常偏好客，九華上下屢開樽。

雨中遊赤壁

不因風雨暫淹留，勝地那成竟日遊。千里舳艫空赤壁，兩篇詞賦自黄州。籬邊花落香猶在，江上煙深翠欲浮。莫道樽前少明月，殘星幾點動漁舟。

長沙謁屈賈祠

忠魂相對恰相憐，異代同遭共黯然，只謂上官能誤國，那知太尉亦妨賢。楚江渺渺蘭空佩，漢室迢迢席幾前。千載荒祠無限恨，蕭條古木鎖寒煙。

登祝融峰三首

半生夢訪祝融君，已到峰頭坐白雲。袖引天風飄凍雪，杯邀海日淨朝氛。眼空吴楚塵寰小，指點東南水國分。更向會仙橋上望，曉來紫氣正氤氲。

又

濯足瀟湘萬里流，倏然身世一虚舟。方過黄鶴樓中飲，又向衡山頂上遊。畫破乾坤猶混沌，吞將雲夢幾浮漚。雲開雪霽尋常事，惟有三賢説未休。

又

赤帝提衡鎮此邦，蛟螭十萬勢俱降。玉樓幾見巢雙鶴，金簡曾聞導九江。雲擁天峰高引蓋，風吹石廪半開窗。扶桑臺畔桃將吐，春意於今更滿腔。

過兜率庵宿習懶山閣　庵在煙霞峰下，有懶殘洞。

飛仙洞口水潺潺，南嶽煙霞第一山。人道個中堪習懶，我於今夕且偷閑。雲封别院僧初定，風撼長松鶴未還。誰似鄴侯偏邂逅，分將半芋混塵寰。

過武陵謁陽明先生祠 祠幾廢，僉憲夏仁吾氏修復之，且爲置祭田焉，因賦及之。

武陵西去是龍場，萬里行吟楚澤長。人念孤忠淹異國，天開絶學起遐方。山川尚借當年色，祠宇翻爲此地光。誰似夏侯能好古，更從俎豆問餼羊。

遊隆中謁武侯祠二首

蒼山碧水白雲居，道是先生舊草廬。三聘重臨莘野日，一車共載渭濱初。卧龍制敵真如虎，司馬窺人只類狙。不用英雄長灑淚，只今晉魏亦丘墟。

又

南陽數畝足耕耘，何意浮名世更聞。龍卧總爲三顧起，鷹揚未就百年勳。力恢劍外身先瘁，計定隆中鼎預分。料得忠魂明月夜，歸來長嘯隴頭雲。

登太和絶頂謁帝觀日二首

金門樗散自稱仙，捧罷天書禮太玄。百轉丹梯三界外，九重絳闕萬峰前。巨靈鰲背開宸極，真主龍飛象帝先。少海年來看再潤，紫雲遥與紫霄連。玄帝降時有紫雲之祥，今以名亭，距紫霄宫百里。

又

振佩重躋最上層，瑶臺仙掌露華凝。北辰當户星俱繞，東海摇波日乍升。萬里孤輪看逸駿，九天一柱礙飛鵬。卻憐午夜人間夢，蝴蝶莊周醒未曾。

入武當道逢吴大參及王方二山人次韻奉答

玄岳崚嶒壯楚都，松蘿一徑入虚無。卻逢跨鶴三天下，更有雕龍二客扶。南郡忘年曾下榻，北園多景日傾壺。只今藝苑誰稱伯，七子才名共説吴。

同周金部元孚遊廬山宿天池寺

竹林苔徑隱松蘿，恰喜顛仙振屐過。共倚青藤穿錦谷，遥看白練瀉銀河。空山木葉春猶少，遠寺鐘聲晚更多。一笑與君同此夕，夢回蕉鹿竟如何。

遊白鹿洞有感

五老峰前白鹿居，得來瞻眺獨欷歔。百年畫棟巢新燕，幾篋殘經隱蠹魚。流水何人遡濂洛，高山猶自見匡廬。乾坤我輩空冠冕，屈指先賢總不如。

杜轄巖與吴公度話别

名山舊説吴公洞，逸士新居杜轄巖。雲卧古松依野鶴，風摇曲水見飛帆。金丹自悟函三訣，玉軸應除太一銜。幾日相從又相别，溪橋回首渺仙凡。

同沈雲石遊東天目

誰道西巖獨擅名，偏憐東目逼人青。千峰過雨浮空翠，一徑穿雲入杳冥。月色正逢秋夜好，琴聲况有故人聽。老僧乞我留遺墨，到處鐫將石上銘。

送奉常卿趙宗傳之留都二首

廿年秘館共論文，青瑣封章動帝閽。一去長沙甘放逐，九遷望省賴明恩。崔日知爲太常，作望省樓。鶯花二月江山麗，陵寢千秋俎豆存。知君剩有登高賦，好寄雙魚到北門。

又

畫戟朱旗擁去輪，離心尚憶帝恩頻。容臺特簡文章士，舊國偏優禮樂臣。即賦兩都飛鳳羽，曾持九疏拂龍鱗。漫嗟門外春明遠，驛路風光正可人。

調穆宗莊皇帝梓宫發引鼓吹詞一首曰應天長

蜃車擁出龍樓曉，萬姓哀歌圍素縞。風清塵，雨灑道，雨泣風號秋共老。望悠悠丹旐，疑似翠華縹緲。何日重瞻天表，愁結蒼梧草。

三月之晦偕友人出遊西郊分得春字調曰菩薩蠻

籠中日月長安道，纔見春來春又老。啼鳥喚遊人，今朝猶是春。春老花還好，枝頭紅未了。載酒出郊西，追春信馬蹄。

附録一　佚文輯録

語録三則

張廷撰元忭顧謂余曰：「鄒伯子之賢，視仲子尤加也。」余曰：「云何？」曰：「即吾身受伯子益厚矣。昔吾叨及第後，伯子一日儼然造我，坐已，既茶，曰：『兄可再茶，吾有一言奉告。』茶既再，吾攄誠以請，曰：『兄兹以掄大魁爲榮耶？顧兄由兹益弘遠志，崇令德，則大魁者，令士林所欣豔，豈不爲榮？若少不自愛，即淺鮮過失，人皆得而指摘之矣。則大魁者，亦播惡之幟也，可不日惕乎哉？』吾聆已，頓首數四以謝，到今耿耿服膺不敢忘也。或聞之，謂予曰：『進言者賢乎？抑受言者賢也。』吾昔亦嘗如此效忠告於若輩，徐察其意若忤，自是交益暌。」由此以觀，鄒伯子誠賢，陽和尤賢乎哉！

（録自《楊園先生全集》卷四十三《近古録》引耿定向《先進遺風》，中華書局，2002年，頁1227—1228）

張陽和曰：「宏山於其門人孟秋、趙維新，日夕相琢磨，無一言不契於宗旨。文成之傳，其在此與。」

（録自趙維新《感述續録》卷四《名公評附》，《四庫全書存目叢書》子91，頁262）

萬曆初，道學諸君子設講於公孤山。飯食時，陽和張公與朱孝子漸逵同席。陽和僅食豬肉數臠，朱勸請食魚，又勸請食雞，陽和曰：「魚肉二味足矣，雞決不敢奉命。」嗟呼！陽和以世家子狀元及第，而惜福如是，謂志不在温飽者，非歟？有居小宦而窮奢極欲，陳十二席，則十二童子各執金壺侍側，不免於敗，宜也。可不戒乎？

（録自雲棲袾宏《直道録·惜福》，收於《蓮池大師全集》下册，華夏出版社，2011年，頁236）

志學録

當思父母生我之始，光光淨淨，只有此性命，一切身外物，真如水上漚。奈何抛我之本來，而汲汲營營於身外暫生暫滅之浮漚乎！

吾邑蕭靜庵曰：「目力有餘，則當遍讀六經，以窺聖賢之心事；足力有餘，則當縱遊五岳，以觀天地之形骸。若夫蒔一花卉，畜一奇玩，雖力有餘，弗爲也。」

有壁立萬仞之節概，乃可以語光風霽月之襟懷。

善樹木者，芟其枝葉，則其本盛矣；善爲學者，斂其英華，則其神凝矣。

眼前一草一木，皆欣欣向榮，一禽一鳥，皆嚶嚶自得，滿腔子是惻隱之心。

以禍福得喪付之天，以贊毀予奪付之人，以修身立德責之己，豈不至易至簡乎！

顔子當仰鑽瞻忽時，只是於本體上想像追尋，終不可得。後來得夫子之教，卻於博文約禮用工夫。工夫既到，而後本體卓爾，如有可見，始悟向者想像追尋之爲非也。

日之長短有時矣，然意有所營，若促之而短，事無所繫，若引之而長，心之無時如此。身之所處有方矣，然神之所主，忽而九天，忽而萬里，心之無方如此。

（録自黄宗羲《明儒學案》卷十五《浙中王門學案五》，中華書局，1985年，頁324—325）

潞水客談序

孺東徐子初入諫垣，首疏言西北水利事。方下水衡，議未果行，而徐子適以累謫太平。既出都門，猶對客劇談其疏之所未竟，悃悃款款，庶幾當事者之必行也。已而次其語爲書，曰《潞水客談》云。客至越，以示張子。張子讀之數過，歎曰：有是哉！徐子之急於謀國而忘其私也。人情一遭摧挫，不悻悻於色，則戚戚於中，尚何暇慮及於國，而徐子乃獨不然，可不謂難哉？雖然，徐子嘗令吾山陰矣，予稔知其爲人，蓋俶儻非常之士，是區區者，曷足以概徐子？顧其所談者，誠國家大計耳。今之籌國者，孰不以財用之不給爲憂？又孰不以漕渠之不可恃爲慮？然而西北之境，沃衍千里，昔人所以坐致富强者，其成迹具在。若虞文靖、丘文莊之論，亦既詳且確矣。而卒莫有肯任其事、見之施行者，何也？豈非以積敝之餘，驟振爲難，利未及興，而或以滋害歟？兹固老成謀國者之所宜慎也。然審如徐子所云：「先之京東，以次推廣，責之守令，不設專官，多方勸募，不煩公帑，不强民之所不欲，不奪豪右已成之産，不爲官司收種之擾。」若是，則所謂法行以漸，而驟有萬全之利而一無其害者，復何疑焉？蓋是書也，集古今之議而酌其宜，析利弊之源而殫其畫，視虞、丘二公之論益詳且確矣。籌國者果采而行之，即使萑葦之場盡爲庾廩，殆非虚語也。財用之不給，漕渠之不可恃，又豈足憂乎？抑予又聞之，貸息之法一也，金陵試之於鄞邑，既收其效，而行之於天下，卒播其禍。然則法豈有常哉？要在得人焉耳。吾山陰固瀕海之鄉也，徐子往爲令，嘗築海塘，甃河堤，水之利乃其所已試者，故其言鑿鑿如此。誠令西北之吏皆如其人，急於謀國而忘其私，舉其法而善行之，則其利豈特一郡一邑而已乎？嗚呼！以四海之廣，賢才之多，而謂鮮其人可以任西北之事、分國家之憂者，則又予之所未信也。客將梓是書，聞張子言而韙之，遂用以爲序。萬曆丙子秋日山陰張元忭序。

（録自徐貞明《潞水客談》卷首，《續修四庫全書》第851册，頁257—258）

三江考

《嘉泰志》[一]曰：「《禹貢》：『三江既入，震澤底定。』韋昭云：『三江者，松江、錢塘江、浦陽江。』蓋江之名尚矣。』《越絶》云：『浦陽，越王勾踐兵敗，衆懣於此，故曰浦陽。去山陰五十里，今土人以錢清爲古浦陽也。』酈道元《水經注》：『浦陽江導源烏傷縣，東逕諸暨，與泄溪合，東回北轉，逕剡縣，縣開東門向江，江廣一百餘步。』又云：『柯水東北逕永興，與浙江合，謂之浦陽江。《漢書》潘水即浦陽江別名，自外無水以應之。』又云：『浦陽江東北逕始寧縣嶀山，其北即嶀浦。』又云：『東逕上虞縣，南至王莽之會稽，地名虞賓。』又云：『餘暨之南，餘姚西北，浙江與浦陽江同歸海。』又引闞駰《十三州志》：『江水至會稽，與浙江合，自臨浦南通浦陽江。』其説不一，自相抵牾。謝惠連《西陵遇風詩》：『昨發浦陽汭，今宿浙江湄。』《韻譜》云：『水之相入爲汭。』又云：『水北曰汭。』自浦陽江北流入浙江，二水參錯，其名曰汭，宜矣。始

〔一〕 指《嘉泰會稽志》。

寧，今上虞縣。嶀浦、嶀山，皆屬嵊縣。虞賓屬上虞，又接餘姚江，臨平湖，在浙江以西，其源殊別。餘暨即諸暨，距餘姚二百餘里，謂餘姚西北，浙江入海，非也。蓋此江東北流，自山陰、會稽，泝曹娥江，始至上虞、餘姚、嵊縣，謂東回北轉入上虞、嵊縣，斯可矣。道元未嘗身履浙東，故其誤如此。後人遂認此江爲上虞江，其失寖遠。以地理考之，自浦陽江至曹娥百餘里，豈當時曹娥之名未著，亦名浦陽耶？或陵谷遷變，舊流不循其故道耶？《十道志》：『浦陽江有琵琶圻，岸有曹娥碑。』信此，則曹娥江即浦陽爾。《文選注》：『浦陽汭經上虞。』謝康樂《山居賦》：『浦陽江自嶀山東北逕太康湖。』其説皆誤。今山陰三十里有柯橋，其下爲柯水，然則浦陽江與柯水一源，由蕭山達於浙江，古今不易也。」

今按《上虞縣志》，曹娥江始實名浦陽，其源自東小江，亦由浦江來。《十道志》：「婺州浦江，江之導源出此。」是知浦江一源而分二派，一直由諸暨直下，至山陰、蕭山間，爲錢清江。酈所謂「逕諸暨與泄溪合」、「餘暨之南與浙江同歸海」、「至會稽與浙江合」、「自臨浦南通」者，皆是也。一則紆而東，至嵊縣出始寧門，乃折而北至上虞、會稽間，爲曹娥江。酈所謂「東回北轉」、「逕剡縣、始寧、虞賓、餘姚西北」者，皆是也。謝康樂山居，目擊爲賦，又自爲注，不應有誤。惠連謂「昨發今宿」，若錢清，似不須隔宿。餘暨乃蕭山舊名，非諸暨。曹娥未溺之前，江固當有名，且今曹娥廟當運河渡口，故其名特著。若稍南稍北，又自不以曹娥名，謂當時曹娥名未著，亦名浦江，似與酈説亦未甚抵牾，但身則實未至浙東，只據籍檃括，不免稍有淆錯耳。

（録自《浙江通志》卷二六七，《文淵閣四庫全書》史284，頁277）

岣嶁山房記〔一〕

靈鷲山靈隱寺之西，循曲徑，逾小澗，有泉泠然而清，有石獅蹲而虎踞，有梅數枝，有竹數竿，有屋數楹悠然其間者，岣嶁山房也。其中爲樓，曰「紫蓋」云者，岣嶁山之别峰也。樓之上下析爲小室者五，凡燕居款客，卻暑避寒之所，無不畢具。樓之外，插槿爲籬，壘石爲垣，剖竹爲瓦，引泉從垣間瀉出，日夜作瀑布聲，緑籬翠竹，交暎其前，盛夏凜然如秋。出樓之北，躋石磴而上數十步，結檜爲亭，曰「來鶴」，因石爲枰，曰「對弈」。又上數十步，曰「孤嘯臺」，爲白砂丹井，爲禮斗閣，爲香雪巢。其外爲桃蹊茶坂，梅塢橘坡。蓋是山周遭不盈十畝，而極備幽致，入之者如游於蓬萊、方丈而莫能窮詰也。

山人姓李名元昭，少喜任俠，有提戈取功名之志。稍長，更讀古書，工詩詞，已而棄去，習舉子業，爲諸生，尋以祖爵襲千户侯，亡何，又棄去，始一意養生之術。躬負瓢笠，與其徒雲遊湖海

〔一〕鄧以讚《秋遊記》言及此文及岣嶁山人事迹（見《鄧定宇先生文集》卷二，《四庫全書存目叢書》集156，頁355—359）。

上，凡名勝之區，足迹殆遍，歷七寒暑，然後歸構山房，爲終焉之計。室中刻木爲小像，傍列棺殮之具，穴山爲冢，題曰「岣嶁山人墓」。是時山人年六十有五，今七十有九矣。余自甲子歲聞山人名而訪之，遂定方外交，嗣是往來錢塘，必造宿於山中，徘徊累日不忍去。噫！自余交山人，迄今十餘年矣，世故撓其外，欣戚盪其中，役役營營，竟成何事，而山人負不羈之材，挾文武之器，乃能早謝去，獨與造物者遊，等勳業於浮雲，視死生若旦暮。今其年益耄，神益强，視聽益聰明，步趨益蹻健，雖其中所深詣，非余所敢知，乃以余自視，年爲減山人之半，而神氣不逮遠甚，顧猶馳逐於夢幻之場而不知返，視山人爲何如！雖然，山中煙景固自無恙，余行且從山人偕隱矣。作《岣嶁山房記》，時萬曆丁丑，張元忭撰。

（録自《式古堂書畫彙考》卷二十七，《文淵閣四庫全書》子134，頁155）

序東陽何氏家藏石刻《蘭亭》

歲壬辰，何君静虚自婺來京，持定武石刻《蘭亭》屬余記巔末。因言曰：永和九年三月三日，王逸少輩四十二人修禊事，揮毫制記，乘醉而書，若有神助。秘藏於家塾，凡七傳。陳天嘉中，爲僧智永所得。太建中，獻之宣帝。隋平陳，又獻之晉王廣。廣勿之寶，歸於僧智果。智果傳弟子辨才，藏寢室之梁下。唐太宗好二王書法，使歐陽詢求得之。詔虞、褚、馮輩臨本賜諸藩，而真本殉葬昭陵。高宗以歐陽詢臨本易之，留真本於内帑。禄山内亂，六御蒙塵，郭令公得之。至德初，馳進靈武。後晉末，德光掠而北，至殺虎林。中原兵振，德光逃歸，因棄此石。慶曆時，李某得之，宋仁宗以帑金輸置官庫，命薛師正監守。師正翻刻贋本貯庫中，而真本命子紹彭竊負歸。紹彭得之，刻損天、流、帶、右四字，暗記其真僞。大觀時，蔡京頗覺之，矯詔索取。彭子嗣昌不能隱，進于宣和殿。金兵破汴梁，珠玉、圖書、車甲、珍寶盡掠，猶幸真本神司，獨存無恙。汴梁失，宗汝林爲留守，得之。越明年，匣進康王，置諸座右，以拓本待有功者。金兵入天長，宋高宗倉卒渡江，命内臣投石於揚州石塔寺之井中，臣庶不知也。東陽一白公何士英歷事五朝，既南還，圖書藥爐外，無長物也。天子每稱公爲天下清官第一。當轉運時，於石塔寺中得此石。時公匣至京師，章皇帝詔賜攜歸。噫！此石自唐迄今千有餘載，今爲都運公所得，豈公上宣主德，下達民情，而清風高節饜天心，故以此石報公耶？若夫機勢之習揚，骨力之古勁，名公巨卿言之詳矣。奚俟余言！奚俟余言！賜進士第翰林院修撰山陰張元忭序何氏家藏石刻《蘭亭》。

（録自包中慶《東陽何氏石刻蘭亭考辨》，收入浙江省博物館編《沙孟海書學研討會文集》，杭州大學出版社，1997年，頁314）

王教諭天和去思碑

嵊諸生數十輩，持所編《政教遺思録》造余，拜而請曰：「此吾邑人爲吾師芙山王先生作也。先生司教於嵊者九載，視邑篆者三月，其德澤被於人，無久近無不心戴之者。陞南安郡博以去，吾士民欲挽其行而無從也。敬邀子一言勒之石，以永吾師。」余閲其編，列王君善狀凡十有八，其大者，則《禮書》之布也；士氣之培也；孝節之旌且有贍也；卻苞苴也；具祭器，新膠門也；恤民之災，緩催科、平聽斷也；正民之俗，喪者不茹葷，誕女者不溺也。余閲之，敬歎曰：「有是哉！王君之善教與善政，其兼舉矣乎。」則又謂諸生曰：「王君之學其有本乎？夫教與政非二也。古之君子，其修之於身，推之教與政者，皆不外乎禮。故其學出於一，而用隨試而輒效。蓋孔門言仁，其要在復禮，教人諄諄以禮爲訓，而極之爲國以禮。然則修己治人一本乎禮，豈非孔氏之家法也歟？」余少也，竊嘗學《禮》，惟於《喪禮》有不忍及也。甲戌秋，斬焉衰絰，乃始讀《喪禮》，不能無悔於心。且《禮》所載，殆有疏而未備者，有疑而難通者，猶不能無疑於心已。乃得王君所訂《禮書》讀之，而有所取衷焉。余是時固已嚮往王君，久之，詢其行於嵊之人士。嵊之人士數其事，而余獨窺君深，則知其所致力者固自有在，政教之施特其緒餘焉耳。蓋君爲雙江、東廓兩先生之高弟，嘗從事陽明子之學矣。陽明子之始而揭良知以覺人也，謂良知盡於約禮，是豈徒談妙悟而略躬行者哉？迨其後，則爲説幽渺，而愈令人惝恍而不可究詰，甚者蕩滅禮法之外，而藉口於解脱，則重爲斯道病矣。君既有會於良知之旨，而痛挽末流之弊，其始司教於嵊也，輒慨然曰：「學莫先於禮，舍是則何以爲教？」故首爲《禮書》以示之，而躬敦行以爲諸士先。凡君之所以爲教者，有一不由於禮者乎？已而受檄視邑篆也，又慨然曰：「治莫先於禮，舍是則無以爲政。」故惕惕焉勵官箴，重民事，振廢舉墜。凡君之所以爲政者，有一不由於禮者乎？夫君之學，一本於禮，而施之教與政，隨試而輒效，如彼空談鮮實者爲何如？斯可謂有功於陽明之門，不畔於孔氏之家法者也，豈獨有遺私於一邑而已哉？君名天和，字致祥，吉之永豐人也。勒是碑者，爲張生籍，尹生紹元，袁生日新，周生夢秀、夢斗，宋生應光，王生應昌，張生希秩。而碑之建，爲萬曆七年歲次己卯四月之吉。

（録自《嵊縣志》卷二十五《藝文志·碑》，民國二十三年刊本，頁730）

贈鄒聚所奉使廣陵

涼風乍蕭瑟，悠然動遐想。江邊鱸鱖肥，湖上美渠長。默默違素襟，我留子獨往。相去日以遠，臨岐倍悽愴。人生百年内，奄忽歸草莽。良時競努力，毋爲愧俯仰。家學遺真詮，聖道何昭朗。虚談亦何爲，躬行日培養。此志苟不移，千里同音響。

（録自《鄒聚所先生外集》，《四庫全書存目叢書》集157，頁425）

屠節婦詩爲吴安節父母太夫人賦

太君苦節播徽音，三十年來罷珥簪。聽雁誓將寒影共，丸熊長對夜燈深。春秋亦是吾儕筆，冰雪無如母氏心。卻喜今朝就榮養，不須回首白雲岑。

（録自《張陽和先生不二齋文選》卷七「七言律」，《四庫全書存目叢書》集154，頁476）

附録二　傳記・祭文・悼詩

奉直大夫左春坊右諭德兼翰林院侍讀陽和張公墓志銘〔一〕 代王相師作。

陳與郊

太子左輔張君者，好學慕奇節，余從諸生識之。既貴，節益顯，予益奇張子，浸假而以爲清鏞爲大吕乎，而今已矣，悲哉！

張子蓋蜀人云，徙家紹興，代有聞。十傳爲贈君詔。詔生天復，是爲太僕君。娶劉安人，生張子，諱元忭，字子蓋，號陽和。癯骨而性慧，好讀書，安人憐之。公重逆母讙，張幕夜篝燈。總角，自負經濟，間語及時事，太僕君僞之，僞不答。會楊節愍死諫，公遥爲誄詞，慷慨泣下霑衿，太僕君色喜，奇之。讀書識大意，稍長，受餘姚之學於俞侍御，侍御遜不敢居。無何，舉孝廉，數困公車，營龍山，盡發古今書誦之。逾年，編摩既成，嘆曰：「是足以學聖賢矣。拘士抱末流之

〔一〕「右諭德」，當爲「左諭德」之誤。

識，不務即心證聖，而猥云下風，一何陋也。」公學本俎豆餘姚，出入朱陸之壁，而撤其黨，意不可一世。人善故所與羅侍郎、朱宗伯者，越稱爲三雋云。居無何，太僕君難作。太僕故嘗副滇中，使從擊定武功〔二〕賊，中蜚語，卒從吏訊。公從太僕君逮至滇。已復馳如京，白狀當事者，有詔免太僕官。復馳如越，履及門，血縷縷滅趾。天其以此贊公孝，困心衡慮，即大任將至矣。明年，射策南宮，稱上意，賜一甲第一人，爲史官。公既自遭逢結主知，圖不負國恩，在官無日不討憲典而習之。詞林固清局，諸臣持文墨，雍容寡過，事出輒以代庖自解。公獨聚徒講業，户外之履常滿，遇事慷慨論列。嘗疏直御史胡涍，不報。無何，請進講《列女傳》于兩宫，以修「二南」之化，又不報。免喪起家，詔令視諸謁者學，公歎曰：「若曹星近皇位，不可去，可使習爲善。勃貂、管蘇非人乎？」令講《中鑒録》，公自爲疏，中常侍無不嚴憚公者。尋改知制誥，直起居館。會皇子生，奉書諭楚，所至絃誦不輟，公儼然自負先覺，四方士亦蜚然向風矣。未報命，會丁太安人喪，戚易備至，如喪太僕君。蓋公自釋褐來，日以筆札侍上，僅僅兩賜洗沐，而兩尊人喪，並與期會，亦孝感云。丁亥，上臨石渠嚮文學之士，公以左輔侍講筵，退而嘆曰：「國有聖人矣，方竭忠畢慮茂主德，庶幾太平之業，旦莫遇之。」會論滇中事，請復太僕官，再上，忤上意，公仰天

〔二〕「功」當爲「定」之誤。下文「武功之役」亦當爲「武定之役」。

泣曰：「吾不可以下見先人矣！ 武功之役，吾父躬擐甲胄，斬首虜千級，狀甚著，今幸而在宥，而父枉死，我罪大矣。 長負君親，吾死爲後。」公常自以兩世登朝，父死志不竟，願以身代父報，要主上福報父，故終身有緹縈之恨。 疾革，呼陛下者再，而死門人手。 公天性侃侃，事親孝，與士信，而一稟于學問。 居常飯脱粟，衣浣補，衣臬垂垂曳履而不難于宗人之推恩，刺不入國門而核于志。 兩乘公出父子手，而書法則嚴。 居廬而讀禮，既祥，議復賦法，議不毀兩賢祠，議祀鄉賢者三，其最白章明較著者。 蓋余讀朱宗伯《狀》，則泫然出涕云。 嗟乎！ 子藎死而予然後知子藎也。 子藎之學，大都以正人心爲宗，此今人所謂良藥哉！ 予觀孝武之前，人心猶近古，至子藎而蠢蠢矣，豈其有激而太息乎？ 實其言可以保世，而胡以死也位不竟志，悲夫！ 山陰人數爲予言，子藎夢文昌降而生，其後龍山鳴而子藎第，又其後水溢山裂，夢星墮而子藎死，其然與！ 彼其所自樹立者，固自足以關天地之數乎！ 公著書萬言，自有集。 生某年，殁某年，配某，子某女某，以某月日歸骨某山，而余爲之銘。 銘曰：

大業將熾，扶輿是徵。 山鳴于越，公冠于京。 既鳴且裂，公返其魄。 嗟彼屯膏，曷云隕石。悠悠古今，不朽者心。 爾介爾貞，而先民是遵，吁嗟乎哲人！

（録自陳與郊《隅園集》卷十五，《四庫全書存目叢書》集160，頁605—606）

《明儒學案·師説》本傳

劉宗周

愚按：二孟先生如冰壺秋水，兩相輝映，以扶家傳於不墜，可稱北地聯璧。吾鄉文恭張先生，則所謂附驥尾而名益彰者乎？讀《二孟行》張文恭作。可信也。文恭又嘗有《壯哉行》贈鄒進士遺戍貴陽，其私吾黨臭味如此。君子哉若[一]人，於今吾不得而見之矣。文恭與同郡羅文懿爲筆硯交，其後文懿爲會試舉主，文恭自追友誼如昔，亦不署門生。文懿每憾之，文恭不顧。廷對係高中元讀卷，後相見亦不署門生，其矯矯自立如此。文恭又與鄧文潔交莫逆，及其殁也，文潔祭以文，稱其「好善若渴，以天下爲己任」云。

（録自黄宗羲《明儒學案·師説》，中華書局，1985年，頁11）

《明儒學案·侍讀張陽和先生元忭》

黄宗羲

張元忭字子藎，别號陽和，越之山陰人。父天復，行太僕卿。幼讀朱子《格致補傳》，曰：「無乃倒言之乎？當云心之全體大用無不明，而後物之表裏精粗無不到也。」嘉靖戊午，舉於

〔一〕若，原作「苦」，不通。據《文淵閣四庫全書》本《明儒學案》改。

鄉。隆慶戊辰，太僕就逮於滇，先生侍之以往。太僕釋歸，先生入京頌冤。事解，又歸慰太僕於家。一歲之中，往來凡三萬餘里，年逾三十而髮白種種，其至性如此。辛未，登進士第一人，授翰林修撰。尋丁外艱。萬曆己卯，教習内書堂。先生謂「寺人在天子左右，其賢不肖爲國治亂所係」，因取《中鑒録》諄諄誨之。江陵病，舉朝奔走醮事，先生以門生未嘗往也。壬午，皇嗣誕生，齎詔至楚，丁内艱。丁亥，陞右春坊左諭德兼翰林侍讀。明年三月卒官，年五十一。

先生之學，從龍溪得其緒論，故篤信陽明四有教法。龍溪談本體而諱言工夫，識得本體，便是工夫。先生不信，而謂「本體本無可説，凡可説者皆工夫也」。嘗闢龍溪欲渾儒釋而一之，以良知二字爲範圍三教之宗旨，何其悖也。故曰：「吾以不可學龍溪之可。」先生可謂善學者也。第主意只在善有善幾，惡有惡幾，於此而慎察之，以爲良知善必真好，惡必真惡，格不正以歸於正爲格物，則其認良知都向發上。陽明獨不曰良知是未發之中乎？察識善幾、惡幾是照也，非良知之本體也。朱子《答吕子約》曰：「向來講論思索，直以心爲已發，而所論致知格物，以察識端倪爲初下手處，以故缺卻平日涵養一段工夫。」此即先生之言良知也。朱子易簀，改《誠意章句》曰：「實其心之所發。」此即先生之言格物也。先生談文成之學，而究竟不出於朱子，恐於本體終有所未明也。

（録自黄宗羲《明儒學案》卷十五《浙中王門學案五》，中華書局，1985年，頁323—324）

《王門弟子所知傳》本傳

邵廷采

山陰張元忭，字子藎，號陽和。性篤孝。父天復爲雲南副使，擊武定畔者有功，讒人文致逮訊，扶父萬里赴滇就理，復馳京師訟冤，一歲三返，始得辨。釋履及門，血縷縷滅趾，天下聞而哀之。隆慶辛未進士第一，官修撰。故事，詞林唯清茗，元忭獨講求世務人才。學宗文成，摘考亭論著與文成意符者，祛世儒之惑。初，出張居正門，不詭不亢。歷左諭德，卒年五十一。時越中先後有三鼎元：諸大綬、羅萬化及元忭，皆修身潔行，著忠孝節。大綬爲講官六年，以哭穆宗升遐而卒。念生母例不得封，哀請於朝，報可。人臣之得封生母，自大綬始也。萬化與元忭讀書龍山，謂近世講良知者率言自然，沿二王之習，務崇躬行，砥實踐，而元忭更多發明。見舊志王門弟子唯立徐愛、季本傳，疑未備，然終不敢以己意輒增。其用心之慎如此。

（録自《思復堂文集》卷一《王門弟子所知傳》，浙江古籍出版社，2010年，頁47—48）

《兩浙名賢録》本傳

徐象梅

張元忭，字子藎，其先蜀之綿竹人，宋相忠獻公之後也，徙家越之山陰，代有聞。父天復，以進士官至甘肅行太僕，配劉安人，生忭。忭生而魁岸，總角時，岳岳負意氣，數矢口談時政得失，人物臧否，太僕故抑之不答也。會楊忠愍以諫死，忭遥爲誄詞，慷慨泣下沾襟，太僕乃色喜，大奇之。嘗讀書至朱子格致篇，輒乙其處而沉思之。已聞王文成良知之説，遂潛心理學。嘉靖戊午，舉於鄉，數上公車不第，下帷龍山之陽，喟然歎曰：「聖賢學自有真，曲士抱蟲蛙之見，不務即心證聖而猥踵其下風，壹何陋也。」戊辰歸自京師，而太僕有滇難。蓋太僕故嘗副滇臬，擊武定叛夷有功，忌者中以蜚語，卒從吏訊。忭身掖太僕，萬里赴逮於滇，已復馳如京，白狀當事者。比有詔免太僕官，歸越。復馳如越，履及門，血縷縷滅趾，天下聞而哀之。庚午游太學，明年舉南宫，射策，賜第一甲第一人，授翰林修撰。忭自以遭逢聖明，釋蹻取上第，廩廩期有以自樹，日橐筆守官下，蒐羅金匱憲典而研究之。隆慶改元，疏請進講《列女傳》於兩宫，以修「二南」之化，不報。戊寅免太僕喪，起家，奉旨教習内書堂。忭曰：「若曹星近皇位，不可去，可使習爲善，勃貂、管蘇非人乎？」乃取《中鑒録》，自爲條解，又作《訓忠》諸吟，令歌之。尋管理誥敕，直起居館。會皇子生，奉疏告楚藩。丁亥，起家用詞林久次，超爲左春坊左德諭兼翰林侍讀，尋充經筵講官。既入侍金華，退而歎曰：「明主方孳孳嚮學，嘔喻受講，臣風勸而講，臣不竭忠畢智以迪宸聽，非夫也。」每喁喁然盟心待對，期有所感孚焉。神宗皇帝御歷覃恩時，忭即疏白太僕公冤狀，請以恩及己者移太僕冠服。至是復申前請，忭旨，格不行。忭仰天泣曰：「吾不可以下見吾父矣！武定之役，吾父躬擐甲胄，斬首虜千級，口碑具在。乃今幸事明主，而不能爲父洗沉冤，長負君親，吾死爲後。」蓋居常深念兩世登朝，父建功不讎志以殁，願以身代父報國，而卒且徼國恩報父，故終其身有緹縈之恨，竟以此鬱鬱致疾。疾革，顧弟子呼陛下者再。又曰：「朝廷亦多有人。」乃瞑。忭平生雅志聖賢之學，宗王文成，然不空事口耳，顓務以實踐爲基。嘗曰：「知善知惡是良知，爲善去惡是格物。近世學者徒剽竊文成之外郛耳。」又謂朱陸同源，而末流乃岐之，非是。手摘考亭所論著與文成意符者彙集之，題曰《朱子摘編》，以祛世儒之惑。特操端介，絶不喜媕婀事人，然坦焉躪中庸之庭，亦不欲以奇行自見。里居數年，私刺不及公門，然事關公義，則侃侃無少避。如議賦法，議不毁兩賢祠，議祀四先生於學，越人至今誦爲美談。天性孝友，侍父母疾，湯藥非口所嘗弗進。居喪毁瘠，祭葬悉遵古禮。撫異母弟，恩義隆備。居常飯脱粟，衣浣補，而賑施宗黨若弗及。蓋忭之行誼力追古人，其文章舂容爾雅，粹然一出於正。初太僕公作《山陰縣志》未竟，忭續成之。又創《紹興府志》、《會稽縣志》，義嚴衮鉞，足稱一方信史。他所著有《雲門志略》、《山遊漫稿》、《槎間漫筆》行於世，又有《不二齋稿》、《志學録》、《讀尚書考》、《讀詩考》、《讀史膚評》、《皇明大政記》藏於家。

（録自《兩浙名賢録》卷四，明天啓刻本，《北京圖書館古籍珍本叢刊》史部傳記類，册17，頁147—149）

《明儒言行録》本傳

沈　佳

張元忭，子子藎，浙江山陰人，隆慶辛未進士第一，官至左諭德。公總角時，聞楊忠愍諫死，遥爲誄辭，慷慨泣下，父太僕公大奇之。已聞王文成良知之説，遂潛心理學，下帷龍山之陽，喟然歎曰：「聖賢學自有真，曲士抱蟲蛙之見，不務即心證性而猥踵其下風，一何陋也。」太僕公有滇難，從吏訊，公身掖之，萬里赴逮於滇。已復馳如京，白狀當事者，比有詔免太僕公官，歸越。復馳如越，履及門，血縷縷滅趾，天下聞而哀之。廷對賜第一，授翰林修撰。公廩廩期有以自樹，日聚徒講求世務人才，每抵掌論天下事，不爲首鼠兩端。萬曆元年，公請進講《列女傳》於兩宮，以修「二南」之化。不報，及奉旨教習内書堂，公曰：「若曹星近皇位不可去，可使習爲善，勃貂、管蘇非人乎？」乃取《中鑒録》，自爲條解，又作《訓忠》諸吟，令歌之。丁亥，起爲左春坊左德諭兼翰林侍讀，充日講官。每竭誠待對，冀有所感乎。初，上覃恩，公疏白父冤狀，請以及己者移太僕公。忤旨，格不行。公仰天泣曰：「吾不可以下見吾父矣。武定之役，吾父躬擐甲胄，斬首千級，口碑具在。乃今幸事明主，而不能爲父洗沉冤，長負君親，吾死爲後。」蓋居常念父建功不讎志以歿，願以身代父報國，而卒且邀國恩報父，竟以此鬱鬱致疾而卒。

公平生雅志聖賢之學，宗王文成，然不空事口耳，專務以實踐爲基。嘗曰：「知善知惡是良知，爲善去惡是格物。近世學者徒剽文成之外郛耳。」又謂：「朱、陸同源而末流乃歧之，非是。」手摘考亭所論著與文成意符者彙集之，題曰「朱子摘編」。公持操端介，絶不喜媕阿事人。初，出江陵門下，不隨不激，有以自守。嘗語同門曰：「某門人也，皂囊白簡之事，當待他人，乃若喪請留，病請禱，某即死勿爲矣。」天性孝友，侍太僕公若安人疾，湯藥非口所嘗勿進。比卒，欒欒柴脊，喪葬悉遵古禮，盡革燕賓崇佛諸弊俗，越人化之。有異母弟二人，公撫之恩義隆備。居常飯脱粟，衣浣補，而賑施宗黨若勿及。蓋公行誼力追古人，其文章舂容爾雅，粹然一出於正。所著有《紹興府志》、山陰、會稽《縣志》、《雲門志略》諸書行世，又有《不二齋稿》、《志學録》、《讀書詩考》、《讀史膚評》、《大政記》藏於家。

佳曰：陽明先生之學，一傳而後，大抵略踐履而言超悟，以虚見爲高妙，樂放曠自然，標立宗指，混一儒釋，羣言亂淆，聖塗榛塞，誹毁洛閩，莫可窮詰。嗚呼！學以講而明，乃以説而晦，是誰之過歟！故於隆、萬以來諸儒，採其踐修純實者數公，若事口耳以自附於講學之列者，概勿録焉！

鄒南皋曰：公自登第後，所至求友，汲汲皇皇，聞一言當於心也，拜而受之。里民有疾痛也，引而爲己辜，不難以其身爲百姓請命，公何心哉？真以斯道爲己任，而任道者必以明明德於天下爲極致，此公學之崖略也。蓋嘗論譚學華亭時易，譚學江陵時難。華亭時右名理，即以理學爲窟宅，朝登講堂，夕踞華要。江陵時禁錮斥逐殆盡，世且爲波流，且爲茅靡。公亭亭孤騫，至冒江陵誚不辟易，公勇矣。或者以公未大行天下爲憾，不知古人不得志獨行其道，道無窮達也。昔有大臣善鑑人者覩舒文節未第時，曰：「子今之文毅。」既文節魁天下，再過之，問曰：「止此乎？」曰：「忠孝狀元，子小子[二]耶？」假令起羅、舒二先生與得意者論，必不以彼易此。先生爲秀才時，作賦弔楊忠愍，登仕未幾，上書危言，而扶掖太僕公崎嶇羊腸鳥道萬餘里，兩上書叩閽，鳴太僕公冤，心可剖，血可枯，命可捐，以報親九泉，即古忠孝何加焉。先儒云：「學之爲言孝也。忠孝立，百善從之。」先生之學，其必傳也無疑。

（録自《明儒言行録》卷八，《文淵閣四庫全書》史216，頁922—924）

《明史》本傳

鄧以讚，字汝德，新建人。張元忭，字子藎，紹興山陰人。二人皆生有異質，又好讀書。以讚幼，見父與人論學，輒牽衣尾之，間出語類夙儒。父閔其勤學，嘗扃之斗室。元忭素羸弱，母戒毋過勞，乃藏燈幕中，俟母寢始誦。十余歲時，以氣節自負，聞楊繼盛死，爲文遥誄之，慷慨泣

[二]「子」，鄒元標《張陽和文選序》作「之」。

下。父天復，官雲南副使，擊武定賊鳳繼祖有功。已，賊還襲武定，官軍敗績，巡撫呂光洵討滅之。至隆慶初，議者追理前失亡狀，逮天復赴雲南對簿，元忭適下第還，萬里護行，髮盡白。已，復馳詣闕下白冤，當事憐之，天復得削籍歸。

隆慶五年，以讚舉會試第一，廷試第三，授編修，而元忭以廷試第一授修撰。萬曆初，座主張居正枋國政，以讚時有匡諫，居正弗善也，移疾歸。久之，補原官，旋引退。詔起中允，至中途復以念母返。再起南京祭酒，就擢禮部右侍郎，復就轉吏部，再疏請建儲，且力斥三王並封之非，中言：「中宮鍾愛元子，其願早正春宮，視臣民尤切。陛下以厚中宮而緩册立，殆未諒中宮心。況信者，國之大寶，建儲一事，屢示更移，將使詔令不信於天下，非所以重宗廟，安社稷也。」會廷臣多諫者，事竟寢。尋召爲吏部右侍郎，力辭不拜。以讚登第二十餘年，在官僅滿一考。居母憂，不勝喪而卒，贈禮部尚書，謚文潔。

元忭嘗抗疏救御史胡涍，又請進講《列女傳》于兩宮，修「二南」之化，皆不省。萬曆十年奉使楚府還，過家省母，既行心動，輒馳歸，僅五日，母卒。元忭奉二親疾，湯藥非口嘗弗進，居喪毀瘠，遵用古禮，鄉人多化之。服闋，起故官，進左諭德，直經筵。先是，元忭以帝登極恩，請復父官，詔許給冠帶。至是復申前請，格不從。元忭泣曰：「吾無以下見父母矣。」遂悒悒得疾卒。天啓初，追謚文恭。

以讚、元忭自未第時即從王畿游，傳良知之學，然皆篤於孝行，躬行實踐。以讚品端志潔，而元忭矩矱儼然，無流入禪寂之弊。元忭子汝霖，江西參議；汝懋，御史。

（録自《明史》卷一七一《儒林二》）

《明分省人物考》本傳

過庭訓

張元忭，字子蓋，號陽和，其先蜀人，徙家山陰。父天復，官太僕卿。元忭好讀書，負意氣。會楊忠愍諫死，遥爲誄詞，泣下沾襟，太僕奇之。嘗讀書至朱子「格致」篇，輒覆卷沉思。已聞王文成良知之説，遂潛心理學。嘉靖戊午舉於鄉。戊辰，太僕有滇難，馳京白狀，詔免太僕官。庚午游太學，明年舉南宫，廷對第一，授修撰。聚徒講求世務人才，户外屨常滿。教習内書堂，尋管理誥敕，直起居館，超爲左諭德兼侍讀。疏白太僕冤狀，請以恩及已者移太僕冠服，格不行，以此鬱鬱致疾。平生有志聖賢，學宗王文成，然不空事口耳，顓務以實踐爲基。初，太僕作《山陰縣志》未成，元忭續成之。又創《紹興府志》、《會稽縣志》，稱一方信史。又有《不二齋稿》、《志學録》、《讀尚書考》、《讀詩考》、《讀史膚評》、《皇明大政記》、《理學見聞録》。謂「朱陸同源而末流乃歧之，非是」，手摘考亭所論著與文成意符者彙集之，題曰「朱子摘編」，以祛世儒之惑。

（録自《浙江通志》卷一七六張元忭條引《明分省人物考》，《文淵閣四庫全書》史281，頁600）

《新修岳麓書院志》本傳

趙寧

張公元忭，字子藎，别號陽和，明浙江山陰人。本宋相魏公後，天性忠孝，介然不苟取與。童丱時從父太僕公京邸，即物色諸縉紳臧否及朝政得失，慨然以古大賢自許。嘗讀朱子格致章，覆卷思之嬰疑。已聞王文成良知之説，乃灑然有悟，自是日究心於此學矣。既舉於鄉，念太僕公遠宦，竟輟計偕往省，逾年乃歸。嗣爲太僕公白事，一歲而奔走南北者三，以里計者三萬餘。是時年才三十，髪皤然盡白云。嘉靖辛未成進士，賜殿試第一，授翰林修撰。初服官，即竭忠讜，多所建白。已充内書堂教習，懲時之弊，特取《中鑒録》，親爲條解。又作《訓忠》諸吟，令歌之，冀有所感悟。尋升左諭德，充經筵講官，啟導盡職。平時所孜孜者，惟以講學爲急務。學宗文成，而每病世之學文成者，多事口耳，特以力行矯之。嘗曰：「知善知惡是良知，爲善去惡是格物，此致良知宗旨也。」又言：「朱陸之學，本同一源，後人妄以意見分門户，滋生異議。」乃取朱子詩文，摘其與文成合者彙成一書，曰《朱子摘編》。書出，而紛紛異同之説涣然矣。壬午，皇嗣生，齎書告楚中六王，因上匡廬，浮沅湘，入武彝，翛然山水間。所至輒偕同志集聚講學，遠近喁喁向風。萬曆間，兵憲李公天植敦迎主講岳麓，士習翕然丕變，湖南正學，絶而復續云。

（録自《新修岳麓書院志》卷三《先儒列傳》，見湖湘文庫本《岳麓書院志》，岳麓書社，2012

年，頁241）

祭張子藎文[一]

鄧以讚

嗚呼！痛哉！予子藎遽舍我耶！予病居山中，嘗兩月不通問，子藎輒督過之，曰：「子能忘物，寧能忘我？」然予實不忘兄，兄今乃能真舍我耶？予初與子藎遇也，蓋傳臚之日，闕門之東，時在衆中，兩相許矣。嘗從兄出東門，偶論管鮑。予曰：「此其難不在鮑而在管。彼不遮飾其情，而甘以其身受人之知，此爲難也。」兄曰：「予有意焉。」予未答，遂各上馬去。自是十有八年，或合或離，予不能爲夷吾，兄必曲爲鮑叔。知我病，則供奉之役，常代其勞。知我貧，則節春秋供其匱乏，又以壽母爲號，使不得辭。知我憂生不在形骸也，數以好言相慰，不以我爲不達。己卯之會，驟謂予曰：「予近見一先生像，其貌酷似子，其年望八，子無慮也。」知我不爲□比，則是非可否，不求必同，不以我爲執。知我意有擇，雖雜陳別家書，細而讀之，不以我爲支。知我有老母，即依依子舍，至虛國恩，不以我爲固。蓋骨肉之恩而道義之好，悠悠百歲，永

[一]《鄧定宇先生文集》卷四《祭張子藎文》題目下有兩行小字：「諱應元，號春臺，辛未進士，南直隸徽州府休寧縣人。」屬張冠李戴。

失弗諼，奈何遽舍我耶？嗚呼！兄雅意當時，洞知大計，常受事，靜悉辦，斯亦足明其能矣。然人有片長，其心好之，又樂稱之。常曰：「使國有人焉，何必我？」則所謂其爲人也好善，不切于此矣。本其意，直欲平康斯世，而弗究其施，能無介然耶？嗚呼痛哉！兄學先行誼，以戒慎恐懼爲門，以出處辭受爲則，即深談妙至，而行不掩言，無取焉。且曰：「學之不講，是吾憂也，羣而聚之，用相警戒。」故其要言曰：「斯言既出，一念萬年，所謂以友輔仁，莫專于此矣。」本其意，直欲張主斯文，而未見其止，又能無介然耶？嗚呼！痛哉！兄使楚還，常迂而過予里，徘徊三日，忽動倚閭之思。予遡遊從之，有懷如焚，則又自解，以爲予與子蓋，皆未及艾，後會且多，何必爾爾。蓋癸未之春，烏盆之滸也。孰知此別，竟成永訣。嗚呼！痛哉！丙戌之秋，書來告我曰：「古人有云：『死歸生寄。』予藉天之靈，而賜之土矣。自今日以往，無夕不可予之適也，抑又何求？」予讀之，舌撟而不能下，蓋喜兄之達而過其蚤計也。由今觀之，機固有先動者耶？予求靜久矣。四月維夏，意忽忽不樂，則深自責志，以爲山中虛度如是。細而求之，又無所倚。蓋紛者未解，而訃者忽聞。由今觀之，神蓋先示之耶？嗚呼痛哉！兄没之後，兩有報音，不逮記室，予請讀之。其一爲答重施。其書曰：「兄不忘老親之耄，而重之以大貺，如天之福，爲榮多矣。又孱弱之軀，以爲兄憂，而貽之參杞之直，其何誼高焉。山中無能謝，無亦斯征斯邁，庶幾無有滔心逸志，以忝所生，所以報也。」是二月之某日也。其一爲兄疑予以論學爲諱也，故詳道其所以。其書曰：「聞兄以友輔仁，千載之大業也。微兄之力不及此。前予所爲愼重者，抑謂今之學士，多浮慕耳。人心之不同有如其面，聚而相蒙，爲損滋多。予故願兄之朝于直諒，而夕于多聞也。不然，聖遠言湮，庸諱講乎？」是三月之某日也。當予作書時，孜孜切切，如對兄語，豈謂弗達？嗚呼哀哉！嗚呼已矣。予嘗聞之，古之至人，死生一條。兄之没，辨而不亂，亦既超斷續矣。幽冥之中，其亦無忘前念，而益圖圓神乎？人之大患，爲有吾身。外身而爲之，其何敵也。所過者化，所存者神，此予所爲效其區區也。嗚呼痛哉！予自兄没，竟承内召，傳除書而讀之，又承兄□□□□無痛乎？不遂乞骸，今復陳情。兄昔在直，幸佈腹心。兄今已矣，無可爲屬。謂予能無念？

嗚呼嘻吁！子蓋子蓋！十有八年，子蓋在□。今也向人，昔者吾友。夢寐之間，再三握手。談笑如生，兄真來否。五十非夭，百歲非久。得正而斃，是謂不朽。我來渡江，白馬素車。百年肝膽，一束生芻。我腸欲斷，我淚欲枯。喋喋千言，兄知不知？狀者窗友，銘者冑師。傳矣傳之，予亦何辭？嗚呼痛哉！

（録自《鄧定宇先生文集》卷四，《四庫全書存目叢書》集156，頁407—409）

懷張陽和年兄

鄧以讚

節經寒露占秋暮，月上承明開夕霏。看劍尚餘英氣在，傳經漸覺舊聞非。涼秋正愜隱峰座，靜夜偏憐張翰歸。徒倚虛堂無限意，夢魂應與雁俱飛。

（録自《鄧定宇先生文集》卷三，《四庫全書存目叢書》集156，頁368）

祭張陽和中允文

鄒元標

世固有眉面千里，亦有衽席越秦。余託知先生也，蓋自不知其何因。昔余羈縶黔天也，親友避匿，形影凋零，而先生手琅玕托吾師朱先生以贈我也，歷千古其並陳。及余奉詔歸里，先生適持節星沙之濱。雖左道未獲相識也，擬長安千古而爲鄰。不謂羽翰差池，先生遽已返其真，徒令開篋笥而擬心神。嗚呼！世豔公者，謂公掇元魁芥上第，不知公抱足以酌元斗，秉大鈞。世才公者，謂公富著述，裕經綸，不知公學近宗文成，而上遡乎伯淳。嗚呼！時非龍蛇，文曜沉湮。士失山斗，人泣鳳麟。如可贖兮，何啻百身？元標感念疇曩，千古酸辛。遥望若耶，薪芻敬陳。靈兮不爽，監此明禋。

（録自《願學集》卷七，《文淵閣四庫全書》第1294册，頁285）

祭張子藎諭德

許孚遠

維萬曆十六年三月某日，左春坊左諭德張子藎卒于京師，其同榜友人德清許孚遠官留都，聞訃，爲位而哭之。是秋九月，子藎之櫬既歸越，孚遠亦隨以罪謫歸山中，聞子藎窀穸之事在十有二月，擬往送執紼焉，而適以亡女之殯同期而不能及也。越明年二月，始得束芻絜酒，渡江而拜之於墓，爰爲文以告之曰：子藎胡然奄爾長逝耶？子藎夙有志於聖賢之道，力學砥行，垂三十年於兹，蒸蒸乎日有就而月有將，將誕登于岸無難焉，而猶爲未竟乎其志。子藎廷對魁天下，顒然負公輔之望於當時，其於致主庇民、安内攘外之略，日夜討究而淬磨之。古之名世勳業，謂可計日取償，而猶未及見於行事。子藎胡然奄爾長逝耶？在昔戊午，余與子藎同聽《鹿鳴》，子藎尚未識余之面目何似。丁卯之秋，子藎遠來，叩余山堂，而先之以啓，道其所以相見之意。余迎子藎，相對終日，至於宵分，玉潤金輝，淵停岳峙，知斯道所屬於子藎者無窮，而余之淺陋，茫乎不能以無媿。其明年，子藎下第歸，來示以《北歸録語》一帙，余爲校勘而歸之，子藎初不以余言爲螯。子藎既官史局，丁外艱，余亦方抱先慈之戚，及大祥而潛會于武林之西山，又服除而有天真講院之會。動浹旬日，切琢益深，至臨岐常不能以釋去。已而天假之緣，同官都下，子藎之同年鄧汝益太史亦以使竣而至。三人相視，莫逆於心，朝夕過從，蘭金日契。時方有講學之禁，或瞋目而視之，而吾三人者絶不以介於其慮。未幾，則余出守外郡，子藎與汝益相繼以請告去。自是子藎再丁内艱，起復，晉宫諭，而余由督學官應天丞，相隔者已七閲歲。吾黨正期一日合拜以究斯志，而子藎胡然奄爾長逝耶？子藎篤信王文成致良知之學，而其中年與衲子沈蓮池遊，間出入於儒佛兩家之議，然忠孝廉節，好善孳孳，出其天性，而躬行重於知解，學術務爲經濟，使得究其所施，則篤實光輝，必非邪僻之所能累。余在關中著有《大學述》一編，嘗遺書請正子藎，子藎亦頗韙之。而致知格物之旨，尚有毫髮之未盡契，方俟從容面質，以求至當歸一，而子藎遽長逝耶！客歲之三月，余以人言上《明心迹》一疏，蒙恩賜留，而子藎答書規我，鑿鑿乎臣子進退之大義。此其時，子藎已在病間，距永訣之期不過旬日，而一念精明，炯乎其不昧，誰謂子藎遽爾長逝耶！嗟乎！惠子殁而莊生無以爲質，子期死而伯牙不復鼓琴。矧斯人之云亡，歎吾道其何賴。雖然，子藎之生也已榮，而死也足哀。不盡者德，不朽者名，其庶幾可以無悔。

（録自《敬和堂集》卷十二，日本内閣文庫（原藏淺草文庫）藏萬曆二十二年葉向高序刻本）

祭張陽和宫諭文

朱　賡

嗚呼！公胡爲乎遽止于斯邪？粤昔乙卯，公歸自京師，挾其文訪余于飛來山中，目其貌稜稜然，耳其言侃侃然，讀其所爲文，簡而雋，辯而有體斌斌然。余大異之，起謝不敏，而公亦不以余爲不肖，歡如平生，自是爲莫逆之交焉。丁巳春，公邀余同學，指古人以相淬礪，且申之以婚姻，曰：「世世無相忘也。」已而相繼舉于鄉，上春官，不第，退居龍山之上，淬礪之如初。已又相繼成進士，爲同官，邸中比鄰而居之，淬礪之復如初。蓋自弱冠至今，考德問業，無一日不相麗澤者三十餘年。嘗謂吾兩人各以性之所近，自爲韋弦，如五味相濟，期于中和而止，而至其堅忍明決，斷斷乎可屬大事者，則余心口相遜，自以爲不及公，而豈謂公遽止于斯耶？公平生忠孝大義，根于天性，而一介不苟之操，萬物同體之懷，則自學問中得之。充其志，不爲名賢，不爲碩輔不止。公之存亡，豈獨越之盛衰，亦世道之升降所繇矣。天下之知公哭公者，寧獨余耶？公方病革，二子猶在越，衆戚戚爲公憂後事，公無一語及之，爲有余在也。兩人始終莫逆，豈在言語間耶？公之行誼，昭昭在人耳目者，天下之人既能口之，而其生平底裏，人所不知，而余所獨知之者，則又悉爲公筆之于狀，以徵碑志，則公雖逝而公之所不逝者，固千載一日也，又孰爲壽而孰爲不壽邪？靈車南返，秋風淒其，憑棺執紼，載酒于東門之墟，三酹而哭之，公其知耶？不知邪？嗚呼痛哉！

（録自《朱文懿公文集》卷十二，《四庫全書存目叢書》集149，頁448）

同會奠張陽和先生文

楊起元

嗚呼！吾輩於先生，以道相友者也。夭壽不貳，朝夕之事，而獨爲之摧心下淚，此豈敢以世俗之見事先生耶？惟先生一身所關於世道者甚大。國家治安二百餘年，所恃者祖宗德澤法度耳。先生謂：「天下非人心皆正不可以長治，人心非學術大明不可以悉正。」故先生再出也，力以倡明道學、興起人心爲己任，聯屬同志，每月一會，爲之約，必易簡而可久，且盟曰：「一念既興，萬年不易。庶幾哉，人與己交相長也！」其誠心之所貫徹，實意之所薰蒸，又有不啻若自其口出者。陽明先生爲先生鄉先哲，先生私淑其良知之學，守之最嚴。蓋自陽明没，天下談良知者，率以物交而引爲本體，放恣不檢爲天真，認賊作子，不可忍言。先生獨力排之，曰：「知善知惡是良知，爲善去惡是格物，此致良知宗旨也，近談者非是。」先生非惟排之，亦允蹈之，其欲與同志商榷切磋，拳拳以閑邪存誠、遷善改過爲戒勉，皆以此。翰林故規，嚴於先輩，在隅恒屏息不出一語以爲恭。先生曰：「此豈制哉？此殆厚自藩籬，藉令事長當然，將何以事君？吾恐古人登對直言之風不可復望也。且翰林者所職文學，文所以載道，而學所以明之也。今百司庶府各有所事，惟翰林無事而學可以相資，又以藩籬自隔越，良可嘆也。」故先生於其後輩，尤惓惓接引不倦，多興[一]起者。先生大魁辛未，而辛未士之賢有守，所在歷官卓然者，先生盡能識之，或談及，必縷縷詳其所以，若探之囊中。坐間有知其人者，咸服其當。其他非與先生同舉者，苟聞其善，亦悉札記之。其好善樂取之懷有如此。天下士皆以吐哺握髮之事信先生，而不意天奪先生之速也。嗚呼痛哉！蓋先生之學洞見本體，而所嚴者義利之辨；先生之行忠孝大節，而所急者學問之功；先生之心萬物一體，而所注意者海内之賢人君子；先生之年五十有一，而所樹立者，則不愧不怍，不移不屈，真可以一念而萬年矣。嗚呼！先生逝，衆咸歎，以爲不復有如先生者，此豈溢美哉？昔孔子於顔淵之死而哭之慟。孔子非不達也，道義之情甚於骨肉也。吾輩於先生，雖欲弗哭，烏得而弗哭？嗚呼！先生逝矣，有未嘗逝者存焉。吾輩爲先生輟會，所以哀先生之逝也。而此會終不敢輟，又所以存先生之未嘗逝者也。先生聞之，其所以有慰耶！尚饗。

（録自《楊太史家藏文集》卷五，《四庫全書存目叢書》集167，頁298—299）

〔一〕「興」，原作「與」，據文意改。

哭陽和太史

周汝登

遥天落落曉星疏，一望乾坤恨有餘。絶學肩抛千古擔，交情淚盡八行書。觀疇客在春雲暗，懷永歌殘夜月虚。惆悵故人長已矣，吁嗟吾道竟何如。觀疇閣、懷永堂俱論道處。訃前太史剛有八行寄到。

其二

地下修文事亦疑，人間寥落豈勝悲。墓門蚤向生前啓，玄草何須死後知。燬上不逢重泛雪，槎間空咏舊題詩。白楊蕭颯墳前道，欲掛青萍向那枝。太史造有生墓，制有《槎間集》。

（録自《東越證學録》卷十五，《四庫全書存目叢書》集165，頁687）

附録三　交遊文字

陽和張先生文選序

鄒元標

清江令張肅之氏抱其先宫諭牘過，泣曰：「此先大夫生平心神所寄，然簡袠煩重，顧更定以傳。子與先大夫辱在心期，曷[一]無讓。」予思與公相遭星沙之濱，公先一日登岳麓去，予後公一日宿古寺，覩公詩淋漓壁間，次韻急歸，慰吾母，意謂與公合併有日。乃公再出，而元標乞歸舊隱，公遂爲古人。兩人徒書牘往來，今復從故牘中擬公。嗟哉！

元標杜門旬日，凡公所譚學者，碎語尺牘亟收之，而所闡揚忠孝節烈事亦並收不遺，公志也。昔人有巨魁者曰：「志不在温飽，然史不載其學術鑽研何似？」公自登第後，所至求友，汲汲皇皇，若擊鼓求亡子，聞一言當于心也，拜而受之。里民有疾痛也，引爲己辜，不難以其身爲百姓請命。公何心哉？真以斯道爲己任，而任道者必以明明德于天下爲極致，此公學

[一]「曷」，《願學集》作「惟」。

之崖略也。蓋嘗論譚學華亭時易，譚學江陵時難。華亭時右名理，即以理學爲窟宅，朝登講堂，夕踞華要。江陵時禁錮斥逐殆盡，世且爲波流，且爲茅靡。公亭亭孤騫，至冒江陵誚，不辟易，公勇矣。或者以公未大行于天下爲憾，不知古人不得志獨行其道，道無窮達也。昔有大臣善鑑人者，覩舒文節未第時，曰：「子今之文穀。」既文節魁天下，再過之，問曰：「止此乎？」曰：「忠孝狀元，子小之耶？」假令起羅、舒二先生與得意者論，必不以彼易此。先生爲秀才時，作賦弔楊忠愍。登仕未幾，上書危言，而扶掖太僕公崎嶇羊腸鳥道萬餘里，兩上書叩閽鳴太僕公寃。心可剖，血可枯，命可捐，以報親九泉，即古忠孝何加焉？先儒云：學之爲言孝也。忠孝立，百善從之。先生之學其必傳也無疑。往予聞先輩論學，謂夫子言仁，子輿言義，横渠言禮，新建言知，今當提信字，此皆謎語也。夫道猶水然，溟渤雖汪洋不測，然一勺之水亦具全海。言仁而義、禮、知、信畢具，語一德而四德渾然，天下寧有無仁、義、禮、信之良知乎？顧譚良知者多憑神識爲家舍，王汝中氏發揮詳明，公羽翼汝中如兩轂然。神而明之，存乎其人，汝中以之，不言而信，則公其人矣。嗟乎！予自立朝，覩紹興多貞純不二心之儒，與公輩同心同德，以闡繹聖真。而近復名儒班班輩出，如公家嗣肅之，兩令劇邑，以循良著。行見新建之學浸明浸昌，夫孰謂種佳穀于地而弗生生也者？新建之傳，藉公等無涯哉！

時萬曆壬寅孟秋月吉旦，吉水侍教生鄒元標頓首拜撰。

（録自《不二齋文選》）

題陽和張先生文選序

吴達可

余筮仕稽陽，獲瞻陽和先生矩範，氣温言侃，蓋有道君子也。去稽陽幾十載，而後再聆謦欬於京國間，先生以夙誼視余，亹亹不倦，無非樂與人善之心歟。迨余視鹾晉東，而先生已不可作矣。天生哲人，學未竟用，惜哉！越十又七年，余出按江右，適嗣君綰綬臨陽，亟索其遺文讀之，閎深淵懿，類多論學邃語也。

先生之學妙契良知宗旨，至語以示人，則云「本體本無可説，凡可説者皆工夫也」。旨哉言乎！陽明先生病俗學之支離，特揭本體爲聖學真詮，而後之襲其説者，往往脱略於檢點，至令聰慧無忌之徒，藉口超悟，以掩護躬行，其去聖門之訓愈遠矣。先生自悟本體，而以操修立教，可謂善發陽明氏之藴奥者乎！門人序言有曰：「見徹則進以禔修，行高則啟以覺悟，摹擬古人則以自信爲真，空譚玄妙則以踐履爲實，提醒人心，修悟並進，是豈徒事口耳者可窺闖其藩籬也。」嗟乎！安得起先生於九原，相與覿面論心，以訂正聖學哉！遺編會心，追感昔雅，因俞嗣君之請，以寄神交之志云爾。若其文章經濟，觀者當自得之，余何容贅焉。

時萬曆壬寅歲秋季月，荆溪吴達可書於臨陽公署。

（録自《不二齋文選》）

題陽和張先生文選序

周汝登

蓋自陽明子以理學倡於越，而我越中人士遡其旨而邃於學者先後不乏，當時及門固有獨傳其心印者矣。後數十年而有陽和公。公篤信良知，歸依誠切，懼末學談本體而忽工夫，則揭「致」字以爲提撕，謂知良知而不知致者，終非陽明子之所以教也。故其禔身率先倫理，竭力事其父〔二〕太僕公，生死以之。忠愍之弔，自弱冠已然。其後抗疏立朝，所建樹往往有同臭味之意。忠孝狀元，海内人人知頌之矣。然此固其大節之顯然者，更有一片精神流貫，爲世道攸賴，實近世士人之所希。公處江陵柄國時，人人諱言學，而公亹亹口不絶談，在京師聯羣京師，在越聯羣於越。嘗登公懷永之堂，朋徒滿座，子弟侍側，三五諸孫，方爲童子，布衣革履，灑掃詩歌，志意忻暢，而一郡興起，不戒以喻，其在它所可知矣。見人之善，多方接引，義所當爲，有瞻前顧後之士所逡巡者，而公挺身一無所避，至今想見其慇懇之衷，直前之氣，猶令人神王而心竦，以此精

〔二〕「父」字原闕，據《東越證學録》卷八所收此文（《四庫全書存目叢書》集165，頁526）補。

神用心擔當世道，鼓舞人心，似[一]宇宙間不可一日無若人者，公之於世重矣。昔聞肅皇帝之謂陽明子也，曰：「王守仁是有用道學。」大哉王言！道學而無用，則亦無用此學矣。世之談學不少，而有實用者幾人？彼嗜學之念不切，而毁譽得喪攖其中，則精神不貫而所學卒成無用。無用之學雖稱孝稱弟，猶爲士之次，忠節比於東漢諸人，猶謂之無當於道，無救於時，而況其下者乎？此公所爲重於世，而余深有嘆乎！近時之不易得也已然，公學足用，而世又以其不究於用爲惜。夫既以精神爲用，則亦何間於存亡？公往矣，而今其弟若子修公之業而聯羣不廢。今伯子清江君以其學施之政事，且我輩講究是事者，日滿文成之祠而孳孳濟濟，凡此皆公之精神，公之作用，未嘗一時不在也。

公有遺文若干卷，一句一言皆精神所寄，業已付梓，而近吉水南臯鄒公知公最深，復加選訂，精光愈露。既成，而清江君與其弟太學君，乞言於余，以余素辱公與可，而且同學陽明子之學也。余因爲之敘述，以附鄒公之後。夫兹集行，而公之究於用者，其更有終窮也乎哉！

萬曆癸卯午月之望，同郡侍教生周汝登頓首拜撰。

（録自《不二齋文選》）

[一]「似」字原闕，據《東越證學録》卷八所收此文補。

張陽和先生壽誕册小序

楊起元

十月之有十八日，爲先生懸弧之辰。於卦爲坤，於數用六，《象》以大終言，陽生於陰之極也。先迷後得，坤之道也。得者，得乎陽也。吾人一身形色皆坤，惟天性屬乾。學者能於坤中識乾，則坤而復矣。坤，十月卦，而復，十一月卦，此氣機之所必至，而存乎人者，非學不足以體之。邵子謂之「弄九」，陸象山先生謂「得一陽以爲之主」，皆是學也。先生潛心聖學，終日乾乾，蓋已會邵、陸之全而體乾坤之撰矣。雖自强不息所致，然其□純坤之月，即已兆來復之機；應用六之辰，又已具永貞之體，將亦天之所篤然耶！衡岳之間，有曾君金簡者，受學於先生，緣製册，遍示同志，爲先生祝。蓋道脈之壽與世俗異矣，爰效鄙律而序之云。

（録自《楊太史家藏文集》卷四，《四庫全書存目叢書》集167，頁255）

跋朱子摘編

楊起元

是編載《答梁文叔書》云：「孟子道性善，稱堯舜，是第一義。若于此信得及，直下便是聖賢，更無一毫人欲之私。若信不及，孟子又説個第二節工夫，引成覸、顔淵、公明儀之言，教人如此發憤，勇猛向前，此外更無别法。」此殆晦翁一生爲學履歷公案哉！觀其平日研六籍，綜百氏，强踐履，勇擔荷，便是何畏之覿、有爲之淵、不欺之儀，胡以遠過？迨其晚年，翻然有覺，恍然自失而曰：「此與守書册、泥言語全無交涉，知此則知仁矣。」又其詩曰：「惟應酬酢處，特達見本根。」曰：「等閑識得東風面，萬紫千紅總是春。」所謂信得性善及直下便是者，非耶？然則後世盡心于聖人之道而有始有卒者，朱子其人也，可爲百世學者師矣。張陽和先生月聯都下同志論學，每會歌「半晦」、「勝日」等什，無不興起者。先生曰：「詩至于可興，惟其言之達諸天也。非朱子悟後，何以有是？然其篇什應不止是也。」遂發其全集，得若干首，曰：「是不亦與陽明先生所輯《晚年定論》互相發明乎？」乃合爲一編，題曰《朱子摘編》。先生門人曾舜徵氏請公諸同志，乃捐己俸壽梓焉。蓋自《定論》出，而朱子之學不湮於傳注。自《摘編》出，而陽明之輯果得其精華。陽明有功于朱子，是編復有功於陽明，而爲同志之助多矣。吾輩觀是編，固可以無疑於傳注之説，然所謂信得性善及爲第一義者，則不可不以自考，所謂引三子之言爲第二節工夫者，則不可不如此發憤向前。曰「知此則知仁」，「特達見本根」，曰「識得東風面」，亦不可不如此知，如此見，如此識也。蓋象山先生有言：「伊洛諸公得千載不傳之學，但草創未爲光明，到今日若不大段光明，更幹當甚事？」洪惟理學入我昭代，本當大明之運，而向者苦于章句之支離。今朱學歸一，則已有大段光明之機，而任其責者，獨在吾人而已。吾人更不擔當，則亦無可推諉者矣。起元資稟椎鈍，誠有志焉，而未之逮也。惟幸同志不棄而教之。

歸善後學楊起元謹跋。

（録自《朱子摘編》，萬曆四十二年重刻本，畢懋康序，黃德修刻，臺灣中研院歷史語言研究所傅斯年圖書館藏）

朱子摘編序

畢懋康

蓋自《河圖》孕八，《洛書》韞九，《易象》惟先，爰畫太極之一；《洪範》既肆，允垂攸敘之彝。至于昌平澂鼎，泗水聲金，時異乘龍之天，書有獲麟之筆，經典燦矣。述訓嗣興，游夏之徒，義言匪少。既而煨籍蒐於西京，鴻編奮于東觀。于是闢府藏而披珍，振琴箏而激韻，下帷施絳之師，縱横紛綸之匠，道業相涉，住滯咸釋，固以義弘八索，言包三古。然析理則千條極變，尋原則百慮同歸，故雖是非互敵，而激言未乖。其後奎躔萃宿，人文雲集，濂洛揚波，至教景焕。朱公演考亭之訓，陸子立鵝湖之辨。若傳《誓》《誥》，夏侯、歐陽之家；若申《風》《雅》，齊、魯、毛、鄭之髦，以同而異，終合于符。或者擬以尊性道學之旨，雜其幾義窮神之歧。是則廚官之譏，興于反好；墨守之評，必于居一。嗟乎！未浮天地，誰知北溟之觀；未離井泥，誰辨東海之説。稽古如斯，何以論世？於是陽明王先生研致一之宗，參克諧之弊，闡幽前哲，綜而合之。名世儷起，復有先生，稟照晉之靈，應文昌之曜，因瞳擬月，幼稱知言，畫地圖宮，譽華博覽，兼以沖明在襟，夷淡標格，目厭義藻，身充德潤。故能探道象於淵海，泮儒碩之津流，揆趣於兩賢，同然於至論，採其茂制，類其匪睽，比之竽瑟之調，叶之鉥鍠之和。雖以延陵理樂，援爲美箭之擬；長安裹餱，欲摧折角之談，未易以抗茲碩見，更設疑難。夫般倕運斤，非良工不能通機巧；夔曠奏響，非慧耳不能察宫商。然則神而明之，能悦諸心，擢緒百年之先，擊蒙千秋之後。其所祖述也高，其所紬繹也妙。可謂儒林聞知之賢而經苑升堂之彦者矣。萬曆甲寅四月哉生明，新安後學畢懋康謹序。

（録自《朱子摘編》，萬曆四十二年重刻本，畢懋康序，黄德修刻，臺灣中研院歷史語言研究所傅斯年圖書館藏）

興浦庵會語

王畿

陽和張子訪蓮池沈子於興浦山房，因置榻圜中，共修靜業。沈子蓋儒而逃禪者也。適世友王子泗源訪予山中，慕陽和高誼，思得一晤，乃相與拉張子太華，放剡曲之舟，夜抵浦下，與陽和相慰勞。扣關，蓮池出迓，坐丈室，錢子正峰亦在坐中。泗源與蓮池舉禪家察與觀之旨相辨證。蓮池謂：「須察念頭起處。」泗源謂：「察念不離乎意，如滌穢器須用清水，若以穢水洗之，終不能淨。佛以見性爲宗，性與意根有辨，若但察念，只在意根作活計，所謂泥裏洗土塊也。須用觀行，如曹溪常以智慧觀照自性，乃究竟法。若專於察念，止可初學覓路，非本原實用處也。」蓮池謂：「察即觀也。察念始不落空，不然，當成枯寂。」泗源謂：「無觀，始不免落無記空。若覺觀常明，豈得枯寂？惟向意根察識，正墮虛妄生滅境界，不可不慎也。」

辨久不決，陽和請爲折衷，予謂：「二子所見本不相戾，但各從重處舉揚，所以有落空之疑。譬之明鏡照物，鏡體本明，而黑白自辨，此即觀以該察也。因黑白之辨而本體之明不虧，此即察以證觀也。但泗源一向看得觀法重，謂天地之道，貞觀者也。『盥而不薦，有孚顒若』，乃形容觀法氣象，故曰觀天之神道。聖人以神道設教，即是以此觀出教化也。西方奢摩陁三觀，乃觀中頓法，二十五輪，乃觀中漸法。若無觀行，智慧終不廣大，只成弄精魂。然蓮池所舉察念之說，亦不可忽。不察則觀無從入，皆良工苦心也。以吾儒之學例之，察即誠意，觀即正心，所謂正者，只在意根上體當，無有一毫固必之私，非有二也。陽和子更須加一言以相正，尤見交修之益不爲虛也已。」

（録自吴震編校：《王畿集》，鳳凰出版社，2007年，頁173—174）

龍南山居會語〔一〕

王　畿

定宇鄧子將北上，渡錢塘，訪先生於會稽，會宿龍南小居，陽和張子、康洲羅子與焉。中夜，鄧子擁衾問曰：「良知渾然虚明，無知而無不知。知是知非者，良知自然之用，亦是權法，執以是非爲知，失其本矣。」先生曰：「然哉！是非亦是分别相，良知本無知，不起分别之意，方是真是真非。譬之明鏡之鑒物，鏡體本虚，物之妍媸，鑒而不納，過而不留，乃其所照之影。以照爲明，奚啻千里？孟氏云：『是非之心，知之端也。』端即是發用之機，其云性善，乃其渾然真體，本無分别。見此方謂之見性，此師門宗旨也。」

曰：「學貴自信自立，不是依傍世界做得的。天也不做他，地也不做他，聖人也不做他，求自得而已。」先生笑曰：「如此狂言從何處得來？儒者之學，崇效天，卑法地，中師聖人，已是世界豪傑作用。今三者都不做他，從何處安身立命？自得之學，居安則動不危，資深則機不露，左右逢源則應不窮，超乎天地之外，立於聖人之表，此是出世間大豪傑作用。如此方是享用大世界，方不落小家相。子可謂見其大矣。達者信之，衆人疑焉。夫天積氣耳，地積形耳，千聖

〔一〕考其内容，本文蓋即本書卷七所收《秋遊記》中所提到之《龍南夜話》。

過影耳，氣有時而散，形有時而消，影有時而滅，皆若未究其義。予所信者，此心一念之靈明耳。一念靈明，從混沌立根基，專而直，翕而辟，從此生天生地、生人生萬物，是謂大生廣生，生生而未嘗息者也。乾坤動靜，神智往來，天地有盡而我無盡，聖人有爲而我無爲。冥權密運，不尸其功，混迹埋光，有而若無。與民同其吉凶，與世同其好惡，若無以異於人者。我尚不知我，何有於天地，何有於聖人？外示塵勞，心游邃古，一以爲龍，一以爲蛇，此世出世法也。非子之狂言，無以發予之狂見，只此已成大漏泄，若言之不已，更滋衆人之疑，默成之可也。」

鄧子復密叩曰：「康洲、陽和二子曾見此意否？曾得破除世界否？」先生曰：「康洲温而栗，陽和毅而暢；康洲如金玉，陽和如高山大川。但得循守隨身規矩，以天地爲法，以聖人爲師，時時不忘此念，便是世間豪傑作用。久久行持，水到渠成，自當有破除處，不須速説。」

質明，復相與爲蘭亭之遊，尋永和流觴故事，瞻拜陽明夫子墓，所以慰平生願慕之懷。鄧子復謂先生曰：「孔門惟顔子爲好學，止曰『不遷怒，不貳過』，其義何所當也？」先生曰：「顔子之學，只在理會性情。遷與止對，貳與一對。顔子心常止，怒即旋釋，故能不遷，猶無怒也。心常一，過即旋改，故能不貳，猶無過也。先師謂有未發之中，始能若此。後儒訓解，閔、憲以下皆能之，何以謂之絶學？」鄧子憮然曰：「如此方見古人之學非後世所能及，所以孔門注意如此之深，以爲『今也則亡，未聞好學者也』。」

次日，解維而别。先生貽之書曰：「連日面承教議，知静中所得甚深，所見甚大，然未免尚從見上轉换。此件事不是説了便休，須時時有用力處，時時有過可改，消除習氣，抵於光明，方是緝熙之學。此學無小無大，無内無外，言語威儀，所以凝道。密窺吾兄感應行持，尚涉做作，有疏漏。若是見性之人，真性流行，隨處平滿，天機常活，無有剩欠，自無安排，方爲自信也。」

鄧子復書曰：「讚向往左右非一日矣。夜半倒陳所見，以聽可否，而翁慰我曰可，故遂輕於别去。及今思之，殊覺未竟尊旨，竊爲恨之。千里而來，事孰爲大？顧草草哉！生之意，但欲此機常行而不住，常活而不死，思而不落想像，動而不屬安排，即此便是真種子。而習氣所牽，言語威儀猶未免做作，落在第二義。竊自知之矣！蓋人所謂密，而我輩以爲疏；人所謂固，而我輩以爲漏者也。承諭，知門下愛我過矣！成我之恩與生我者等，敢不拜命！」

（録自吴震編校：《王畿集》，鳳凰出版社，2007年，頁166—168）

不二齋説

王　畿

陽和子深信良知之學，靈明變化，爲千聖傳心正法。謂學主於静，非静不足以成學，掃景玉山房，以不二名其齋，時時習静其中，以求證悟，其志可謂勤矣。

或者疑其命名之義，質於予曰：「不二，禪宗也。昔者文殊與維摩二大士説法，共談不二。

衆謂一者善，二者不善，佛法非善非不善，故名不二；一者常，二者無常，佛法非常非無常，故名不二；一者悟，二者迷，佛法非悟非迷，故名不二。文殊以無説證之，維摩以默表之，是爲深入不二法門。今陽和子，儒宗也，命名若是，豈所謂有所托而逃焉，非耶？」

予曰：「子何以其名爲哉？亦究其實而已。《中庸》，盡性之書，孔氏家學也。天地之道可一言而盡，爲物不二，故生物不測，性一而已。是爲未發之中，發之則爲喜怒哀樂之情。有未發之中，斯有發而中節之和，以位以育，天地萬物所不能違焉，其致一也。禪固有同於儒矣，而儒者之學淵源有自，固非有所托而逃，亦非有所泥而避也。」

陽和子聞之，曰：「有是哉！忭則尤有取於伊尹一德之訓，曰：『德無常師，主善爲師。善無常主，協於克一。』先正謂精一數語外，惟此最爲邃密。旨哉其言之也！」

予曰：「然哉！此四言者，當渾全以求其義，不當分析以乖其實。究而言之，所謂德惟一也。後儒不得其義，附以臆見。博而求之萬殊，謂之惟精；約而會之一本，謂之惟一。德而師於善，爲資於人；善而協於一，爲反諸己。德以事言，善以理言，是二三其德，支離繆裂，並虞廷精一之旨而失之。此吾儒之異端，不可以不辨也。」

陽和子謂予曰：「古人謂此學如龍養珠，目注耳凝，念念無間。吾人見在優遊超脱，以爲忘機。迹若相反，未能會而通之，則如之何？」

予曰：「所謂如龍養珠，非專在蒲團上討活計，須從人情事變上深磨極煉，收攝翕聚，以求超脱，確乎不爲所動，是爲潛龍之學。只此便是養之之法。吾儒與禪家毫釐不同，亦在於此。良知，性之靈也，虚明洞徹，原是無物不照，以其變化不可捉摸，故亦易於隨物。古人謂之凝道，謂之凝命，亦是苦心不得已之言。良知即道，良知即命，若不知凝聚，則道終不爲我有，命終不爲我立。吾人但知良知之靈明變化，倏忽存亡，不知所以養。或借禪家活計，而不知從人情事變鍛煉超脱即爲養之之法，所以紛成二見，不能會通於一。夫養深則迹自化，機忘則用自神。若果信得良知及時，即此知是本體，即此知是功夫，固不從世情嗜欲上放出路，亦不向玄妙意解内借入頭。良知之外，更無致法；致知之外，更無養法。良知原無一物，自能應萬物之變，譬之規矩無方圓，而方圓自不可勝用，貞夫一也。有意有欲，皆爲有物，皆屬二見，皆爲良知之障。於此消融得盡，不作方便，愈收斂愈精明，愈超脱愈神化，變動周流，不爲典要，日應萬變而心常寂然。無善無不善，是爲至善；無常無無常，是爲真常；無迷無悟，是爲徹悟。此吾儒不二之密旨，千聖絶學也。」

予復謂陽和子曰：「維摩所説經，亦須理會，此印證法也。權以統萬行，慈以濟羣蒙，覺以顯宗極，不二之法象也。身爲白衣，嚴持律行，示有眷屬，而常離於欲，混迹塵勞，而不失靜業。博弈遊戲，利行同事，常善救人，助法弘教也。乞食借座，行於非道，通達佛道，同衆病而不捨，入衆魔而不墮，忘毁譽無八風可吹，齊得喪無三界可出，不二之攝化也。先民詢於芻蕘，況出世之大士乎？」

陽和子因取是經誦之，憬然若有所悟。復書謂予：「日用應感，念念不離，不抗不隨，思與人同歸於善。即遭疑謗，處之坦然，無非維摩宗旨。此學自是最上乘不二法門，恐非初學所能遽到。不肖自量罪過種種，豈敢遽云解脱？但如來教所謂理會性情者，則時時不敢不勉，亦稍覺日異而月不同。然未免局於二乘之見耳。」

予曰：「聲聞過情，君子所恥。如子云云，則豈敢當？既幸有聞，則亦不敢不勉。一念自信，庶無負於師門之傳，固非以維摩爲榜樣也。此段因緣不可學、不可傳，自證自悟，始見徹頭。果能終始此志，日新其德，辨吾儒之異端，不惑於臆見，得其所謂不二之旨，儒與禪毫釐之辨亦可以默而識矣。」

陽和子請説於予，因次第其語遺之。

（録自吴震編校：《王畿集》，鳳凰出版社，2007年，頁491—494）

天山答問

王　畿

甲戌閏立春前一日，陽和子相期會宿天柱山房，尋歲寒之盟，仕沛裘子充與焉。陽和子質性本剛毅，邇來留心問學，漸覺沖粹，一切應感，嚴而能容，和而有制，常見自己有過可改，不忍自欺其本心。學莫先於變化氣質，若陽和可謂善變矣。

陽和自謂功名一念已能忘機，不動心。予謂：「何言之易易也！昔有鄉老譏先師曰：『陽明先生雖與世間講道學，其實也只是功名之士。』先師聞之，謂諸友曰：『你道這老者是譏我？是稱我？』諸友笑曰：『此直東家丘耳，何與於譏稱？』師曰：『不然。昔人論士之所志大約有三：道德、功名、富貴。聖學不明，道德之風邈矣。志於功名者，富貴始不足以動其心。我今與世間講學，固以道德設教，是與人同善不容已之心，我亦未能實有諸己，一念不謹，還有流入富貴時候。賴天之靈，一念自反，覺得早，反得力，未至墮落耳。世衰道喪，功利之毒浹於人之心髓，士鮮以豪傑自命。以世界論之，是千百年習染；以人身論之，是一生幹當。古今人所見不同，大抵名浮而實下。古之所謂功名，今之道德；古之所謂富貴，今之功名。若今之所謂富貴，狗偷鼠竊、兢兢刀鑽之利，比於乞墦穿窬，有儀秦所恥而不屑爲者，其視一怒安居之氣象何如也？亦可哀已！』陽和看得功名題目太淺，所以如此自信。若觀其深，必如百里奚之不入爵禄於心，王曾之不事温飽，始足以當功名。達如伊、傅，窮如孔、孟，立本知化，經綸而無所倚，始足以當道德，今去此尚遠也。」

陽和子謂：「周繼實深信禪學，崇齋素，重因果，信自本心，不敢自肆，以爲此是西方聖人之教，中國之學不是過也。」相留寢處數日，因喪中，亦與同齋，意頗無逆。親交中以予溺心虚寂，將外倫物而習於異教，亟來勸阻。予歎曰：「世以齋素爲異，恣情紛華，窮口腹之欲者，始得爲常乎？以果報爲惑，世之縱欲敗度，肆然無所忌憚者，始爲信心乎？先師有云：『世之人苟有淪於虚寂，究心性命而不流於世情者，雖其陷於異端之偏，猶將以爲賢，蓋其心求以自得也。求以自得而後可與語聖人之學。』良知者，心之本體，性命之靈樞也。致知之學原本虚寂，未嘗離於倫物之應感，内者不誘而外者有節，則固中國之宗傳也。世人不此之慮，顧切切焉惟彼之憂，亦見其過計也已。」

繼實乃祖請佃佛寺廢基爲宅，已安居有年矣。繼實謀於家庭，仍捨爲寺，立萬歲牌，復祝聖道場，陽和歎其勇於爲善。親友相勸改爲義學，亦名教之一助，非有私也。以爲非起因本意，執而不從。此雖若尚有所泥，然而異於世之逐逐貪求者則遠矣。

予扁凝道堂，子充請究所扁之義。予謂：「凝是凝翕之意，乃學問大基本。君子不重則學不固，固即凝翕之謂也。天地之道，陰陽而已矣。不專一則不能直遂，不翕聚則不能發散，易簡所以配至德也。日月者，陰陽之聚也，其行有常度，故能得天而久照，君子以此洗心，退藏於密。吾人精神易於發洩，氣象易於浮動，只是不密。密即所謂凝也。故曰：『夙夜基命宥密』，孔之默，顔之愚，周之拙，明道之端坐，皆此義也。凝非灰心枯坐之謂。仁者以天地萬物爲一體，人爲天地之心、萬物之宰，發育峻極，孰主張是？生生之易也。譬之心之於身，耳目肢體，癢痾呼吸，皆靈氣之所管攝，而心則靈氣之聚，寄藏而發生者也。經禮三百，曲禮三千，無一事而非仁，則亦無一事而非學也。專而翕，所以爲凝也，是謂廣生大生。凝者經綸之本，化育之機也。故曰『苟不至德，至道不凝焉。』」

陽和謂：「世之學者平時不知所養，躁心浮念未易收攝，須從靜坐入路。明道見人靜坐，便歎其善學，象山見門人槐堂習靜，知其天理顯矣。」予謂：「今人都説靜坐，其實靜坐行持甚難，非昏沉則散亂，今有所著即落方所，若無所著即成頑空。此中須有機竅，不執不蕩，從無中生有，有而不滯，無而不空，如玄珠罔象，方是天然消息。」子充謂：「沛時常習靜，正坐此二病作祟。昔人謂『不敢問至道，願聞衛生之經』，吾師素究養生之術，爲我言其涯略。」予謂：「人之有息，剛柔相摩、乾坤闔闢之象也。子欲靜坐，且從調息起手。調息與數息不同，數息有意，調息無意。綿綿密密，若存若亡，息之出入，心亦隨之。息調則神自返，神返則息自定。心息相依，水火自交，謂之息息歸根，入道之初機也。然非致知之外另有此一段功夫，只於靜中指出機竅，令可行持，此機竅非臟腑身心見成所有之物，亦非外此别有他求。機心無寄，自然玄會，慌惚之中可以默識。要之，『無中生有』一言盡之。愚昧得之，可以立躋聖地，非止衛生之經，聖道亦不外此。陽和既相信，當不以予爲狂言也。」

繼實與子充念予年已望八，景屬榆暮，固知所養有素，涉事無煩，日夕應酬，精神未免過用，終覺發散處多，似於爲生死心尚欠切在，欲言之恐涉僭妄，不言又非有犯無隱之義，相與謀於陽和子。陽和子繆謂予見道透徹無比，善識人病，每聞指授，令人躍然不容已。高年若此，步履視瞻，少年所不能及，是豈可以强爲？隨時應用，見其隨時收攝，造次忙冗中，愈見其鎮定安和，喜怒未嘗形於色。吾黨且學他得力處，弗輕言。子充忍耐不下，復質言於予。予心謝曰：「二子之欲言，慮予之深。陽和之不欲言，信予之過。古云：『忠告善道』，義兼之矣。予稟受素薄，幼年罹孱弱之疾，幾不能起。問學以來，漸知攝養，精神亦覺漸復漸充。五六十以後，亦覺不減强壯時，齒髮雖變，氣貌未衰。先正以忘生徇慾爲深恥，大抵得於寡慾養心之助，非有異術以佐之也。但平時爲世界心切，愛人一念，若根於所性，未免牽愛留情，時有托大過用之病。先師有云：『道德、言動、威儀以收斂爲主，發散是不得已。』若强於就喧而不知節，習於多事而不知省，未免傷於所恃，畢竟非凝翕之道。諺云：『春寒秋熟，光景無多。』自今以後，會須趁此日力，自懲自愛，隨時節省，有不敢負諸君惠我之德。所謂修身以報知己，非有所飾也。」

予與陽和會宿山窩，子充見予憩睡呼吸無聲，喜曰：「精神保合，氣血安和，此壽徵也。」予曰：「未足爲貴。此是後天安樂法，比之世人擾擾營營者差有間耳。世人終日營憂，精神困憊，夜間靠此一覺昏睡，始勾一日之用。一點靈光盡爲後天濁氣所掩，是謂陽陷於陰，坎之象也。至人有息無睡。《易》曰：『雷藏澤中，君子以向晦入宴息。』謂之息者，耳無聞，目無見，四體無動，心無思慮，如種火相似，先天元神元氣停育相抱，真息綿綿，開闔自然，與虛空同體，玄典謂之『取坎填離』、『復還純乾』。與虛空同體，是與虛空同壽，始爲壽徵也。息之一字，範圍三教之宗，釋氏謂之『反息』，老氏謂之『踵息』，蒙莊氏謂之『六月息』。先天地而生，後天地而存，一息通於千古。孟軻氏指出『日夜所息』，示人以用力之方。平旦清明之氣，不使爲旦晝之所牿亡，蓋幾之矣。若夫生死一事，更須有説，内典云：『有任生死者，有超生死者，生死事大，無常迅速。』佛氏以生死爲大事，吾儒之學亦未嘗不以此爲大。《易》曰：『原始反終，故知死生之説。』生死如晝夜，知晝則知夜矣。故曰：『未知生，焉知死？』平時一切毁譽得喪諸境，纔有二念，便是生死之根，毁譽得喪能一，則生死一矣。其曰『無常迅速』，蓋光陰易邁，不能常保，會須及時精進，期於度脱，無負大丈夫出世一番因緣。吾人卒歲悠悠，無超然之志，逐境動念，不求脱離，誠爲可懼，不敢不自力。苟從軀殼起念，執吝生死，務求長生，固佛氏之所呵也。《列子》云：『五情苦樂，古猶今也；四體安危，古猶今也。百年猶厭其多，況久生乎！』應緣而生，是爲原始；緣盡而死，是爲反終。一日亦可，百年亦可。忘機委順，我無容心焉，任之而已矣。至於超生死之説，更有向上一機，退以爲進，沖以爲盈，行無緣之慈，神不殺之武，固乎不扃之鑰，啓乎無轍之途。生而無生，生不知樂；死而無死，死不知悲。一以爲卮言，一以爲懸解，悟者當自得之，然亦非外此更有一段功夫。良知虛寂明通，是無始以來不壞元神，本無生，本無死。以退爲進者，乾之用九，不爲首也。以沖爲盈者，損滿益謙，天之道也。過化存神，利而不庸，是爲無緣之慈；聰明睿智，以達天德，是爲不殺之武。無扃鑰可守，無轍迹可循，曠然四達，以無用爲用也。譬之明鏡之照物，妍媸黑白，自起自滅，往來於光明之中，而明鏡之體未嘗有所留也。譬之太虛之涵萬象，風雨雲雷倏聚倏散，往來於虛空之中，而太虛之體未嘗有所礙也。蓋物象往來者，生死之因，虛明洞徹，無所留礙者，超生死之本。千聖皆過影，萬年如一息。切不切，非所與論也。」

子充謂：「昔在吴中，聞諸坐圜者曰：『靜中景象，常惺惺，常寂寂。』此意何如？」予謂：「此是悟後語，但子承領處尚欠穩在。此學須向靜中求以自得，卻從人言印證，乃爲實際。若倚傍人言做功夫，已落第二義。苟徒學人之言，不向自己功夫理會，只益虛妄耳。心之精微，口不能宣，復欲因言以求其精微之蘊，抑又遠矣。子充所病正在此，若悟得常惺惺未嘗不寂，悟得常寂寂未嘗不惺，方爲自己真實受用。惺而不寂，則爲弄精魂；寂而不惺，則爲滅種性，不可以不察也。繼實相信佛學，亦不免有此病。因聲教而入謂之聲聞，觀因緣而入謂之緣覺。苟不向自心中覓，雖至成佛，亦只落在聲聞緣覺果位中，非大乘佛果也。」

予謂陽和子曰：「昔者夫子居喪，有時客未至慟哭不禁，有時客至哭不出聲，含哀而已。」

陽和未喻不哭之意，子充請質於予。予曰：「凶事無詔，哀哭貴於由衷，不以客至不至爲加減也。昔人奔喪，見城郭而哭，見室廬而哭，自是哀心不容已。今人不論哀與不哀，見城郭室廬而哭，是乃循守格套，非由衷也。客至而哭，客不至而不哭，尤爲作僞。世人作僞得慣，連父母之喪亦用此術，以爲守禮，可歎也已。毀不滅性，哀亦是和，悟得時即此是學。」

子充問操心之法。予謂：「操是操習之操，非把執也。心之良知原是活潑之物，人能操習此心，時時還他活潑之體，不爲世情嗜慾所滯礙，便是操心之法，即謂之存。纔有滯礙，便著世情，即謂之亡。譬之操舟，良知即是舵柄。舟行中流，自在東西無礙，深淺順逆無滯，全靠舵柄在手，隨波上下，始能有濟。良知之變動周流，即舵柄之遊移前卻，無定在也。若硬把捉，死手執定舵柄，無有變通，舟便不活。此心通達萬變而昭昭靈靈，原未嘗發，何出之有？既無所出，何入之有？既無出入，何方所之有？此是指出本心真頭面與人看，以示爲學之的，非以入爲存、出爲亡也。」陽和子曰：「知此始爲心之得其所養也。」

山窩夜然琉璃，似晦而明。予謂：「此制器之微意。晦則傷魄，明則傷魂，明晦相符，魂魄得養。此亦可以悟學。」

子充、繼實洎陽和諸親友念予尋常遠出，固知亟於行教，愛人不容已之心，往來交際未免陪費精神，非高年所宜，靜養寡出，息緣省事，以待四方之來學，如神龍之在淵，使人可仰而不可竅，風以動之，更覺人己皆有所益。予心謝曰：「諸君愛我，可謂至矣！不肖亦豈不自愛？但其中亦自有不得已之情，若僅僅專以行教爲事，又成辜負矣。時常處家，與親朋相燕昵，與妻孥佃僕相比狎，以習心對習事，因循隱約，固有密制其命而不自覺者。纔離家出遊，精神意思便覺不同，與士夫交承，非此學不究，與朋儕酬答，非此學不談。晨夕聚處，專幹辦此一事，非惟閑思妄念無從而生，雖世情俗態亦無從而入，精神自然專一，意思自然沖和，教學相長，欲究極自己性命，不得不與同志相切劘、相觀法。同志中因此有所興起，欲與共了性命，則是衆中自能取益，非吾有法可以授之也。男子以天地四方爲志，非堆堆在家可了此生。『吾非斯人之徒而誰與』，原是孔門家法。吾人不論出處潛見，取友求益原是己分內事。若夫人之信否，與此學之明與不明，則存乎所遇，非人所能强也。至於閉關獨善，養成神龍虛譽，與世界若不相涉，似非同善之初心。予非不能，蓋不忍也。」

陽和子讀禮之暇，欲歸景玉山房，及葺天柱行窩，時常與一二同志省緣習靜，究明此一大事，其志可謂遠矣。古云：「逸我以老。」區區衰年既承諸君之愛，隨時休息，與諸君了此向上一機，亦是本分行持，不敢自外也。昔荆川謂吾人終日紛紛，嗜慾相混，精神不得歸根，須閉關靜坐一二年，養成無欲之體，方可應世。予謂吾人未嘗廢靜坐，若必專藉此爲了手，未免等待，無有了期。聖人之學主於經世，原與世界不相離。古者教人只言藏修遊息，未嘗專說閉關靜坐。若日用應感，時時收攝保聚，不動於欲，便與靜坐一般。況欲根潛藏，非對境則不易發，如金體雜於銅鉛，非遇烈火則不易銷。大修行人於塵勞煩惱中作佛事，方是承接與人爲善一派家學。若世間汩於嗜欲之人肯發心習靜，究明此一段生死根源，未必非對病之藥也。

雲石沈子期而未至，繹朝始會於舟中。雲石有志於學，與陽和爲同心，更圖後會未晚也。

萬曆二年至日書於洗心亭中

（録自《王畿集》，鳳凰出版社，2007年，頁773—780）

書同心册後語〔一〕

王畿

太史陽和子志於聖學有年，謁假歸省，侍膳之餘，時處雲門山中修習靜業。期予往會，商訂舊學，頗證交修之益，其志可謂勤矣。間出京邸諸同志贈言手册授予，予得展而觀之，或發主靜翕聚之旨，或申求一體之義，或究動靜二境得失之機，大都戒口説而務躬行，陋知解而尚覺悟，往復參伍，要在不悖師門宗教，誠所謂同心之言矣。陽和子復祈予一言爲之折衷，以輔成所志，非敢然也。姑述所聞，陽和子自取正焉。

〔一〕該文部分内容同于《書同心册卷》。

夫主靜之説，本於濂溪，自無極所生真脈路。本註云：「無欲故靜」，「聖學一爲要，一者無欲。」一爲太極，無欲則無極矣。夫學有本體，有工夫。靜爲天性。良知者，性之靈根，所謂本體也。知而致，翕聚緝熙以完其無欲之一，所謂工夫也。良知在人，不學不慮，爽然由於固有，神感神應，盎然出於天成。本來真頭面，固有不待修整而後全。若徒任作用爲率性，依情識爲通微，不能隨時翕聚以爲之主，倏忽變化，將至於蕩無所歸，致知之功不如是之疏也。譬如天地之化，貞以啓元，日月之運，晦以生明。元與明不待貞晦而始有，非貞晦則運化之機息矣。貞晦者，翕聚之謂，所以培其固有之良，達其天成之用，非有加也。《蒙》之《象》曰：「山下出泉，蒙。」夫山下之泉本靜而清，濬其源，疏其流，順則達之，汩則澄之，蒙養之貞，聖功也。翕聚，所以爲蒙也。故謂爽然盎然不足以盡良知，必假學慮，而昧夫天機之神應，非所以稽聖；謂作用情識即所以致知，而忽夫翕聚緝熙之功，非所以徵學。善學者默而存之，求以自得焉，可也。孔門之學惟務求仁。仁者以天地萬物爲一體，主靜之學在識其體而存之，非主靜外別有求仁之功也。靜爲萬化之原，生天生地生萬物，而天地萬物有所不能違焉，是謂廣生大生，乾坤之至德也。故曰：「視不見，聽不聞，體物而不遺。」不見不聞，靜根也。體之不遺者，與物爲體，微而顯，誠之不可掩也。佛氏之止觀，老氏之致虛，自以爲主靜，似矣，未知於一體之義何所當也。悟者當自得之。

世之談學者，或謂靜中易至頹墮，須就動上磨鍊；或謂動上易至蕩摇，須就靜中攝養；或謂久涉塵勞，慮其逐物而易於淪没，久處山林，慮其耽靜而易於枯槁，須動靜交參，始不滯於偏見。内典有空假中三輪觀法，靜即空觀，動即假觀，動靜交即中觀。吾儒亦有取焉。夫根有利鈍，習有淺深，學者各安分量，隨時鍊養，或修空觀，或修假觀，或兼修中觀。譬之地中生木，但得生意不息，和風旭日固所以爲煦育，嚴霜凍雪亦所以爲堅凝。以漸而進，惟求有益於得，及其成功一也，此權法也。聖學之要，以無欲爲主，以寡欲爲功。寡之又寡，以至於無，無爲而無不爲。寂而非靜也，感而非動也。無寂無感，無動無靜，靜虚而動直，明通公溥，而聖可幾矣，此實際也。

夫學必講而後明，務爲空言而實不繼，則亦徒講而已。仁者訒於言，懼其爲之難也。古者言之不出，恥其躬之不逮也。此孔門家法也。故曰講學有二：有以口耳者，有以身心者。入耳出口，遊談無根，所謂口説也；行著習察，求以自得，所謂躬行也。君子可以觀教矣。此件事無巧法，惟在得悟，心悟者無所因而入。一切倚傍聞見，分疏理道，辨析文義，探索精微，自以爲妙契，正落知解窠臼裏，非心悟也。良知本明，無待於悟，只從一念之微識取。悟與迷對，不迷所以爲悟也。百姓日用而不知，迷也；賢人日用而知，悟也；聖人亦日用而不知，忘也。學至於忘，悟其幾矣。北海之珠，得於罔象，悟之一字，主靜之玄竅，求仁之秘樞也。先師信手拈出良知兩字，不離日用而造先天，乃千聖之絶學，已是大洩漏。世人聽得耳慣，説得口滑，漫曰良知良知，是將真金作頑鐵用，陷於支離而不自覺，可哀也已！竊念吾之一身，不論出處潛見，當以天下爲己任。伊尹得我心之同然，非意之也。古之欲明明德於天下，最初立志便分路徑，入此路徑便是大人之學，不入此路徑便是小成曲學。先師萬物一體之論，此其胚胎也。吾人欲爲天地立心，必其能以天地之心爲心，欲爲生民立命，必其能以生民之命爲命。今吾所謂心與所謂命者，果安在乎？識得此體，方是上下與天地同流，宇宙内事皆己分内事，方是一體之實學，所謂大丈夫事小根器者不足以當之。孔孟之汲汲皇皇，席不煖，轍不停，若求亡子於道，豈其得已也哉？「天下有道，丘不與易。」「如欲平治天下，舍我其誰？」非過於自任，分定故也。區區不足道，食飲動息，混迹隨時，只是世間項輩人，妄意古人之學，此一路徑似出於天牖，與人爲善一念根於所性，不容自已，予亦不知其何心也。千鈞之鼎，非烏獲不能勝。陽和子今之烏獲，非耶？所望終始此志，出頭擔負，共臻大業，務答諸同志倚待之心，方是不求温飽，做人的勾當，方是不愧屋漏，配天地、宰萬物的功程。了此一事，何事不辨？真不係今與古、己與人也。珍重珍重！

問：「良知不分善惡，竊嘗聞之矣。然朱子云『良者，本然之善』，恐未爲不是。『繼之者善』、『孟子道性善』，此是良知本體。『顏子有不善未嘗不知』，即良知也；『知之未嘗復行』，即致良知也。學者工夫全在於知善知惡處爲之力，去之決。如好好色，如惡惡臭，必求自慊而後已。此致知之實學也。若曰『無善無惡』，又曰『不思善，不思惡』，恐鶻突無可下手，而甚者自信自是，以妄念所發皆爲良知，人欲肆而天理微矣。請質所疑。」

「性無不善，故知無不良。善與惡對，相代之義，無善無惡是謂至善。至善者，心之本體也。性有所感，善惡始分，本體之知未嘗不知也。致其本體之知，去惡而爲善，是謂格物。知者，寂之體；物者，感之用；意者，寂感所乘之機也。毋自欺者，不自欺其良知也。如好好色，如惡惡臭，良知誠切，無所作僞也。真致良知，則其心常不足，無有自滿之意。故曰：『此之謂自慊。』纔有作僞，其心便滿假而傲。不誠，則無物矣。知行有本體，有功夫。良知良能是知行本體。『顏子有不善未嘗不知，知之未嘗復行』，皆指工夫而言也。人知未嘗復行爲難，不知未嘗不知爲尤難。顏子心如明鏡止水，纖塵微波，纔動即覺，纔覺即化，不待遠而後復，所謂庶幾也。若以未嘗不知爲良知，未嘗復行爲致良知，以知爲本體，行爲工夫，依舊是先後之見，非合一本旨矣。不思善，不思惡，良知知是知非而善惡自辨，是謂本來面目，有何善惡可思得？是非鶻突無可下手之處也。妄念所發，認爲良知，正是不曾致得良知。誠致良知，所謂『太陽一出，魍魎自消』，此端本澄源之學，孔門之精藴也。」

問：「乾坤皆聖學也，先儒何以有乾道坤道之別？果以敬義之功謂於本體上尚隔一塵，不及自强不息之直達本體，則堯、舜、禹之孜孜相戒勉，曰欽、曰慎、曰兢業，皆敬也。是亦不得爲乾道耶？自良知之説一出，學者多談妙悟而忽戒懼之功，其弊流於無忌憚而不自知。忭竊以彭山《龍惕》之書有取焉，亦救時之意也。」

「先儒以顔子爲乾道，仲弓爲坤道，亦概言之耳。顔子已見本體，故直示以用功之目，仲弓於本體尚有未徹，故先示以敬恕之功，使之自求而得之，非以乾坤爲優劣也。良知乃自然之明覺，驚惕者，自然之用，非乾主驚惕，坤主自然，有二道也。學者談妙悟而忽戒懼，至於無忌憚而不自知，正是不曾致得良知，非良知之教使然也。陽和子取於彭山《龍惕》之説，予嘗有書，商及此事，今述其大略以請。彭山深懲近時學者過用慈湖之弊，謂今之論心者，當以龍不以鏡，惟水亦然。夫人心無方體，與物無對，聖人不得已取諸譬喻，初非可以比而論之也。水鏡之喻未爲盡非，無情之照，因物顯象，應而無迹，過而不留，自妍自媸，自去自來，水鏡無與焉。蓋自然之所爲，未嘗有欲也。著虚之見，本非是學，在佛老亦謂之外道。只此著便是欲，已失其自然之用，吾儒未嘗有此也。又云：『龍之爲物，以驚惕而主變化者也。』自然是主宰之無滯，曷嘗以此爲先哉？坤道也，非乾道也。』其意若以乾主驚惕，坤主自然，驚惕時未至自然，自然時無事驚惕，此是墮落兩邊見解。夫學當以自然爲宗，驚惕，自然之用，戒謹恐懼未嘗致纖毫力，有所恐懼則便不得其正，此正入門下手工夫。自古體《易》者莫如文王，『小心翼翼，昭事上帝』，乃真自然；『不識不知，順帝之則』，乃真驚惕。乾坤二用，純亦不已，是豈可以先後而論哉？慈湖『不起意』之説，善用之，未爲不是。蓋人心惟有一意始能起經綸、成變化。意根於心，心無欲則念自一，一念萬年，無有起作，正是自然之用，艮背行庭之旨，終日變化而未嘗有所動也。可細細參玩，得其驚惕自然之旨，從前所疑，將不待辨而釋然矣。」

問：「孔子教人每每以孝弟忠信，而罕言命與仁。蓋『中人以下不可以語上』，故但以規矩示之，使有所執持，然後可以入道。大匠教人必以規矩，若夫得手應心之妙，在乎能者從之而已。一貫之傳，自曾、賜而下無聞也。今良知之旨，不擇其人而語之，吾道不幾於褻乎！且使學者棄規矩而談妙悟，深爲可憂也。」

「大匠誨人必以規矩，然得手應心之妙不出規矩之外，存乎人之自悟耳。孝弟忠信是孔門教人之規矩，孔子自謂子臣弟友之道有未能，而學以忠信爲主，本以此立教，亦以此徵學。然孝弟忠信，夫婦所能，及其至，聖人所不能盡，費而隱也。孔門之學務於求仁立教，自聖學失傳，學者求明物理於外，不復知有本心之明，故以致知立教，時節因緣使之然也。良知二字是徹上徹下語，良知知是知非，良知無是無非。知是知非即所謂規矩，忘是非而得其巧即所謂悟也。中人上下可語與不可語，亦在乎此。夫良知之旨，所謂中道而立，能者從之，非有所加損也。夫道一而已矣，孔子與門弟子言，未嘗不在於一。及門之人，篤實莫如曾子，穎悟莫如子貢，二子能傳師教，故於二子名下標示學則，以見孔門教人之規矩，非曾、賜以外無聞也。孔子告曾子以一貫，及其語子弟，則示以忠恕之道，明忠恕即一貫也。子貢謂：『夫子言性與天道，不可得而聞。』性與天道，孔子未嘗不言，但聞之有得與不得之異耳。古人繡鴛鴦譜，不以金針度人，亦是此意。棄規矩而談妙悟，自是不善學之病，非良知之教使之然也。」

問：「狂者行不掩言，亦只是過於高明，脱落格式之類耳，必無溺於汙下之事。鄉愿之忠信廉潔，謂之曰似，則非真忠信廉潔也。矯情飾僞可以欺世俗，而不能逃於君子，襲取於外而終無得於中，故曰：『德之賊也』。若果所行真是忠信廉潔，則必爲聖人所取，何至疾之若是耶？今以行不掩言者爲狂，而忠信廉潔爲鄉愿，則將使學者猖狂自恣，而忠信廉潔之行蕩然矣。請聞其説。」

「狂者行不掩言，只是過於高明，脱落格套，無溺於汙下之事，誠如來教所云。夫狂者志存尚友，廣節而疏目，旨高而韻遠，不屑彌縫格套以求容於世，其不掩處雖是狂者之過，亦其心事光明特達，略無回護蓋藏之態，可幾於道。天下之過與天下共改之，吾何容心焉？若能克念，則可進於中行，此孔子所以致思也。若夫鄉愿，一生幹當分明要學聖人，忠信廉潔是學聖人之完行，同流合污是學聖人之包荒。謂之似者，無得於心，惟以求媚於世，全體精神盡向世界陪奉，與聖人用心不同。若矯情飾僞，人面前忠信廉潔，在妻子面前有些敗缺，妻子便得以非而刺之矣。謂之同流，不與俗相異，同之而已；謂之合污，不與世相離，合之而已。若自己有所污染，世人便得以非而刺之矣。聖人在世，善者好之，不善者猶惡之。鄉愿之爲人忠信廉潔，既足以媚君子，同流合污，又足以媚小人，比之聖人局面，更覺完美無滲漏。堯舜之聖猶致謹於危微，常若有所不及，鄉愿傲然自以爲是，無復有過可改，故不可以入堯舜之道。似德非德，孔子所以惡之尤深也。三代而下，士鮮中行，得鄉愿之一肢半節，皆足以取盛名於世。究其隱微，尚不免致疑於妻子，求其純乎鄉愿且不易得，況聖人之道乎？夫鄉黨自好與賢者所爲，分明是兩條路徑。賢者自信本心，是是非非一毫不從人轉換。鄉黨自好即鄉愿也，不能自信，未免以毀譽爲是非，始有違心之行，徇俗之情。虞廷觀人，先論九德，後及於事，乃言曰『載采采』，所以符德也。善觀者不在事功名義格套上，惟於心術微處密窺而得之。譬秦鏡之燭神奸，自無所遁其情也。」

問：「良知本來具足，不假修爲。然今之人利欲膠蔽，夜氣不足以存，良知或幾乎泯矣。譬如目體本明，而病目之人漸成障翳，要在去其障翳而光明自在，不必論其光明爲何如也。今不務克去私欲以復其本體，而徒曰良知良知云。如人説食，終不能飽。請扣致之之方。」

「良知不學不慮，本來具足，衆人之心與堯舜同。譬之衆人之目本來光明，與離婁同。然利欲膠蔽，夜氣不足以存，失其本體之良，必須絶利去欲，而後能復其初心，非苟然而已也。今謂衆人之目與離婁異，是自誣也；障翳之目，自謂與離婁同，是自欺也。夫致知之功，非有加於性分之外，學者復其不學之體而已，慮者復其不慮之體而已。若外性分而别求物理，務爲多學而爲德性之知，是猶病目之人不務眼藥調理以復其光明，倀倀然求明於外，只益盲瞶而已，此回、賜之學所由以分也。」

太史陽和張子歸省親庭，侍膳之餘，時往雲門避静，究明心性之旨。方圖請乞，爲久處計，其志可謂遠矣。甲戌仲夏二十日，相期往會山中，商訂舊學，並扣新功。張子以爲：「此學固須動静交參，不專於静，但吾人久汩世紛，走失不小。静中存息，若少有受用處，泰宇定而天光發，人不鑒於流水而鑒於止水，各安分限，求以自益，庶不爲虚度耳。」予謂：「張子發此真志，又肯安分，不爲淩躐之圖，尤人所難能。張子取大魁，建大議，後輩方企羡以爲不可及。今復鋭志於學，爲後輩作此榜樣，其爲企羡又當何如？」張子所見已漸超脱，猶虚心求益，請扣不已，以爲：「心性本來是一，孟氏存其心、養其性，似若二之，何也？」予謂：「此是古人立教權法。性是心之生理，既曰心又曰性，見心是天然主宰，非凡心也。心之説，始於舜，性之説，始於湯。《大學》言心不言性，心即性也；《中庸》言性不言心，性即心也。心無動静，故性無動静。定者，心之本體，動静者，所遇之時也。悟得時，謂心是常動亦可，謂心是常静亦可。譬之日月之明，恒用不息而恒體不易，以用之不息而言謂之動，以體之不易而言謂之静。善觀者隨其所指，得其立言之意，而不以文害辭，則思過半矣。」三宿山中，往復辨證，頗徵贈處之義。臨別，復書靜中所見，請質於予。因次第其語，披答如右，幸爲終其遠業，固交修之望也。

（録自吴震編校：《王畿集》，鳳凰出版社，2007年，頁780—788）

與張陽和

王　畿

昨過雲間，會存齋公，道吾世丈意甚懇切，但以不得久留爲念。審知道從入，都下人情向背更何如？隨時語默，權度在我，不抗不隨，只此是學，此生真爲自己性命，同心之友須默約二三輩，以求相觀之益。若徒混混挨過世界，亦無益也。

區區近來勘得生死輪回一關，頗較明切，皆從一念妄想所生。道有輪回，便是覓空中之華；道無輪回，便是撈水底之月。有無之間，不可以致詰。默契之可也。

（録自吴震編校：《王畿集》，鳳凰出版社，2007年，頁284）

答張陽和

王　畿

承手教惓切，知憂時爲道，委曲苦心，吾人虚辭繆張，而實踐未至，激成紛紛。所謂「新法之行，吾黨有過」，非剿説也。吾輩講學，原爲自己性命，雖舉世不相容，一念炯然，豈容自昧？况世間豪傑無地不生，言之危與巽，雖若隨時，而一念默默，互相省覺，乃是救取自己性命，呼吸不相待也。沍寒極凍，正吾人來復之時，不因時有所加損。

聞館中亦數輩能信此學者，吾世丈須留意，隨機觸發。六陽從地起，以彙而征，原是一體不容已之心，非徒招朋類、助門面，爲此勞擾也。

金庭於此學，近更真切否？人生不知學，猶不生也；學而不聞道，猶不學也。金庭才藝，衆所推服，況當日講之任，啓沃之機，尤有關係，非徒應故事而已。可爲致千萬意！

（録自吴震編校：《王畿集》，鳳凰出版社，2007年，頁284）

與張陽和　　王　畿

向領手書，知日來任道之志益切，良慰！此件事無氣魄可湊泊，無才能可倚靠，亦無道理可商量。只從一念入微，神感神應，時時見有過可改，時時見有善可遷，便是入聖真血脈路。所謂講之以身心，非徒口耳傳述已也。

昨見邸報，尊翁已復原職，豈徒蓋前人之愆，有光世德多矣！健羨，健羨！

虬峰巡院心事光明，應務詳而有條，深信先師良知之旨，百凡動以爲法，專祠特享，風聲翕然。兹以從祀未定，特疏申請於朝，平泉公已身任其事。凡當局諸公，有須委曲求濟者，惟執事默約諸同志維持其間，以玉成之。此道脈所係，亦吾人一生趨向所關，不容以自諉也。

（録自吴震編校：《王畿集》卷十一，鳳凰出版社，2007年，頁285）

答張陽和

王　畿

領手書並諸論學稿，具悉明定造詣之概。既膺起居之命，内館主教，勢不得兼。所云《中鑒録》，未敢爲不朽之傳，區區兩三年納約苦心，庶幾自盡。内館之設，事幾若微，於聖躬得養與否，所係匪輕。不知相繼主教者，能悉領此意，不作尋常套數挨過否？

來教所述張宏山論學之言，其義頗精。有曰：「耳本天聰，目本天明，順帝之則，何慮何營？」有曰：「人心不死，無不動時，動而無動，是名主靜。」直揭本體，非高遠，非湊泊，殆有契於師門宗旨。其與徐魯源論學之言，謂「古之聖賢，以一心建立萬法，未嘗有所摹擬於前，況於動静語默、食息起居之微，又安能一一摹擬之，而後謂之學乎？陽明先生揭出致良知三字，真是千古之秘傳。時時提醒，時時保任，不爲物欲所遷、意識所障，易簡廣大，入聖之捷徑也。」尤可謂卓然自信，勇於任道，確然不易乎世者矣！

頃者友人屠坪石轉致荆州公所諭書，謂屠子好談理學，雅稱同志，意必實有所得，非空言者。不惟不以爲諱，且從而縱諛之，當事者之心可諒矣。務空談而乖實行，庸或有之，自是吾黨不善學之過，非師教使然也。其謂「魚兔未獲，毋捨筌蹄；家當未完，毋撤藩衛。未得謂得，未證謂證，學之通病。」尤有裨於聲教。此良工苦心，蓋將以明之，非故有所抑，而欲廢毀之也。但恐吠聲怖影之徒，巧於承望，有所更易變置，因噎而廢食，反使初志鬱而未暢。世道汙隆，學術興替，舉足重輕，關係不小，別嫌明微，不可以不慎也。所望秉執化權，宣昭義問，以翼吾道。使海内善類以心相應，顒然知所歸向，無復懷疑，師門一脈不致泯泯無傳，所謂萬代瞻仰，在此舉也！

（録自吴震編校：《王畿集》，鳳凰出版社，2007年，頁284）

與張陽和

王　畿

相念忽復改歲，區區自夏秋來卧病，精神頓減，耳加重聽，此固老年常態。占知後來光景亦無多，神明鑒予，多言擾聽，以此示戒，未可知也。

諸公時常聚會，更覺何如？見在只直達，開眼便見，閉眼亦未嘗失，原無動静二相。纔涉見解億度，皆自兒家活計，不可不深省。定宇兄近來所見，當更妥貼。比部吴中淮在廣德時，興味盡超脱，用力處尚未歸根，數時來，未見一言扣及，豈以爲得手，遂爾忘情耶？就是定宇所謂妥貼，亦未易言。無始以來習氣，有多少未消煞在？須打并得空蕩蕩，無些子夾帶，所謂賊不打貧家門，始爲究竟耳。

燕陽已離校後，所處益閑適。吾人必有事功夫，不論閑忙，須時時兢業，始不致空過耳。康洲質本金玉，自少身過，但一念入微功夫，尚欠綿密，不可以爲易而忽之也。

不肖衰耄，已無補於世，但懇懇同善之心，老而彌切。惟願諸公頂天立地，以萬古豪傑自期，不隨世界轉換，方見定力，亦吾人安身立命本分内事。凡諸公相會，亦望以此意時時相提醒，始爲直諒之當，亦同心不容已之情也。

（録自吴震編校：《王畿集》，鳳凰出版社，2007年，頁287）

動靜説

鄧以讃

予與陽和子共學三年，今其指各自變焉而不知孰是也。予初以病喜靜坐，嘗厭塵務而欲逃之。陽和子曰：「不可以不動也。」及今予知其果不可以不動也，而陽和子又凝然欲靜，且擬三年乎山中。陽和是耶？予是耶？嘗聞諸昔談矣，有曰：「外息諸緣，心如牆壁。」或又曰：「不斷百思，對境數起。」有曰：「以推求尋逐爲心者，是認賊作子。」或又曰：「若以爲非心者，是認子作賊。」亦動靜之説也。而此數人者，均有與於斯理，然則惡在其必同也。鄧子曰：「其相反也，茲其所以相證與！」雖然，莊生言伯玉行年五十而知非，焉知五十之非四十九年非也。然則予今與陽和子所執，又安知明年不皆自非耶？惟各勉之，期以後會相質。

（録自《鄧定宇先生文集》卷一，《四庫全書存目叢書》集156，頁302—303）

答張陽和書

鄧以讚

所諭沈蓮池，信烈丈夫也。以是斬釘削鐵之志，直宜一日千里矣。向泗源歸，聞有觀察之説，弟時未得其詳，而故漫聽之，既讀《會語》，乃知當日如此紛紛矣。夫道無諍諍乎哉？弟無知，豈敢復滋多口，但以二君觀察之辨爲剩，而龍溪先生性意之説未詳也。夫性者不思不勉，天之謂也；意者有識有知，人之謂也。彼其求覺者，果不落于思勉，則毋論觀也，即推求尋逐，皆性也，何則？分别亦非意也，似不得獨以觀爲性也。倘其求覺者，或未離于知識，則毋論察也，即靈心絶待，皆意也，何則？聖諦亦階級也，似不得獨以察爲意也。蓋觀察皆方便之門，但可以止兒啼，不問何葉也。性意則天人之分，即有以似楮葉，必非真楮也。故以爲諸君不必辨觀察，而但在辨性意也。大慧法弟嘗用之，最可以摧惡知惡覺，顧此中最忌能所。兄與蓮池，早夜想既脱然於此，倘韓子所謂進其厭飫者耶？弟又有説，丈平日崇正詘異，恥作禪語，以爲論道而借詞焉者，是助之辨也。弟深以兄爲先得我心之同，今讀來教，一則曰本來，一則曰金針，豈俗所謂導人早行而自犯暮耶？使我廬居，幾乎見齒，偶因鴻便，附候興居。

（録自《鄧定宇先生文集》卷二，《四庫全書存目叢書》集156，頁324—325）

與張陽和書

鄧以讚

辱諭交際一段，某非敢恃己挾氣，廢其所謂當然者也。使交者而止盡其當然，則又何説？彼以當然者之無以自見也，輒以意增加，久之衆皆習焉。加者又當然矣，則又加於所加之外。凡若此者，蓋非某敢異於衆人，乃衆人異於某也。某稟氣寡諧，病久成癖，夏畦之態，非但不欲也，亦不能矣。若謂己名，第僭逾而萌加之意，是亦醉而益謹，貴而益謙，皆非所謂任真者也。某敢爲是娥眉之態哉？唯丈終教之。

（録自《鄧定宇先生文集》卷二，《四庫全書存目叢書》集156，頁341）

答張陽和 二首。

孟化鯉

祝南山入都，得拜手書。公之望鯉厚矣！向承闡發尤先生潛德，見者知慕。尤先生業祀郡庠，門弟子並遠邇聞風者，翕然共建專祀。而分守王中宇公特樹真儒坊，興起益衆。尤先生之學，大振陝洛，洋溢寰宇，微雄文表章，未必遽能若是，感佩蓋不獨鯉也。黄兩川獨行樂善，没且三年，墓有宿草矣，宜不可泯泯，别具行略，倘亦可備收齒乎！我疆兄起家爽鳩，今往來切磋不絶，獨未卜與公面質在何日耳。新刻二十册，附覽。

又

承翰教，兼拜腆儀，感佩可勝。曩叨役河西，勉遵夙誨，時值我疆丈道闢澇諸所，厘革俱經商確，獨遠門下，未及就正。入都以來，聯會觀摩，舊與惟我疆往來最密。此兄造益精純，才可經濟，非直廉謹之士，第年長矣。而在下寮然歸念，亦浡浡興也，不審當軸者何以處之。貴鄉有文成公倡於前，我公繼之，諸青衿且鼓舞其間，而絀虚談、務實踐，又今日固本回生要劑也。斯文之興，不在兹乎？聞之感動，屬朱雲樓人便，虔此奉復，不宣。

（録自《孟雲浦先生集》卷二，《四庫全書存目叢書》集167，頁517）

送張陽和年丈

鄒德涵

天地何寥邈，倏若萍與蓬。爲君紉蘭佩，自許無異同。云胡三載間，岐路如燕鴻。伊我山中時，曾爲雪夜蹤。挹此蘭亭水，歷探龍瑞宫。野梅正飄香，宫柳黄未濃。思君令人老，忽忽一遭逢。相對兩無言，微雨寒秋蛩。秉燭如夢時，話别又匆匆。世路梗而塞，此道何西東。憶昔君送我，禾黍動秋風。今日我送君，江閣褰芙蓉。持此忘憂物，憂思更重重。思之亦何及，倚劍横天空。

（録自《鄒聚所先生文集》卷一，《四庫全書存目叢書》集157，頁264）

與張陽和年丈

鄒德涵

弟在此磨鍊二年，殊無成就，只略磨去得幾分勝心，然去道岸尚遠。從來只是少決定志，終未脱一善成名小歇脚漢，言之不覺涕淫淫從心中滴也。兄在山中，專爲此一段因緣，二六時中，何時不向自己元神理會？兄方七日，抵我千年，令人又不覺心頭熱也。往年所呈舍字法門，不知近來用得否？竊謂舍有三種，有小有中有大。一切煩惱惡業盡行浣濯，是謂小舍；一切知見能所盡行斷絶，是謂中舍；空相俱泯，凡聖情忘，言語道斷，心行處滅，是謂大舍。計兄已登大舍位，何時得坐其旁披我清風也！朝宁間邇來多事，卻是吾輩生事不肯省事，因此益信得「致中和，天地位焉，萬物育焉」。人人俱有中和，人人俱有位育，不知兄以爲然否？

（録自《鄒聚所先生文集》卷四，《四庫全書存目叢書》集157，頁331）

簡張陽和年兄 二首。

許孚遠

昨秋領教後，懸念殊深。吾鄉習俗頹靡，朋友寥落，莫有甚於此時。如吾兄挺然卓立，迥出塵表，真弟所敬服，弟所倚賴也。《北歸録語》具見兄苦心。陽明先生教人于靜中搜尋病根之説，此爲學者胸中有所藏躲，而爲此言以藥之，欲令徹底掃淨，然後可以致此良知云爾。兄謂「討諸妄根，竟無所得」者，既已得之，然又以爲人心有善惡二根，互爲盛衰生滅，此亦是沿襲語也。學者喫緊處，只要討尋得良知頭腦分明，明則爲善，蔽則爲惡，一迷悟之間而已。念念覺悟，不染塵根，不滯有我，則良知出頭，是謂至善。立此之謂立大，學此之謂下學。惟兄高明真切，幸相與力求之。佛氏之説，未暇深辨，世人假此以陰售其私者，亦不足爲辨。苟吾良知而明，自無私心可以藏蓄之理，自無影響之説可以假借混亂之理。但今之世未有實致其良知者也，此理本來固是完具，卻爲習心習氣蒙牿之甚，學者未易分明。今日既有此志，會須有千磨百鍊之功始得。然吾志苟立，即千古之學，當自我而明，又不必汲汲於世人病也。求人者重，而自任者輕，此亦私意，不可不察也。外諭近世恒有之，士君子處此，只有以義命自安耳。忝兄道愛，率爾布復，幸乞照原。

又

別來怏怏於懷者二。甫受命爲郡吏，即咫尺不得見天子之面。居京朝二載，驀如秦越人。然委質之謂，何其望望然而去，能無慚於心哉？吾儕知己，百年之間不一二遇，遇而忽違，憾也。久於聚而不得竟其所志，等如夢遇耳，尤憾之甚也。此二端者，發於真性，不能自遏，兄其亮我乎！初登舟無事，細閱《大明律例》一書。先師唐一翁嘗以本朝律爲盡性至命之書，誠哉是言也！以周官之法度，而關雎麟趾之意，實存乎其間，使爲政者有聖祖一念，與天下匹夫匹婦相爲流通，則太平可坐而致矣。日來洗心滌慮已在盱江，庶幾爲天子牧養一方小民，以塞人臣之義。其匡弼左右，端本澄源，固有任者，兄等代庖，其亦有日，幸自留神。兄之好善，孜孜不息，已有優於天下之量，更神而明之，令表裏洞然，瑩徹無礙，方是調贊大手也。弟性率厲，視兄萬不能及，抑詩所謂「德輶如毛，民鮮克舉之；我儀圖之，維仲山甫舉之」，故云然耳。過張秋，訪孟我疆之廬。盈丈之地，瓦屋數椽，其旁有茅舍倍之，父子棲身，亦恐未足，此風味大江以南所未有也。以如是人品，復遭遷謫。嗟乎！嗟乎！焉有古之道而可行於今之時者乎！南抵徐關，肅此奉報，諸惟照察。

（録自《敬和堂集》卷四，日本内閣文庫（原藏淺草文庫）藏萬曆二十二年葉向高序刻本）

與張陽和 三首。

耿定向

往舍弟時時爲道門下任道之勇，受才之閎，殆天所啓，鄙心竊爲斯世斯道慶也久矣。邇得貴鄉魯源徐丈書，稱門下如舍弟語，益亟亟嚮往焉。顧咨覯末由，徒嬰沖耿，如何如何？僕無類，憶蚤年受尊翁教愛甚篤，未嘗一日去心。兹僕于門下又竊附同心之雅，故非無因。未同者，因布積悰。伏惟相君近日意崇本實，稍稍抑遠虚浮，而世俗子駭影吠聲，遂以講學爲大訢。搆人者，藉此爲讒；本自好者，蒙是爲羞稱；而察吏治者，亦以是爲蠛迹，亦大舛矣。此人心淑慝之機，邪正消長之漸，世道升降之大會也。足下志抱先憂，諒亦太息于兹矣。顧攘成此釁者，非世俗人尤，實以學自命者過也。夫堯、舜、周、孔學脈，具見六籍，而孟氏發明最盡，猶饑猶溺，若撻若溝，此實萬物一體真機，原自不容已者。禹、皋、伊、周，見知知此耳，聞知知此耳，總其宗指，何非爲立心立命計者？乃近世學術，無論虚浮者流，即負真志、稱有得者，類拾伯陽之餘唾；稱妙悟者，類勦楞檀之半解；篤修者，類守先儒之格式，于堯、舜、周、孔真學脈原已遼遡。以是高明一行多疏脱，愿謹一行多迂滯，將焉賴之？取厭于時，無怪也。夫不膽口説而神明默成，不樹徒黨而氣聲應求，上臻安富尊榮之效，下成孝弟忠信之風，此則相君講學之本指也，何嘗禁厭講學哉？今使相君而蒙此名于天下，使天下而有此風，此區區所欲裂腹剖心一明之而無從者也。大使相君而素未知學，即知學而未邃，猶可言也。相君之學之邃，諒門下夙契之矣。今欲破此承訛，使同志士胥明相君講學本指如是，又得相君間爲提掇，一明此意指于天下，使天下學術曉然咸歸宗孔孟血脈，而不至于多歧虚浮，是挽回人心世道一大機也。計非門下不能任此，敢□狂瞽，惟門下留意焉。

又

令親龍溪先生嘗言「破除毁譽」，僕嘗病之，就相君近日所任其學，方好印證此語。昔伊尹切于救民，故不恤其就桀之汙；周公急于王室，故不顧其滅親之忍；孔子篤于求仁，故不恤其栖栖之佞。何者？其真機所不容自已也。今觀相君者，惟視其體國血誠如何，諸惟注措形迹，有難以常行格式律者。惟門下爲室中人，能曠域外觀，内調相君，外聯士心，培植善類，默翊皇序，區區願望之私，口悛悛不能道萬分一者。仰惟心照，幸且秘之，勿爲他人道也。魯源丈生未晤，第聞其緒論，似不詭孔孟宗指者，願門下深交之。

又

別諭仰見公爲善類苦心，生抱此苦衷久矣。近抱此苦衷者，惟義河一人，每有書來，語必及公，□□皆公指也。即生，兹遺耋耄之鰥父，擁病尪之殘軀，覥顔如此，豈耐官職哉！衷情獨苦，惟義老知之，或亦爲公道也。近日事體，故吾黨落英芟華，歸根茹實之會，顧恐秉鈞衡者提掇手勢太重，非所以爲風也。昔賢云，此事由人亦由天，且奈之何？惟公篤念及此，猶可轉移幾分。生庸虚之尤，加之日隔之疏，弟仗庇得安枕阿澗以老，免近利之訾，不爲同志重詬，即志願足矣。此實肝腸語，幸亮。

（録自《耿天臺先生文集》卷六，《四庫全書存目叢書》集131，頁157—158）

柬張陽老

楊起元

伏承手教垂答，言言皆實際語，領益多矣。承諭吾輩立言，不欲使人駭聽，誠然誠然！但此體原有天然之矩，非意見所得而增損也。言本體而黜工夫，起則安敢然哉？但謂吾人識得此體，便隨時隨處都是工夫，工夫雖做得萬分細密，依舊還他一個本體，而我並不曾做着他一毫耳。即如程子云「識得仁體，以誠敬存之」，豈仁體之外別有誠敬乎？孔子又曰：「仁能守之。」翻説覆説只是這個，更無餘法。若工夫可黜，便不識本體，而起亦不敢也。人物之靈蠢貴賤迥然不同，「幾希」二字亦孟子不得已之言，起因拾而著論，偶一漫呈，非古人庸言，而起亦不敢執也。大要真知性、真識仁，即若邵堯夫先生以人而當億兆之物，奚疑耶？若夫不學而甘爲人下，即不如物者尚多。聖賢每每言之，吾輩不能争也。陽明先生四句宗旨萬世不易，知善知惡總是一知，即此是本體，即此是工夫，但從本體透過來方能如此説。若初學不指示他本體，合下只教知善知惡，畢竟成個執着，生大分别障也。門下幸審之，尚榮面布求正。

（録自《證學編》二，《四庫全書存目叢書》子90，頁306）

與張陽和修撰

查　鐸

久未通問請益，爲歉。遥知從吉已久，未知何日入京。往蒙賜教，惓惓指示以仁，深爲受益，又爲世道喜。公有天地萬物之責者，所志所學在此，天下之福也。今之志道者，往往耽於禪宗，彼與吾儒自不可强而合。雖云普度衆生，總之同歸寂滅。昔人謂「要之不可以治天下國家」者，未爲不是。惟志於仁，則與物同體，訢合渾融，生生之心自不容已。明道謂：「仁者，渾然與物同體，義、禮、智、信皆仁也。」則專指慈愛爲仁者固未是。又謂：「學者須先識仁，識得，以誠敬存之。」則以意識卜度、心念承當者又未是。昔人謂：「仁如桃仁杏仁之仁，孝弟則其萌芽處，不可指孝弟爲仁之本。」明道又謂：「爲行仁之本則可，謂是仁之本則不可。」是仁未嘗不孝弟，即孝弟以爲仁又不是。公素志於仁，又讀禮家居數年，知有諸己久矣。便閑幸有以教我。舍親蕭拙齋在貴府，不特資公爲仁，其又資爲政實多。非仰藉，安能先疑後信如此？信乎得民之難。師事友事，古人宜以爲急也。

（録自《毅齋查先生闡道集》卷二，清光緒十六年涇川查氏濟陽家塾刻本，《四庫未刊書輯刊》第7輯，頁449—450）

答翰學張陽和

張居正

不孝積愆累舋，遘兹閔凶，遠辱慰言勤惓，無任哀感。又承遺奠敝廬，尤切銜戢。但四方相知往弔者，俱已辭卻，雖諸公于孤有相知之雅，亦不敢當。諒小兒在家，必已具書辭謝矣。人旋情事卒卒，不悉欲言。

（録自《張太岳集》卷三十，上海古籍出版社1984年影印本，頁366）

思張陽和先生 公曾作《惜陰篇》自勵。

楊東明

科名魁五百，道岸更先登。雅意儕王薛，壯心希孔曾。惜陰憐寸晷，錫類締良朋。化去不忘我，夢魂幾度承。

（録自《山居功課》卷十，明萬曆四十三年刻本）

和陽和張太史二賢祠韻

曾鳳儀

攬勝名山此口肩，蓮花深處足風煙。閑臨定水心無事，況是陽春二月天。

（録自王夫之《蓮峰志》卷五，《船山遺書》史部，册60，民國二十二年上海太平洋書店重校本）

山陰興浦庵次韻酬張陽和太史

袾　宏

玉殿傳臚第一人，杖藜今到衲僧門。剡溪興在連宵宿，蓮社情多盡日論。定水淨除心地垢，慧燈高爍性天昏。一朝勘破香巖鉢，雙報君恩與佛恩。

（録自《雲棲大師山房雜録》卷二，收於《蓮池大師全集》下册，華夏出版社，2011年，頁297）

張太史構山房見留再用前韻奉謝

袾　宏

七尺蘅茅百結鶉，安貧無事謁侯門。因過古寺酬先約，卻荷仙舟接素論。出岫閑雲難駐迹，埋塵寶鏡欲磨昏。青山且闢維摩室，他日從來謝此恩。

（録自《雲棲大師山房雜録》卷二，收於《蓮池大師全集》下册，華夏出版社，2011年，頁297）

興浦庵示禪者兼寄張太史陽和

袾　宏

雪山大士輪王子，麻麥支身樂有餘。何事鉢盂三度濕，更教學士解金魚。

（録自《雲棲大師山房雜録》卷二，收於《蓮池大師全集》下册，華夏出版社，2011年，頁302）

興浦庵夜話寄張大華

袾宏

大華姓張，字陽和，山陰人，萬曆時進士，入翰林，不樂仕進，嘗構山房，勤修淨業。

今代衣冠太古心，慎言常鎖是非門。參禪志已齊張拙，好學名堪入魯論。蓮棹兩移來白社，繩床幾度坐黄昏。他年定慧功成日，須念從前止觀恩。

（録自項士元《雲棲志》卷八《藝文志上》，見《西湖寺觀史料》，《西湖文獻集成》第4册，杭州出版社，2013年，頁608）

附録四　家族史料

家傳

張　岱

張岱曰：李峌峒之《族譜》，鍾伯敬之《家傳》，待峌峒、伯敬而傳者也。岱之高曾自足以傳，而又有傳之者，無待岱而傳者也。岱之大父，亦自足以傳。而岱生也晚，及見大父之艾艾，以前無聞焉，岱即欲傳之，有不能盡傳之者也。岱之先子，岱知之真，積之久，岱能傳之，又不勝其傳焉者也。是以岱之傳吾高曾祖考，蓋難於李，難於鍾者也。雖然，其可終無傳哉？終無傳，是岱能傳我有明十五朝之人物，而不能傳吾高曾祖考，則岱真罪人也已。

岱乃泚筆而志曰：傳吾高曾，如救月去其蝕，則闕者可見也；傳吾大父，如寫照肖其半，則全者可見也；傳吾先子，如網魚舉其大，則小者可見也。岱不才，無能爲吾高曾祖考另開一生面，只求不失其本面、真面、笑啼之半面也已矣。厲之人，夜半生其子，遽取火而視之，汲汲然惟恐其似己也。岱之高曾祖考，幸而不爲厲之人，而岱之傳而不能酷肖吾高曾祖考，則夜半取火而視之，惟恐其似己，與惟恐其不似己，其心則一也。

高祖諱天復，姓張氏，號内山，生正德癸酉。太高祖以二伯子既儒，令高祖賈，高祖泣曰：「兒非人，乃賈耶？」壯其語，仍命業儒。及冠，補縣諸生。華亭徐文貞行學，得高祖牘，置第一。明年復按越，一夕叩户急，舉火視之，則文貞也。謂高祖曰：「若往助我。」拉之去。各縣牘出，頗得人。閱山陰，高祖以嫌辭。文貞曰：「以若首，第二以下，若自定之。」是年，遂與伯兄漢陽公讀書天衣寺。先輩蕭靜菴先生，精青烏術，卜兆天衣山，期其門人陳司李者僉主。司李至，謂穴非是，與蕭師争論再三，齟齬不入。司李散步寺中，問寺僧：「此地有讀書人否？」僧曰：「有張茂才者，讀書守寺。」詢其名，大喜，曰：「吾門人也！」亟召見，遂屏人攜高祖至山椒，曰：「此地當大貴，蕭師盲耳。若留意。」高祖志之，後竟得爲五世祖葬地。既葬，方嘉靖改元。

漢陽公先舉於鄉。高祖舉癸卯，丁未成進士，授祠部主事，歷吏、兵二部，視全楚學政，調雲南臬副。沐氏縱恣不法，高祖佩臬司篆，屢以强項見左。後武定亂，高祖提兵出討，與元戎會，間道驅巨象四十有二，雜毡衫鐵鎧，出入洞菁猩狖間，俘名酋以十數，斥地二千餘里。惟時功當伯，沐氏輂金鉅萬餌高祖，曰：「孰不聞沐氏滇者？功出爾，則無沐矣。盍以金歸公，而功歸沐，則兩得。」高祖以輂金相鬻非人臣所宜，嚴詞絶之。沐氏知不可餌，乃輂金至都，賂當事者，齧齕之。時高祖已遷甘肅道行太僕卿，方抵家，疏入，逮對雲南。文恭掖之走萬里，往對簿。滇中當道皆沐氏私人，惟直指稍持公道。滇中傳其丁憂，報且至。文恭急走問計於黔撫麟陽趙公。趙公者，高祖戚也，稱文恭曰舅，且曰：「按君報逮馬上將入境矣。而尊人對簿事，得一月方了，奈何？事在今夕，吾與舅熟思之，遲則不可爲矣。」文恭徹夜走庭除，計無所出，則泣。公于暗中出呼舅曰：「有策乎？」對曰：「無有。」復泣，公亦泣。如是者，至再至三。天曙，文恭鬚鬢皤然成頒白矣。公見之大驚，曰：「孝子！孝子！吾計已定，若第至滇，速了對簿事。」公囑一胥：「至屠香驛伺之，有差馬入滇，偵是下檄按院者，拉得之，以鬬毆喊轅門，吾自有説。」胥奉命，果得下檄者，喊轅門，公問之，輒應曰：「鬬毆。」公曰：「鬬毆巡撫耶？」發所司將二人監，後經月，取出訊之，乃曰：「某下按院丁憂檄者。此人拉至，累羈候者月餘矣。」公曰：「若不蚤言。」亟釋之。馳至滇，高祖事已得雪。

遂歸里。歸則搆别業於鏡湖之阯，高梧深柳，日與所狎縱飲其中。命一小傒踞樹顛，俟文恭舟至，輒肅衣冠待之。去即開門，轟飲叫嘷如故也。辛未，文恭魁大廷，高祖益喜，召客嘯咏豆觴，日淋漓，遂病痺，六十二乃卒。

劉安人有遠識。高祖視學湖湘，文恭領鄉薦，安人曰：「可以知足矣！」因諷高祖作歸計。後詿誤雲南，備諸苦，深悔不用安人之言。及文恭登第，安人愈作憂危，曰：「福過矣！福過矣！」是冬，文恭以星變上疏，觸忌諱，人皆危之，恐駭安人，不以聞。會有族人自外至，驟言之。安人謂王宜人曰：「有是乎？」宜人曰：「有之，不敢言耳。」安人笑曰：「兒能效忠，吾何憂？」已而疏中留不報，安人乃雪涕謂文恭曰：「汝父母老矣，奈何出位言，以冒不測耶？」文恭亦垂涕，自是緘口不復言。

玄孫張岱曰：「岱家發祥於高祖，而高祖之祥，正以不盡發爲後人之發。高祖之所未盡發者，未免褻越太甚，華縏者鮮其實，天地不能常侈常費，而況於人乎？文恭方魁大廷，而劉安人遽憂福盡。嗚呼！高祖母之心，何心哉？」

曾祖諱元忭，號陽和。少椎魯，六行書讀竟日，然熟則不復忘。六歲從太僕公葬天衣墓，黑氣出壙中，瞇瞞山谷，匠石急舁土覆之。曾祖曰：「此殺氣也，縱之使出。」太僕公從其言。頃之，黑氣盡而青氣繼之，遂掩壙。年十七，太僕官儀部。楊椒山棄西市，曾祖設位於署，爲文哭之，悲愴憤鯁，聞者吐舌。

戊午歸娶，遂舉於鄉。是冬，走湖湘，省太僕公，遂止，不會試。次年歸，築室龍山，遂邀太外祖朱金庭先生、少宗伯羅康洲先生讀書其中，十年不輟。戊辰，同上春官，獨曾祖不第，而太僕公又以武定功爲忌者所中，有詔逮訊於滇。曾祖自都中馳歸，身掖太僕公至滇對簿，幸而得雪。又慮有中變，囑所親護太僕公歸，而自以單騎并日馳京師，白當道，始得俞旨。旨下，則又以單騎馳歸，慰太僕公於家。一歲而旋遶南北者三，以里計者三萬。年三十，而髮種種白。辛未臚唱，中官見曰：「今日那得此老狀元。」蓋嫌其髮白也。曾祖舉禮闈，實出康洲先生門。填榜發覆，康洲見曾祖名，乃大笑曰：「此余結髮老友，今屈作門生，是大可笑事。」放榜後，曾祖投門生刺，往見康洲。康洲曰：「二十年好友，以一日棄之，可乎？」因謝之。曾祖睇目熟視康洲，乃歎曰：「誠哉言也。雖然，非羅康洲不肯，非我張陽和不敢。」遂坐上座。

明年，星變上疏，言切直。既上，以揭帖詣座師張江陵。江陵不出見，第遣謂曰：「如此門生，十五年即望代我，何見小如此？」又曰：「既如此，我亦不爲渠地。」曾祖曰：「待爲地，當不上疏矣。」竟出，語傳入，江陵曰：「是子病狂矣。」疏入不報，曾祖乃請告歸，遂遇太僕之變。

里居四年，私刺不入公門，遇鄉里有不平事，輒侃侃言之，不少避。徐文長以殺後妻下獄，曾祖百計出之，在文長有不能知之者。一日文長在座，匄一小傒，曾祖不答。戊寅北上，屬大父曰：「天池喜此僮，我去，汝往送之，勿告以我意可也。」至京，江陵驕恣日甚，曾祖歲時旅進，一揖而已，更不私謁。嘗語人曰：「某門人也，皂囊白簡，以讓他人，乃若喪請留，病請禱，某總死不爲也。」

壬午，以皇嗣誕生，齎詔告楚中六王，事竣，省太安人於越。太安人病，上疏請告。太安人曰：「汝吉行，不可以病請。」强之行。不百里忽心動，馳歸，五日而太安人逝矣。居廬，修《紹興府志》及《會稽縣志》，《山陰志》則向出太僕公手。三志並出，人稱談、遷父子。

丁亥復職，陞左諭德，侍經筵。先是以覃恩上疏，乞復父官，詔予冠帶，至是復申前請，詔格不許。曾祖乃伏地哭曰：「痛哉！吾不能以至誠動天，昭雪父冤，何以見吾父地下乎！」於邑不已，遂成臌疾。戊子三月增劇，竟不起，臨革一語不及私，伏枕呼陛下者再，曰：「朝臣亦多有人。」目瞑，門人曾鳳儀呼曰：「師平日工夫，正在此際用。」復張目，拱謝之，乃瞑。

曾祖家居嗃嗃，待二子、二子婦及二異母弟、二弟媳，動輒以禮。黎明擊鐵板三下，家人集堂肅拜。大母輩頮盥不及，則夜纏頭護鬏，勿使鬖髿。家人勞苦，見鐵板則指曰：「此鐵心肝焉。」曾祖誕日，大母輩衣文繡，稍飾珠玉。曾祖見，大怒，褫衣及珠玉，焚之階前，更布素乃許進見。平居無事，夜必呼二子燃炷香靜坐，夜分始寢。王宜人，六湖王公女也，天性儉約，不事華靡，日惟結線網巾一二頂，易錢數十文，輒用自喜。傒奴持出市，人輒曰：「此狀元夫人所結也。」争售之。

曾孫張岱曰：「吾文恭一生以忠孝爲事，其視大魁殿撰，爲吾忠孝所由出，則大魁殿撰是吾地步，非福德也。其視爲福德者，則爲享福之人；其不視爲福德而視爲地步者，則仍爲養福之人也。不然，而飲食宫室之奉，文恭何求不得？而種種之不如後人，何也？」

祖諱汝霖，號雨若。幼好古學，博覽羣書。髫時以文恭命，入獄視徐文長先生，見囊盛所著械懸壁，戲曰：「此先生無弦琴耶？」文長摩大父頂曰：「齒牙何利！」案頭有《闕編序》，用「怯里赤馬」。大父曰：「徐先生，『怯里馬赤』那得誤『怯里赤馬』？」文長咋指曰：「幾爲後生窺破。」少不肯臨池學書，字醜拙，試有司輒不利，遂輸粟入太學。淹蹇二十年，益勵精古學，不肯稍襲佔俚，以冀詭遇。文恭捐館，家難漸至。縣官修舊隙，魚肉人。大父讀書龍光樓，輟其梯，軸轤傳食，不下樓者三年。田産居積，多爲人豪奪，不敢阻，直聽之而已。江西鄧文潔公至越，弔文恭，文恭墓木已拱，攀條泫然，悲咽而去。大父送之郵亭，文潔對大父，邑邑不樂。蓋文潔中忌者言，言大父近開酒肆，不事文墨久矣，故見大父輒欷歔。是日將别，顧大父曰：「汝則已矣，還教子讀書，以期不墜先業。」大父泣曰：「侄命蹇，特耕而不穫耳，藨蓘尚不敢不勤。」文潔曰：「有是乎？吾且面試子。」乃拈「六十而耳順」題，大父走筆成，文不加點。文潔驚喜，擊節曰：「子文當名世，何止科名？陽和子其不死矣！」是年當入試，方束裝，而王宜人又逝。襄事畢，仍上龍光樓，輟梯傳食者又三年。甲午正月朔，即入南都，讀書鷄鳴山，晝夜不輟。病目眚，下幃靜坐者三月。友人以經書題相商，入耳，文立就，後有言及者，輒塞耳不敢聽。入闈，日未午即完牘。牘落一老教諭房，其所取牘，上大主考九我李公，詈不佳，令再上，上之不佳，又上，至四至五，房牘且盡矣，教諭忿恚而泣。公簡其牘少七卷，問教諭。教諭曰：「七卷大不通，留作笑資耳。」公曰：「亟取若笑資來。」公一見，撫掌稱大妙，洗卷更置丹鉛。《易經》以大父擬元，龔三益次之，其餘悉置高等。填榜，南例無胄子元者，遂首龔，抑置第六。公後語人曰：「不以張肅之作元，此瞞心昧己事也。」揭榜後，大父往謁房師，房師闔門拒之曰：「子非我門人也，無溷我。」

乙未，成進士，授清江令，調廣昌，僚寀多名下士。貞父黄先生善謔弄，易大父爲紈袴子。巡方下疑獄，令五縣會鞫之。貞父語同寅曰：「爰書例應屬我，我勿受，諸君亦勿受，吾將以困張廣昌。」大父知其意，勿固辭，走筆數千言，皆引經據典，斷案如老吏。貞父歙然張口，稱「奇才！奇才！」遂與大父定交，稱莫逆。滿六載，考卓異第一，擬銓部。朱文懿公以石門舅祖方在文選，力辭之，授兵部武選司主事。

丙午，副山東。大父感李文節以落卷見收，至闈中，顓以搜落卷爲事。於落卷中得李延賞者，文古崛，每篇字不滿三百，多不作結語，排衆議中之，解卷，部訐，落職歸。數年間，頗蓄聲妓，磊塊之餘，輒以絲竹陶寫。辛亥，朱恭人亡後，乃盡遣姬侍，獨居天鏡園，擁書萬卷，日事紬繹。暇則開山九里，每日策杖於猿厓鳥道間，作《游山檄》，徧游五泄、洞巖、天台、雁宕、玉甑諸峰，詩文日進。

甲寅，當事者以南刑部起大父，與貞父先生復同官白下。拉同志十餘人爲讀史社，文章意氣，名動一時。丁巳，貞父視學江右，大父視學黔。黔固鬼方，而所得士瑰異多軼才。有楊文驄者，冠郡庠，而經義失旨，撲之十日，屬教官日理經三卦，完則押至所按地方送背。是科文驄遂魁黔榜。入彀者三十五人，無不冠軍。而第二人梅豸者，則初試受撲，而大收則又冠軍者也。

黔中謂三百年來無此提學。十月主武闈，策中獨問奢、藺二酋，謂其變在旦夕，其爲防禦計甚悉。不逾年，變起重慶，而大父之言如左券。川督張鳳皋先生重大父才，凡帷幄事，悉與參酌之。尋晉廣西參議。傜、僮亂，大父提兵往討。有苗人龍阿者歸部下，大父請於制臺，授指揮銜，自粵至黔，千有餘里，悉底定。龍阿練獷卒五千，曰「張家」，所向無敵。天啓辛酉，大父以病歸，龍阿攜兵送，盡黔界，慟哭而去。歸即築岕園於龍山之趾，嘯咏其中。

壬戌，起湖西道，過清江，父老攜婦子，出酒肴茶核，走輿前跪送曰：「我恩主父母也。」追隨數十里，歡呼不絕。癸亥還山。明年，又轉副闔臬。大父意不欲出，勉强之福寧，繳憑即歸。己丑三月，病瘰癧，不起。

朱恭人者，朱文懿公女也。文懿公與文恭讀書龍山，嘉靖丙辰七月七日，與文恭指腹爲姻婭。所割襟，岱猶及見之，其色灰釁，蓋重澣白布也。甲辰，文懿公當國，子孫多驕恣不法。文懿公封夏楚，貽書大父，開紀綱某某，屬大父「懲之猶我」。大父令臧獲捧夏楚，立至朱氏，摘其豪且横者，痛決而逐之，不稍縱，其子孫至今猶以爲恨。

長孫張岱曰：「我張氏自文恭以儉樸世其家，而後來宫室器具之美，實開自舅祖朱石門先生，吾父叔輩效而尤之，遂不可底止。大父自中年喪偶，盡遣姬侍，郊居者十年，詩文人品，卓然有以自立，惜後又有以奪之也。倘能持此不變，而澹然進步，則吾大父之詩文人品，其可量乎哉？」

先子諱燿芳，字爾弢，號大滌。少極靈敏，九歲即通人道。病瘵幾死，日服參藥，大父母夾持之同宿，至十六而方就外傅。時文恭與郡守蕭公講學於陽明祠，先子善歌詩，聲出金石，太守厚賚之。十四補邑弟子，遂精舉子業。大父教之，惟讀古書，不看時藝。先子獨沉埋於帖括中者四十餘年，雙瞳既眊，猶以西洋鏡掛鼻端，漆漆作蠅頭小楷，蓋亦樂此不爲疲也。

先大父世産僅足供饘粥，通籍令清江，疲敝蕭條，鬻産佐費。先子家故貧薄，又不事生計，薪水諸務，一委之先宜人。宜人辛苦拮据，居積二十餘年，家業稍裕。後以先子屢困場屋，抑鬱牢騷，遂病翻胃。先宜人憂之，謂岱曰：「爾父馮唐易老，河清難俟，或使其適意園亭，陶情絲竹，庶可以解其岑寂。」庚辰以來，遂興土木，造船樓一二，教習小傒，鼓吹劇戲，一切繁靡之事，聽先子任意爲之。宜人不辭勞苦，力足以給。故終宜人之世，先子裒然稱富人也。泰昌改元，先宜人厭世，而先子又遘奇疾，凡事孱偈，不出三年，家日落矣。

天啓辛酉，復就試南雍，幾得復失。甲子、丁卯，闈牘佳甚，而又不售，是年五十有三矣。諸叔父勸駕，乃以副榜貢謁選，授魯藩長史司右長史。魯獻王好神仙，先子精引導，君臣道合，召對宣室，必夜分始出。自世子郡王以至諸大夫國人，俱向長史庭執經問業，户屨常滿。是年山東妖賊猖獗，圍兖州城三匝。先子任城守，出奇退賊。時當道撫軍宏所沈公、監軍半舫劉公、巡道盤初蔣公，皆敬禮先子，稱莫逆。一日，在半舫座中，半舫善署書，滕李宰請額，半舫曰：「苦無佳語。」先子曰：「薛歸於滕。今李宰晉秩郡司馬，宜書薛大夫。」一座叫絶。先子起，亦請署額。半舫曰：「能工確如前語，即爲公署之。」先子曰：「季、孟之間，非魯右史而何？」半舫復大噱稱賞。嘉祥令趙二儀物故，欠庫銀千八百兩無抵，沈宏所强先子署篆，啓王，得俞旨。先子至邑，見趙令妻子羈廣柳車中，淒其可憫，乃出己橐爲代償，而復以百金爲麥舟之贈。嘉祥人德之，爲立張國相捐金之碑。嘉祥獄中，死囚只七案，先子悉爲平反之，殺人者曰義士，盜曰俠客，報仇者曰孝子。讞上，司道笑之，爲減二人死。先子猶申請再三。或勸已之，先子曰：「地獄不空，誓不成佛。」解事歸，益究心冲舉之術，與人言多荒誕不經，人多笑之。

先宜人去世，先子内妾周氏席卷資斧，恐以宦況歸遺諸子，乃勸先子置産兖州，請必無歸，以罄其橐。辛未罷職，先子欲一省先人墳墓，紿周氏曰：「吾家尚有剩産，當爲子拔宅再來。」九月抵家，日促先子行，而先子見子婦孝敬，心安之，然又不肯傷周氏意，猶日日戒束裝不置口。先子喜詼諧，對子侄不廢謔笑。一日周氏病，先子憂其死。岱曰：「不死。」先子曰：「爾何以知其不死也？」岱曰：「天生伯嚭，以亡吴國，吴國未亡，伯嚭不死。」先子口詈岱，徐思之，亦不覺失笑。

壬申十二月，先子强健如常，忽言「二十七日吾將去」，三日前徧辭親友，果於是日午時無疾而逝。先子善飯，是日早膳，猶兼數人之餐。蓋先子身軀偉岸，似舅祖朱石門公而稍矮。壯年與朱樵風表叔較食量，每人食肥子鵝一隻，重十觔，而先子又以鵝汁淘麵，連啜十餘碗。表叔捧腹而遁。

陶宜人生於會稽陶氏，外大父蘭風府君，爲清白吏子孫。宜人以荊布遣嫁，失歡大母。後以拮据成家，外氏食貧，未嘗以纖芥私厚，以明不負先子所托。大母朱恭人性卞急，待宜人嚴厲，克盡婦道，益加恭慎。辛亥，先子客鄞，大母卒於三叔之僦居，湫隘不能成禮。大父欲遷祖居，以俗忌旅櫬不宜入宅，遲疑不決。宜人力請歸宗，以凶煞自認。大父喜曰：「女中曾、閔也。」後累遭禍祟，終不自悔。

長子張岱曰：「先子少年不事生計，而晚好神仙。宜人以戮力成家，而妾媵、子女、臧獲輒三分之。先子暮年，身無長物，則是先子如邯鄲夢醒，繁華富麗，過眼皆空。先宜人之所以點化先子者，既奇且幻矣。不肖岱，妄意先子之得證仙階，或亦宜人之助也。」

（録自夏咸淳點校：《張岱詩文集》，上海古籍出版社，1991年，頁243）

附傳

張岱

張岱曰：家傳之有附，何也？附吾仲叔葆生、三叔爾含、七叔爾蘊也。仲叔死七年，三叔死十年，七叔死三十六年，而尚未有傳，則是終無傳也已。人之死而寂寂終無傳者有之矣，惜乎吾三叔者，皆可傳之人也。三叔者，有瑜有瑕。言其瑜，則未必傳；言其瑕，則的的乎其可傳也。解大紳曰：「寧爲有瑕玉，勿作無瑕石。」然則瑕也者，正其所以爲玉也，吾敢掩其瑕，以失吾三叔之玉乎哉！仲叔諱聯芳，字爾葆，以字行，號二酉。生而頭仄向左，文恭公憂之，乃以大秤錘懸髻上，墜其右。坐鄉塾，命小傒持香伺左，稍偏則焠其額。行之半年，不復仄。仲叔少先子一歲，兄弟依倚。文恭公以假滿入都，仲叔方四齡。文恭公鍾愛先子，攜之北上，仲叔失侶，悲泣不食者數日。時劉太安人在堂，遣急足追返。迨先子歸，而仲叔始食。嗣是同起居食息，風雨晦明者，四十年如一日。先子專攻帖括家言，仲叔喜習古文辭，旁攻畫藝。少爲渭陽石門先生所喜，多閱古畫，年十六七，便能寫生，稱能品。後遂馳騁諸大家，與沈石田、文衡山、陸包山、董玄宰、李長蘅、關虛白相伯仲。仲叔復精賞鑒，與石門先生競收藏，交遊遂遍天下。癸卯，落第至淮安，有賈客以鐵藜天然几貨者，淮撫李修吾以百金相值，仲叔以二百金得之，放舟亟行。李修吾飛騎追躡，見朱文懿勘合，不敢問而返。自是收藏日富，大江以南，王新建、朱石門、項墨林、周銘仲，與仲叔而五焉。丙午，造精舍於龍山之麓，鼎彝玩好，充牣其中，倪迂之雲林秘閣，不是過矣。

戊午拆卷，填名三十五，而本房以次經稍注詿誤。大主考慎之，特問監臨王墨池先生，且曰：「山陰與京兆同里，若是名士，不妨中之。」墨池不答，遂易以他卷。及榜定，墨池始嘆曰：「此天下名士，不佞受業弟子也，頃避嫌，不敢對耳。」主師大懊惜之。丁卯，小草一出，遂倅太平。次年，調蘇州府，倅之有調繁，自仲叔始。辛未大計，中忌者以不及鐫級。司道曰：「張倅而不及，誰有餘者？」乃謂仲叔曰：「人言爾不及，爾只行有餘事。」遂以鐫級官委解白粲，到京補河南臬幕，署篆陳州。時賊偪宛水，刀戟如麻。仲叔登陴死守，日宿於戍樓，夜尚燒燭爲友人畫，重巒疊障，筆墨安詳，意氣生動。識者服其膽略。

次年，陞孟津縣令，謫官之得轉正印，亦自仲叔始。孟津有城無濠，仲叔至，爲掘濠，不日而就。邑人王鐸爲作《靈濠碑記》。滿六載，陞揚州司馬，分署淮安，督理船政。史道鄰廉仲叔才，漕事緩急，一以委之，無不立辦。癸未，流賊破河南，淮安告警。仲叔練鄉兵，守清江浦，以積勞致疾，遂不起。

仲叔一子萼，任誕不羈，不事生業，仲叔計數萬輒盡，宦橐又數萬亦輒盡。仲叔好古玩，其所遺尊罍、卣彝、名畫、法錦以千萬計，不數日亦輒盡。仲叔姬侍盈前，岱曾勸叔父出之。姬侍曰：「奴何出？作張氏鬼耳。」仲叔喜，亟呼岱聽之。姬侍對如前。岱曰：「幸甚！」甲申，岱同萼弟奔喪，姬侍林立，請曰：「得蚤適人，相公造福。」岱笑曰：「張氏鬼，奚適耶？」姬侍曰：「對老爺言耳，年少不得即鬼，即鬼亦不張氏待矣。」萼弟笑而遺之，亦輒盡。

猶子張岱曰：「以吾叔父之相貌、才略、術數、權謀，可作戎政司馬，其功名斷不在張銅梁、吴寰洲之下。惜乎其宫室器具之奉，實埒王侯。岱所謂褻越之太甚者，正謂此也。仲叔嗜古，即一喻麋不肯輕棄，而銅雀諸妓可謂朝夕西陵，乃不移時而散如泡幻。則是貨利嗜欲之中，無吾駐足之地，何必終日勞勞，持籌握算也？」

三叔諱炳芳，號三峨。幼時佻傝，與羣兒嬉，見文恭公，一跳而去，走匿諸母房，不能即得也。文恭公惡之，乃以薄瓦磨礱，裁如履趾，綴之屨下，見文恭一跳，其瓦底碎，即縛而笞之。少有機穎，與人交，輒洞肺腑，談言微中，無不傾心向之。雲間何士抑、金斗許芳谷官於越，三叔居幕下，不咨詢，不敢理郡事。三叔以諸生遂創大廈，土木精工，費且鉅萬，皆赤手立辦之，不爲苦。

天啓丁卯，不攜寸鏹走京師，以一席言，取内閣祕書，如取諸寄。三叔曾語岱曰：「恩留三相，費省七千。」蓋實録也。三叔機警善應變，目所見輒終記不忘。凡臺省部寺，朝上疏，夕必伺於三叔之門，探問消息，車馬填擁，行者不得路。而夜歸見客，必四鼓。旨一出，有喜事，即以赫蹏走報，時人稱之張喜雀。間日入直，則衙署稍閑；一出直，則蠅附蜂攢，撩撥不去矣。外省藩臬諸公出京，有所屬，必走辭。大老在座，伺於鄰居，或旬日不得一見焉。粵撫許芳谷走萬金於宜興，托三叔爲介。三叔頷之，而金不至。其差官遲回簡不得，性卞急，直走問宜興。宜興謝無有，問：「誰居間？」曰：「張中書。」亟召三叔，三叔趨至。宜興迎而問曰：「粵撫事果否？」曰：「有之。」宜興出一拇指。曰：「有之。」曰：「不至何也？」三叔請間，遂屏人語曰：「太師何言之遽耶？粵差官不慎密，廠衛詷之急，伺稍間，中書擲原物毆之去耳。」宜興亟點頭，曰：「甚善。」急遣之，且曰：「中書君愛我。」三叔出，呼差官詈曰：「暮夜金而欲相公當堂承認，有是理乎？無回簡矣，我一書亟報若主。」馳至粵，許芳谷以差官僨事，立斬之。後有行金者，委之即去，無復敢問。

戊寅，九山伯爲南户科，疏參巡漕史茔，齎本入，三叔持之勿上，以告茔，茔德之。九山伯以疏羈留不上，特參納言。三叔懼，簡疏即上，下茔獄。茔以三叔索謝不得，故偘留而偘上之，亦以疏抨三叔，齮齕者四年，而茔竟瘐死。三叔歸里，見伯曰：「九山累我。」九山伯曰：「三峨累我。」語格格不相下。三叔恚怒，嚄唶不能語。歸即癡發，不兩月而殂。臨終詔諸子曰：「棺中多著筆札，我入地當徧告之。」壬午九月，九山伯以補官入邸，三叔見夢於貞子弟，曰：「我與九山在臨清結案，屈王司馬峨雲一行。汝明晚於家中設餞，多燒輿馬從人，我且亟去。」貞子從其言，備牲醴致餞，設賓主席，上食如生前。祭畢澆灌，旋風起桌下，燈燭盡滅，步履踤蹡，真若有車馬行者。十月，九山伯殉難臨清，而結案之言，先於八月見夢，厲鬼之靈而很也如此。

猶子張岱曰：「三叔父其今之蔡澤乎？赤手入秦，立談間即取大位。又能於卿相之前，顛倒侮慢，提挈而奴使之，是豈碌碌庸人所能遽辦乎？心之所恨，力能致之於死，而又能厲鬼晝見，以雪其憤，則殺氣陰森，真有不可犯者矣。三叔鬚眉如戟，毛眼倒豎，未嘗正視人，而人亦不敢正視。」

季叔諱燁芳，號七磐。生而跛扈，不喜文墨。招集里中俠邪，相與彈箏蹴踘，陸博蒱摴，傅粉登場，鬭雞走馬，食客五六十人。常蒸一豭饗客，啖者立盡，據牀而嘻。性好啖橘，橘熟，堆砌牀案間，無非橘者。自刊不給，輒命數僮環立剝之。冬月，諸僮手龜皸，瘃黄入膚者數層。更喜豢駿馬，以三百金易一馬，曰大青。客竊往躪柳，與他馬争道，泥濘奔蹶，四蹄迸裂而死。叔知，即命帷蓋葬之，恐傷客意，置不問。里中惡少年，稱曰「主公」，走赫蹏招之，不輒至，即有以誰何之。王某者素崛强，又狎其弄兒，叔欲置之死地。某逃過江，至鎮海樓下，有狰獰壯士數十人，手持應天巡撫大牌，云是越牢大盜，椎棒交下，立斃之，遽去。

年二十，見諸父爲文社，視所爲制藝，曰：「徒爾爾，亦何極？」遂下帷讀書，凡三年，業大成，挾一編走天下，海内諸名士無不傾倒。諸俠邪不能遣，而天下士又多就之，客日益。後築室爐峰，日游城市，夜必往山宿。山窗未曙，又督促入城，輕舟八楫，猶嫌其遲也。四方名宿，亦多入山訪之。乙卯，宋羽皇、謝耳伯至山，破雨游雲門。水漲，赤體走冷谿中，衝激過頂，致病兩踝。九月，服劫藥，有小效。醫者曰：「藥中有大毒，日食一分，藥一囊，以百日盡。」季叔曰：

「誰能耐此？」罄囊中藥，一夕啖盡，毒發，遂死。季叔殯，宋羽皇、謝耳伯始去。後客有來弔，不通主人，徑造殯所，留詩去者，則鄭孔肩、吴伯霖、閔子將、嚴印持、黄元辰、李長蘅、陳明卿、文一起、陳古白、繆當時、方孟旋、艾千子、陳大士、羅文止、邱毛伯、章大力、韓求仲、宋比玉、蕭伯玉、萬茂先。

季叔死之六日，仲叔在燕邸，夢季叔乘大青馬，角巾緋裘，僕從五六，貌俱怪。問：「弟何來？」曰：「候阿兄耳。弟有《自度詩》爲兄誦之，曰：『斂色危襟向友朋，我生聚散亦何辛。而今若與通音問，九里山前黄鳥鳴。』」仲叔疑其不祥，逼前牽其袂，叔即上馬去，仲叔尾而追之，則舉鞭遥指曰：「阿爺思兄甚，兄其亟歸！」人騎遂失。仲叔志其詩以歸，蓋即季叔死前三日所作《自度詩》也。《自度詩》凡五首。

猶子張岱曰：「語云：千里馬善蹄齧人。蓋不蹄不齧，不成其爲千里馬也。見爾蘊叔於髫時，其蹄齧特甚，而二十而後，見鞭影而馳，遂能瞬息千里。豈馬之善變哉？蓋能蹄能齧，而又能千里，始成其爲千里馬也。季叔好俠邪，則俠邪至；好名宿，則名宿至。一念轉移，而交游迭换。不知其人，則視其友。余於季叔見之矣。」

張岱曰：岱次先世傳以授諸子曰：「余之先世在是也，余之後世亦在是也。」諸子不解。岱曰：「先世之渾樸，勿視其他，止視其兄弟。太僕公事漢陽公如事父，文恭公手出二異母弟於澡盆，而視之如子。大父與芝如季祖，相顧如手足。而父叔輩尚不失爲平交。自此以下，而路人矣，而寇讎矣。風斯日下，而余家之家世，亦與俱下焉。吾子孫能楷模先世，珍重孝友，則長世有基。若承此漫不知改，則君子之澤，五世而斬，余之家世自此斬矣。故曰：余之先世在是，余之後世亦在是也。」

（録自夏咸淳點校：《張岱詩文集》，上海古籍出版社，1991年，頁258）

張太僕墓志銘 代。

徐　渭

公姓張氏，名天復，字復亨。其先蜀綿竹人。宋咸淳中，名遠猷者來爲紹興守，卒葬山陰，遂世爲山陰人。四傳而有福，福生仕廉，仕廉生原旭，原旭生恭，恭生宗盛。自福以鄉進士爲州學正，仕廉以隱謝高廟徵，其後三世俱襲爲長者行。宗盛最少子曰詔，以公貴，贈吏部驗封司主事，與其配趙氏贈安人者，公之考若妣也。其賢具少師華亭徐公志中。贈公三子，公最少而孿生。贈公以兩伯子既儒，欲令公治産，公鬱而啼，乃始令就儒。及冠，補縣諸生，文輒出諸生上，既又工古文詞。華亭公行學，得公製，大奇之，置第一。名峻起，弟子從游者滿門。縣長吏委以志事，山陰之有志，自公始。當是時，贈公早世，公悉自營，凡祀先奉母，治圃飾廬，宴具玩供，靡不雅贍，宛然富人之居。紛應有餘，文復銛鋭。嘉靖癸卯舉於鄉，予從公後。及宴鹿鳴，念贈公，悲不能餂。丁未成進士。明年出使江西，歸侍趙安人數月乃北。已而哭其訃於途，幾僵而植。庚戌服除，謁選，授禮部祠祭司主事。時制誥兩房乏文學士，内閣以請，吏部首上公名，改吏部驗封司主事，入典是役。一時命詞，多出公手，館閣稱其能。既滿秩，吏諸司謂公多籌，遷兵部職方司員外郎。再遷禮部主客司郎中，尋改儀制。時肅皇帝英察，而儀制又多事，若嘉善公主下嫁，莊皇帝大昏，景恭王就封國，並大典，公踵當之無缺事。又儀制多吏奸，公悉考所掌爲成書，吏不敢動。會光禄少卿缺，計資當公，公固謝，乃外補湖廣提學副使。湖地數千里，士居遠府，有十年不被校者。公居三年，兩徧之，於士有恩，校涉復洞敏，士視公猶父。監臨者剡公，亦擬公爲神。遷江西右參政。明年壬戌以考左調雲南副使。時沐氏縱於雲南，撫按諸公爲國杜未然，稍束以法。公佩按察印，沐氏不法狀，多經公。公操頗急，沐氏銜之。已而武定亂，詔進討，公監左軍。武定平，上功，公當最。同事者欲攘之，會公遷甘肅去，雲南撫按者皆新代，銜者攘者謗遂行，武定功且寢。顧摭索公他瘢，令萬里走對雲南。時予方撫貴，公以伯子元忭隨，過之，傫然相顧。予與公語，徒鼓壯令行，中不能不爲公危。及至，則雲南父老獠夷輩，投省臺爲公陳枉狀，旦夕問餽，如視所親。尊官迫疏中被斂者使言狀，人人指天日言無有，款具以上。於嘗疏公者，亦爲一笑。謔曰：「若是，則首發者且謾而負矣。奈何？」是語也，上下共聞，公遂得免歸。歸而拓鏡湖中舊業娱嬉，托於麴蘖。揮翰賦詩，種魚灌花，舟輿陟泛，消壯心，遺光景。嘗遺予以書曰：「吾爲公置數椽於鏡曲，令可接炊煙，終當相與老於此也。」未幾，公伯子魁大廷，官修撰。公年逾六十，益自喜召客，嘯豗觴豆，日淋漓，顧得痺。公初免歸，尚奪職。及是，伯子請以己官贖公職，詔許還公。欲歸壽，公又爲陳君臣義，輒裝，輒以書止。明年，聞公痺，歸益決，得請居一年。予適奉南命，過家候公，而公不可爲矣。數就牀語，嗚嗚者凡三日，竟瞑。嗟乎，嗟乎！公生平多義氣，急人患難，人往往負之，亦不懲。遭大事，益從容，氣不加揚而籌立辦。幹短秀少頎，乃旋折中禮，語話恬雅，真有儒者風，即岸偉遇之，亦失所據。與人無少長賢愚，率欲歸之於好。其在族屬，雖疏必厚，友朋之急，尤出等夷。嘗見其解帶以贖一老交於官，鼓頰呼輿，孜孜不避形迹，至爲酬謗者所訾，不惜也。雖然，人徒能以影響訾公耳，而藝文綜裕，出而潤國，斂而藻身，如所著《鳴玉集》、《湖志》、縣志，即文士雖在仇，不能不使之屈首讀。南詔之役，以罪酬功，雖首發者不能不使之以枉自引，則於公果何如哉？以故人相語曰：「彼昃此盈，天之準也。伯子之哀然，當公之歸隱，非準乎？」噫，公可以慰矣。公生正德癸酉九月十二日，卒萬曆甲戌八月三十日，享年六十有二。配封安人劉氏，生伯子，即修撰君，娶王，曲阜大紀女。仲元憬，聘高給事中寉女。季元恂，聘沈舉人大綬女。女一，許聘予子淳卿，皆側室陳氏出。孫男二：汝霖，娶朱翰撰賡女。汝懋，聘王生應禎女。孫女一，許聘范比部可奇子紹裘。公博諸詮，尤精於青烏子，天柱峰官山壙之穴，公所自營也。伯子將以是年十二月之二日，奉公蜕而藏焉。索銘於予，予涕不能字，且謝不副。伯子亦涕曰：「若是則孰銘吾大夫？」銘曰：

急人之難，而忘其蒺藜。僇力於師，而謗興於薏苡。始焉嘵嘵，終則熙熙。斯言也，豈婚姻之私。

（録自《徐渭集》第3册，中華書局，1983年，頁1032）

送憲副内山張君督學湖南序

徐　階

自邇年來，南北用兵，財與力胥詘，而績效罕覩，士大夫相與蹙額聚談，莫不欲得才焉，爲聖天子理財治兵，以紓宵旰之憂。然其求之甚勤，望之甚切，而所謂才者卒不可得，何也？人才之在天下，譬諸嘉穀植於春而斂之於秋，非可以懸想坐致也。三代盛時，羣士於學校，擇人以爲之師，教之仁義禮樂，遲之歲月以養其成。故學校者，其田也。師也者，農也。仁義禮樂者，其植之之術也。三者具而人才出，於是乎用之而不窮。其大者，足以輔世長民，建平治之業；其小者，亦足理財治兵，收一事之效。蓋其圖之者預，而爲之者慎以詳也。後世學校存而教化廢，詞章功利之習汩没乎人心。士之仕者，於自爲恒厚，爲天下國家恒薄，故或才可有爲矣而無其志，志欲有爲矣而無其誠。前之人以浮沉巧僞利其身，而後之繼者，術益以工，趨益以下，倀倀乎求理財治兵者而不可得。夫理財治兵，所謂一事之小也，且猶不可得，矧其大焉者乎？有其田而治之非其人，植之非其術，此嘉穀所以不生，而稂莠蕃且滋也。故欲得才，莫若明教化，欲明教化，莫若先擇夫司教化之人。今中外之吏以教化爲職者，非督學之憲臣歟？督學者，士之師也，意所左右，士輒視爲從違，矧其體諸身，施諸政事，炳然著明者乎。是故督學得其人，而天下無乏才之懼矣。張君内山，自儀制郎出爲湖廣督學副使。往予督學浙江，識君於諸生中，今與之遊二十年。予雖甚淺薄，凡告君者，未嘗不本於仁義禮樂，君亦不以爲迂而聽之。其立心行己，涖官行政，不爲矯激之行，而確然有以自守。君之行，吾知湖南之士當有所觀法成就，他日出而用世，不獨能理財治兵爾矣。吾故不以君之遷爲賀，而竊賀朝廷之得才將自兹始也。爲之序以送之。

（録自《世經堂集》卷十三，《四庫全書存目叢書》集79，頁626—627）

壽太僕張内山公六十序

朱賡

隆慶辛未，子藎張子舉進士第一人，其明年九月十二日爲若翁太僕公六十懸弧之旦，子藎謀於賡，將歸而稱觴焉。會主上注意作人，命偕諸吉士讀中秘書，而太僕公亦遺書止之曰：「汝第力學修職，予心安，即弗歸，樂也；若以予故歸，虚朝廷作養意，即昕夕綵侍余側，弗樂也。」子藎是以弗克歸，則遍乞諸名公之文，走一价持獻於庭以壽公，蓋紛函盈篋矣。賡與子藎少同筆研，於公爲通家子，又申之以婚姻，雖不文，誼當有祝詞。顧公以淵源之學、揮霍之才，駁歷中外者二十餘年，諸所措注，人人飫聞之，諸名公之所稱述備矣。賡不能復更端，獨竊公勳業之大，可光竹帛，而世不及盡知者，請以爲公壽。賡頃修《肅皇帝實録》，凡事涉武功者，例得書。一日得滇南二疏閲之，則督府吕公、侍御劉公報平武定逆夷疏也。其略謂夷酋鳳繼祖倡亂圍城，虜一憲臣去，城中乏食，所不下者，呼吸間耳。督府議分三哨剿之，公實監羅次哨，以夜半突險，奪小甸關，援危城，賊遂解遁。公又督所部兵出江追之，乘上流，建瓴而下，賊大北，殪其酋鳳繼祖，餘斬者俘者無算，收賊所掠士女牛畜之在途者。是役也，招叛夷四百六十餘寨，追賊田歲收子粒七萬有奇，破負固者二十餘峒，拓久爲賊據地千餘里而城之，公之功居多焉。賡覽而異之，曰：「公詩書俎豆士也，乃其建立，雖往籍所稱折衝禦侮，不侈於此矣，而泯泯未聞，何哉？」已而深窮之，則前分哨者欲攘其功，會吕與劉且去滇，於是惡公於新代者，而公道遂不白矣。嗟嗟！古今人以功易謗者豈少哉？然而卒不至泯滅者，以有信史在也。賡濫爲史臣，雖不佞，亦既據事書之，以鳴我國家戡亂之有人矣。又伏自思之，而知公之宜壽其身者有四焉：夫造物好生，公活滇人多矣。宜壽一。天降福視人，聞滇之父老至今有晨昏焚香祝公百歲者。宜壽二。今君相垂念邊陲，用人孔亟，假令公以勘定之績著聞當世，則安得有竹塢鏡波之樂以怡其真乎？宜壽三。天道常損盈而益不足，惟不食其報，故能以其未盡者發之。子蓋以大公之門，而公益恬然自得，以塞其壽命之原。宜壽四。然則公之壽其未涯矣。夫古者以不朽爲壽，而永年次之。今公之業既足以不朽，而永年之道亦不出此，則公之所得不既多乎？因以是言告於子藎。子藎欣然色起而揖余曰：「子之言信史也。夫壽吾父者多矣，子之壽吾父遠矣。」

（録自《朱文懿公文集》卷三，《四庫全書存目叢書》集149，頁203—204）

祭張内山文

王　畿

嗚呼！生前事業，應世無窮；身後聲名，蓋棺始定。惟翁性敏以恪，才達而弘，通乎大方，勤乎小物。孝悌稱於宗黨，恩禮洽於朋交。知時則麗醮瓊壺，稽古則廟堂彝鼎。惟邦之彦，爲家之禎。追惟韋席藏珍，逮及金閨通籍。入依禁苑，典司綸綍之光榮；出麗春曹，協贊文明之化理。三湘校士，全楚弦歌；六詔提兵，百蠻震疊。大道難容，致招尤而速毁；閒情自得，務養晦以俟時。開緑野之裴堂，試青山之謝屐。琴書寄傲，泉石尋盟。視履難殊，事功可紀；考祥有待，名實相符。金殿呈標，共羨麒麟之子；玉堂侍彩，世傳菽水之歡。已分行樂於百年，詎意興哀於一夕？玉樓夢醒，《蒿里》歌殘。走也道誼通家，淵源世德。既辱斷金之好，更叨倚玉之緣。天不憖遺，人將焉贖！感兹隣篴之悲，肅此瓣香之敬。憑棺以慟，執紼而趨。書空陳辭，寫九泉之孤憤；臨風絮酒，寄千古之遐思。嗚呼，哀哉！

（録自吴震編校：《王畿集》，鳳凰出版社，2007年，頁577—578）

祭張内山太僕文

朱賡

繄稽山之毓秀兮，肆傑者之雲仍。紛先生之有内美兮，紹前哲之修能。朝馳鶩于義路兮，夕翺翔乎書圃。邕江籬而紉蘭兮，攬申椒與芳杜。始摛藻于玉堂兮，繼典禮乎容臺。嗣伯夷之餘炬兮，惟夙夜其寅哉。文章煒其佳俠兮，乃振鐸于瀟湘。即三楚之多才兮，盡出公之門牆。方鳳酋之越志兮，數弄兵于滇池。衆發言以盈庭兮，疇決策而殲之。借前箸于帷幄兮，竟折衝于尊俎。易戈矛以衽席兮，建長城于遐所。嗟膚功之招妬兮，遂謡諑以善淫。雖靈修之浩蕩兮，終衆口之爍金。苟余情其亮直兮，雖棄置庸何傷。俯鏡波之清泚兮，結仙館以徜徉。托幽情于翰墨兮，寄壯懷于麴糵。逢山翁以開局兮，問農夫以畛畷。道有抑而彌伸兮，爰發祥于哲胤。賜宫錦而晝遊兮，聚庭闈之百順。白日忽其西墮兮，雲黯漠而薰黄。悲風吷肹以鳴條兮，羌哲人之云亡。哀吾生之須臾兮，惟神炁之難全。葆真守一，用而不用兮，自昔人而固然。吁嗟乎！先生之溘逝兮，將大數之偶值也？抑碌碌如玉兮，未鎮之以無名之璞也？某也拓石交于伯子兮，又申之以婚姻。夙薰德而飲醇兮，欻訃至而傷神。嗚呼哀哉！生何逝兮，逝何爲兮，吾將詰乎大鈞。羽儀既不可復睹兮，聊舒哀于斯文。

（録自《朱文懿公文集》卷十二，《四庫全書存目叢書》集149，頁445—446）

祭張太僕文

徐渭

太僕公將以萬曆二年十二月之二日内於幽，其末交某，以十一月之十有二日，割羽牲一，從以果羞黄流，而告之曰：嗟乎！公之活我也，其務合羣喙而爲之鳴，若齊桓將存江、黄、温、弦之小國，而屢盟魯、宋、陳、蔡於春秋也。其同心戮力而不貳，其長公堯夫，既遺人以麥矣，而文正樂之，不問其傾舟也。其拳拳於斯事之未了，而竟先以往，意其心若放翁志宋土之復，已不得見而冀聞於家祭之告，一念與一息而俱留也。夫以公德於某者若此，即使公在，某且不知所以自處，而公今殁矣，將何以爲酬也！嗟乎！此某雖不言，而寸心之恒，終千古以悠悠也。

（録自《徐渭集》第2册，中華書局，1983年，頁664）

皇輿考序

張天復

聖代肇運，全撫輿圖，一統之盛，光軼前古，載諸《通志》者，章章備矣。若夫辨形勢以明地險，陳憂患以達民艱，審經晝以悉時宜，時則若有俟焉。蓋道有升降，政有損益，經世者慎圖之也。我皇上訏謨保大，駿業中興，創紹之隆，邁光二祖。頃年輔臣文襄桂公《輿地圖志》、宫諭念菴羅公《廣輿圖》及司馬許公《九邊論》[一]，於是三者獨詳，詞約而事該，憂深而思遠。今日修和阜成，衍泰居豐之道，間亦采行之矣。復嘗備員職方，遐覽區域，竊謂全志之後，當附諸公之帙，乃表經世謀猷。輒唯制書不當綴裂也，因取閩本《志略》，稍加詳定，首引杜氏古九州之文，然後次序郡國圖志，參據前説，各冠篇端，而以邊夷終焉。夫《志略》雖簡，亦足見區域之大都，而諸家之著述，又能明國體，總世務，而時張理之，則夫治平修攘之謀，固瞭然示諸掌矣。輯成，因僭名之曰「皇輿考」。間質同志，或曰：「當付之剞劂，備通方之士攬而采之。」賜進士第亞中大夫甘肅行太僕寺卿前湖廣提學副使江西參政山陰張天復撰。

（録自張天復撰、張元忭增補《廣皇輿考》卷首，《四庫禁毀書叢刊》史17，頁2—3）

訂廣皇輿考凡例

張汝霖

《皇輿考》者，考本朝之輿地也。編之自家太僕始，而廣之則家宫諭手澤存焉。粤考《周禮》，職方氏辨司疆域，而漢郡國計書先上太史令，故談、遷得世守之。我太僕嘗官職方，而宫諭寔太史也，其編之廣之者，舉職也。不肖霖之訂之刻之也何居？抑弓有箕，冶有裘，語習也，亦

〔一〕《九邊論》全稱《九邊圖論》，明許論撰，今收于《四庫禁毀書叢刊》史27。

唯是父祖之故聞習焉爾。兹考一刻於楚，再刻於燕，今規而小之，倣爲袖珍。昔竟陵王孫嘗於扇上圖山水，咫尺之内，便覺萬里爲遥。兹刻也，楮不盈寸，可舒卷袖中，而星紀之躔度，山河之峙流，疆野之更沿，邊隘之阨控，與夫英人傑士之所産，名賢墨客之所游，幽探古勝，細徵土毛，以至侏離雕𧬂之邦，重譯而獻琛者，罔不星而羅之，斯亦居然萬里哉。挾斯册也，則志士焉以思，騷人焉以咏，幽人焉以卧遊也夫。然竟陵矜慎不傳，自娱而已。今顧訂以刻者，則所志爲箕與裘者也。因敘所以刻之意，而挈凡例如左：

一、原本成於嘉靖間，此後更置不一，皆未及詳，如貴州宣慰司之創建貴陽府，直隸隆慶州之改名延慶州，近日播司設立郡邑分隸川、貴，貴之貴陽新加軍民，諸如此類，不可悉數，並訂正之。

一、原本郡邑並載古名，而世代莫辨，近雲間刻本考據頗詳，似當採録，並訂正之。

一、原本山川古迹載其大都，攬者有遺思焉，今參之《方輿勝覽》、《廣輿記》及《名山勝水紀》，采其幽奇者，並訂正之。

一、原本人物止據《一統志》，其他所略，今旁搜列省郡乘，采其核而尤著者，並訂正之。

一、原本人物間及我朝，不無掛漏，似當闕之，姑待異日，凡間及者，並訂正之。

一、原本字畫間多錯謬，今以校讎之役分責諸曾，而不肖霖、弟懋寔專董之，互相證考，舊有訛者，並訂正之。

一、郡邑名相同者多，頗亂觀聽，今悉查對，而設六類以别之，附於古九州之後，首備攬放。

一、世本刻有路程，然類多賈客私紀，殊少次第，攬者病焉。今悉采諸刻，證之人口，先以四方入都道里爲經，次以四方自通道里爲緯，展卷瞭然，斯亦行役者之司南矣。《詩》，遣使臣而歌《皇華》，蓋憫其勞哉。述《皇華考》附于後，凡二卷。

萬曆辛丑中秋日，不肖孫汝霖謹識于瀟江署中。

皇輿有考，坊刻不啻充棟，然或核之未詳，次之無紀，于以覽山河而分疆野無當焉。是編實先太僕、先文恭相繼考訂而成，識者珍之。伯兄令清江，曾刻之瀟江署中。予來重新之，所稱箕裘之感，依然在簡編矣。

天啓丙寅元宵日，汝懋謹識。

（録自張天復撰、張元忭增補《廣皇輿考》卷首，《四庫禁毁書叢刊》史17，頁4—7）

鳴玉堂稿序

陳文燭

《鳴玉堂稿》者，内山張先生所著也。往肅皇帝朝，先生與家大人官司馬署中，交甚驩，各出其子之文，先生最奇余，而家大人于長公子蓋稱服不休，已而交相慶也。後戊午，先生以儀制郎視學吾楚，不穀得出其門。是年，長公舉于鄉，未幾魁天下，典太史，而不穀奔走于江淮巴蜀之間。先生没數年，而始讀其遺文。太史寓書命余校而序之，且云先生遺願也，因捐俸付山陽尹魯文叔刻焉。憶侍先生時，先生嘗謂：「文章之妙與化工等，作者寄身于翰墨，見意於篇籍，不託飛馳之勢，而名溢縹囊，天壤俱敝。今人慕秦漢者曰班、馬，宗盛唐者曰李、杜，大都詞合而實離，象人而用之，恨生氣少耳。文如歐、曾，詩如錢、劉，皆有詞於永世者也。古人賤尺璧而重寸陰，願吾子懋之。」今先生之言在耳，而莊誦先生之文，庀才于西京，而雍容俯仰、義理自勝類永叔；根極于六代，而奔放瓌偉、咸中矩矱類子固；至歌行跌宕類太白、少陵者十之三，近體清宛類仲文、長卿者十之七。人亦有言：奏議宜雅，書論宜理，銘誄尚實，詩賦欲麗。此四科不同，故能之者偏也，惟通才能備，乃先生非通才耶？始先生舉進士時，入典制誥，一時館閣諸老咸器重之。先生又留心當時之務，宜剖符丹書，勒銘鼎鉉，屢屢以造士顯。及左遷滇南，虜酋弗靖，先生監軍，有平定功。會遷甘肅行太僕卿，忌者不察，從而齮齕之，復逮對滇中。幸滇人代先生對甚悉，而先生遂歸老于鏡湖之曲矣。每讀太史上今皇帝復先生原職疏及大冢宰趙公墓銘、大司馬呂公墓碑，未嘗不俛而深惟，仰而泣交頤也。不有太史，烏知天之所以報先生者昌而大乎？昔李獻吉評楊應寧之集，喬景叔作何仲默之傳，咸以門人廣其師說，藝林侈爲盛事。不穀無能爲先生役，稍敘其概，將以告天下後世定先生之言者。

（録自《二酉園文集》卷五，《四庫全書存目叢書》集139，頁61—62）

張母陳安人七十壽序

周汝登

閨閫之行，雖甚盛不能自彰，每每徵于夫若子，而至於所稱生母者，則尤必以子顯。我國家令典，體悉子情備至，凡所生母，具得以子貴貴之。是故子郎官則母稱安人，以至恭人、夫人，皆得視其子封號，不二于嫡，人子遭時，可謂無不遂之情矣。然此猶孟子所謂人爵，得在外者耳。修我天爵，以報所生，則更隆重不朽。是故子而賢人，則母賢母矣；子而聖人，則母聖母矣。主爵之柄，貤恩之權，係我天君，不由外假。孟子曰：「人人有貴於己者。」得之可不謂甚便矣乎？人而悟此，斯爲真能孝也已！山陰張子易從余游有年，一時同志若干輩，咸於子易爲通家。子易有生母陳安人，壽屆七十，今月某日，其設帨之期，凡在通家，登堂稱慶而徵言于余。余聞安人父故燕都富賈，有大略，與子易尊人太僕公交好，遂屈節歸之。既歸，而相其嫡母劉太安人，拮据生産，不憚勞勩。太僕公宦游，有事四方，間關辛苦，則惟安人隨侍□□□力，而公不知其在旅也已。公解組歸，子易伯兄諭德公舉掄魁，賓客滿堂，工務遝作。而安人料理供應無不曲當，且善得劉太安人心，晨夕視眠食，能使諭德公無憂内顧，歸而省覲，則再拜望安人稱謝，且致祝焉。安人舉二子，長即子易，次元恂。太僕公背時，俱在繦褓，安人煦哺，得有成立，且慈不失訓，斤斤然約之矩矱，不少縱也。蓋安人有塞淵之德，齊遬之儀，閨閫懿美，未易殫述。今壽考康寧，兒孫羅侍，享有遐福，天眷備隆，諸通家子相率而舉壽祝之觴，豈不足稱休祥盛事矣哉！然更有進而榮之不朽者，則在子易也。子易學懋才宏，取上第，膺誥章，如所謂以人爵之榮而奉母者，旦暮且致，然未可以此盡子易之孝思也。子易與余遊，相期甚重，非賢聖不爲願；相證甚密，非賢聖之語不爲談。而要須微細檢點，實落參求，使願非虛設，語匪空談，而後見真詣。子易慷慨豁達，視世碌碌，不啻鶴立雞羣，豈非人倫傑士？顧賢聖之學，貴在入微，豪傑之上，更有著察，故願子易必進此步，直至比肩賢聖，使他時遡母道於安人者，亦因以稱聖稱賢，安人之名顯而子易之孝全矣。余又聞安人邇且掃舍焚香，齋居禮誦，一切絲絮米鹽，俱置不問，則安人當有夙稟至識。子易密勤聖修，必然意爲愉愜，是承歡之大者，其益勉以副之哉！

（録自《東越證學録》卷八，《四庫全書存目叢書》集165，頁570—571）

壽張灤州朱宜人序代。

徐渭

同知漢陽府十峰張先生者，越之雋偉人也。其次公今守灤州曰太初者，少而以慧稱，先生奇之。將卜婚焉而感諸夢，乃得望族朱氏。已而物色之，笄朱氏女稱淑也，太初遂婚焉。時先生已謝漢陽歸矣，廉而乏。朱宜人則傾其所歸匳以給斧爨，上奉翁媪，中備戚友，下飽煖其臧獲，被祈祈僮僮然於羹戛蚕暮間，漢陽公若灤州了不知其乏也。於是漢陽公得一意以教灤州，而灤州亦一意於父師之教。學既充，遂中高選，司銓者復奇之。始仕輒守灤州，灤州廉如漢陽公，而乏亦不減漢陽。宜人損減於己所當御，不瑣細於灤州，而灤州不知有乏，亦如漢陽公之不知有乏也，乃少割其贏以教其二男子，二男子甚英偉，邇乃擅文譽於太學中，猶漢陽、灤州之在疇昔擅名於郡邑也。噫，婦道至此，亦可謂婉而盡其大目矣！苟枚舉之，數紙不勝也。今某年月日，爲宜人若干歲矣。其某親某客燕京，以某漢陽人，漢陽公，某祖也；漢陽公之弟内山公，曩爲楚文宗，某師也；而内山公子陽和，又與某同官翰林，則兩世兄弟行也；而太初閲考時封誥，又某撰也：有如是之分，故於是請也，不敢以不敏辭。乃若宜人之壽，覩德而可卜其長矣，又何庸取辭於不敏。

（録自《徐渭集》第3册，中華書局，1983年，頁948）

題張芝亭家藏卷

周汝登

萬曆申酉間，余以論學獲教於陽和太史先生，而時已知其有子芝亭君矣。又十餘年，太史既没，而芝亭復相論證於洗心、鏡波之館，蓋孳孳求不墜其先訓焉。暇日出一卷相示，中爲太史手筆，時時顧提，誠不啻於羹牆。前爲其祖父太僕公一書，將克念厥祖，以永言太史之孝。後爲鄧少宰祭太史文一首。少宰于太史爲莫逆，而敬父之所敬，觀芝亭是卷，蓋真篤於思哉！率是心不倦，學無餘事矣。蓋余觀太僕公書，乃言芝亭君十歲時患痘症，瀕死而得生，至今讀之，猶令人且愕且喜。夫遭大難而不死者，必非偶然，然亦有二焉：其一修道備德，無論窮顯，皆將爲世用者，不死。其一於時雖無損益，而榮名厚禄在後，將膺世福者，亦不死。不死皆天，而爲此爲彼，則柄有在我而不在天者。芝亭君吾知其必有顯於世矣，而二者何從，當能自決。因書此以俟之。

（録自《東越證學録》卷九，《四庫全書存目叢書》集165，頁585）

與張芝亭

周汝登

不肖無所知識，謬辱諸君之與。乃門下亦以世講之誼謙謙下之，譾劣何能當此？王、劉諸君過剡，極道門下精進此事，月益日新，歡喜何量。力紹家傳，共扶道脈，區區蓋爲令尊翁慶，又爲吾道慶也。

（録自《東越證學録》卷十，《四庫全書存目叢書》集165，頁621）

附録五　他本目次

《張陽和先生不二齋文選七卷附録一卷》目録

郡志小傳（孫鑛）

張陽和先生不二齋文選卷一　制策　疏

策

廷對策一道

疏

修實德求直言以謹天戒疏

爲父陳情疏

再爲父陳情疏

張陽和先生不二齋文選卷二　書

與朱金庭親家議喪禮書　嘉靖甲子

答俞連山　甲子

寄徐孺東

再寄王荆石師

張陽和先生不二齋文選卷三　書

寄周二魯
寄趙定宇
答傅太守
寄羅近溪
寄查毅齋
復王龍溪翁
寄曾金簡
復鄒南皋
與范按院
復查毅齋
又答查毅齋
復王麟洲

張陽和先生不二齋文選卷四　序　記　碑

序

記

南村三庵記

碑

山陰徐侯生祠碑

彭山季先生祠堂碑

張陽和先生不二齋文選卷五　志銘　墓表　行狀　傳　祭文

志銘

南京右通政前禮科給事中會稽沈公志銘

河南西川尤先生志銘

墓表

茌平弘山張先生墓表

行狀

傳

祭文

哭楊椒山文
祭朱東武公文
祭諸南明公文
祭陶文僖公文
合祭耿封君文
合祭鄒聚所年兄文
祭王龍溪先生文
祭俞連山先生文
歸越祭俞連山墓文

張陽和先生不二齋文選卷六　雜著

議

郊廟祀典議 閣試
薛文清從祀議

内館訓言

後魏趙默

東漢良賀

張陽和先生不二齋文選卷七　詩

五言古

自警六首

謁清風嶺烈婦祠

上趙麟陽公三首

登第後寄親丈

賦得今日非昨日

觀欹器圖

送耿三臺奉使還麻城

贈無弦和尚

初到雲門言志用孟浩然韻

十月朔日課兒曹勉之以詩

五言排律

五言律

五言絶

七言古

泊天津夢鄧定宇

七言律

送家君之滇南舟發錢塘次韻二首

宿濂溪祠聞溪聲

醴陵阻雨步泗洲寺次陽明先生韻

讀中秘書有述

效康節體答鄧定宇

屠節婦詩爲吴安節父母太夫人賦（未收於《不二齋稿》）

重登泰山

讀書雲門

龍溪先生枉棹山中有作次韻奉謝

觀高宗六字碑有感

青楓嶺次王烈婦韻二首

讀王烈婦碑

侍吕尚書過真覺寺

贈蓮池上人

次鄧定宇韻見懷

項貞女詩

壽王龍溪翁八十

天真書院陪祀陽明先生

德清許敬庵蘭谿胡如川姚江宋蓮塘同祭天真畢因過虎跑再宿次大蘇韻二首

鄧定宇自南昌來爲吴越之遊既歸言别

送李沖涵給諫之廣東少参

無弦和尚移居法藏庵

送錢仲美掌教南昌兼簡洪陽少司成

送許敬庵出守建昌 有序

登祝融峰

宛陵阻雪登文昌閣次羅念庵先生韻二首

過武陵謁陽明先生祠

七言絶

遊武當雜咏二首

迴光庵

雲棲咏景

《叢書集成初編》本《張陽和文選》目録

刻張宮諭文集序（鄧以讚）

張陽和文選序（鄒元標）

明史本傳

卷之一

書

寄鄒聚所

與朱金庭親家議喪禮書

答俞連山

寄羅康洲

卷之二

書

卷之三

雜著

附録六　著述提要

《不二齋文選》提要

《不二齋文選》七卷，浙江巡撫采進本。明張元忭撰。元忭有《紹興府志》，已著録。《明史·儒林傳》稱，元忭少負氣節，年十九，聞楊繼盛死，爲文遥祭之。又稱其自未第時，即與鄧以讚從王畿游，傳良知之學。然皆勵志潛修，躬行實踐。以讚品端志潔，元忭亦矩矱儼然，無蹈入禪寂之病，與畿之恣肆迴殊。是集凡文六卷、詩一卷，亦無語録粗鄙之習，但於是事非當行耳。

《紹興府志》提要

《紹興府志》五十卷，兩淮馬裕家藏本。明張元忭、孫鑛同撰。元忭字子藎，山陰人，隆慶辛未進士，官至左諭德，事迹具《明史·儒林傳》。鑛有《月峰評經》，已著録。是志分十八門，每門以圖列於書後，較他志易於循覽，體例頗善。末爲《序志》一卷，凡紹興地志諸書，自《越絶書》、《吴越春秋》以下，一一考核其源流得失，亦爲創格。

《雲門志略》提要

《雲門志略》五卷，浙江巡撫采進本。明張元忭撰。元忭有《紹興府志》，已著録。雲門山在會稽城南。元至正十年，相里允若作《雲門集》，黄溍序之。元忭以其未備，補緝是編。以山川、古迹、名賢爲一卷，而餘四卷皆藝文，又末大於本矣。

《館閣漫録》提要

《館閣漫録》無卷數，浙江范懋柱家天一閣藏本。不著撰人名氏。據焦竑《國史經籍志》，載是書十卷，題張元忭撰。二人相去不遠，必有據也。元忭有《紹興府志》，已著録。是書所録皆明成祖至武宗時翰林除授遷改之事，編年紀載，亦間有論斷。首題「洪武三十五年」者，成祖革除建文四年年號，仍稱洪武三十五年故也。

《翰林諸書選粹》提要

《翰林諸書選粹》四卷，内府藏本。明張元忭撰。元忭有《紹興府志》，已著録。是書采掇諸子之語，分編二十五類。其第四卷臣道類外又分吏、户、禮、兵、刑、工六科，門目殊嫌冗雜。

（以上録自《四庫全書總目》，中華書局，1960年）

圖書在版編目(CIP)數據

張元忭集 /（明）張元忭撰;錢明編校. —上海：
上海古籍出版社，2020.5
（陽明後學文獻叢書）
ISBN 978-7-5325-9563-1

Ⅰ.①張… Ⅱ.①張… ②錢… Ⅲ.①張元忭(
1538-1588)—哲學思想—文集 Ⅳ.①B248.21-53

中國版本圖書館 CIP 數據核字(2020)第 060652 號

陽明後學文獻叢書

張元忭集

［明］張元忭 撰

錢 明 編校

上海古籍出版社出版發行

（上海瑞金二路 272 號 郵政編碼 200020）

（1）網址：www.guji.com.cn

（2）E-mail：guji1@guji.com.cn

（3）易文網網址：www.ewen.co

上海展强印刷有限公司印刷

開本 890×1240 1/32 印張 22.25 插頁 4 字數 427,000

2020 年 5 月第 1 版 2020 年 5 月第 1 次印刷

印數：1—1,100

ISBN 978-7-5325-9563-1

B·1134 定價：86.00 元

如有質量問題，請與承印公司聯繫

電話：021-66366565